LANDKREIS
HEILBRONN

Sternenfels

▲ 417 m

Diefenbach

Scheuelberg
382 m

Zaisers-
weiher

...ronn

Schützingen

35

Schmie

Lienzingen

Schmie

Burgberg
388 m

Schönenberg

Erlenbach

Illingen

Mühlacker

10

Mühl-
hausen/
Enz

Dürrmenz

Lomers-
heim

Vaihingen
a. d. Enz

Großglattbach

schelbronn

Pinache

LANDKREIS

Serres

LUDWIGS-

Wiernsheim

Iptingen

BURG

...ärental

...mberg

Mönsheim

...imsheim

Geißberg
510 m

Friolzheim

8

...efen-
...ronn

Heimsheim

Mühlhausen/
Würm

Heimsheim

...hingen

LANDKREIS
BÖBLINGEN

Heutige
Verwaltungsgliederung

Pforzheim ◎ Kreisfreie Stadt
Mühlacker ... Kreisstadt
Kni...

—— Kreisgrenze

—— Gemeindegrenze

═══ Autobahn

═══ Bundesstraße

········· Landes-, Kreisstraße

━━━ Eisenbahn

▨ Siedlungsfläche

Wald

0   1   2   3 km

Die Lage des Enzkreises
in Baden-Württemberg

Karlsruhe

Stuttgart

Pforzheim

Tübingen

Freiburg

Grundlage: Digitales Landschaftsmodell 1:50000 -
© Landesamt für Geoinformation und Landentwicklung
Baden-Württemberg (www.lgl-bw.de)
Gestaltung: Ch. Peh, G. Schefcik
© Landratsamt Enzkreis (K. Huber)

Der Enzkreis

Historisches und Aktuelles

Band 14

Jan Thorbecke Verlag

Ostfildern 2012

Außentitel: Der römische Leugenstein (Kopie) am Marktplatz von Friolzheim, links die 2008–2011 renovierte Zehntscheune
Innentitel: Tischmühle aus dem Kaffeemühlenmuseum Wiernsheim (Porzellan und Messing, Colditz/Sachsen, um 1910)
vorderer Vorsatz: Topografische Karte des Enzkreises
hinterer Vorsatz: Tafel der Gemmingischen Herrschaft Steinegg-Hagenschieß von 1703

Mit freundlicher Unterstützung Ihrer

Herausgabe und Gesamtredaktion: Konstantin Huber (Landratsamt Enzkreis, Kreisarchiv)
Redaktionelle Mitarbeit: Marc Kinast, Johanna Kirsch, Christine Praetorius
Verlagslektorat und Satz: Jürgen Weis, Ingrid Gerlach
Endlektorat: Wilfried Sprenger
Für den Inhalt der Beiträge zeichnen die jeweiligen Verfasser verantwortlich.

MIX
Papier aus verantwortungsvollen Quellen
FSC® C089473

Für die Schwabenverlag AG ist Nachhaltigkeit ein wichtiger Maßstab ihres Handelns. Wir achten daher auf den Einsatz umweltschonender Ressourcen und Materialien. Dieses Buch wurde auf FSC®-zertifiziertem Papier gedruckt. FSC (Forest Stewardship Council®) ist eine nicht staatliche, gemeinnützige Organisation, die sich für eine ökologische und sozial verantwortliche Nutzung der Wälder unserer Erde einsetzt.

Druck: Beltz Bad Langensalza GmbH, Bad Langensalza
Hergestellt in Deutschland
ISBN 978-3-7995-0787-5

Inhalt

Karl Röckinger
Geleitwort   7

Streifzüge durch die Natur

Renate Buchenauer
Auf den Spuren der Hugenotten und Waldenser   9
Der europäische Kulturfernwanderweg „Hugenotten- und Waldenserpfad"
vermittelt Geschichte, Gegenwart und Freude am Wandern

Regine Einfeld – mit Fotos von Günter Beck
Die Katharinentaler Senke – ein Spaziergang mit Ein- und Ausblicken   21

Regionaler Schwerpunkt: Das Heckengäu

Bärbel Ruof und Cora Hörstmann
PLENUM Heckengäu – ein Naturraum entpuppt sich   41

Walter Kleinholz, Dietrich Küchler und Michael H. Seiß
Friolzheim – ein Dorf zwischen Tradition und Fortschritt   51

Norman Freiherr von Gaisberg und Andreas Lippeck
Obermönsheim   73
Beiträge zur Geschichte des Schlosses und seiner Adelsfamilien

Nikolaus Back
Die Gemeinde Wiernsheim in den Revolutionsjahren 1848/49   89

Rückblicke in die Vergangenheit

Helmut Vester
Die Reformation erreicht das Dorf 109
Frühe Zeugnisse aus Birkenfeld und Umgebung

Markus Mall
Badischer Pietismus und Separatismus des frühen 19. Jahrhunderts
im Raum Pforzheim 129

Friedrich Leicht
Ende einer Floßfahrt 149
Die kleine Bataille zwischen Pforzheimer Bürgern und Nieferner Bauern
im Jahr 1804

Martin Frieß
Ein einmaliges Einzelstück: Das Flusskartenwerk der Enz von 1894 159

Christine Praetorius
Der Schiffskoch von der Enz 173
Eine Familiengeschichte zwischen Roßwag, Neuenbürg und den sieben Weltmeeren
Konstantin Huber
Der Schiffskoch und das Kreisarchiv   190

Alte Gebäude und neue Museen

Jeff Klotz
Das Römermuseum Remchingen 191

Judith Käpplinger
„Oh, wie liebe ich Sie, liebe Kaffeemühle. Ihre Gestalt ist göttlich!" 201
Das Kaffeemühlenmuseum in Wiernsheim präsentiert
die Sammlung Rolf Scheuermann

Elke Hirschbach-Zentner und Rudolf Haller
Die historische Kelter in Ötisheim – vom landwirtschaftlichen Zweckbau
zum modernen Bürgertreffpunkt 211

Engagiert in die Zukunft

Angela Gewiese
Die Lokale Agenda im Enzkreis   221
Ein Rückblick auf das erste Jahrzehnt
Regina M. Fischer
Peter Jacobi – Neue Heimat für künstlerische Reflexion im Enzkreis   233

Andrea Garhöfer
ObenAuf – Verein zur Förderung der musischen Jugendbildung in der Region
Nordschwarzwald   235
Warum musisches Engagement auch ein Standortvorteil sein kann

Klaus-Peter Böhringer
Von der Integration zur Inklusion   249
Der Beitrag des Enzkreises zur beruflichen und sozialen Teilhabe benachteiligter
junger Menschen

Britta Kinzler und Jürgen Hörstmann
Aus den „Babyboomern" wird die „Generation 60 plus"   271
Chancen und Herausforderungen einer älter werdenden Gesellschaft

Höhepunkte des Kreisgeschehens

Judith Käpplinger, Tanja Kurtz und Karl J. Mayer
Chronik Juli 2009 bis Juni 2012   289

Autorenverzeichnis   315

Abbildungsnachweis   317

Orts- und Personenregister   321
erstellt von Marc Kinast und Johanna Kirsch

KARL RÖCKINGER

Geleitwort

In der Internet- und Werbebranche würde man es einen „Relaunch" nennen – erstmals seit 1997 haben wir das Erscheinungsbild unserer Jahrbuch-Reihe „Historisches und Aktuelles" im Inneren geändert: Der „Stammleser" bemerkt zum Beispiel einen gegenüber den früheren Bänden schmaleren Satzspiegel und eine Marginalspalte für Bilder und Bildunterschriften.

Aber auch im Inhaltlichen haben wir „gerelauncht": Mit dem Band 14 setzt die Reihe zum ersten Mal einen regionalen Schwerpunkt und beschäftigt sich in vier Beiträgen mit dem Heckengäu. Die neuen Kapitelüberschriften geben die Richtung vor: Streifzüge durch die Natur, der Blick in die Vergangenheit, auf alte Gebäude und neue Museen sowie vier Beiträge über zukunftsgewandtes Engagement.

Treu bleibt sich die Reihe dagegen beim Titel und damit bei der Generallinie: Historisches und Aktuelles spiegelt sich schon im Coverbild wider, das den aus der Römerzeit stammenden Leugenstein vor der aktuell renovierten Friolzheimer Zehntscheune zeigt. Außerdem schmücken eine aktuelle und eine historische Karte innen den Buchumschlag.

Mein Dank gilt den 29 Autorinnen und Autoren, ohne deren schriftstellerische Qualitäten auch die engagierten Mitarbeiter des Kreisarchivs ein solch pralles Buch nicht hätten herausgeben können. Der Sparkasse Pforzheim Calw danke ich für die finanzielle Unterstützung beim Druck.

Ihnen, den Leserinnen und Lesern, wünsche ich viel Spaß beim Schmökern und Blättern im (hoffentlich) noch ansprechenderen „Outfit".

Karl Röckinger
Landrat des Enzkreises

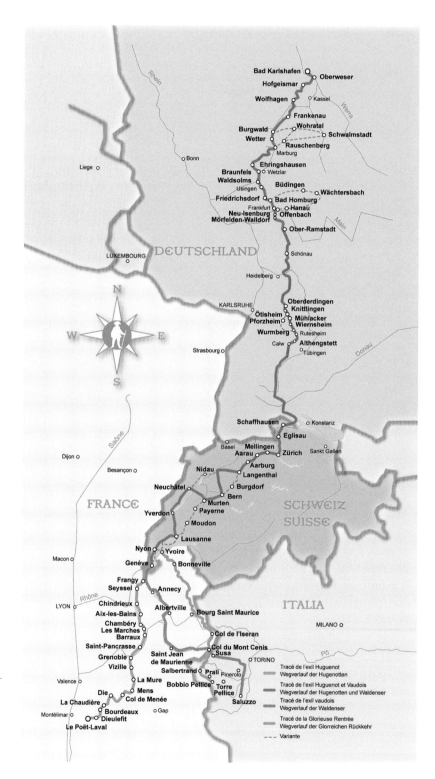

Der Hugenotten- und Waldenser- pfad: auf 1.800 Kilometern durch vier euro- päische Staaten

RENATE BUCHENAUER

Auf den Spuren der Hugenotten und Waldenser

Der europäische Kulturfernwanderweg „Hugenotten-
und Waldenserpfad" vermittelt Geschichte, Gegenwart
und Freude am Wandern

In den vergangenen Jahren wurde im Rahmen einer europäischen
Partnerschaft ein Kulturfernwanderweg durch Deutschland,
Frankreich, Italien und die Schweiz konzipiert und umgesetzt. Er
führt „Auf den Spuren der Hugenotten und Waldenser" – so der
Titel des internationalen Projekts – über eine Streckenlänge von
insgesamt etwa 1.800 Kilometern auf einem kleinen Wegabschnitt
auch durch den Enzkreis und seine Waldenserorte.

Hugenotten und Waldenser – der historische Hintergrund

Hintergrund für die Einrichtung dieses Kulturfernwanderwegs ist
die Geschichte der Hugenotten und Waldenser, die seit dem Ende
des 17. Jahrhunderts ihre Heimat in Frankreich und im heutigen
Italien verließen, weil sie dort aufgrund ihres protestantischen
Glaubens verfolgt wurden.

Ein kurzer historischer Abriss soll zunächst die Gesamtzusam-
menhänge darstellen: „Hugenotten" ist die seit 1560, allerdings
zunächst als Schimpfwort gebräuchliche Bezeichnung für die französischen Protestanten, Mitglieder der 1559 gegründeten Reformierten Kirche. Ihr Glaube wurde stark von den Lehren Johannes
Calvins beeinflusst. Die Hugenotten wurden als religiöse Minder-
heit im 16. Jahrhundert zuerst verfolgt und dann seit 1598 (Edikt
von Nantes) geduldet. König Ludwig XIV. erließ jedoch im Jahr
1685 das Edikt von Fontainebleau, das die Ausübung des protestantischen Glaubens in Frankreich faktisch wieder untersagte. Die
Verfolgungen lösten eine Fluchtwelle von etwa einer Viertel-
million Hugenotten in die umliegenden protestantischen Länder
aus. So verließen etwa 170.000 reformierte Christen trotz staat-

lichen Verbots ihre Heimat. Aus den protestantischen Hochburgen im Süden Frankreichs gingen viele Familien zuerst in die Schweiz. Ungefähr 40.000 „Refugiés" zogen über Schaffhausen und Basel vor allem auf dem Rhein, aber auch über Land in Richtung Frankfurt am Main, der Drehscheibe der Exulantenströme. Von dort aus erfolgte die Weiterreise in verschiedene deutsche Fürstentümer, in der Mehrzahl nach Brandenburg-Preußen und Hessen-Kassel. Die deutschen Fürsten privilegierten die Vertriebenen mit Steuer- und Zunftfreiheit, selbständigen französisch-reformierten Kirchengemeinden und eigener Rechtspflege.

Die Wurzeln der zweiten und für den Enzkreis wichtigeren Gruppe von Glaubensflüchtlingen, der Waldenser, reichen dagegen bis ins Hochmittelalter. Der Lyoner Kaufmann Valdes, später oft als Petrus Waldus bezeichnet, brach radikal mit seinem bisherigen Leben, verteilte sein Vermögen an Arme und wurde Wanderprediger. Im Jahre 1184 wurden die Waldenser als Ketzer verurteilt, ihnen drohte die Inquisition durch die katholische Kirche. Sie mussten um ihr Leben fürchten und konnten ihrem Glauben nur noch im Untergrund nachgehen. Dennoch breitete sich die Waldenserbewegung im Laufe des 13. Jahrhunderts in weiten Teilen Europas aus. Doch nur in wenigen Gebieten überlebten die Waldenser die nachhaltigen Verfolgungen. Ihr wichtigstes Zentrum waren einige Bergtäler in den Cottischen Alpen im Grenzgebiet zwischen Frankreich und dem Herzogtum Savoyen. Im Jahr 1698 wurden alle Waldenser, die französischer Herkunft waren, von hier ausgewiesen; viele zogen über die Schweiz nach Württemberg und Hessen. Dort mussten sie unter zum Teil sehr harten Bedingungen ihr wirtschaftliches Überleben als Bauern in widrigen Lagen meistern. Die Waldenser, die Untertanen des Herzogs von Savoyen gewesen waren, konnten in den Cottischen Alpen bleiben. So gibt es bis heute eine Waldenserkirche in Italien.

In den deutschen Fürstentümern wurden beide Gruppen von Glaubensvertriebenen längst nicht allein aus Gründen der christlichen Nächstenliebe willkommen geheißen: Deutschland lag nach dem Dreißigjährigen Krieg in weiten Teilen darnieder und die Territorialherren erhofften sich von den Zuwanderern vor allem ökonomische Vorteile. Gerade auf wirtschaftlichem Gebiet brachten die Hugenotten in der Tat manche Neuerungen, die in Verbindung mit dem aufkommenden Merkantilismus und dem Manufakturwesen die Entwicklung vorantrieben: Beispiele dieses frühen „Technologie-Transfers" liegen vor allem im Bereich Textilverarbeitung (Strumpfwirkerei, Hutmacherei und Seidenherstellung), aber auch im Buchdruck, im Uhrmacherhandwerk, im landwirtschaftlichen

Sektor (Kartoffel- und Tabakanbau, Futterklee), in der Konditorei und sogar in der Architektur. So gab es manch wichtige Impulse, die zum Wiedererstarken der Wirtschaft beitrugen. Beispielsweise geht in der markgräflich badischen Stadt Pforzheim die Gründung der dortigen Schmuck- und Uhrenindustrie auf Hugenotten bzw. deren Nachkommen zurück. Die wirtschaftlichen Erwartungen, die insbesondere der württembergische Herzog mit der Ansiedlung der Waldenser verband, erfüllten sich allerdings nicht. Denn diese waren überwiegend unvermögende Bergbauern, die weder Geld ins Land brachten, noch erfolgreiche Wirtschaftszweige einführten. Lediglich der Anbau von Maulbeerplantagen für die Seidenraupenzucht ist als gewerblicher Impuls zu betrachten.

Die Integration der Zuwanderer erfolgte meist nur langsam und erwies sich mitunter als schwierig. Dies hat aber zur Folge, dass bis heute die Spuren der Ansiedlung der Waldenser und Hugenotten sichtbar geblieben sind. Vielerorts erzählen Museen und Ausstellungen von ihrer Geschichte. Kirchliche Traditionen und die oft auffällige städtebauliche Erscheinung der „Kolonien" vermitteln besondere kulturgeschichtliche Aspekte.

Die Themen Exil, Migration und Integration begleiten das gemeinsame kultur- und wandertouristische Projekt „Auf den Spuren der Hugenotten und Waldenser". Weil diese Themen gleichzeitig bedeutende Zukunftsfragen für Europa beinhalten, regt der Kulturfernwanderweg zur Beschäftigung mit entsprechenden Fragestellungen an und soll zu einer positiven Weiterentwicklung unseres Europa-Bewusstseins beitragen.

Projektrahmen und Partner

Das Kooperationsprojekt „Auf den Spuren der Hugenotten und Waldenser" ist aus einer 1998 gebildeten Partnerschaft von hessischen und französischen ländlichen Regionen im Rahmen des damaligen LEADER-Strukturförderprogramms für ländliche Räume der Europäischen Union erwachsen. Bis heute werden einzelne Projekte im Rahmen dieses Förderansatzes unter der Ägide des Hessischen Wirtschaftsministeriums gefördert. LEADER steht als Abkürzung für Liaison entre actions de développement de l'économie rurale.

Heute tragen folgende Einrichtungen aus vier Staaten dieses gemeinsame Vorhaben:
• Der deutsche Trägerverein „Hugenotten- und Waldenserpfad" e. V. mit Sitz in Neu-Isenburg,

- die schweizerische Stiftung VIA mit Sitz in Bern,
- das Waldensische Kulturzentrum in Torre Pellice in Italien und
- der französische Trägerverein „Sur les pas des huguenots" mit Sitz in Die.

Diese Einrichtungen haben sich verpflichtet, auf nationaler Ebene zur Verwirklichung der gemeinsamen Projektziele beizutragen. Damit bei allen nationalen Eigenheiten eine gemeinsame Grundlinie und ein übereinstimmendes Qualitätsniveau beibehalten werden, gibt es eine internationale Koordination und gemeinsame Maßnahmen wie eine Werte- und Qualitätscharta, ein Corporate Design, Informationsblätter und eine internationale Internet-Präsentation. Darüber hinaus werden verschiedene Veranstaltungen gemeinsam durchgeführt.

Der Kulturfernwanderweg greift nicht nur viele Facetten unseres europäischen Kulturerbes in Wirtschaft, Gesellschaft, Kirche und Kultur auf. Er bietet darüber hinaus auch Möglichkeiten für den Wandertourismus und die touristische Entwicklung der Städte und Gemeinden an seinem Verlauf sowie die Chance, das gemeinsame kulturgeschichtliche Erbe für eine zukunftsfähige Entwicklung zu nutzen. Die Hauptziele des Projektes sind:

- die Bewusstmachung und Vermittlung des kulturellen Erbes der Hugenotten und Waldenser zur Förderung der regionalen Identität und Stärkung der touristischen Attraktivität,
- die Schaffung eines internationalen Kulturfernwanderwegs zur Stärkung der regionalen Wertschöpfung,
- die Einbindung neuer Projektpartner zur Ausweitung der Kooperationsmöglichkeiten und
- die Inwertsetzung des gemeinsamen Kulturerbes durch die Anerkennung als „Europäischer Kulturweg" durch den Europarat.

Das gemeinsame Design drückt die gegenseitige Verbundenheit der europäischen Partner aus: eine blaue Scheibe auf einer leicht gewellten grünen Linie, auf der eine Figur mit Hut und Stab positioniert ist. Die Scheibe geht auf den sogenannten „méreau" zurück, ein Zeichen als Beweis für tadellosen Lebenswandel, das eine

Teilnahme am Abendmahl ermöglichte; die Figur ist einer zeit-
genössischen hugenottischen Abbildung entnommen. Die grüne
Linie schließlich steht als landschaftliches Symbol für den Wanderweg durch Süd- und Mitteleuropa. Das Logo des Vereins ist als
Wort- und Bildzeichen geschützt. Es wird in dem entlang des Weges angebrachten Markierungszeichen in vereinfachter Form als
blaue Scheibe mit grüner Linie wieder aufgenommen.

Der Trägerverein in Deutschland leistet mit Themenwanderun-
gen, Ausstellungen, Kulturveranstaltungen und der Herausgabe
von Kartenmaterial eine breite Öffentlichkeits- und Informations-
arbeit. Er bietet weiterhin eine beratende und vernetzende Unterstützung von Vereinsmitgliedern, zum Beispiel bei der Einrichtung
des Wanderwegs und seiner Vermarktung sowie bei der Förderung des Wanderns als Kultur- und Naturerlebnis.

Sowohl natürliche und juristische Personen wie auch Personen-
vereinigungen können Mitglieder des Vereins werden. Im Enzkreis
und in anderen Teilen Baden-Württembergs sind wie in vielen anderen Regionen zahlreiche Kommunen, Naturparks, Tourismus-
einrichtungen sowie Kulturvereine dem Trägerverein beigetreten.
Der Enzkreis selbst ist ebenfalls Vereinsmitglied. Auf diese Weise
ist ein dichtes Netz von lokalen Akteuren entstanden, die vor Ort
dazu beitragen, dass der Weg markiert, das wandertouristische
Angebot gestärkt und das Kulturerbe der Hugenotten und Waldenser in das öffentliche Bewusstsein getragen wird. Ohne diese
örtliche Verankerung wären die Realisierung und eine dauerhafte
Zukunft des Weges nicht möglich. Deswegen bemüht sich der Trägerverein um eine lebendige Vernetzung der Partner entlang des
Weges: Durch ihr gemeinsames Auftreten, gemeinsame Aktionen
und eine gemeinsame Werbung bilden sich Kultur-Wander-Erleb-
nisräume, in denen das Kulturerbe auf vielfältige Weise entdeckt
werden kann.

Die Route des Kulturfernwanderwegs

Der Verlauf des neuen Weitwanderwegs richtet sich nach den tat-
sächlichen historischen Flucht- und Wanderwegen. Der Charakter
des historischen Weges ändert sich allerdings: Während sich die
Glaubensflüchtlinge im französischsprachigen Gebiet teilweise
heimlich fortbewegen mussten, wurden in der Schweiz und den
deutschen Territorien öffentliche Wege und allgemein verfügbare
Transportarten genutzt. Viele der Glaubensflüchtlinge kamen zu
Fuß, etliche fanden erst nach verschiedenen Stationen eine end-

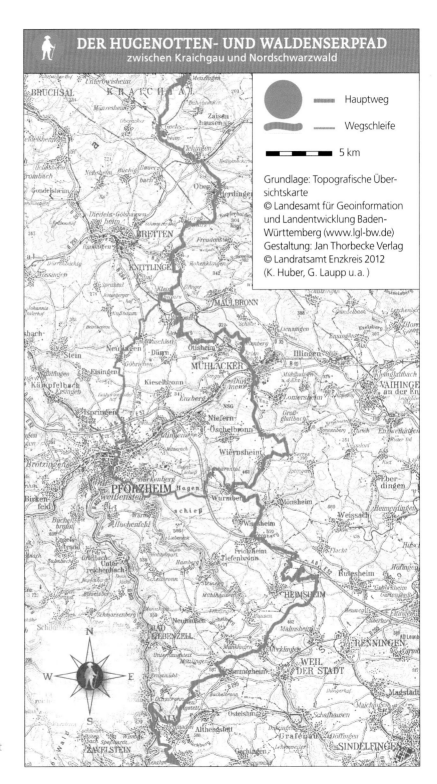

Beim Wandern ist das zweifarbige Markierungszeichen zu beachten. Ein regionaler Routenführer ist in Planung.

gültige neue Heimat. Aus der Flucht wurde Schritt für Schritt und oft über Jahre dauernd ein wirkliches Ankommen.

Von dem Ort Poët-Laval im südfranzösischen Departement Rhône-Alpes sowie von Torre Pellice im italienischen Piemont führt der Weg durch Savoyen bis Genf, dann weiter durch die Schweiz entlang der Aare über Schaffhausen nach Deutschland. Dort geht es durch Hegau und Baar ein Stück entlang des oberen Neckars nach Norden in den Schwarzwald. Hier macht der Weg von Calw aus einen Bogen über Neuhengstett und Simmozheim nach Rutesheim-Perouse und leitet dann an Heimsheim, Friolzheim und Mönsheim vorbei nach Wurmberg. Dort biegt eine Wegschleife über Neubärental nach Pforzheim ab, die über Neulingen führt und in Kleinvillars auf den Hauptweg mündet. Dieser führt von Wurmberg über Wiernsheim und Mühlacker und folgt von Ötisheim an dem bereits seit Jahren vorhandenen Waldenserweg bis nach Großvillars. Kraichtal-Gochsheim, Hilsbach und Schönau sind weitere Stationen auf der Route durch den Kraichgau nach Norden in den Odenwald. Von dort geht es weiter über das Rhein-Main-Gebiet und die hessischen Mittelgebirge bis zum Endpunkt – der Hugenottenstadt Bad Karlshafen an der Nordspitze Hessens.

Kulturwandern im heutigen Enzkreis: Höhepunkte des waldensischen Kulturerbes am „Hugenotten- und Waldenserpfad"

Das Herzogtum Württemberg nahm zum Ende des 17. Jahrhunderts etwa 2.500 reformierte Waldenser und Hugenotten auf. Die meisten kamen aus dem heute italienischen Piemont. Der württembergische Herzog gewährte den Siedlern die freie Ausübung ihrer Religion und sprach ihnen brachliegende Ackerflächen zur Bewirtschaftung zu. Im heutigen Enzkreis liegt eine Reihe von Waldenserorten am Weg und bereichert dessen kulturellen Erlebniswert. Die Orte sollen im Folgenden etwas näher vorgestellt werden. Die auf geometrischem Grundriss basierenden Straßendörfer vermitteln bis heute ein besonderes Bild. So sind die historischen Gebäude schnurgerade nebeneinander aufgereiht und mit dem Giebel des Wohnhauses zur Straße ausgerichtet; der Grundriss der Höfe zeigt die typische „L-Form".

Wurmberg-Lucerne und Wurmberg-Neubärental

Rund 200 Glaubensflüchtlinge wurden auf Wurmberger Gemarkung angesiedelt, sie kamen fast ausschließlich aus dem Queyras, einer Region in den südfranzösischen Alpen. Es handelte sich also eigentlich um Hugenotten, die sich aber einige Jahre in den piemontesischen Waldensertälern aufgehalten hatten. Dort liegt das Städtchen Lucerne (Luserna). Im Gedenken an ihre Heimat bzw. ihren Aufenthalt in den Tälern gründeten die Exulanten in der „Welschen Gasse" (heute Pforzheimer Straße) die „Colonie de Luserne et Queiras et Gailleche", kurz: Lucerne. Hier lebte auch der Kaufmann Anton Seignoret, dem die Einführung der Kartoffel in Württemberg zugeschrieben wird. Von der Geschichte der Glaubensflüchtlinge in Wurmberg zeugen das Waldenserdenkmal an der Pforzheimer Straße sowie Gräber mit waldensischen Familiennamen auf den Friedhöfen in Wurmberg und Neubärental. In diesen Ortsteil, der 1721 von reformierten Protestanten aus Bärenthal bei Beuron gegründet wurde, die eine enge Verbindung mit Lucerne eingingen, führt von Wurmberg aus ein ausgeschilderter Rundweg. Der Verein „Freunde des Queyras" pflegt das waldensische Kulturerbe. Gastronomie, Hotellerie und Versorgungsmöglichkeiten sind im Ort vorhanden.

Wiernsheim-Serres und Wiernsheim-Pinache

Die Kolonien Serres und Pinache wurden 1699 als Ansiedlungen waldensischer Glaubensflüchtlinge gegründet, die Benennung erfolgte nach ihren Herkunftsorten im piemontesischen Chisonetal. In Pinache befinden sich die älteste Waldenserkirche Deutschlands

Wurmberg mit Denkmal und Tafel auf dem Waldenserplatz

Wiernsheim-Serres: Kirche in der Waldenserstraße

Wiernsheim-Pinache: Älteste deutsche Waldenserkirche von 1721 aus dem Jahre 1721 und davor ein neuer Waldenserbrunnen; ein historischer Brunnen von 1747 ist heute vor der Waldenserhalle aufgestellt. Eine Waldenserstube wird bald Einblick in die Ortsgeschichte bieten, und die moderne Skulptur „Waldenserwellen" verbindet gewissermaßen Historie und Moderne. In Serres erinnert ein Waldenserdenkmal mit Brunnen in der Waldenserstraße an die Geschichte der Exulanten. Hier gibt es auch den neu gestalteten Platz des Patoua, benannt nach dem Dialekt der Einwanderer. Die Gesamtgemeinde Wiernsheim bietet ausreichend Versorgungs-, Gastronomie- und Hotellerieangebote.

Ötisheim-Schönenberg und Ötisheim-Corres

In den Ötisheimer Ortsteilen Schönenberg und Corres – Letzteres wird vom Weg nicht direkt tangiert – siedelten sich im Jahr 1700 neben einigen gebürtigen Hugenotten vor allem Waldenser an. Ihr Pfarrer und Anführer Henri Arnaud kam 1701 nach Schönenberg. Sein Haus von 1702 beherbergt heute das Deutsche Waldensermuseum und ist Sitz der Deutschen Waldenservereinigung e. V., es gilt damit als geistiges Zentrum der Waldensernachfahren und -freunde in Deutschland. Die Geschichte der Vertriebenen wird hier eindrucksvoll dargestellt. Außen an der Hofmauer des Henri-Arnaud-Hauses befindet sich eine Gedenktafel zur Einführung der Kartoffel in Württemberg. Der Grabstein Arnauds befindet sich in der nach ihm benannten Waldenserkirche. An das Erbe der Waldenser erinnern auch Grabsteine mit entsprechenden Familiennamen im „Garten der Erinnerungen" hinter dem Waldensermuseum.

Ötisheim-Schönenberg: Henri-Arnaud-Haus mit Deutschem Waldensermuseum

Mühlacker: Arnaud-Brunnen in Dürrmenz

Knittlingen-Kleinvillars: Französischsprachige Balkeninschrift am Alten Rathaus

Mühlacker

Dürrmenz, altes Zentrum der heutigen Großen Kreisstadt Mühlacker, bildete 1699 zunächst den Sammelort für die im Vorjahr aus dem Piemont vertriebenen Waldenser und Hugenotten. Hier leisteten sie ihren Huldigungseid gegenüber Herzog Eberhard Ludwig von Württemberg. Die Neuankömmlinge wurden von dort aus auf ihre neuen Siedlungsorte verteilt. Die fast 500 zunächst in Dürrmenz selbst verbliebenen Einwanderer fanden vorübergehend in den Verteidigungsanlagen (Redouten) der Eppinger Linien eine Bleibe. Später wurden die meisten Bauernfamilien in den umliegenden Gemeinden angesiedelt. In der heutigen Waldenserstraße in Dürrmenz lebten fast ausschließlich hugenottische Handwerker. Der Name der Siedlung „du Queyras" oder auch „Welschdorf" zeugt von der ursprünglichen Heimat ihrer Bewohner. Dem genannten Waldenserpfarrer ist der Arnaud-Brunnen in Dürrmenz gewidmet. Das Heimatmuseum in Mühlacker beschäftigt sich unter anderem mit der Geschichte und Kultur der Glaubensflüchtlinge und präsentiert wertvolle Exponate.

Knittlingen-Kleinvillars

Kleinvillars wurde ebenfalls 1699 zusammen mit dem heute zu Oberderdingen gehörigen Großvillars von Einwohnern aus dem piemontesischen Villar Perosa im Chisonetal gegründet. Bis in die Gegenwart ist die Struktur des Dorfes Kleinvillars stark landwirtschaftlich geprägt. An die ersten Generationen der Siedler erinnern heute noch Häuser, die ihr ursprüngliches Fachwerk zeigen. An deren Eckpfosten sind mehrfach noch Inschriften in französischer Sprache zu lesen. Mit dem „Welschefest" erinnern die Einwohner alle zwei Jahre an ihre Waldenservorfahren, die vor über 300 Jahren hier angesiedelt wurden.

Ausblick

Am 21./22. April 2012 wurde die baden-württembergische Strecke des europäischen Kulturfernwanderwegs „Hugenotten- und Waldenserpfad" mit zahlreichen lokalen Veranstaltungen offiziell eröffnet. Der Trägerverein wird weiterhin die Aktivitäten seiner Mitglieder entlang des Weges unterstützen und die Auszeichnung von Waldenser-Gaststätten und -Herbergen fördern. Gezielte Ver-

Wandern am
Derdinger Horn

öffentlichungen in der Fachpresse sowie die Herausgabe einer thematischen regionalen Wanderkarte und eines Wanderpasses sollen das wandertouristische Interesse stärken. Auf diese Weise entsteht im Enzkreis und darüber hinaus ein interessanter und lebendiger Erlebnisraum, in dem vor allem das waldensische Kulturerbe auf vielfältige Art und Weise vermittelt wird.

Informationen über das internationale Vorhaben sind im Internet unter www.surlespasdeshuguenots.eu zu finden. Der deutsche Trägerverein präsentiert sich unter www.hugenotten-waldenserpfad.eu. Über die Adresse info@hugenotten-waldenserpfad.eu kann man Anfragen zur Wegführung, Kartenherausgabe und zu den Vereinsaktivitäten stellen sowie Informationsmaterial erhalten.

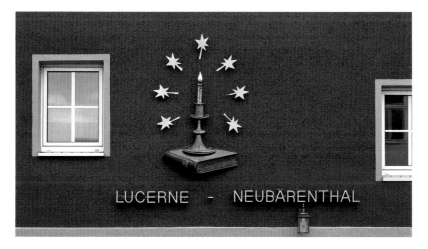

Neugestaltete
Fassade am
ehemaligen
Pfarrhaus der
reformierten
Gemeinde in
Wurmberg

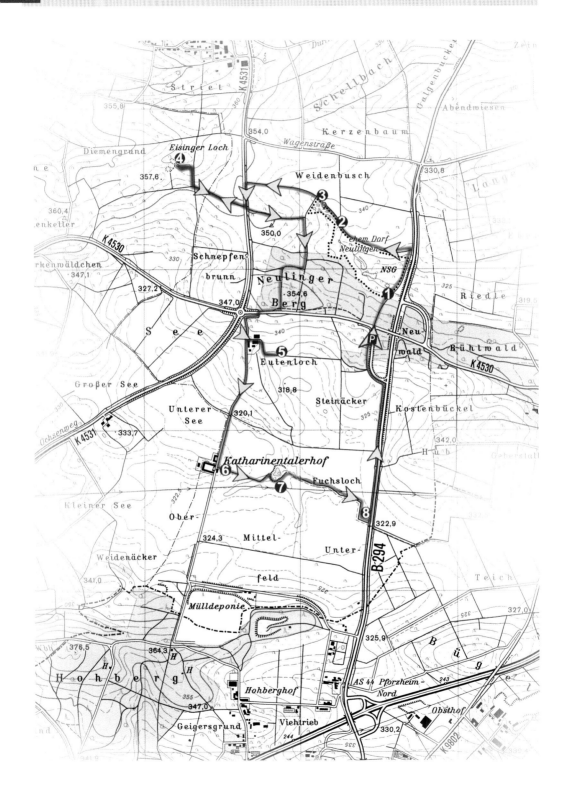

REGINE EINFELD – MIT FOTOS VON GÜNTER BECK

Die Katharinentaler Senke –
ein Spaziergang mit Ein- und Ausblicken

Fährt man auf der Bundesstraße 294 von Pforzheim aus nach Norden, erstreckt sich zu beiden Seiten eine flachwellige, landwirtschaftlich genutzte Landschaft. Wenig spektakulär – so der erste Eindruck, doch es lohnt sich etwas genauer hinzusehen: Wir befinden uns in der Katharinentaler Senke, mit rund elf Quadratkilometern eines der größten oberirdisch abflusslosen Gebiete Europas. All diejenigen, die hier häufiger unterwegs sind, kennen die Reize, die diese Landschaft erst „auf den zweiten Blick" preisgibt. Begeben wir uns daher auf einen Spaziergang durch dieses Gebiet, das zu jeder Jahreszeit eine ganz eigene Stimmung vermittelt und das in geologischer, wasserwirtschaftlicher, ökologischer und geschichtlicher Hinsicht viele interessante Aspekte aufweist.

Blick von der
Deponie Hohberg
nach Norden

Beginnen wollen wir unseren Rundgang am Parkplatz an der Kreuzung der Bundesstraße 294 mit der Kreisstraße zwischen Eisingen und Kieselbronn. Nach der Querung der Kreisstraße blicken wir nach kurzem Weg durch den Wald auf ein offenes Wiesengelände hinunter.

Ein Blick in die Erdgeschichte (Station 1)

Hier wollen wir uns zunächst einige Gedanken über die geologischen Bedingungen machen, unter denen die Katharinentaler Senke entstand: Zu Anfang des Erdmittelalters (vor ca. 230 Millionen Jahren) war ganz Südwestdeutschland von einem Meer bedeckt. Die Ablagerungen aus abgestorbenen Lebewesen dieses Meeres bildeten kalkige Gesteine („Muschelkalk"), die im gesamten Kraichgau, zu dem die Katharinentaler Senke gehört, nahe der Erdoberfläche zutage treten. Während der letzten Eiszeiten wurde durch den Wind Löß – winzige, von Kalk ummantelte Staubkörner – auf den freiliegenden Muschelkalkflächen abgelagert. Insbesondere in den Mulden und Senken sind großflächige und bis zu 30 Meter tiefgründige Lößbereiche erhalten geblieben. Durch die Einwirkung von Niederschlägen verwitterten diese Ablagerungen zu außerordentlich fruchtbaren Lößlehmböden. Diese fruchtbaren Gebiete wurden bereits sehr früh besiedelt, der Wald wurde gerodet und die Flächen wurden landwirtschaftlich genutzt. Auch der soeben durchquerte Wald war bis ins 17. Jahrhundert noch Ackerfläche. Nach dem Dreißigjährigen Krieg, als viele Äcker unbebaut blieben, fiel diese Fläche als herrenloses Erbe an den Markgrafen von Baden und wurde allmählich von Wald überwachsen. 1798 forstete man eine kleine Fläche Gemeindewald, den „Neuwald", zusätzlich auf.

Beim Blick vom Waldrand auf die tiefer gelegenen Wiesen fallen uns einige eingesenkte Stellen ins Auge. Diese sind durch die geologische Situation zu erklären: Dort, wo Regenwasser durch Risse im Boden zum Kalk-Gestein durchdringt und dieses auflöst, senkt sich der Boden. Derartige Erdsenken und Erdfälle – die wir im weiteren Verlauf unseres Spaziergangs zu sehen bekommen werden – fasst man unter dem Begriff Doline (von *dolina*, slawisch: Tal) zusammen.

Wir folgen dem Weg bergab und biegen in den nächsten Feldweg links ein. Nach einigen Hundert Metern sehen wir links des

Weges einen kleinen Graben – Zeit zum Innehalten und für unsere nächste Information.

Dolinen im Bereich des ehemaligen Dorfes Nidlingen (Naturschutzgebiet)

Ein Blick auf ein verschwundenes Dorf (Station 2)

Ungefähr hier – zwischen den beiden Quellarmen des Neulinger Grabens – lag im Mittelalter Alt-Neulingen, ursprünglich ein Runddorf, das später durch Erweiterung und Anlage eines Straßenangers am nördlichen Quellarm erweitert wurde. In fränkischer Zeit war dieses Dörfchen planmäßig von einem Herrenhof ausgehend entstanden. Für die erste Hälfte des 12. Jahrhunderts ist *Nidlingen* erstmals urkundlich erwähnt. Dem Wandel der Sprache von Alt- zu Mittel- und dann Neuhochdeutsch entsprechend wurde Nidlingen zu Nidelingen, Nydlingen, Neidlingen und dann schließlich zu Neulingen. Der Name hat also nichts mit unserem heutigen Begriff „neu" zu tun, sondern leitet sich von dem Personennamen Nidilo ab. In seiner Blütezeit, etwa 1150 bis 1250, war Nidelingen mit etwa 48 Hofstellen und 350 Einwohnern ein großes Dorf. 1367 wurde es bei einem Rachefeldzug des Ritterbundes der „Schlegler" gegen den Grafen von Württemberg, dem damaligen Besitzer von Nidelingen, weitgehend zerstört, die Bewohner flohen in die Nachbardörfer. Anfang des 15. Jahrhunderts war das Dorf zumindest teilweise bewohnt und die Kirche wieder aufgebaut. Um 1450 wurde es endgültig von seinen Bewohnern aufgegeben und die Fläche wurde zur „Wüstung".

Grenzstein von 1754 (badische Seite) im „Neulinger Berg"

Als 1970 im Zuge der Gemeindereform der Zusammenschluss der Ortschaften Göbrichen, Bauschlott und Nußbaum auf der Tagesordnung stand und über den Namen der neuen Gemeinde nachgedacht wurde, begaben sich die Gemeinderäte auf die Suche nach Altneulingen, das lange Zeit an ganz anderer Stelle vermutet worden war. Lokalisiert wurde es letztendlich durch hinweisende Wegenamen in den Nachbargemeinden.

Der kleine Graben, an dem wir stehen geblieben sind, ist nur etwa 500 Meter lang. Wie alle Fließgewässer der Katharinentaler Senke versickert er im Untergrund – in einer der Erdsenken, die wir vorhin vom Waldrand aus gesehen haben. Auf seinem kurzen Lauf wird der Graben von feuchtigkeitsliebenden Pflanzengesellschaften gesäumt: Igelkolbenröhrichte, Hochstauden mit Kohlkratzdistel, Mädesüss und Baldrian, Waldsimse und Seggen (Sauergräser). Nicht nur Spaziergänger und Fahrradfahrer wissen die

Naturschutzgebiet „Neulinger Dolinen"

Abwechslung inmitten der landwirtschaftlichen Fluren zu schätzen, sondern auch eine Vielzahl von Tierarten findet hier Lebensräume. Nach einigen Schritten erreichen wir den Ursprung des
Grabens – eine sumpfige Quellmulde.

Ein Blick in die Natur (Station 3)

Hier, an der nordwestlichen Grenze des kleinen Naturschutzgebie-
tes „Neulinger Dolinen", wollen wir unser Augenmerk auf Flora
und Fauna des Gebiets richten. Dieses Naturschutzgebiet wurde
1981 ausgewiesen, um die Wiesenlandschaft der abflusslosen
Senke mit ihren charakteristischen Röhrichten, Quell- und Hoch-
staudenfluren, Gebüschen und Baumgruppen sowie einem Doli-
nenfeld mit fünf Erdsenken als geologische Besonderheit zu schützen. Insbesondere im Frühjahr fallen im Quellgebiet und an
besonnten flachen Stellen am Graben die leuchtend gelben Blüten
der Sumpfdotterblume (Caltha palustris) ins Auge. Nach ihr ist die
Pflanzengesellschaft der Nasswiesen (Calthion) benannt. Durch
Entwässerungsmaßnahmen ist sie landesweit selten geworden.
Sie wächst auch – wie hier – an Gräben, Bächen und Quellen. Die
Blüten bleiben bei Regen geöffnet und füllen sich daher mit Was-
ser. Über den Wasserspiegel in der Blüte werden die Pollen auf die
Narben übertragen – es kommt zur Selbstbestäubung. Auch die
Samen werden mit dem fließenden Wasser verbreitet. Früher hat
man ihre Blätter im Salat verwendet sowie die Blütenknospen ein-

Sumpfdotter-
blume

Bachnelkenwurz

gelegt und als „Deutsche Kapern" gegessen – allerdings ist dies nicht zur Nachahmung empfohlen, da die Pflanze leicht giftig ist.

Auch die rötlichen nickenden Blüten der Bachnelkenwurz, die ihren Namen dem nach Nelken riechenden Wurzelstock verdankt, können wir zu dieser Jahreszeit leicht ausmachen. Die Pflanze des Jahres 2007 steht im Kraichgau auf der „Vorwarnliste", da ihr Lebensraum – feuchte bis nasse Wiesen – immer seltener zu finden ist. Mit viel Glück können wir eine Hummel beobachten, die eine Blüte anbeißt – eine wenig elegante, aber sehr effektive Methode, um zum begehrten Nektar zu gelangen.

Die Streuobstwiesen nördlich des Neulinger Berges bieten insbesondere im Frühjahr einen sehr ansprechenden Anblick. Wir sehen hier vorwiegend alte Kirschbäume, vereinzelt auch einen Apfel- oder Birnbaum. Die Obstbaumblüte zieht eine Vielzahl verschiedener Insekten an; kleinere und größere Baumhöhlen werden von Vögeln (zum Beispiel Steinkauz, Wendehals, Grünspecht), Fledermäusen und Kleinsäugern (wie dem Siebenschläfer) aufgesucht. Unter lockerer Rinde am Stamm können sich Hornissen einnisten, und verschiedene Käferarten nutzen ganz bestimmte Teile der Bäume: die Bereiche unter der Rinde lebender Bäume, das Holz der Stämme oder trockene abgestorbene Zweige oder die Blätter. In Streuobstwiesen sind mehrere Tausend Pflanzen- und Tierarten zu finden. Streuobstwiesen – ganz besondere Kombinationen aus Wiese und Bäumen – gehören damit zu den artenreichsten und vielfältigsten Lebensräumen in Mitteleuropa.

Absterbende und neu aus-
treibende Salweide

Wir folgen dem Feldweg in Richtung Bundesstraße, überqueren diese und gehen weiter in Richtung Westen. Am übernächsten
Weg biegen wir nach rechts ab und erreichen die „Eisinger Lö-
cher".

Einblick in die Unterwelt (Station 4)

Am Erdfall des alten Eisinger Lochs können wir über Treppen ein
Stück weit in die Unterwelt eintauchen. Wie bereits erwähnt, prägen die Gesteine des Muschelkalks das Gesicht der Katharinenta-

Das alte Eisinger Loch

ler Senke. Diese Gesteine – insbesondere die Kalksteine des oberen Muschelkalks sowie die Gips- und Salzlager des Mittleren
Muschelkalks – werden besonders schnell von Wasser ausgelaugt.
Die Bezeichnung Karst kennzeichnet eine Landschaft, in der solche Vorgänge zu einem zerklüfteten Untergrund geführt haben.
Treffen unterirdische Aushöhlungen und oberirdische Erdsenken
aufeinander und wird die Decke der Höhle zu dünn, so kann sie
plötzlich einstürzen und ein Erdfall setzt ein – ein durchaus häufiger Vorfall in Karstgebieten.

Das alte Eisinger Loch – 40 Meter lang, 20 Meter breit, 21 Meter
tief – entstand bereits in vorgeschichtlicher Zeit und wurde im
Hochmittelalter als Kiesgrube genutzt. Hier wurde das Baumaterial für die Straße zwischen Eisingen und Neulingen gewonnen.

Nur 100 Meter vom bekannten alten Eisinger Loch entfernt entdeckte am 14. Dezember 1966 ein Schäfer eine kreisrunde Öffnung
im Erdreich. Ein neuer Erdfall hatte zur Entstehung des neuen Eisinger Lochs geführt, das – wie das Geologische Landesamt später
ermittelte – heute insgesamt 14 mal 7 Meter misst und 45 Meter in

die Tiefe reicht. Welchen Eindruck dieses Ereignis damals hinterließ, vermittelt die Überschrift der Pforzheimer Zeitung: *Seit ges-
tern ein zweites Eisinger Loch – Heimtückischer Erdeinbruch entdeckt – nahezu 40 m tief – Polizei warnt eindringlich.*

Von den Eisinger Löchern nehmen wir den gleichen Weg zurück und wenden uns an der Naturschutzgebietsgrenze nach
rechts in Richtung Süden. Im Neulinger Wald biegen wir nach
rechts ab und gehen dann wieder südwärts. Nach kurzem Anstieg
sind wir auf dem Neulinger Berg angekommen – ehemals Standort
einer Burg, die Pfalzgraf Gottfried von Calw im 12. Jahrhundert
hatte erbauen lassen. Wir überqueren die Kreisstraße zwischen
Eisingen und Kieselbronn und befinden uns nun auf dem „Hügel-

Das neue Eisinger Loch mit
Informationstafel

Die alte „Römerstraße" zwischen Pforzheim und Bretten

land-Wanderweg", einer alten Straße zwischen Bretten und Pforzheim, die vielleicht in römische Zeit zurückreicht.

Ein Blick ins „Schluckloch" (Station 5)

Ein kleiner Abstecher führt uns nach links zum „Eulenloch", der ersten einer ganzen Reihe von Dolinen. Die starke Verkarstung im Untergrund bestimmt die Hydrogeologie der Senke. Die Entwässerung erfolgt nicht oberflächig über Bäche, sondern über Dolinen, die man daher früher auch „Schluklöcher" nannte. Das „geschluckte" Oberflächenwasser gelangt direkt in die unterirdischen

Nach starken Niederschlägen bilden sich Wasserflächen.

Klüfte und Hohlräume. In der Katharinentaler Senke gibt es zwei Grundwasserstockwerke, die aber nicht vollständig voneinander getrennt sind. In verschiedenen Färbeversuchen wurden Abflüsse hauptsächlich nach Nordosten, aber auch in westliche und südliche Richtungen festgestellt. Bis zu den Trinkwasserbrunnen der Stadt Bretten benötigt das in den Dolinen versickernde Wasser nur wenige Tage! Karstgrundwasserleiter mit ihren weit verzweigten unterirdischen Hohlraumsystemen sind aufgrund dieser hohen Fließgeschwindigkeiten ausgesprochen empfindlich gegen Verunreinigungen. Zum Schutz des Einzugsgebietes der Brettener Brunnen wurde 1992 daher das Wasserschutzgebiet „Bauschlotter Platte" ausgewiesen, mit über 3.500 Hektar damals das größte Wasserschutzgebiet im Enzkreis. Es umfasst Teile der Gemarkungen von Neulingen, Knittlingen, Ölbronn-Dürrn, Kieselbronn, Eisingen, Ispringen und Pforzheim. Nach ausgedehnten Regenfällen führt uns dieser Spaziergang durch eine „Tümpel-Landschaft". Die „Schlucklöcher" können nämlich die in kurzer Zeit anfallenden großen Wassermengen nicht aufnehmen – das Wasser sammelt sich in den Mulden. Im Mittelalter wurden daher Entwässerungs-

gräben angelegt, die das Wasser von den Feldern zur größten Doline in der Katharinentaler Senke, der Fuchslochdoline, abführten.

Einblick in die Geschichte (Station 6)

Folgen wir dem Hügelland-Wanderweg weiter nach Süden, so erreichen wir nach einigen Hundert Metern den Katharinentalerhof,
der auf eine wechselvolle Geschichte zurückblickt. Ursprünglich
war das Hofgut ein Geschenk des Markgrafen Friedrich Magnus
von Baden an seine Schwester Catharina. Die Göbricher Bürger
hatten bereits im Vorfeld – nachdem sie vom Vorhaben des Markgrafen erfahren hatten – mehrere Bittbriefe geschrieben – ohne
Erfolg, denn sie wurden nach 1704 für den Aufbau des damals als
Heumahden bezeichneten Hofes bedingungslos enteignet. Das
Gut, auf dem Acker- und Viehwirtschaft (vor allem Schafhaltung)
betrieben wurde, hat man 1733 in *Cammerguth Katharinental* um-
benannt. Der Hof brannte 1804 vollständig ab. Caroline, die Frau
des Großherzogs Karl Friedrich von Baden, beauftragte Friedrich

Frühjahrsabend
am Katharinen-
talerhof

Blick auf die Biogasanlage am Hohberg

Weinbrenner, der das klassizistische Stadtbild von Karlsruhe maßgeblich geprägt und auch das nahe gelegene Schloss Bauschlott
erbaut hat, mit dem Wiederaufbau. Mit Ausnahme einiger Jahre
ab 1923, als es die Badische Landwirtschaftskammer der Freien Republik Baden bewirtschaftete und zu einem Musterbetrieb ausge-
staltete, blieb das Hofgut in Verwaltung durch das markgräfliche
Haus Baden. Im Jahr 1992 wurde das 150 Hektar große Hofgut von
der Stadt Pforzheim aufgekauft. Das eindrucksvolle denkmalgeschützte Ensemble umfasst mehrere voneinander getrennte
Gebäude; direkt am Weg liegt das Wohnhaus mit der Verwaltung.
Seit 2007 beherbergt der Hof in einem umgebauten Stallgebäude
die Galerie der Künstlergilde Buslat, die hier in monatlichem Wechsel Kunstausstellungen organisiert; Besichtigungen sind am Wochenende möglich.

   Vom Katharinentalerhof aus erblicken wir im Süden die ehemalige Mülldeponie der Stadt Pforzheim, den Hohberg. Diese wurde
nach Beendigung des Betriebs abgedichtet. Als sinnvolle Folge-
nutzung wird hier seit Ende 2009 in großem Umfang Solarstrom

erzeugt. Auf dem Südhang der Deponie wurden Solarmodule mit insgesamt fast 9.000 Quadratmetern Fläche errichtet. Die Strommenge, die mit ihnen erzeugt wird – 1,1 Millionen Kilowattstunden jährlich – entspricht in etwa dem Strombedarf von 400 Haushalten. Daneben können wir die Türme zweier großer, 2007 erbauter Biogasanlagen erkennen, deren Abwärme zur Trocknung von Holzpellets benutzt wird.

Ein Ausblick auf vernetzte Lebensräume (Station 7)

Auf einem kleinen Weg Richtung Osten gelangen wir vom Hofgut nach wenigen Hundert Metern zur bereits erwähnten Fuchslochdoline. Diese zuvor stark beeinträchtigte und teilweise verfüllte Doline war im Jahr 1987 auf Betreiben des Wasserwirtschaftsamtes Freudenstadt saniert worden. Ende der 1990er Jahre wurden vom Amt für Umweltschutz der Stadt Pforzheim die unmittelbare Umgebung der Doline und die Randbereiche des zuführenden Grabens aus der Nutzung genommen und durch Pflanzungen vor Einträgen von Pflanzenschutz- und Düngemitteln geschützt; damit entstanden auch Lebensräume für Tier- und Pflanzenarten.

Panoramaaufnahme an der Fuchslochdoline

Außerdem wurde damals auf dem gesamten Gelände des Hofgutes, zu dem auch das Fuchsloch zählt, die Biotopvernetzungskonzeption Bauschlotter Platte umgesetzt. Heckenzüge und Obst-

Beim Katharinentalerhof

baumreihen wurden entlang der Wege und Flurstücksgrenzen gepflanzt, um Lebensraum-Korridore in der ausgeräumten landwirtschaftlich intensiv genutzten Landschaft zu schaffen. Die Baum- und Strauchpflanzungen bieten auch ein wenig Schutz vor

den kalten Winden, die mitunter durch die Katharinentaler Senke pfeifen.

Jenseits des Fuchsloches gehen wir weiter in östliche Richtung und kommen nach wenigen Minuten an der Bundesstraße an. Ein Blick in südöstlicher Richtung auf die andere Seite zeigt uns das neu erschlossene, 50 Hektar große Gewerbegebiet „Buchbusch" der Stadt Pforzheim.

Konkurrierende Interessen – ein Überblick (Station 8)

Bereits Ende der 1960er Jahre zog man die Katharinentaler Senke für Großprojekte in Betracht. So gab es Pläne, den Stuttgarter Flughafen bei Leinfelden-Echterdingen zu einem Großflughafen auszubauen. Als einer von mehreren Standorten wurde im Jahr 1970 auch der Katharinentalerhof diskutiert. Für den Flughafen hätte die Katharinentaler Senke weiträumig eingeebnet und die Bundesstraße 294 von Pforzheim nach Bauschlott und Bretten in einem weiten Bogen um das Gelände herumgeführt werden müssen. In Pforzheim und den umliegenden Ortschaften formierte sich in einer „Kommunalen Arbeitsgemeinschaft" bald Widerstand gegen das Großprojekt. Die Senke wurde schließlich verschont, denn letztendlich stufte man die oftmals nebelige Ebene als nicht ausreichend geeigneten Standort für einen Flughafen ein.

Anfang der 1990er Jahre wurde – im Zusammenhang mit dem Verkauf des Hofgutes an die Stadt Pforzheim – erneut intensiv über die Umnutzung der Katharinentaler Senke diskutiert. Planungen für großflächigen Lehmabbau, eine Biokompostieranlage, eine Müllverbrennungsanlage sowie ein großes Gewerbegebiet bedrohten damals die Senke und riefen Proteste hervor, die im März 1992 in einer großen Kundgebung mit Hunderten von Menschen gipfelten. Zwar wurden die Planungen zum Lößlehmabbau und zur Müllbehandlung an der Deponie Hohberg nicht realisiert; die Stadt Pforzheim jedoch verfolgte weiterhin ihre Gewerbegebietspläne. Mitte der 1990er Jahre wurde zunächst das Gewerbegebiet Hohenäcker südlich der A 8 fertiggestellt, für das in einem aufwändigen Verfahren der ein Kilometer lange Obsthofstollen gebaut werden musste, um Abwasser und belastetes Regenwasser aus der vorfluterlosen Senke in das Einzugsgebiet der Enz zu leiten. Ende der 1990er Jahre setzte Pforzheim zum „Sprung über die Autobahn" an und nahm das Gewann „Buchbusch" als gewerbliche Baufläche in die Fortschreibung des Flächennutzungsplans

auf. Im Jahr 2000 brachte der Gemeinderat dann das Bebauungs-
planverfahren auf den Weg. Dass ein über 50 Hektar großes Gewerbegebiet auf hochproduktiven Böden in der freien Landschaft
ohne Bedarfsnachweis gebaut werden sollte, rief die Arbeitsgruppe Ökologie und Umwelt der Lokalen Agenda, Teilgruppe
„Flächenverbrauch", auf den Plan, die sich in einer Stellungnahme
gegen das Gewerbegebiet aussprach und im April 2002 einen Aktionstag vor Ort veranstaltete. Nicht nur die besondere wasser-
wirtschaftliche Problematik, auch die hohe landwirtschaftliche
Produktivität des Gebiets, die Bedeutung für die Kaltluftproduk-
tion und als Naherholungsgebiet sind gewichtige Argumente gegen eine Bebauung und gewerbliche Nutzung der Katharinentaler Senke. Inzwischen ist das Gewerbegebiet erschlossen. Da
aufgrund der hydrogeologischen Verhältnisse in der Katharinentaler Senke kein Abwasser in den Untergrund gelangen darf,
musste für 11 Millionen Euro ein Abwasserpumpwerk gebaut werden, das belastetes Wasser in den Obsthofstollen hebt. 2012 sie-
delte sich im „Buchbusch" die Firma Amazon an.

Firma Amazon im Gewerbegebiet Buchbusch

Nach diesem kleinen Exkurs zu Interessenskonflikten biegen wir nach links auf den Feldweg neben der Bundesstraße ein. Große Ackerflächen breiten sich zu unserer Linken aus. Der Gewann-Name „Steinäcker", der sich bis etwa 1600 zurückverfolgen lässt, beschreibt anschaulich die Beschaffenheit des Untergrundes. Aus den Gesteinen des Oberen Muschelkalks haben sich hier, wo keine Lößdecke aufgeweht wurde, steinige Böden entwickelt, die mühselig zu bearbeiten waren. Leuchtet diese Namensgebung Spaziergängern auch heute noch unmittelbar ein, so gibt der „Kostenbückel" auf der gegenüberliegenden Seite der B 294 zunächst Rätsel auf. Es sind die Esskastanien – mundartlich Kästen –, die dort Pate standen. Mit diesen Erkenntnissen über die Entschlüsselung alter Flurnamen vertreiben wir uns die letzten – eher unattraktiven – Minuten unseres Rückwegs zum Parkplatz. Der Rundweg hat uns nicht in unberührte Natur geführt. Er schärfte aber vielleicht ein wenig unseren Blick auf Vergangenheit, Gegenwart und Zukunft einer Landschaft, die wie keine zweite im Enzkreis durch jahrhundertelange Siedlungstätigkeit des Menschen geprägt wurde.

Steiniger Boden im Gewann „Steinäcker"

Sonnenuntergang über dem Katharinentalerhof

Literatur

Hackl, Stefan: Die Ortsnamen Keltern, Neulingen, Remchingen und Straubenhardt im Enzkreis. In: Greule, Albrecht und Stefan Hackl: Der Südwesten im Spiegel der Namen. Gedenkschrift für Lutz Reichardt. Stuttgart 2011, S. 53–72.

Tölke, Heinrich: Göbrichen/Neulingen. Monographie eines Dorfes und einer Landschaft im Norden Pforzheims, 2 Bände. Bad Liebenzell 1995.

Die Naturschutzgebiete im Regierungsbezirk Karlsruhe. Hg. von der Bezirksstelle für Naturschutz und Landschaftspflege Karlsruhe. Stuttgart 2000.

Pforzheimer Zeitung vom 16. Dezember 1966.

Anmerkungen

Der Beitrag entstand aus der Idee heraus, den am 15. April 2011 im Rahmen der Enzkreis-Veranstaltungsreihe „Kulturlandschaften" durch die Autorin und Herrn Dr. Axel Krebs geführten Rundgang rund um den Neulinger Wald in schriftlicher Form zu veröffentlichen.

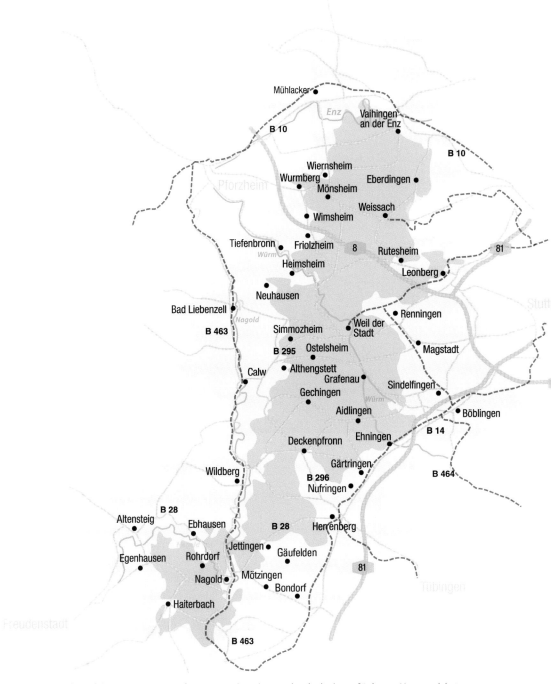

Das Projektgebiet PLENUM Heckengäu mit seinem dunkel eingefärbten Kerngebiet

BÄRBEL RUOF UND CORA HÖRSTMANN

PLENUM Heckengäu –
ein Naturraum entpuppt sich

PLENUM ist ein neuartiges Förderprogramm, das im Jahr 1993 von der Landesanstalt für Umweltschutz Baden-Württemberg entwickelt wurde. Der Begriff steht dabei als Abkürzung für *Projekt des Landes Baden-Württemberg zur Erhaltung und Entwicklung von Natur und Umwelt*.

Derzeit gibt es fünf Projektgebiete, zu denen das Heckengäu seit November 2002 gehört. In der ersten Phase von PLENUM Heckengäu, die 2009 auslief, wurden mit einer Gesamtsumme von ca. 1,4 Mio. Euro mehr als 200 Projekte gefördert und Investitionen von rund 3,3 Mio. Euro angestoßen. Zahlreiche Akteure beteiligten sich als Antragsteller, Projektträger, Ideengeber oder Netzwerkpartner am regionalen Entwicklungsprozess. Besonders hervorzuheben ist dabei die bis dato einzigartige Zusammenarbeit der vier Landkreise Enzkreis, Böblingen, Ludwigsburg und Calw. Das Projekt wurde um weitere fünf Jahre bis 2014 verlängert.

Projektgebiet Heckengäu

Das Projektgebiet Heckengäu erstreckt sich zwischen Mühlacker im Norden und Haiterbach im Süden. Im Westen wird es begrenzt durch den Nordschwarzwald und im Osten durch Strohgäu und Korngäu. Da sich PLENUM nicht an Gemeindegrenzen, sondern an naturräumlichen Gegebenheiten orientiert, quert es Gemeindegebiete: Jede Gemeinde, die einen Anteil am Kerngebiet hat, zählt als PLENUM-Gemeinde. Das Heckengäu umfasst eine Gesamtfläche von 1.111 Quadratkilometern, wovon 481 als Kerngebiet definiert sind.

Die Siedlungsstruktur ist geprägt durch kleine Gemeinden und Städte. Ein Großteil der Bevölkerung pendelt zu den größeren Städten am Rand des Projektgebiets in denen internationale Großkonzerne wie Daimler, Porsche und IBM ansässig sind. Innerhalb des Heckengäus liegt der Schwerpunkt auf mittelständischen Handwerks- und Dienstleistungsunternehmen. Landwirtschaftliche Voll- und Nebenerwerbsbetriebe sorgen für eine weitgehend flächendeckende landwirtschaftliche Nutzung.

Durch die im Gebiet verlaufenden Bundesautobahnen A 8 und A 81, mehrere Bundesstraßen und eine S-Bahn-Verbindung ist das Heckengäu mit dem Ballungsraum Stuttgart verbunden. Dies spielt nicht nur für den Pendlerverkehr, sondern auch für den Naherholungstourismus eine wichtige Rolle.

Landkreis Böblingen		
Gemeinde	Fläche (ha)	Einwohnerzahl
Aidlingen	2.656	9.116
Böblingen	3.904	46.432
Deckenpfronn	1.142	2.983
Ehningen	1.780	7.979
Gärtringen	2.021	12.093
Grafenau	1.304	6.659
Herrenberg	6.571	31.432
Jettingen	2.111	7.619
Leonberg	4.873	45.587
Magstadt	1.912	8.820
Renningen	3.113	17.256
Rutesheim	1.624	10.145
Sindelfingen	5.085	60.685
Weil der Stadt	4.317	19.133
Weissach	2.214	7.528
Summe	44.627	293.467

Enzkreis		
Gemeinde	Fläche (ha)	Einwohnerzahl
Friolzheim	854	3.664
Heimsheim	1.432	5.251
Mönsheim	1.678	2.732
Mühlacker	5.432	25.848
Neuhausen	2.976	5.403
Tiefenbronn	1.479	5.427
Wiernsheim	2.462	6.474
Wimsheim	806	2.657
Wurmberg	736	2.909
Summe	17.855	60.365

Landkreis Calw		
Gemeinde	Fläche (ha)	Einwohnerzahl
Altensteig	5.322	11.110
Althengstett	1.916	8.020
Bad Liebenzell	3.380	9.406
Calw	5.988	23.548
Ebhausen	2.456	4.817
Egenhausen	1.002	1.938
Gechingen	1.468	3.875
Haiterbach	2.892	5.704
Nagold	6.309	22.673
Ostelsheim	923	2.485
Rohrdorf	393	1.947
Simmozheim	950	2.833
Wildberg	5.668	10.014
Summe	**38.667**	**108.370**

Landkreis Ludwigsburg		
Gemeinde	Fläche (ha)	Einwohnerzahl
Eberdingen	2.621	6.524
Vaihingen	7.341	28.919
Summe	**9.962**	**35.443**

Quelle: Statistisches Landesamt Baden-Württemberg (Stand 2008)

Naturraum Heckengäu

Das Heckengäu gehört zur südwestdeutschen Schichtstufenlandschaft. Sein Landschaftsbild ist geprägt durch flachgründige, steinige Muschelkalkböden, in denen Niederschlag schnell versickert. Auf dem beständig trockenen Untergrund gedeihen Wacholderheiden sowie Mager- und Halbtrockenrasen, die als typische Biotope dieser Landschaft durch Beweidung mit Schafen und Ziegen erhalten und gepflegt werden.

Die kleinen Parzellen der Kulturlandschaft werden durch unzählige Lesesteinriegel und daraus erwachsene Feldhecken voneinander abgegrenzt und vor Erosion geschützt. Diese teilweise natürlichen Begrenzungen liegen den Projektteilnehmern am Herzen, denn sie bieten als Relikte vergangener Bewirtschaftungsweise vielfältigen Lebensraum für Wärme liebende Reptilien wie Eidechsen und Schlangen.

An Talhängen liegen ausgedehnte Streuobstwiesen und Reste naturnaher Wälder. Natürliche Waldentwicklung gibt es im Heckengäu kaum, Waldsäume sind häufig nicht optimal ausgeprägt. Mitverantwortlich dafür sind nicht standortgerechte Aufforstungen in der Vergangenheit. Aufgrund der Standortvielfalt könnten die damaligen Mittel- und Niederwälder jedoch wiederhergestellt werden.

Nur wenige Fließgewässer haben sich in die kuppig-wellige Hochfläche eingeschnitten. In Talauen befinden sich aber nasse Wiesen, naturnahe Bachabschnitte, feuchte Hochstaudenflure und Röhrichte, die einen reizvollen Kontrast zu den wasserlosen Hochflächen, Mulden und Trockentälern bilden.

Im Zentralbereich ist das Heckengäu locker, im Übergang zum angrenzenden Schwarzwald großflächig bewaldet. Die Buche ist eine der vorherrschenden Baumarten, je nach Waldgebiet zusammen mit Kiefer und Eiche oder mit Ahorn und Esche. Den Unterwuchs der Wälder bildet eine dichte, artenreiche Kraut- und Strauchschicht.

Bedingt durch den Windschatten des Schwarzwaldes herrscht im Heckengäu leicht kontinentales Klima mit geringen Niederschlägen. Die Temperaturunterschiede zwischen Sommer und Winter sind größer als in den umliegenden Landschaften.

Erst während des letzten Jahrhunderts entwickelte sich im Heckengäu die heutige landschaftliche Vielfalt. Während der letzten Jahrzehnte wurde jedoch auch die Infrastruktur stark erweitert und ausgebaut. Durch Neubesiedelung, Straßenbau und Industrie sind heute die Lebensräume zahlreicher seltener Pflanzen und Tiere gefährdet.

Projektziel Naturschutz

Viele Biotope liegen wie Oasen in übernutzter Landschaft. Sie zu erhalten, ist Aufgabe des Naturschutzes. In Baden-Württemberg ist es unter erheblichem Aufwand gelungen, fast sieben Prozent der Landesfläche unter qualifizierten Schutz zu stellen. Trotz aller Anstrengungen konnten Artenschwund und ökologische Verarmung unserer Landschaft allerdings nicht aufgehalten werden. Die einzelnen Naturschutzgebiete sind einfach zu klein, auch leben nur 30 bis 50 Prozent der heimischen Tier- und Pflanzenarten in den Schutzgebieten. Versuche, großflächigere Naturschutzgebiete auszuweisen, sind gescheitert.

Im Projektgebiet Heckengäu will PLENUM neue Wege einschlagen: Statt einer „Käseglocke", also großflächig hoheitlichem Schutz, soll durch Verknüpfung von Naturschutz, Land- und Forstwirtschaft, Handwerk, Tourismus und Kultur die Umwelt nachhaltig von unten nach oben geschützt und weiterentwickelt werden.

PLENUM setzt sich für die Sicherung, Vergrößerung und Entwicklung von Lebensräumen ein und unterstützt umweltverträgliche Bewirtschaftungsformen. Weitere Aufgaben sind die Vermarktung regionaler Produkte sowie die Förderung von sanftem Tourismus und Naherholung. Neue, umweltpädagogische Angebote bringen Einheimischen und Gästen die Einzigartigkeit und Schönheit des Heckengäus näher und zeigen, wie jeder aktiv zum Erhalt dieser alten Kulturlandschaft beitragen kann.

Biologische Vielfalt ist auch in einer Wissens- und Dienstleistungsgesellschaft ein Wirtschaftsfaktor. Entwicklung und Nutzung der Natur schaffen neue Betätigungsfelder und Arbeitsplätze. Im Umweltschutz müssen daher verschiedene Interessengruppen zusammenfinden und Hand in Hand arbeiten.

Projektziel Vermarktung

Im Heckengäu findet sich eine erstaunlich große Produktpalette heimischer Köstlichkeiten, für die viele Verbraucher gern auch ein wenig mehr ausgeben. Bio-Lebensmittel aus ökologischer Landwirtschaft liegen voll im Trend: Durch immer neue Skandale, vor allem in der Fleischindustrie, ist der Wunsch der Verbraucher nach garantiert gesunden Produkten groß. Diesem Wunsch kommt die regionale Vermarktung entgegen und bietet hochwertige Produkte aus umwelt- und naturverträglicher Produktion an. Der Erlös hilft, den Naturraum Heckengäu zu erhalten.

Das Heckengäu erreicht durch seine Nähe zum Ballungszentrum Stuttgart eine breite Schicht mit hoher Kaufkraft. PLENUM unterstützt etliche Vermarktungsprojekte, beispielsweise die Kreisapfelinitiative des Landkreises Böblingen und die Streuobstinitiative Calw-Enzkreis-Freudenstadt mit dem Produktnamen „Schneewittchen". Ebenfalls erwähnenswert ist die Marke „Heimat", deren Produkte für Nachhaltigkeit und Unterstützung regionaler Wirtschaftskreise stehen. Seit 2007 gibt es Säfte, Mehl, Honig und Brot mit dem „Heimat"-Gütesiegel. Dagegen befindet sich der Vertrieb von Fleisch aus regionaler Erzeugung noch in der Entwicklungsphase. „Heimat" ist wie PLENUM Partner der Initia-

tive „Heckengäu – Natur. Nah.", die den sanften Tourismus und die Naherholung im Heckengäu fördert.

Freizeit und Tourismus

Bis 2008 war das Heckengäu ein weißer Fleck auf der touristischen Landkarte. Die Voraussetzungen für eine diesbezügliche Vermarktung sind jedoch nun gegeben: In seiner wunderschönen Natur lassen sich Sorgen und Hektik des Alltags vergessen. Reiter, Jogger, Radfahrer und Wanderer kommen in der idyllischen Landschaft voll auf ihre Kosten. Hier verläuft auch der 94 Kilometer lange Gäurandweg, der den Schwarzwald vom Heckengäu trennt.

Malerische Städtchen laden ein zum Bummeln, Träumen und Ausruhen, das kulturelle und kulinarische Angebot der Region ist vielfältig: Im Heckengäu lässt es sich shoppen, schlemmen, kuren und feiern. Wer gern auf den Spuren vergangener Zeiten wandelt, kann das keltische Grabmonument in Eberdingen-Hochdorf besuchen oder mit der ganzen Familie einen Nachmittag im weltweit größten Kaffeemühlenmuseum in Wiernsheim verbringen.

Eine wichtige Zielgruppe des touristischen Angebots sind die sogenannten „Lohas". Die Abkürzung steht für *lifestyle of health and sustainability*. Das bedeutet, dass diese Touristen großen Wert auf ökologische Nachhaltigkeit legen, dafür aber nicht auf persönlichen Komfort und Genuss verzichten möchten. Jeder Tagestourist gibt durchschnittlich 28 Euro aus, die dem Heckengäu zugute kommen.

Die Einzigartigkeit und Schönheit der Landschaft konnte auf der Landesgartenschau in Nagold erlebt werden. PLENUM Heckengäu informierte dort mit verschiedenen Aktionen über seine Ziele. Auch der Enzkreis war an einem Wochenende vertreten und warb mit Workshops, Infoständen und regionalen Produkten speziell für seinen Anteil am Projektgebiet. Generell gilt: Alle Generationen sollen dazu bewegt werden, die Natur zu schätzen – denn nur das, was man wertschätzt, ist man auch bereit zu schützen!

Erfolge und Initiativen

Um das Heckengäu professionell und qualifiziert verschiedenen Zielgruppen näherzubringen, haben ausgebildete „Heckengäu-Naturführer" während der letzten drei Jahre 150 Führungen mit insgesamt 2.500 Teilnehmern organisiert und diverse Förderpreise gewonnen. Um ein reichhaltiges und interessantes Angebot für alle Sinne zu schaffen, sind die Naturführer untereinander und mit Experten verschiedenster Bereiche vernetzt. Unter *www. heckengäu-naturführer.de* finden sich hierzu nähere Informationen.

Das „Heckengäule" ist eine Initiative zum Wanderreiten. In Form einer Erlebniskarte präsentiert sie Wanderreitstationen und Wege, aber auch Hintergrundwissen über das Heckengäu und Regeln zum Umgang mit der Natur. Wer darüber mehr wissen will, kann die Initiative auf ihrer Homepage *www.heckengaeule.de* besuchen.

„Lernort Bauernhof" heißt ein Projekt, das die Bevölkerung stärker für regionale Produktion und Produkte interessieren möchte. Schulklassen können im Rahmen eines außerschulischen Projektunterrichts die Zusammenhänge zwischen Ökologie und Ökonomie erleben. Unter *www.bauernhof-im-heckengäu.de* können Interessierte das Projekt kennenlernen.

Die Streuobstinitiative, die ihren „Schneewittchensaft" aus den Früchten der heimischen Streuobstwiesen gewinnt, trägt dazu bei, diesen vielfältigen Lebensraum zu erhalten. Baden-Württemberg besitzt mit 11,4 Millionen Bäumen auf 180.000 Hektar deutschlandweit den größten Streuobstbestand und hat damit eine besondere Verantwortung für diese Kulturlandschaft. Seit dem Ende der 1950er Jahre verschwinden die Streuobstwiesen lei-

Neuerlicher Erfolg für „Schneewittchen", den Apfel-Zwetsch-
gen-Saft aus der Region: Im Rahmen der „Slow-Food-Messe" in
Stuttgart wurde die Streuobst-
Initiative für dieses Produkt vom
damaligen Landwirtschaftsminis-
ter Rudolf Köberle (links) mit einem Innovationspreis ausgezeichnet. Weiter im Bild: Martina
Hörmann (Streuobstinitiative
Calw-Enzkreis-Freudenstadt),
Hermann Dürr (Dürr-Fruchtsäfte)
und ganz rechts Bürgermeister
Joachim Flik (Rohrdorf).

der mehr und mehr aus dem Landschaftsbild. Zunehmende Inten-
sivierung und Mechanisierung der Landwirtschaft, aber auch die
Umorientierung des Einzelhandels auf Importsäfte führen dazu,
dass nicht genügend Bäume nachgepflanzt und die bestehenden
nur unzureichend gepflegt und erhalten werden. Mit verschiedenen Aktionen (zum Beispiel auch durch den NABU-Saftladen) sollen die kommenden Generationen dafür begeistert werden, die
heimischen Streuobstwiesen durch Nutzung zu schützen und als
Lebensraum für 5.000 Tier- und Pflanzenarten zu erhalten.

Wie die Streuobstwiese ist auch der Weinberg eine Kulturlandschaft, die besonders durch Nutzung geschützt werden kann.
Rund um Mühlhausen an der Enz und Roßwag liegt ein Weinbau-
gebiet, das vor allem wegen seiner Steillagenlandschaft bekannt
geworden ist. Hier entsteht nicht nur ein qualitativ guter und
hochwertiger Wein, sondern es werden auch die Trockenmauern
als äußerst wertvolles Biotop geschützt und gepflegt. Ein Charak-
teristikum dieser Landschaft findet sich in den Produktnamen
wieder: „Lemberger 401" sowie – als alkoholfreies Pendant –
„Traubensaft 401" beziehen sich auf die Anzahl der „Stäffele"
(Treppenstufen) vom Enzufer bis in die höchsten Lagen des Wein-
bergs. Wein und Traubensaft können jedoch im Heckengäu nicht
nur erworben, sondern auch in Verbindung mit einem Schlemmer-
mahl genossen werden – natürlich alles mit heimischen Produkten
zubereitet!
    PLENUM fördert auch engagierte Landwirte, die mit einer gu-
ten Idee in Hinblick auf das Entwicklungskonzept des Heckengäus
hervorstechen. Unterstützt werden dabei besonders diejenigen,

Weinlese an der Enz im Bereich Mühlhausen-Roßwag

die sich aktiv für den Erhalt der Kulturlandschaft und den Artenschutz einsetzen, wie etwa ein Hobbyschafhalter, der um finanzielle Unterstützung für die Errichtung eines neuen Stalls für seine Schafe und Ziegen bat. Die Schafhaltung ist schon lange nicht mehr profitabel. Wertvolles Extensivgrünland wie Flachlandmähwiesen mit Streuobstbeständen geht somit unwiederbringlich verloren und das Landschaftsbild wird gravierend verändert. PLENUM hilft direkt den Betroffenen, indem es deren Einsatz anerkennt und fördert und somit nachhaltig die Natur schützt.

Die Zerschneidung der Landschaft durch Straßen und Autobahnen beeinflusst Leben und Wege der Wildtiere. Ein bedeutender Wildtierkorridor verbindet den Nordschwarzwald mit dem Schönbuch und läuft etwa von Nagold über Jettingen zwischen Herrenberg und Kuppingen in den Schönbuch. Zur Sicherung dieser bedeutenden Querverbindung durch Baden-Württemberg schlossen sich nahezu 40 interessierte Personen und Institutionen zur „AG Wildtierkorridor Heckengäu" zusammen.

PLENUM Heckengäu hat in den vergangenen neun Jahren bereits viel erreicht. Naturschutz ist jedoch ein sich ständig wandelnder Prozess, der dauerhaftes und aktives Engagement erfordert. Unter dem Motto „Schützen durch Nützen" kann die Strukturvielfalt des Heckengäus bewahrt werden.

Literatur

PLENUM Heckengäu Regionalentwicklungskonzept 2009–2014. Böblingen 2008.

PLENUM Modellprojekt Isny/Leutkirch. Hg. von der Landesanstalt für Umweltschutz Baden-Württemberg. 3. Aufl., Karlsruhe 1997.

Unterwegs im Heckengäu. Hg. von ARANEUS e. V. Mühlacker 2005.

LEL – Infodienst Landwirtschaft-Ernährung-Ländlicher Raum (Ministerium für Ländlichen Raum und Verbraucherschutz Baden-Württemberg).

https://www.landwirtschaft-bw.info/servlet/PB/menu/1064787_l1/index.html

WALTER KLEINHOLZ, DIETRICH KÜCHLER UND
MICHAEL H. SEISS

Friolzheim – ein Dorf zwischen Tradition und Fortschritt

Lage und Umgebung

Friolzheim befindet sich auf der sogenannten „Platte", einer Hochebene zwischen Leonberg und Pforzheim, und gehört seit dem 1. Januar 1973 zum Enzkreis. Der Ort liegt 453 Meter über dem Meeresspiegel und ist umgeben von zwei größeren Erhebungen, dem Geissberg und dem Betzenbuckel. Der 510 Meter hohe Geissberg ist nahezu vollständig mit Buchen und Eichen bewaldet und gehört größtenteils mit dem Hofgut Obermönsheim dem Freiherrn von Gaisberg-Schöckingen, während sich der 494 Meter hohe Betzenbuckel in Gemeinde- beziehungsweise Privatbesitz befindet und seit 1996 Naturschutzgebiet ist.

Die Landschaftsstruktur ähnelt der mancher Albhochflächen. Wacholderbüsche, niedrige Kiefern, Heckenrosen und Schlehenhecken haben der Gegend den Namen „Heckengäu" eingebracht. Im Frühjahr wachsen hier Küchenschellen und Primeln, im Herbst Gold- und Silberdisteln. Der Landschaftspflege dient die Beweidung mit Schafen, wodurch die Natur ihre ursprüngliche Form behält, ohne zu verteppen. Die zahlreichen Spaziergänger im Heckengäu freuen sich über den Anblick der friedlich grasenden Herden.

Der Boden bei Friolzheim ist kalkhaltig. Zuweilen werden in alten Steinbrüchen Versteinerungen gefunden, zum Beispiel von Ammoniten, Kopffüßlern aus der Kreidezeit. Wegen der Wasserarmut des Gebiets versiegten früher in heißen Sommern oft alle bis auf eine der insgesamt elf Quellen. Bis ins Jahr 1993 bezog Friolzheim sein Wasser zu wesentlichen Teilen aus der im Tal des Grenzbachs liegenden Nachbargemeinde Mönsheim. Erst durch die neue Erschließung eines ergiebigen Wasservorkommens westlich von Friolzheim, des Eichbrunnens am Rande des Hagenschieß, und durch den Bau eines neuen Wasserhochbehälters auf dem Geissberg wurde man in der Wasserversorgung unabhängig.

Friolzheim (2004)

Ein inzwischen verschwundener Grenzstein von 1687. Sichtbar ist die Tiefenbronner Seite mit dem badischen Wappen.

Kreisstraßen verbinden Friolzheim mit Leonberg, Stuttgart und Pforzheim, außerdem führt die Bundesautobahn A8 Stuttgart-Karlsruhe direkt am Ort vorbei. Die beiden am nächsten liegenden Anschlussstellen sind Heimsheim in östlicher und Pforzheim-Süd/ Wurmberg in westlicher Richtung. Der sechsspurige Ausbau der A8 brachte jüngst umfangreiche Lärmschutzmaßnahmen. Weithin sichtbares Wahrzeichen von Friolzheim ist der „Friolzheimer Riese" am Rande des Geissbergs, ein 47 Meter hoher, einst von US-Streitkräften genutzter Richtfunkturm in Stahlfachwerkbauweise.

Die ehemalige Landesgrenze zwischen Baden und Württemberg verläuft zwischen Friolzheim und dem rund vier Kilometer entfernten Tiefenbronn. Wenn auch diese Grenze heute in erster Linie nur noch Gemeindegrenze ist, so macht sie sich doch durchaus noch durch Dialektunterschiede bemerkbar. Außerdem war sie früher eine stark trennende Konfessionsgrenze: Das ehemals württembergische Friolzheim wurde im Zuge der Reformation ab 1534 unter Herzog Ulrich und später Herzog Christoph evangelisch, Tiefenbronn blieb hingegen katholisch. Deshalb gab es in der Vergangenheit kaum Eheschließungen zwischen Einwohnern aus Friolzheim und Tiefenbronn. Und wehte im Winter ein kalter

Nordostwind von Friolzheim her, so hieß es in Tiefenbronn: *Heute weht wieder der Lutherische.*

Frühe Besiedelungsspuren und ein imposanter Stein

Die erste Besiedelung auf Friolzheimer Markung dürfte nach heutigen Erkenntnissen bereits in der keltischen Eisenzeit um 800–600 v. Chr. stattgefunden haben. Davon zeugen die im Hagenschießwald nahe der Verbindungsstraße Friolzheim–Seehaus–Pforzheim im Bereich Stockhau/Kalkofen liegenden Hügelgräber.

Auch aus der Römerzeit fanden sich Spuren der Besiedelung: Im Jahre 1934 entdeckte man im Gewann Rauhbrunnen Spuren eines landwirtschaftlichen Gehöfts (Villa Rustica) und im gleichen Jahr im Gewann Haslach einen römischen Meilenstein. Dieser sogenannte Leugenstein aus der Zeit um 245 n. Chr. befand sich wenige Schritte südlich der alten Handels- und Heerstraße zwischen Cannstatt, Pforzheim und Ettlingen. Er hat insbesondere für die Stadt Pforzheim eine große Bedeutung, da er ihren römischen Namen (Portus) überliefert. Schon in Urkunden aus der Zeit zwischen 1555 und 1714 wird immer wieder ein außergewöhnlicher *Markstein* auf Friolzheimer Gebiet erwähnt. Über die Römerstraße, zu der er ursprünglich gehört hatte, war damals sicher nichts bekannt, aber wegen seiner imposanten Höhe von 1,80 Metern war er gut zu erkennen und wurde deshalb bei Lagebeschreibungen von Grundstücken herangezogen. Durch Veränderungen in Nutzung und Bebauung ist der Stein wohl umgefallen, dann unter die Erde und schließlich in Vergessenheit geraten. Als er beim Pflügen wieder zum Vorschein kam, konnte auch die Inschrift entziffert werden, deren Übersetzung lautet: *Dem Kaiser Marcus Julius Philippus, dem frommen, glücklichen, erhabenen Oberpriester mit tribunizischer Gewalt, dem Konsul, dem Vater des Va-*

Der Friolzheimer Leugenstein (Kopie im Ortszentrum, im Hintergrund die Zehntscheune)

terlandes und dem Cäsar Marcus Julius Philippus. Von Portus fünf Leugen.[1] Die Leuge (Leuga) war eine damals gebräuchliche und ursprünglich keltische Maßeinheit von umgerechnet 2,2 Kilometern. Fünf Leugen entsprechen damit elf Kilometern, der Entfernung zur nächsten römischen Siedlung. Der Leugenstein wurde 1935 in die staatlichen Sammlungen übernommen und befindet sich heute im sogenannten Lapidarium des Württembergischen Landesmuseums in Stuttgart. Auf dem östlichen Teil des Friolzheimer Marktplatzes steht eine Kopie.

Wechselhafte Besitzverhältnisse

Friolzheim ist einer der letzten Orte des sogenannten Altsiedellandes vor dem erst im Hochmittelalter erschlossenen Schwarzwald. Östlich des Ortes befanden sich Reihengräber aus alemannischer Zeit. Die ersten Aufzeichnungen und Hinweise zu *Friolfeshein* beziehungsweise *Friolssheim*, wie der nach einem Personennamen (Friolf) benannte Ort zunächst geschrieben wurde, stammen aus der Zeit zwischen 1100 und 1120.[2]

Damals kaufte der Speyerer Bürger Bebo den Klöstern Hugshofen im Elsass und Petersberg bei Fulda deren Besitzungen im Bereich Friolzheim-Tiefenbronn ab, um sie dem Kloster Hirsau als Schenkung zu übergeben. Im Mittelalter war es üblich, die Kirche beziehungsweise Klöster zu beschenken oder als Erben einzusetzen, in der Hoffnung, deren Gebete möchten den Seelen der großzügigen Spender den Weg ins Paradies erleichtern. Diese Schenkung Bebos wird in einer päpstlichen Urkunde von 1120 erwähnt. Das im Jahre 830 gegründete Benediktinerkloster Hirsau war zeitweise eines der bedeutendsten Klöster Deutschlands und diente der cluniazensischen Reformbewegung sehr früh als Stützpunkt. Neben Hirsau gab es noch andere Herrschaftsinhaber, die Rechte und Eigentum in Friolzheim besaßen, so zum Beispiel die Klöster in Bebenhausen und Klosterreichenbach, dessen Besitz in Friolzheim

Friolzheim auf der Tafel der Gemmingischen Herrschaft Steinegg-Hagenschieß von 1703 (Gesamtkarte im hinteren Vorsatz)

Friedrich von Enzberg 1325 an den Pforzheimer Bürger Heinrich Ris verkaufte.

Große Teile von Friolzheim gehörten im 14. Jahrhundert zur Herrschaft der niederadeligen Herren von Stein-Steinegg. Diese Besitzungen gelangten ab 1407 an die aus dem Kraichgau stammende Familie von Gemmingen, die bis 1806 über ein flächendeckendes Herrschaftsgebiet südöstlich Pforzheims (das sogenannte Biet) verfügte. Diether V. von Gemmingen verkaufte zwar seine Herrschaft zunächst an die Markgrafschaft Baden, ließ sich aber wieder mit ihr belehnen. Die gemmingischen Rechte an Friolzheim aber veräußerte Diether VII. von Gemmingen im Jahr 1461 an das Kloster Hirsau, das damit (wieder) wichtigster Rechtsinhaber im Dorf wurde.[3]

Der Abt des Klosters konnte Schultheiß und Gericht *setzen oder entsetzen*, also ein- und absetzen. Wer damals in Friolzheim das Bürgerrecht erwerben oder von dort wegziehen wollte, musste eine Gebühr entrichten: *Ein jede Manns- oder Weibs-Person* musste *30 Schillingheller* entrichten, von denen je ein Drittel dem Kloster, dem *gemeinen Flecken* (der Gemeinde) und dem *Heiligen*

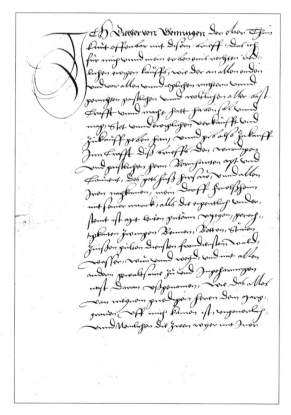

Titelseite der Urkunde Diethers von Gemmingen über den Verkauf des Dorfes Friolzheim an das Kloster Hirsau (1461)

(der Pfarrei Friolzheim) zukam.[4] Doch auch diese klösterliche Zeit blieb Episode. Denn wie zahlreiche andere Klöster, die unter württembergischer Schutzherrschaft standen, wurde auch Hirsau in der Reformationszeit ab 1534 durch Herzog Ulrich säkularisiert. Die meisten Mönche traten der neuen Konfession bei, der Konvent löste sich auf. Nur Abt Johann blieb mit einigen Mönchen im Kloster und erlebte noch kurz vor seinem Tod 1556, wie mit der Einrichtung einer evangelischen Klosterschule begonnen wurde. Die bisherigen katholischen Klöster dienten von nun an als Schulen für den evangelischen Pfarrernachwuchs. Mit dem Kloster wurde also auch Friolzheim evangelisch. Die Liste der evangelischen Pfarrer beginnt im Jahr 1542 mit Ludwig Wagner. Ulrichs Sohn, Herzog Christoph, integrierte die Klosterbesitzungen vollständig in das württembergische Territorium, wobei die bisherigen Besitzverhältnisse für die administrative Zuteilung den Ausschlag gaben. Deshalb gehörte Friolzheim nun zum stark zersplitterten Klosteramt Hirsau, obwohl es an Wimsheim und damit direkt an das ebenfalls württembergische Klosteramt Maulbronn grenzte.

Übergabe der Einkünfte der Ortskirche an die Gemeinde durch Abt Johann von Hirsau (1555)

Das Herzogtum Württemberg vermochte im 16. Jahrhundert zur Abrundung seiner Ortsherrschaft in Friolzheim noch die bei der Familie von Gemmingen und der Markgrafschaft Baden verbliebenen Rechte zu erwerben. Zur *Erneuerung* der von nun an gültigen Rechts- und Besitzverhältnisse erfolgte 1565 die Fertigung eines neuen Lagerbuchs, das nicht nur das Ortsrecht, sondern auch viele alteingesessene Bürger und deren Besitztümer mit Lagebeschreibungen namentlich erwähnt. Bereits 1555 wurden die Einkünfte des „Heiligen", die bis dahin vom Kloster verwaltet worden waren, der Gemeinde übergeben mit der Verpflichtung, die Kirche zu unterhalten und das Übrige an arme Leute zu verteilen.[5]

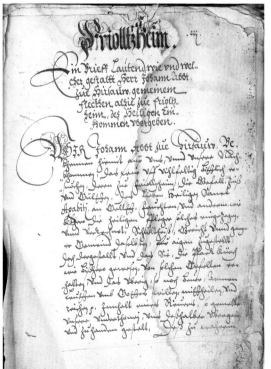

Nach der Auflösung des Klosteramts Hirsau im Jahr 1807 kam Friolzheim zuerst zum Oberamt Calw, doch schon ein Jahr später zum Oberamt Leonberg. Die damals im nun zum Königreich erhobenen Staat Württemberg neu eingeführte mittlere Verwaltungsinstanz war zuerst die Landvogtei Rothenberg und dann von 1817 bis zu dessen Auflösung der Neckarkreis mit Sitz in Ludwigsburg.

Kirche und kirchliches Leben

Bereits für das frühe 12. Jahrhundert ist die Existenz einer Kirche in Friolzheim nachgewiesen. Tiefenbronn gehörte zum Friolzheimer Pfarrsprengel und wurde erst im 15. Jahrhundert zur selbstständigen Pfarrei erhoben. Aus dieser Zeit ist die Geschichte eines Kaplans überliefert, der jeden Morgen auf seinem Esel zwischen beiden Orten verkehrte. Deshalb ist die Feldwegverbindung zwischen Friolzheim und Tiefenbronn heute noch als Eselspfad bekannt.

Die heutige Kirche ist dem heiligen Agapitus geweiht, einem Märtyrer aus dem 3. Jahrhundert. Am ältesten ist der Turm, in dessen Chor das badische Wappen auf den Baubeginn in der Mitte des 15. Jahrhunderts hinweist. Am Südportal des Kirchenschiffs ist mit der Jahreszahl 1522 wohl das ungefähre Ende der Bauzeit oder das Datum einer Renovierung verzeichnet. Die später eingebaute zweiseitige Empore nahm dem Innenraum viel von seiner ursprünglichen Klarheit; außen an der Westseite wurde ein Aufgang zur Empore angebaut.

Die erhöhte Lage des Gotteshauses und die mächtigen Mauern des alten Friedhofes zeigen noch heute, dass die Kirche ursprünglich als wehrhafter Bau angelegt wurde, als Zufluchtstätte für Mensch und Vieh in kriegerischen Zeiten. Davon zeugen auch die schießschartenähnlichen Fenster im mittleren Teil des Turmes. Die Fachwerkbauweise des oberen Turmteils ist heute mit schwarzen Platten verblendet, das viereckige Dach wurde später hinzugefügt. Alte Darstellungen zeigen die Kirche mit einem höheren und spitzen Turm; man kann also davon ausgehen, dass der obere Teil nach einem Feuerschaden niedriger wiederaufgebaut wurde. Das heutige Pfarrhaus wurde im Jahr 1598 errichtet. Friolzheim hatte damals 43 verbürgerte Haushaltsvorstände, also rund 200 Einwohner.

Die Friolzheimer Agapitus-Kirche

Wegen beengter Raumverhältnisse und weil kein Gemeindehaus vorhanden war, baute man 1938 die ehemalige Sakristei zum Gemeindesaal aus, der in den 1950er Jahren nochmals vergrößert wurde. Zwischen 1966 und 1968 wurde die Kirche grundlegend renoviert und zum Marktplatz hin erweitert. Das außenliegende Treppenhaus wurde entfernt, die neue Empore hatte Zugang von innen. Im Zuge dieser Maßnahmen erfolgte auch der Einbau einer elektronischen Orgel, da die Pfeifenorgel nicht mehr zu sanieren war.

Während der Renovierungsarbeiten wurden auf der Südwand Fragmente zweier gemalter Figuren entdeckt und in unmittelbarer Nähe zwei Namen: Stephan Hermann und Johann Georg Reichert. Im Nachsatz der Urkunde, mit der die Gemeinde die Verantwortung für ihre Kirche erhalten hatte, werden die Namen Stephan Hermann (Schultheiß) und Hans Reichert ebenfalls erwähnt. Die beiden sind also ihrer Verpflichtung zum Erhalt der Kirche nachgekommen. Die Bilder sind jedoch später überstrichen worden.

Im Jahre 1996 wurden die Seitenwände des Turms stabilisiert und der Glockenstuhl samt Geläute saniert. Die Friolzheimer Kirche besitzt heute drei Glocken. Die älteste wurde 1511 von Bernhart Lachamann aus Heilbronn gegossen. Auch die größte wurde in Heilbronn gefertigt, von Samuel Mezger im Jahre 1773. Die kleinste stammt aus dem Jahr 1697 von Absalom Wittwerk aus Danzig.

Diese Glocken hingen nicht immer so friedlich nebeneinander im Friolzheimer Kirchturm wie heute. Während des Ersten Weltkriegs wurden im Jahr 1917 zwei Glocken vom Kirchturm geholt und eingeschmolzen; nur die älteste von 1511 blieb im Turm. 1921 erhielt man als Ersatz eine neue Glocke. Im Zweiten Weltkrieg wurde erneut eine Glocke abgeholt und eingeschmolzen. Sie wurde im Jahr 1952 durch eine Glocke aus Heinrichsdorf, dem heute polnischen Przysierk, ersetzt, die in einem sogenannten „Glockenfriedhof" bei Hamburg lagerte. Im Folgejahr konnte eine weitere Glocke aus Bonfeld bei Heilbronn das Friolzheimer Geläut ergänzen.

Das schöne Fachwerkpfarrhaus befindet sich in staatlichem Besitz. Die Hausmarke über seiner Eingangstür zeigt oben eine Krone, auf der rechten Seite die staufischen Löwen und links die württembergischen Geweihstangen.

In der Frühen Neuzeit waren fast alle Einwohner Friolzheims evangelisch. Die Beschreibung des ehemaligen Oberamts Leonberg aus dem Jahr 1852 attestierte ihnen folgende Charakter-

Hausmarke über der Pfarrhaustür mit dem württembergischen Wappen

eigenschaften: *Die körperlich kräftigen Einwohner sind im Allgemeinen etwas derb, übrigens sehr fleißig und kirchlich gesinnt.*[6]

Heute bilden nur noch rund 1.490 der etwa 3.750 Einwohner die evangelische Gemeinde. Zu deren kirchlichem Leben gehören ein Christlicher Verein junger Menschen (CVJM) und ein Posaunenchor. Im Jahr 2010 wurde in unmittelbarer Nähe zur Kirche ein Gemeindehaus erbaut.

Bedingt durch den Zustrom von Flüchtlingen nach dem Zweiten Weltkrieg entstand die katholische Gemeinde mit derzeit rund 920 Mitgliedern, die schon in den Jahren um 1980 ein Gemeindehaus mit Andachtsraum erbaute. Außerdem befinden sich in Friolzheim noch das Freizeitheim des Evangelischen Brüderbundes sowie eine neuapostolische Kirche. Früher gab es im Ort auch eine methodistische Gemeinde mit einem Versammlungsraum in der Paulinenstraße.

Kriege und Notzeiten

Immer wieder litt Friolzheim unter kriegerischen Ereignissen. Vor Übergriffen feindlichen Kriegsvolks versuchte man sich durch den Landgraben zu schützen. Dieser wurde im 16. Jahrhundert angelegt und verlief vor einem sieben Meter breiten und zweieinhalb Meter hohen Wall von Mühlhausen über Heimsheim-Betzenbuckel in Richtung Wimsheim. Auf der strategisch wichtigen Anhöhe, wo heute die Kreisstraße 4565 Friolzheim–Wimsheim die A 8 unterquert, befand sich die „Schanz", eine sternförmig angelegte Verteidigungsstellung. Durch den Bau der Reichsautobahn zwischen 1936 und 1938 wurden die letzten Spuren dieser Schanze beseitigt.

Äußerst verheerend auf die Region wirkte sich der Dreißigjährige Krieg (1618–1648) aus. Insbesondere durch Seuchen wurde die Einwohnerschaft stark dezimiert, und viele Friolzheimer suchten ihr Heil in der Flucht. Während im Jahr 1621 noch über 300 Menschen im Ort gelebt hatten, waren es 1653 nur noch 168.[7] Weil die erhaltenen Kirchenbücher erst nach dem Kriegsende einsetzen, lassen sich die damals verschwundenen Familien kaum mehr namhaft machen, wohl aber diejenigen des Wiederaufbaus mit dem Zuzug vieler junger Menschen aus teilweise weit entfernten Gebieten. Im Jahr 1700 lebten schon wieder 285 und um 1730, also zu Zeiten Herzog Karl Eugens, um die 440 Einwohner in Friolzheim.

Auch die Erbfolgekriege des späten 17. und 18. Jahrhunderts sowie die Napoleonischen Kriege um 1800 gingen nicht spurlos an

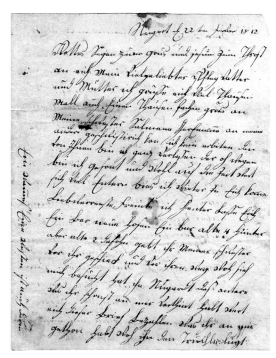

Abschiedsbrief des Friolzheimer Soldaten Elias Hermann, der vom Russland-feldzug Napoleons nicht mehr zurückkehrte.

dem Dorf vorüber. Unter den Soldaten, die 1812 mit Napoleon nach Russland ziehen mussten, waren auch Friolzheimer Männer. Einer davon hinterließ einen Brief, der sich im Archiv der Gemeinde befindet. Von 15.000 württembergischen Soldaten kamen nur 300 aus Russland zurück. Durchziehende Heerscharen, egal ob Feind oder Freund, waren für die Bevölkerung zu allen Zeiten eine große Belastung. Bei Durchmarsch oder Aufenthalt mussten sie verköstigt und mit Quartier versorgt werden. Im Ortsarchiv befindet sich eine Aufstellung des königlichen Oberamts Leonberg über die Abgaben, die Friolzheim in den Jahren 1814 und 1815 für durchziehende österreichische Regimenter zu tragen hatte: insgesamt 6.871 Gulden, 19 Kreutzer und 5 ½ Schilling. Friolzheim hatte damals rund 160 Haushaltungen mit ungefähr 550 Einwohnern. Diese mussten 8.720 Soldaten und außerdem noch 269 Pferde aufnehmen und versorgen. Ferner musste bei der Abreise ein Vorrat für sechs Tage bereitgestellt werden. Danach waren die Scheunen leer und die Leute bettelarm. Viele Städte und Gemeinden mussten Schulden machen, um solche Kriegslasten bezahlen zu können.

Derartige Notzeiten verstärkten den Druck, der durch die starke Zunahme der Bevölkerung bei gleichbleibender Bewirtschaftungsfläche herrschte. Die Erbform der Realteilung, die alle Kinder gleichstellte, führte zur Zersplitterung des Landes in immer kleiner werdende Landanteile, die zur Ernährung der sie bewirtschaftenden Familie kaum mehr ausreichten. Ganze Bevölkerungskreise verelendeten und demzufolge stieg die Auswanderungsrate. Die Missernten von 1816/17 und die damit verbundene Hungersnot verschlimmerten die Situation dramatisch.

Laut Zahlen im Gemeindearchiv wanderten zwischen 1647 und 1897 insgesamt 105 Friolzheimer Bürger aus, davon 81 nach Nordamerika, acht nach Ungarn, elf nach West- und Ostpreußen oder Polen. Einige kehrten auch wieder in die Heimat zurück.

Die beiden Weltkriege forderten große Opfer. In den Jahren 1914 bis 1918 fielen 41 Soldaten aus Friolzheim. Im Zweiten Weltkrieg (1939–1945) waren sogar 69 Gefallene und Vermisste zu beklagen. Dabei hatte die Zeit des Nationalsozialismus, das sogenannte Dritte Reich, für viele Einwohner vermeintlich positiv begonnen. Nach den Jahren der Weltwirtschaftskrise ging es langsam wieder aufwärts. Arbeitsbeschaffungsmaßnahmen – wie zum Beispiel im Rahmen des Straßenbaus an Kreisstraßen und kleineren Bauwerken wie einfachen Brücken und Feldwegen sowie später der Bau der Autobahn – gaben vielen Einwohnern wieder Arbeit und Brot und somit eine neue Perspektive. Durch die nationalsozialistische Gleichschaltung wurden jedoch die in den Augen der neuen Machthaber als politisch unzuverlässig geltenden Personen aus öffentlichen Ämtern und Vereinen vertrieben, so zum Beispiel auch bei der Friolzheimer Feuerwehr. Wie überall gab es bald einen Ortsgruppenleiter der Partei und einen Bauernführer, die aber im Wesentlichen gemäßigt auftraten, da man in einem kleinen Dorf in vielerlei Hinsicht aufeinander angewiesen war. Es wurden unter dem Oberbegriff Hitlerjugend (HJ) nationalsozialistische Jugendorganisationen gegründet, darunter die sogenannten Pimpfe und der Bund Deutscher Mädel (BDM), die regen Zulauf hatten und sich in einem eigenen Vereinsheim trafen. Die Partei richtete mit Unterstützung militärischer Stellen außerdem eine Flieger-HJ ein, und auf einem Hügel zwischen Friolzheim, Heimsheim und Mühlhausen im Gewann „Rittern" entstand eine Segelfliegerhalle, deren Fundamente heute noch sichtbar sind. Dort flog man zur Freude der Jugendlichen ins Tal.

Insgesamt wirkte sich der Einfluss von Partei und anderen NS-Stellen auf dem Lande weniger stark aus als in vielen Städten; so sind trotz totalitärem Überwachungsstaat kaum Übergriffe gegen andersdenkende Personen bekannt. In Friolzheim waren keine Angehörigen jüdischen Glaubens wohnhaft. Während des Krieges kamen französische Kriegsgefangene nach Friolzheim sowie polnische, ukrainische und russische Ostarbeiter, die den Bauernfamilien als Hilfskräfte zugeteilt wurden, deren Männer großenteils im Kriegsdienst standen. Die Ausländer wurden überwiegend anständig behandelt und demzufolge bestanden teilweise noch mehrere Jahrzehnte lang Verbindungen zu den ehemaligen Zwangsarbeitern.

Angesichts der hohen Anzahl an Verwundeten und Gefallenen sank bei den meisten Einwohnern gegen Kriegsende trotz aller Durchhalteparolen die Begeisterung für das Regime. Kurz vor der Besetzung durch französische Truppen, denen schon bald die Amerikaner folgten, wurde noch der örtliche Volkssturm gegründet, der aber nicht mehr in Kampfhandlungen verwickelt wurde.

Friolzheim blieb jedoch nicht vor Kriegsschäden bewahrt. Bei einem Bombenangriff am 15. März 1944 verloren vier Menschen ihr Leben; beträchtlicher Sachschaden wurde verursacht. Kurz vor Kriegsende, vom 15. bis 17. April 1945, als die Region südöstlich Pforzheims noch tagelang verteidigt wurde, beschoss französische Artillerie Friolzheim von Wurmberg her. Dabei wurden verschiedene Gebäude zerstört oder gerieten in Brand, Bürger und Feuerwehr zogen zum Löschen aus. Während der Löscharbeiten wurde der Ort weiter beschossen, 13 Männer und Frauen starben. Diesen Toten errichtete man eine Gedenkstätte mit schlichten Grabsteinen auf dem alten Friedhof in der Nähe des Kirchturms.

Am 18. April 1945 wurde Friolzheim von marokkanischen Soldaten unter französischer Flagge besetzt. Da sich keine deutschen Truppen mehr im Ort befanden, wurde ein weiteres Blutvergießen vermieden. Während der ersten Tage nach dem Einmarsch kam es zu Ausschreitungen der Besatzer, vor allem gegenüber Frauen und Mädchen. Am 1. Juli 1945 wurde Friolzheim der amerikanischen Besatzungszone zugeteilt. Die Amerikaner setzten am 23. September einen neuen Bürgermeister ein. 1946 fand zum ersten Mal nach dem Krieg die Wahl der Gemeinderäte statt. Langsam nahm das Leben trotz der schlechten Versorgungslage wieder normale Formen an.

Vom Übergangslager Malmsheim aus trafen 1946 die ersten Heimatvertriebenen aus den ehemaligen deutschen Ostgebieten ein. Sie stammten hauptsächlich aus dem Sudetenland, Böhmen und Mähren. Trotz anfänglicher Vorbehalte der einheimischen Bevölkerung integrierten sie sich schnell, viele heirateten ins Dorf ein. Die Neusiedler bauten Häuser und vergrößerten so den Ort. Manche waren mit Ross und Wagen gekommen und konnten von Anfang an die einheimische Bevölkerung bei der Feld- und Waldarbeit unterstützen. Der Wiederaufbau ging gut voran, obgleich die Materialbeschaffung schwierig war. Im Jahre 1950 zählte Friolzheim 936 Einwohner.

Im Laufe der Jahrhunderte war Friolzheim immer wieder von Bränden betroffen. Im Jahre 1895 brannten zwölf Häuser zwischen dem Abzweig nach Heimsheim und dem Marktplatz ab. Ein Großbrand zerstörte 1971 in der Ortsmitte fünf Häuser, darunter das alte Gasthaus mit Metzgerei „Zum Rössle". Die Gemeinde nahm dies in den 1980er Jahren zum Anlass, zusammen mit der Neugestaltung des Marktplatzes und Sanierung des 1842 erbauten Rathauses auch die enge und kurvige alte Ortsdurchfahrt, die dem modernen Verkehr nicht mehr gerecht wurde, zu begradigen. Eine der ältesten Straßen in Friolzheim ist die hufeisenförmig

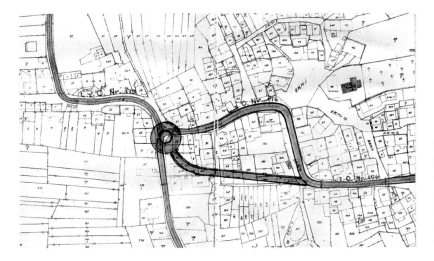

Das Ortszentrum in einem Plan von 1937 mit Einzeichnung der später begradigten Ortsdurchfahrt (violett)

vom Marktplatz in nördlicher Richtung ausgehende Paulinenstraße, benannt nach der dritten württembergischen Königin Pauline Therese Luise (1800–1873), Gemahlin König Wilhelms I.; älteren Einwohnern ist die Paulinenstraße noch als „Lompegass" in Erinnerung.

Zwischen Landwirtschaft und Industrie

Am Rande des großen Waldgebiets Hagenschieß gelegen, das früher den Markgrafen von Baden gehörte und heute Eigentum des Landes Baden-Württemberg ist, war Friolzheim schon immer landwirtschaftlich geprägt. Nach einer Aufzählung des Leonberger Oberamts aus dem Jahr 1930 gab es damals 580 Hektar landwirtschaftlich genutzter Fläche, davon 390 Hektar Äcker und Wiesen. Die Bewirtschaftung der durch die Realteilung immer kleiner und schmaler gewordenen Grundstücke erwies sich als zunehmend schwierig. Um größere zusammenhängende Flächen für die Landwirte zu schaffen, wurde von 1947 bis 1954 im Auftrag von Land und Gemeinden eine Flurbereinigung durchgeführt. Diese führte auch zum Bau der sogenannten Aussiedlerhöfe abseits des Ortskerns.

Der Boden im westlichen Teil der Gemarkung, den die Friolzheimer „rote Äcker" nennen, besteht aus Buntsandstein. Im östlichen Teil ist das Land kalkhaltig. Aufgrund seiner Kargheit bedarf es kräftiger Düngung. Friolzheim gilt als regenarmes Gebiet, auch Hagel gibt es selten, und es ist kühler als zum Beispiel im Strohgäu, wo 10 bis 14 Tage früher mit der Ernte begonnen werden kann.

Auch in Friolzheim wurde einst Weinbau betrieben; davon zeugen Gemarkungsnamen, wie zum Beispiel auf alten Karten „Weinbergweg am Geisberg" und die heutige Wengertstraße. Wegen der ungünstigen klimatischen Lage wurde der Weinbau nach der großen Reblausplage, als der Wurzelschädling um 1850 aus Amerika eingeschleppt worden war, nicht mehr weiter betrieben. Das alltägliche Getränk war neben Wasser der Most, da es genügend Apfel- und Birnbäume gab. Es wurde auch Bier gebraut. Das Gasthaus Krone hatte ein eigenes Sudhaus und baute Hopfen für die eigene Brauerei an. Hauptanbauprodukte waren jedoch Weizen, Gerste, Hafer, Dinkel, Roggen, Futtermais und Kartoffeln. Die Friolzheimer hielten Pferde und Rinder, Milchkühe, Schafe und Schweine. Milchprodukte wurden vorzugsweise nach Pforzheim geliefert. Heute erfolgt die Bewirtschaftung mit modernsten Geräten wie schweren Traktoren, Pflügen und Mähdreschern. Im Herbst wird Gründünger ausgesät, der dann im Winter untergepflügt wird. Das reichert den Boden mit Nährstoffen an und beugt der Erosion vor. Auch Gemüse und Obst werden angebaut, oft für den Eigenbedarf oder den Hofladen. Privat- und Gemeindewald sind ebenfalls wichtige Wirtschaftsfaktoren. Die Viehhaltung ist vor allem wegen der niedrigen Milchpreise stark rückläufig.

Bereits 1926 fuhr das erste Arbeiterauto nach Pforzheim, weitere nach Stuttgart-Feuerbach und Sindelfingen folgten. Ein beträchtlicher Teil der Bevölkerung wurde zu Pendlern.

Frühzeitig orientierte man sich nach Pforzheim und der dort ansässigen Schmuckindustrie, deren Mitarbeiter von außerhalb „Rassler" genannt wurden. Sindelfingen bot Arbeitsplätze in der Fahrzeugindustrie und Stuttgart in Maschinenbau, Kraftfahrzeugausrüstung und Elektrotechnik. Nach dem Zweiten Weltkrieg wuchsen Industrie und Gewerbe. Die alten Handwerksberufe sind nahezu ausgestorben, die Tendenz geht zur Spezialisierung und zu größeren Betrieben. In Friolzheim werden Elektrik und elektronische Steuerungen hergestellt, auch gibt es metall- und holzverarbeitende Betriebe, ein Sägewerk, Bau- und Zimmerergeschäfte sowie eine große internationale Spedition.

Wirtshausschild „Löwen" (Aquarell von Artur Steinle, 1976)

Schule, Kindergarten und Vereinsleben

Nach einer vom württembergischen Herzog Christoph 1559 erlassenen Kirchen- und Schulverordnung wurde für alle Untertanen der Besuch einer allgemeinen Volksschule Pflicht. Noch lange Zeit stand der Schulbesuch auf wackeligen Füßen und stieß nicht bei allen auf Verständnis: Bedingt durch die allgemeine Armut mussten Kinder damals in Haus und Hof mithelfen, vielfach waren Familien auf diese zusätzliche Arbeitskraft angewiesen.

So erging im Kirchenkonvent 1794 die Aufforderung, *den sehr einreißenden und häufigen Schulversäumnißen Einhalt zu tun, worauf als Probe in Vorschlag kam, den Eltern der saumseeligen Kinder ins Haus warnend und ermahnend sagen zu lassen, ihre Kinder ferner nicht mer wie bisher mutwilliger weise von der Schule abzuhalten, sonsten man sich genöthigt sehen würde, schärfere Mittel zu ergreifen.*[8]

Lange Zeit wurde nur in zwei Klassen unterrichtet, wobei man mehrere Jahrgänge zusammenfasste. Das erste Schulhaus, erbaut um das Jahr 1700, wurde 1967 abgerissen. Die neue Schule wurde 1956 in der Schulstraße am südöstlichen Ortsrand, das Lehrerwohngebäude in der Birkenstraße errichtet. Als auch diese Schule zu klein wurde, baute man 1998 die heutige Grundschule außerhalb des Ortskerns neben der Turn- und Festhalle im Gebiet Breitlau. In ihr werden derzeit rund 150 Schüler in acht Klassen unterrichtet. Weiterführende Schulen gibt es in Mönsheim, Pforzheim, Leonberg, Heimsheim und Rutesheim; sie alle sind mit Schulbussen gut zu erreichen.

Der erste Kindergarten, zunächst Kleinkinder-, dann Kinderschule, wurde im Jahre 1898 am Marktplatz erbaut. Das Gebäude steht heute noch. Möglich wurde der Bau durch die großzügige Spende von Christiane Heß, einer vermögenden Bürgerin. Schon vorher hatten Pfarrer und Gemeindeverwaltung festgestellt, eine Kinderschule sei *ein Notwerk, da die Kinderzucht mangelhaft [sei] und im Argen [liege].*[9]

Die erste Leiterin der Kleinkinderschule war die Kleinheppacher Kinderschwester Magdalene Kaupp, die wegen ihrer Tüchtigkeit noch vielen alten Friolzheimern in guter Erinnerung ist. Heute besteht der Kindergarten aus acht Gruppen, davon zwei mit Kindern unter zwei Jahren, und insgesamt 138 Kindern.

In Friolzheim findet ein reges Vereinsleben statt. Das Spektrum der 16 Vereine und Interessengruppen reicht von musikalischer Früherziehung über sportliche Betätigung, Hobbyclubs und Seniorenkreise bis hin zu Fördervereinen für soziale Belange. Die mitgliedsstärksten Vereine sind die Turn- und Sportgruppe (TSG), gegründet 1972 für sogenannten Breitensport, und der Sportverein (SV), entstanden 1945 aus dem Zusammenschluss von Turn- und Fußballverein.

Kulturell sehr aktiv ist der 1861 gegründete Liederkranz, der bis 1991 ein reiner Männerchor war und sich dann auch für Frauen öffnete. Obgleich sich mancher alte Sänger damit schwertat, gereichte die Neuerung dem Verein zum Vorteil: Er tritt mit großem Erfolg bei örtlichen Konzerten sowie überregionalen Veranstaltungen und Sängerwettbewerben auf. Das öffentliche Advents- und Weihnachtssingen in der evangelischen Kirche ist fester Bestandteil des Gemeindelebens. Bürger, die über 65 Jahre alt sind, werden jeweils am dritten Advent von Gemeindeverwaltung und Kirchen zu einem gemütlichen Beisammensein mit Bewirtung und Geschenken eingeladen.

Der jährlich am Pfingstmontag stattfindende Pfingstmarkt bietet den Vereinen eine gute Gelegenheit, sich mit eigenen Ständen zu beteiligen und damit die Kassen aufzubessern. Aber auch die Gemeinde gewährt alljährlich finanzielle Zuschüsse, die sich nach Mitgliederzahl und Tätigkeit richten.

Walter Kleinholz und Dietrich Küchler

Die Kreisreform von 1973

Das Jahr 1973 stellt einen besonderen Einschnitt in der Geschichte Friolzheims dar, denn es brachte einmal mehr einen „Herrschaftswechsel": Nachdem das Dorf seit Anfang des 19. Jahrhunderts als Gemeinde Bestandteil des Oberamts und danach des Landkreises Leonberg war, wurde Friolzheim zusammen mit zahlreichen Nachbargemeinden im Heckengäu dem neu geschaffenen Enzkreis angegliedert – gegen den erklärten Willen der Bevölkerung! Gewachsene Strukturen zu Leonberg und dem mittleren Neckarraum wurden dadurch empfindlich gestört, teilweise durchtrennt. Aus einer schwäbisch-württembergischen Gemeinde wurde über Nacht ein in den Augen der Bevölkerung durch die neue Zugehörigkeit zum Regierungsbezirk Karlsruhe „badisch dominiertes" Friolzheim. Nicht Wenige sammelten sich hinter dem Slogan „LEO muss bleiben!" – LEO war das frühere Kfz-Kennzeichen des Landkreises Leonberg – und konnten der Verschiebung in den Enzkreis mit Sitz in Pforzheim nichts abgewinnen.

Bereits vor der Kreisreform mussten sich die Einwohnerinnen und Einwohner in Friolzheim mit einem für sie bedrohlichen Projekt auseinandersetzen: Ende der 1960er Jahre gab es Überlegungen, den Stuttgarter Flughafen zu einem Großflughafen zu erweitern, wobei verschiedene Standorte im Gespräch waren. So sollte unter anderem der Geissberg, mit mehr als 500 Metern die höchste Erhebung Friolzheims, gänzlich geschleift, eine neue Nord-Süd-Autobahntrasse erbaut sowie die Autobahn 8 in einen Tunnel verlegt werden. Es folgte massiver Widerstand der Bürgerinnen und Bürger aus Friolzheim und Umgebung. An dessen Spitze befand sich unter anderem Friolzheims Bürgermeister Walter Rehm. Er sorgte unter anderem dafür, dass der Protest gegen die Flughafenpläne bis nach Stuttgart getragen wurde: Das Bild von Friolzheimerinnen und Friolzheimern mit Spruchbändern und Protesttafeln und ihrem Schultes an der Spitze auf dem Stuttgarter Schillerplatz ist heute noch präsent. Der „Wutbürger", wie er sich zum Beispiel jüngst rund um das Bahnprojekt „Stuttgart 21" formiert hat, ist also keine Erfindung unserer heutigen Tage.

Der weitere Verlauf der Geschichte ist bekannt: Der Großflughafen kam nicht und Friolzheim wurde in den Enzkreis eingegliedert. Zumindest die kommunale Eigenständigkeit blieb erhalten: Den Bestrebungen, Friolzheim und seine Nachbarorte in einer Großgemeinde „Heckengäu" aufgehen zu lassen, wurde erfolgreich der bis heute bestehende „Gemeindeverwaltungsverband Heckengäu" entgegengesetzt, der neben Friolzheim aus den Gemeinden Heimsheim, Mönsheim, Wiernsheim, Wimsheim und Wurmberg besteht.

Hört man sich heute in der Gemeinde um, so gewinnt man den Eindruck, dass die Bevölkerung nach nahezu 40 Jahren Enzkreiszugehörigkeit ihren Frieden mit diesem Umstand gemacht hat. Dies auch trotz des gefühlten Nachteils, durch die Randlage im

Protest von Flughafengegnern in Stuttgart (1972)

Südosten wiederum nur „Hinteramt" eines Landkreises zu sein. Noch heute sind die alten Bindungen zu spüren: Die große Mehrzahl der Pendler orientiert sich in Richtung Osten und steuert die großen Industriebetriebe in Leonberg, Stuttgart oder auch Sindelfingen an.

Zuzügler in den Ort erkennt man sofort an den Kfz-Kennzeichen aus dem mittleren Neckarraum, zum Shoppen geht man nach Leonberg oder Stuttgart, und nicht zuletzt ist der öffentliche Nahverkehr in Richtung Stuttgart sehr gut ausgebaut – wenn auch im Hinblick auf die Zusammenarbeit der jeweiligen Verkehrsverbünde noch deutlich ausbaufähig –, während man am Wochenende Probleme hat, mit dem Bus nach Pforzheim zu kommen. „LEO" ist nach wie vor präsent und wer weiß: Vielleicht sieht man nach der anstehenden Reform der Kfz-Kennzeichen in Deutschland bald nicht nur auf Oldtimern das alte Leonberger Kennzeichen wieder.

Friolzheim heute

Bis heute haben sich die Friolzheimer Bürgermeister und Gemeinderäte stets für den Weg einer dualen Entwicklung entschieden. Die Gemeinde sollte nicht nur „Schlafstadt" für die nahe gelegenen Industriestandorte sein. Eine gesunde Entwicklung, so war man überzeugt, sollte auch lokal angesiedeltes Gewerbe beinhalten sowie für Gewerbesteuereinnahmen und Arbeitsplätze sorgen. Diese Dualität verfolgt man konsequent und mit großem Erfolg bis zum heutigen Tage. Mehr als 300 Gewerbebetriebe vor Ort bilden das wirtschaftliche Rückgrat der Gemeinde. Den wenig mehr als 2.000 Einwohnerinnen und Einwohnern Anfang der 70er Jahre stehen heute nahezu 3.800 gegenüber.

Die 80er Jahre des vergangenen Jahrhunderts läuteten eine Zeit der Modernisierung in Friolzheim ein, die bis heute anhält. Aus dem kleinen Heckengäudorf formte sich langsam eine moderne baden-württembergische Gemeinde am äußeren „Speckgürtel" (korrekt: Verdichtungsraum) der Region Stuttgart. Neben der genannten Begradigung der Ortsdurchfahrt bekam im Rahmen der Dorfentwicklung der lediglich als Bushaltestelle genutzte Marktplatz ein neues, ansprechendes Gesicht mit Aufenthaltscharakter. Die Gemeinde erhielt eine für damalige Verhältnisse großzügige Turn- und Festhalle, die Ende der 90er Jahre modernisiert und ausgebaut wurde. Höhere Einwohnerzahlen und mehr Gewerbe verursachen mehr Abwasser: Grund genug, um eine

neue, moderne und vor allem größere Kläranlage entlang des See-
grabens zu bauen.

Friolzheim war und ist bis zum heutigen Tage eine kinderreiche
Gemeinde und gehört dadurch noch zu den „jüngeren" Gemeinden im Enzkreis. Dieser Tatsache sind der Ausbau des Kindergartens Ende der 80er Jahre sowie der Neubau der Grundschule ein
Jahrzehnt später im Gewann „Eiche" geschuldet. Seit diesen Tagen haben die heute mit dem Begriff „Bildung und Betreuung"
definierten Anstrengungen die Gemeinde nicht mehr losgelassen.
Aus-, Um- und Neubauten im Bereich des Kindergartens erfolgten
in immer kürzeren Abständen, auch derzeit ist eine neue Kinder-
krippe für Kleinkinder zwischen einem und drei Jahren in Planung.
Ein Ende dieser kostenträchtigen Anstrengungen ist indes nicht in
Sicht: Die Hortbetreuung an der Friolzheimer Grundschule bedarf
dringender Erweiterung.

Auch im neuen Jahrtausend legte Friolzheim beim Ausbau seiner Infrastruktur ein ordentliches Tempo vor und war damit immer
wieder für eine Schlagzeile gut: Friedhofsausbau, Erweiterung des
Abwasserkanalnetzes, Bau eines Pflegeheims (benannt nach
Schwester Karoline, einer ehemaligen Friolzheimer Diakonisse),
Erschließung von Wohn- und Gewerbegebieten, Straßensanierun-
gen, Neubau des kommunalen Bauhofs und Bau eines Kreisver-
kehrs in der Ortsmitte. Zwei Ereignisse sind dabei ganz besonders
zu erwähnen: Im Jahr 2005 feierte die Gemeinde das ganze Jahr
über mit vielen großen und kleinen Festen die erste urkundliche
Erwähnung vor rund 900 Jahren. Im gleichen Jahr konnte Friolzheim trotz der regen Bautätigkeit seine letzten Schulden beglei-
chen und ist bis heute schuldenfrei. Unabhängig von dieser Vielzahl
kommunaler Anstrengungen läutete der Ausbau der Autobahn 8
zwischen 2008 und 2011 ein neues stauärmeres und lärmreduzier-
tes Zeitalter in der Gemeinde ein. Parallel dazu wurden die Land-
straßen 1180 nach Leonberg und L 1175 Richtung Pforzheim teilsa-
niert und mit Brücken versehen.

Im Jahr 2011 wurde als Höhepunkt der Sanierungsbestrebun-
gen in der Ortsmitte die historische Zehntscheune als Kultur- und
Veranstaltungszentrum feierlich eröffnet. Das Gebäude war im
Jahr 1563 vermutlich auf den älteren Fundamenten
eines Vorgängerbaus errichtet, 1850 von der Gemeinde erworben und später an vier Friolzheimer
Bürger weiterverkauft worden. Mit der Sanierung
nach dem Rückkauf der letzten Privatanteile ging
endlich ein lang gehegter Wunsch der Bürgerschaft
in Erfüllung. Das Kulturleben in Friolzheim hat in

Bauinschrift von
1563 an der
Zehntscheune
mit dem würt-
tembergischen
Wappen und
dem Zeichen des
Hirsauer Abts
(Aquarell von Ar-
tur Steinle, 1973)

Die Zehnt-
scheune nach der
Sanierung
(2008–2011)

diesem altehrwürdigen Gemäuer eine neue Heimstatt und blüht auch dank des neu gegründeten Kulturforums spürbar auf.

Ausblick

Auch in Zukunft wird es der aktiven Bürgerschaft im Ort nicht langweilig werden, allzu viel steht noch auf der Agenda: Neben dem bereits erwähnten Ausbau der Kinderbetreuung wird immer wieder einmal der Wunsch nach einer größeren Halle geäußert, die mit dem vielfältigen Angebot unserer Vereine Schritt halten soll. Das weitläufige Schul- und Sportareal benötigt in Teilen eine Runderneuerung, und auch die Sanierung der Ortsmitte ist noch nicht abgeschlossen. Der Individualverkehr rollt auch in „modernen Zeiten" noch nicht optimal durch den Ort.

Mit dem Ausbau des Breitbandnetzes erwächst eine neue und teure, aber unverzichtbare Infrastrukturaufgabe. Der Marktplatz wartet auf seine neuerliche Umgestaltung, und an dessen Nordrand soll ein neues Wohn- und Geschäftshaus entstehen. Über nahezu Allem steht dabei das Postulat des demografischen Wandels: Auch Friolzheims Bevölkerung wird zusehends älter und die Gemeinde muss diesem wohl unumkehrbaren Trend gerecht werden. Zudem leben wir in Zeiten immer knapper werdender Gemeindefinanzen. Grund genug, bei der Auswahl der nächsten Projekte neue, auch einmal über den Gemeinderat hinausgehende Wege zu beschreiten. Vor kurzem wurde im Bereich des Schul- und Sportgeländes ein Bürgerbeteiligungsprozess gestartet, mit dem Ziel, dieses Areal „fit" für die Zukunft zu machen. Im weiteren Verlauf soll diese Bürgerbeteiligung auf das gesamte Gemeindegebiet ausgedehnt werden, um Friolzheim lebens- und liebenswert zu erhalten und die Gemeinde gut gerüstet weiter ins 21. Jahrhundert führen zu können.

Michael H. Seiß

Das erst im Jahr 1957 offiziell verliehene Friolzheimer Gemeindewappen greift in die spätmittelalterliche Herrschaftsgeschichte zurück: Es zeigt in gespaltenem Schild heraldisch rechts (vom Betrachter aus links) zwei blaue Balken auf goldenem (gelbem) Grund – das Wappen der Familie von Gemmingen – und heraldisch links auf blauem Grund einen goldenen (gelben) Hirschkopf als Symbol des Klosters Hirsau (früher Hirschau).

Literatur

Beschreibung des Oberamts Leonberg. Hg. von dem Königlichen statistisch-topographischen Bureau. Stuttgart 1852 (Reprint Magstadt 1972).

Beschreibung des Oberamts Leonberg. Hg. vom Württembergischen Statistischen Landesamt. Zweite Bearbeitung, Stuttgart 1930.

Codex Hirsaugiensis. Hg. von Eugen Schneider (Württembergische Geschichtsquellen). Stuttgart 1887.

Filtzinger, Philipp: Hic saxa loquuntur. Hier reden die Steine: Römische Steindenkmäler im Lapidarium Stiftsfruchtkasten und in der Ausstellung „Die Römer in Württemberg" im Alten Schloß (Kleine Schriften zur Kenntnis der römischen Besetzungsgeschichte Südwestdeutschlands 25). Stuttgart 1980.

Friolzheim 1105–2005: Ein Dorf und seine Menschen erinnern sich und feiern. Hg. von der Gemeinde Friolzheim. Horb 2005.

Hackl, Stefan: Ortsnamenbuch des Enzkreises und des Stadtkreises Pforzheim (erscheint voraussichtlich Stuttgart 2013).

Molitor, Stephan: Traditionsnotiz und „Ersterwähnung". Zum Umgang mit Ortsnennungen in undatierten Einträgen des Codex Hirsaugiensis am Beispiel von Mühlhausen, Tiefenbronn und Friolzheim. In: Der Enzkreis. Jahrbuch 11 (2005), S. 23–36.

Zehntscheune Friolzheim. Ein herrschaftlicher Bau im Wandel der Zeiten. Festschrift zur Einweihung am 8. Oktober 2011. Hg. von der Gemeinde Friolzheim. Friolzheim 2011.

Anmerkungen

1   Zitiert nach Filtzinger, S. 50.
2   Ausführlich dazu: Molitor, passim; vgl. hierzu demnächst auch Hackl.
3   Hauptstaatsarchiv Stuttgart A 602 Nr. 10433.
4   Gemeindearchiv (GA) Friolzheim, vorl. Nr. 397 (Heiligenrechnung 1750/51).
5   GA Friolzheim, vorl. Nr. 166 (Erneuerung über des Heiligen Sanct Agabiti daselbsten …).
6   Beschreibung des Oberamts Leonberg (1852), S. 122.
7   Landeskirchliches Archiv Stuttgart , Bestand A 1 (Synodusprotokolle) – Auszüge in Kopie im Kreisarchiv des Enzkreises.
8   GA Friolzheim, vorl. Nr. 32 (Kirchenkonventprotokoll 1794–1812; hier 7.8.1794).
9   Friolzheim 1105–2005, S. 44.

NORMAN FREIHERR VON GAISBERG UND
ANDREAS LIPPECK

Obermönsheim

Beiträge zur Geschichte des Schlosses und
seiner Adelsfamilien

Schloss Obermönsheim und seine Besitzer

Mit der Geschichte des Dorfes Mönsheim eng verbunden ist die
des Schlosses Obermönsheim mit den zugehörigen Gebäuden am
Steilhang über dem Grenzbachtal. Vermutlich handelt es sich um
eine Nachfolgesiedlung des nur 1379 erwähnten und abgegange-
nen Ortes Ütingen. Das heutige Schloss, errichtet auf dem Unter-
bau der einstigen Höhenburg, und das heutige Dorf, ursprünglich
als Untermönsheim bezeichnet, sind ab 1291 in den Urkunden zu
unterscheiden und besaßen bis zur Vereinigung im Jahr 1935 zwei
getrennte Gemarkungen. Beide Orte weisen im Mittelalter eine
komplizierte Besitzgeschichte auf, wobei die Herren von Mönsheim und auswärtige Niederadelsfamilien wie viele andere im
Spätmittelalter gegenüber den aufstrebenden fürstlichen Territo-
rialmächten Baden und Württemberg ins Hintertreffen gerieten.
Obermönsheim, seit dem 16. Jahrhundert weitgehend von würt-
tembergischem Territorium umringt, blieb bis 1806 eine Exklave
unter badischer Landeshoheit. Kirchlich gehört Obermönsheim
zur evangelischen Pfarrei Wimsheim.

Im Jahre 1584 übertrug Markgraf Ernst Friedrich von Baden-
Durlach (1560–1604) das Lehen Obermönsheim, das bereits 1561
dem badischen Haushofmeister Batt von Rieppur zugesichert worden war, an die Herren von Rüppurr (Rieppur). Stammsitz der Familie ist Schloss Rüppurr bei Karlsruhe. Die Belehnung erfolgte
nach der Formulierung des Lehensbriefs für diesen selbst *[…] und
seine ehlichen männlichen Leibeserben, und wann diese nicht wären, seine eheliche Tochter und derselben ehliche Leibeserben.*[1]
Damit wurde die Möglichkeit geschaffen, dass im Falle des Todes
der Söhne des Lehensträgers auch seine Töchter und deren Kinder
nachfolgen konnten. Dieser Bestimmung sollte viele Jahre später
eine entscheidende Bedeutung in einem Erbstreit zukommen.

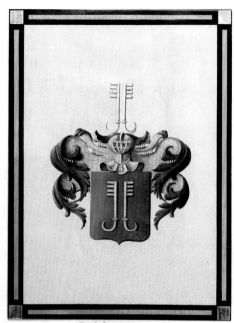

Wappen
der Freyherrn von Rieppur.

Wappen
der Freyherrn von Thull.

Wappen
der Freyherrn von Thull-Rieppur.

Wappen
der Freyherrn von Gaisberg

Zwischen 1594 und 1603 verkauften die Herren von Rüppurr ihren Stammsitz an Markgraf Ernst Friedrich. Somit wurde das deutlich kleinere Gut Obermönsheim zum Stammsitz der Familie. Im Jahr 1606 erneuerte Baden das Lehen für den damaligen Besitzer Ernst Friedrich von Rüppurr. Er wurde außerdem im Dreißigjährigen Krieg (1640) mit dem Dorf Mönsheim belehnt. Um Schaden von der Gemeinde abzuwenden, entrichtete er im Jahr 1642 den französischen Truppen 647 Gulden. Dennoch blieben beide Siedlungen in jenen Kriegsjahren von Brand und zahlreichen Plünderungen nicht verschont.

Bis 1782 war Obermönsheim ausschließlich in Rüppurr'schem Besitz. Nach dem Erlöschen der männlichen Linie übernahm Friederike Charlotte von Rüppurr das Lehen. Ihre Schwiegermutter war eine geborene von Reischach, und diese Familie versuchte Ansprüche auf den Besitz geltend zu machen. Es folgte ein langjähriger Erbstreit, in dem es dann auch darum ging, ob Töchter überhaupt erbberechtigt seien. Der Prozess endete erst 1831 in einem Vergleich, demzufolge Friederike ihr Erbe behalten konnte, aber 42.000 Gulden an die Familie von Reischach zu entrichten hatte. Friederike heiratete 1787 den württembergischen Staatsminister und Geheimrat Ernst August von Phull aus der bekannten brandenburgischen Familie von Pfuel. Durch diese Verbindung entstand der Doppelname von Phull-Rieppur. Aus der Ehe gingen vier Kinder hervor. Zwei von ihnen, Maximilian und Antonie, waren verantwortlich dafür, dass es mich gibt.

Maximilian lebte von 1825 bis 1867 und heiratete Pauline von Batz (1832–1905), die eine Cousine Eduard Mörikes war. Aus der Ehe gingen zwei Söhne hervor: Karl Eduard (1857–1918) und der 1899 im Alter von 41 Jahren verstorbene Friedrich. Eduard heiratete 1899 Henriette von Gaisberg (1857–1906), eine Schwester meines Urgroßvaters Kuno (1849–1913), dessen Mutter wiederum Antonie von Phull-Rieppur (1827–1892) gewesen war.

Im Dezember 1917 brannte durch Selbstverschulden ein Teil von Schloss Obermönsheim ab. Im Januar 1918 verstarb Eduard von Phull-Rieppur; der letzte Träger seines Namens. Die Klärung und Erledigung aller Erbschaftsangelegenheiten dauerte bis ins Jahr 1920. So konnte schließlich mein Großvater Nicolai Freiherr von Gaisberg-Schöckingen (1897–1982) gemeinsam mit seinem Onkel Hans (verstorben 1921) Obermönsheim übernehmen.

Es war ein Erbe, das ich aus heutiger Sicht in diesem Zustand nicht angetreten hätte: Der Krieg war verloren, Hungersnot und Weltwirtschaftskrise sollten folgen. Zum Besitz gehörte neben einem völlig heruntergewirtschafteten Forstbetrieb eine parzelliert

Ernst August von Phull und seine Gattin Friederike Charlotte geb. von Rüppurr. Gemälde im Schloss Obermönsheim.

Früherer Zustand des Schlosses (1977)

verpachtete Landwirtschaft. Hinzu kam ein Haus, das wenige Jahre zuvor ein Opfer der Flammen geworden war. Mein Großvater hatte die Absicht, das Schloss wieder auf- und umzubauen. Zum Glück fehlte ihm das Geld, so dass er die Ruine sicherte und lediglich den Nordflügel wieder aufbaute. Ursprünglich umfasste das Lehen Obermönsheim etwa 400 Hektar, wovon rund 250 Hektar auf Wald und 150 Hektar auf landwirtschaftliche und sonstige Flächen entfielen. Im Laufe der Jahrhunderte haben politische und familiäre Ereignisse den Betrieb auf etwa 300 Hektar schrumpfen lassen.

Im Jahr 1963 übernahm mein Vater Ottokar Freiherr von Gaisberg das Gut Obermönsheim, und 1968 bezog der Stuttgarter Golfclub „Solitude" hier sein Quartier. Dieser „Fruchtwechsel" brachte erstmals Geld in die Kasse des Eigentümers. Seit 1974 befindet sich im Gewann „Dieb" zudem ein Steinbruch. Die Einnahmen aus Wald- bzw. Forstbetrieb, Steinbruch und Golfplatz ermöglichten schließlich die notwendigen und dringend anstehenden Renovierungsarbeiten am Schloss. Im Juli 1993 übernahm ich den Betrieb von meinem Vater und habe keine Zeit verstreichen lassen, das Gebäude weiter zu sanieren – eine Herkulesaufgabe!

Norman Freiherr von Gaisberg

Der Gedenkstein für Reinhard von Rüppurr (1458–1533)

Nach der Aufgabe ihres ursprünglichen Stammsitzes und der Verlegung desselben von Rüppurr nach Obermönsheim zur Wende vom 16. zum 17. Jahrhundert entstand möglicherweise das Bedürfnis, am neuen Stammsitz ein Denkmal anzubringen, das einen berühmten Vertreter der Familie ehrt: den Wormser Bischof Reinhard von Rüppurr. Ihm ist ein Gedenkstein gewidmet, der – wie es in den „Inschriften des Enzkreises bis 1650" heißt – angeblich etwa 500 Meter vom Schloss entfernt in einem Garten bei der Herrenbuche gelegen haben soll. Und tatsächlich war dieser Gedenkstein in seiner Geschichte an verschiedenen Standorten verankert. Möglicherweise hatte er sich zunächst in Schloss Gottesaue, der alten Grablege der Familie von Rüppurr, befunden.[2] Bis Ende der 1970er Jahre hing er eingemauert rechts neben dem heutigen Haupteingang des Schlosses von Obermönsheim. Heute befindet er sich an einem geschützten Platz in der vom Brand von 1917 übrig gebliebenen Umfassungsmauer.

Beschreibung des Gedenksteins

Bei diesem Gedenkstein handelt es sich um einen 226 mal 122 Zentimeter großen und 10 Zentimeter starken roten Sandstein. Mittig im oberen Drittel des Steines befindet sich das Bischofswappen Reinhards von Rüppurr, gekrönt von Mitra und Stab. Das Wappen ist geviert, das heißt, es besteht aus vier Feldern, von denen je zwei identisch sind: Das vom Betrachter aus links oben und rechts unten angeordnete Wappen mit Schlüssel und Schindeln ist das des Bistums Worms; das rechts oben und links unten angeordnete Wappen, das zwei abgewendete vierzahnige Schlüssel zeigt, ist das Familienwappen von Rüppurr.

Das zentrale Bischofswappen wird von vier Familienwappen umsäumt, die eine in ihrer Anordnung ganz bestimmte Bedeutung haben. Das Wappen vom Betrachter aus links oben ist das

Gedenkstein für
Reinhard von
Rüppurr in der
Umfassungs-
mauer von
Schloss Ober-
mönsheim

Wappen des Verstorbenen, zugleich das seines Vaters und väterlichen Großvaters – in diesem Fall erneut das Wappen von Rüppurr. Rechts oben sieht man das Wappen der Mutter, zugleich das des mütterlichen Großvaters – das der Familie von Itzlingen. Vom Betrachter aus links unten befindet sich das Wappen der Großmutter väterlicher Seite – hier der Familie von Gültlingen, und rechts unten ist das Wappen der Großmutter der mütterlichen Seite zu sehen: ein gebogenes Steinbockshorn, das eventuell das der Familie von Fechenbach sein könnte.[3]

Unter den oben angebrachten Wappen befindet sich eine in lateinischer Sprache verfasste Inschrift in höchst qualitätvollen Formen, die hier auszugsweise übersetzt wiedergegeben wird: *Dem in Christus ehrwürdigen Vater und Herrn Reinhard von Rüppurr; nach seiner segensreichen Verwaltung des Wormser Bistums ruht sein Leib in Worms, Herz und Eingeweide bei den Seinen. [...] Er regierte 29 Jahre, 8 Monate, 20 Tage. Er starb im Jahr Christi 1533 am 13. vor den Kalenden des Mai [April 19]. Er lebte 85 Jahre.*[4] Hier hat sich ein Fehler eingeschlichen, denn Reinhard (1458–1533) starb im Alter von 75 Jahren. Doch fragen wir uns: Wer war dieser Mann, zu dessen Gedenken seine Familie diesen Stein errichtete und folglich mit dessen „Hilfe" quasi sie ihren neuen Adelssitz aufzuwerten gedachte?

Reinhard von Rüppurr, Bischof zu Worms (1503–1523)

Reinhard von Rüppurr wurde im Jahr 1458 geboren, als im Reich Kaiser Friedrich III. und in Baden Markgraf Karl I. regierte. Nach seiner Erziehung und Ausbildung, wohl an der Pforzheimer Lateinschule, wechselte er 1478 an die Heidelberger Universität. Im Jahre 1494 wurde er Mitglied des Wormser Domkapitels, das ihm alsbald die Aufsicht über die „schola cantorum" (Singschule) in der Kathedrale übertrug. Bei einem Streit mit dem Rat der Stadt, in dem es um die Privilegien der Geistlichkeit ging, tat sich Reinhard von Rüppurr als Wortführer hervor. Da keine Einigung herbeigeführt werden konnte, zogen die Domherren 1499 für zehn Jahre nach Ladenburg. Eigentlich hatte Worms den Status einer freien Reichsstadt, die direkt dem Kaiser unterstand. Dem Bischof und der Geistlichkeit, die einen beachtlichen Teil der Einwohnerschaft bildete, war es jedoch gelungen, umfangreiche Sonderrechte durchzusetzen, die den Handlungsspielraum des Stadtrates stark einengten. Im Übrigen war im 15. Jahrhundert der Einfluss der pfälzischen Kurfürsten auf Worms enorm gewachsen, zumal zeitweilig Brüder des Pfalzgrafen dort als Bischöfe amtierten.

Im Juli 1503 starb der Wormser Bischof Johann von Dalberg, ein Förderer des deutschen Humanismus. Ihm folgte am 19. August 1503 Reinhard von Rüppurr im Amt, der vom ganzen Domkapitel einmütig gewählt worden war. Wie seine Vorgänger vertrat Reinhard die Auffassung, dass die Stadtherrschaft uneingeschränkt dem Bischoff zustehe. So war seine Amtszeit von Beginn an von anhaltenden und zum Teil heftigen Auseinandersetzungen mit der Stadt Worms geprägt. Als ihm die Wormser den Einritt in die Stadt wie auch die Besetzung der Ämter verweigerten, belegte der Bischof im Februar 1504 Worms mit einem Bann.

Im Landshuter Erbfolgekrieg 1504/05, der auch pfälzisch-bayrischer Erbfolgekrieg genannt wird, ergriff Reinhard von Rüppurr Partei für die pfalzgräfliche Seite, woraufhin Kaiser Maximilian I. die Reichsacht über ihn verhängte und ihm jegliche Hoheitsrechte gegenüber der Stadt Worms entzog. In solcher Weise gedemütigt und entmachtet, empfing Reinhard von Rüppurr am 7. Oktober 1504 in Ladenburg die Bischofsweihe.

Bei verschiedenen Reichstagen versuchte er immer wieder den Kaiser für seine Standpunkte zu gewinnen, was jedoch stets ohne Erfolg blieb. Auch zwei von ihm in den Jahren 1513 und 1514 geschürte Aufstände gegen Rat und Patriziat der Stadt brachten ihn seinem Ziel nicht näher. Erst nach dem Tode des Kaisers gelang es Reinhard von Rüppurr im Juni 1519 mit Hilfe des Pfalzgrafen Ludwig der Stadt Worms einen Vertrag abzunötigen, der ihm fast die uneingeschränkte weltliche Hoheit über die auch als „Mutter der Reichstage" bezeichnete Stadt Worms einräumte.

Im September 1520, nachdem die Bürgerschaft ihm gehuldigt hatte, hielt Reinhard von Rüppurr mit einer in der Geschichte der Wormser Bischöfe einmaligen Verspätung mit *700 wohlgeputzten pferden, auch 10 fürsten, vieler grafen und freiherren wohlgerüstem geleit*[5] seinen prunkvollen, einer militärischen Machtdemonstration gleichenden Einritt in die Stadt. Anschließend zog er mit seinem Gefolge nach Aachen weiter, wo er an der Krönung Karls V. zum König teilnahm.

Reinhard von Rüppurr sah sich nach den Jahren der politischen und religiösen Unruhen seinen Aufgaben nicht mehr gewachsen. So gab er 1522 seine Absicht bekannt, sich von den Regierungsgeschäften zurückzuziehen. Papst Clemens VII. hatte sich für Heinrich Pfalzgraf bei Rhein als Nachfolger entschieden, dem Reinhard von Rüppurr Ende 1523 die Amtsgewalt über das Wormser Bistum übergab. Daraufhin ging Reinhard zunächst nach Dirmstein, von da in das Kloster Ramsen bei Grünstadt. Als dieses 1525 von aufständischen Bauern überfallen wurde, flüchtete Reinhard von Rüppurr in die Festung Neuleiningen. Als das Reisen wieder sicherer wurde, begab er sich schließlich wieder nach Rüppurr, wo er am 19. April 1533 verstarb. Dem Brauch der Zeit entsprechend wurde sein Herz in der Heimatkirche beigesetzt. Der Leichnam ruht in der Krypta unter dem Ostchor des Wormser Domes.

Die heute in der Turmvorhalle der Rüppurrer St. Nikolauskirche angebrachte Grabplatte ist stark abgetreten und ihre Inschrift kaum noch lesbar. Sie ist sehr schlicht gestaltet mit einem in quadratischer Vertiefung eingelassenem Herz. Sie bedeckte bis zu Beginn des 19. Jahrhunderts das Herz des Wormser Fürstbischofs Reinhard von Rüppurr.

Norman Freiherr von Gaisberg

Die Sanierungsarbeiten am Schloss Obermönsheim in den Jahren 2008 bis 2011

Zu der vom heutigen Eigentümer Norman Freiherr von Gaisberg weiter oben angesprochenen Herkulesaufgabe gehörten die vom Vaihinger Architekturbüro Lippeck und Lechner in den vergangenen Jahren durchgeführten Sanierungsmaßnahmen. Diese umfassten im Wesentlichen die Fassade der Gesamtanlage, den Innenhof sowie einen Neubau für die Forstverwaltung.

Das Hauptgebäude wird seit 1920 durch die Familie von Gaisberg bewohnt. Ebenso waren bis zur jetzigen Sanierung die Büroräumlichkeiten der Forstverwaltung Obermönsheim dort untergebracht. Bausubstanziell erhebliche Beschädigungen in der Außenfassade des Hauptgebäudes und auch deutliche Unzulänglichkeiten in der Ausgestaltung des Schlossinnenhofes erzeugten im Jahr 2008 einen nicht mehr aufschiebbaren Handlungsbedarf.

Um die Durchführung einer Sanierung der Gesamtanlage gewährleisten zu können, wurde die Verlagerung einzelner Nutzungseinheiten als notwendig erachtet. Hierzu war angedacht, an der Südecke des Schlossareals einen Ersatzbau für ein baufälliges Scheunenteil zu errichten, welcher zum einen neue Räumlichkeiten für die Forstverwaltung und weitergehend auch Ersatzwohnraum für die Zeit der Sanierungsarbeiten beinhalten sollte.

Erste planerische Überlegungen hierzu entstanden im Februar 2008 und wurden schon im folgenden Monat mit dem Landratsamt Enzkreis und dem Regierungspräsidium Karlsruhe vor Ort abgestimmt. Beide Behörden haben das Gesamtverfahren und den Bauablauf über mehrere Jahre kooperativ und unbürokratisch begleitet.

Verfeinerten Planungsentwürfen vom April 2008 folgte im Mai 2008 die Einreichung des Baugesuchs zum Neubau der Forstverwaltung. Die Neubaugestaltung arbeitete hierbei mit der Massivität der den Schlosshof einfassenden Schlossmauer, übernahm aber durchaus Gestaltungsdetails des eigentlichen Schlossgebäudes wie Sandsteingewände, Fenstergliederung, Putzoberflächen und Farbigkeit, ohne sich jedoch historisierend dem bestehenden Ensemble „anzubiedern".

Parallel zur Gesamtrealisierung dieses Baukörpers, welche den Zeitraum von Herbst 2008 bis Sommer 2009 in Anspruch nahm, erfolgte die Reparatur des Schlossinnenhofes, die Einbringung technischer Medien wie Beleuchtung und Blitzschutz sowie die Abkoppelung der Hofentwässerung von der Schmutzwasserkanalisation in Form einer Trennentwässerung. Auch wurde bei der Umsetzung der Außenanlage Augenmerk auf sinnvolle Anschluss-

Portalbereich nach dem Brand von 1917 und im heutigen Zustand

details an die einzelnen Gebäudeteile gelegt. Dies betraf insbesondere den historischen Hauptbaukörper durch Ausformung großer und eine Drainage beinhaltende Traufstreifen.

Erste planerische Aktivitäten zur Umsetzung der Fassadensanierung am Hauptgebäude begannen im Herbst 2008. Im Altputzbestand der Fassade deutlich ablesbar, zeigten bauzeitliche Dekorationsbestände (Putz- und Farbfassungsbestände) die weiteren konzeptionellen Maßnahmen und die Leitlinie für eine materialgerechte Umsetzung der Sanierung auf. Durch die zur Erkundung der historischen Farbfassungsreste durchgeführte restauratorische Befunderhebung ergaben sich jedoch zum Teil ernüchternde Ergebnisse. So wurde trotz der im Jahr 1978 erfolgten Korrekturen und Instandsetzungen ein zum Teil instabiler statischer Gebäudezustand dokumentiert. Durch eine fehlerhaft konzipierte, mineralische Innendämmung am Westgiebel war dort die Gebäudesubstanz sogar so weit geschädigt, dass ein Komplettabbruch und Wiederaufbau unumgänglich war. Als ungünstiger Träger erwies sich auch der am Südgiebel angebrachte Faserplattenunterbau. Wohl in der damaligen Absicht einer Überbrückung der dortigen Fachwerkbalkenlage angebracht, zeigten sich nun gerade dort dachförmige Stauchungen wie auch eine Vielzahl von Rissen in

Innenhofansicht von Süden mit dem in den 1920er-Jahren aufgebauten Fachwerkteil den Putzflächen. In der damaligen Sanierungsphase war darüber hinaus ein hartes, zementhaltiges Putzsystem zur Anwendung gekommen. Dieses Putzsystem war auch ursächlich dafür, dass die ebenfalls 1978 durchgeführte Rekonstruktion der Fassadenbemalung an den bewitterten Fassadenbereichen erhebliche Auswaschungen hinnehmen musste und leider keinesfalls als nachhaltig beziehungsweise kompatibel mit der Gebäudesubstanz bezeichnet werden kann. Ferner zeigten sich vielerorts, bedingt durch aufsteigende Sockelfeuchte, gravierende Schäden durch Salzneubildungen an den Süd- und Westseiten.

Allerdings eröffneten sich an anderer Stelle auch durchaus positive Ergebnisse: So lagen an der Nord- und Ostfassade unter den vorhandenen Altputzflächen bauzeitliche, bemalte Kalkputzlagen vor. Diese bauten sich auf einem gelblichen, relativ stabilen Mauermörtel aus Kalklehmputz auf. Eine darüber befindliche, relativ dünne und malereitragende Kalkputzlage ergab die Leitlinie der Rekonstruktion bezüglich der Bemalung des Gesamtgebäudes und deren Farbigkeit, nämlich rote Bänderung und Quaderbemalung. Weitergehend konnte mit der Datierung 1626 am wesentlich

Gartenansicht von Osten

älteren Erker und den dortigen Mal-
schichtüberlappungen und Fassungsan-
schlüssen die Fassadenbemalung zeitlich
eingeordnet werden.

Ausgehend von der restauratorischen
Befunderhebung und der parallel durchgeführten baukonstruktiven Untersuchung des Gesamtgebäudes zeigten sich
als wichtigste Behandlungspunkte für
die nachfolgende Sanierung somit die
statische Ertüchtigung des Gebäudes
(Rekonstruktion Westgiebel, Unterfangen im Fundamentbereich), das Fern-
halten von Baugrundfeuchte in der So-
ckelzone, die dortige Entfernung von
Fremdputzen aus Zement und Gips sowie die Sicherung der historischen Altbe-
stände des Putzes einschließlich der farb-
lichen Fassungen.

Die „kalte Zeit" über den Jahreswech-
sel 2008/09 wurde zur Handwerkersuche,
zu Ausschreibungen und Vergabever-
handlungen genutzt. Sowohl bezüglich
der zu bearbeitenden Fassadenfläche
wie auch für die notwendigen Sand-
steinarbeiten beziehungsweise die Res-
taurierung des Fensteraltbestands galt
es Handwerksbetriebe zu finden, welche
in Arbeitsmethoden „nach alter Väter
Sitte" versiert sind – ein gar nicht so ein-
faches Unterfangen! Delegationen von
Fachberatern klassischer Putzhersteller
führten Ortsbesichtigungen durch und
diskutierten über die vornehmlich notwendigen Methoden. Man hatte fast
den Eindruck, das Verputzen würde neu
erfunden! Für uns blieb schlussendlich
jedoch als Ergebnis, dass es auf dem
Markt wohl kein für eine solche Aufgabe
geeignetes Fertigprodukt gibt. Vor diesem Hintergrund fiel im Frühjahr 2009
die Entscheidung. Den Auftrag erhielten
Betriebe, die, angefangen von „händi-

Erker mit Jahreszahl und Rüppurr-Wappen

scher" Mischung der Grundputze aus Kalk und Sand bis hin zur Herstellung der Farben mittels Pigmenten und – man glaubt es kaum: Magerquark! –, die für die Sanierung der Fassadenflächen notwendigen Produkte – auf die Gebäudesubstanz angepasst – vor Ort herstellten. Für die Bearbeitung der historischen Altputzbestände wurde ein Gipser- und Restauratorenteam beauftragt, welches die Freilegung des bauzeitlichen Dekorationsbestandes und nachfolgend eine Konservierung in situ vornahm, das heißt ein Stabilisieren, Festigen und Injizieren des gelockerten, hohl liegenden und mürben Putzunterbaus. Die nach Entfernung nicht bauzeitlicher beziehungsweise substanziell zu stark geschädigter Putzflächen vorgenommene Entsalzung der Mauerwerksfassade mittels Opferputzen boten nachfolgend einen tauglichen Untergrund für die Umsetzung des geplanten Fassadenneuverputzes. Bei der Ergänzung beziehungsweise Anarbeitung der gesicherten Bestandflächen mit neu aufgetragenem Putz erfolgte dessen Bemalung freskal, also in einem System, bei dem die Farbschicht in den noch feuchten Sumpfkalkputzuntergrund eingearbeitet wird. Diese Art der Oberflächenbemalung verhindert anders als bei einem rein mineralischen Anstrich systemimmanent ein Auswaschen der Oberflächenbemalung, da diese sozusagen fest in den Putzuntergrund eingefärbt ist. Nachteilig gestaltete sich diese Arbeitsweise jedoch im zeitlichen Ablauf: „Tagwerke" geben hier die Größe der zu bearbeitenden Fläche vor, da der Putzuntergrund bei freskaler Bemalung weder zu nass noch zu trocken sein darf. Ebenso spielt die Außentemperatur eine nicht unerhebliche Rolle. Dass bei Temperaturen unter fünf Grad auf Grund möglicher Frostschäden ein Arbeiten unmöglich ist, erklärt sich leicht. Aber auch zu heiße Temperaturen, bei denen der Putzuntergrund zu schnell austrocknet, oder Regen beeinflussen beziehungsweise behindern diese traditionelle Art des Bauens doch erheblich. So verzögerten sich die Arbeiten leider dahingehend, dass im Jahre 2009 nicht sämtliche Fassadenflächen final bearbeitet werden konnten und dann witterungsbedingt in den Wintermonaten 2009/10 ruhen mussten.

Parallel zu den Verputz- und Bemalungsarbeiten erfolgte der fast komplette Austausch der Fenster, wobei die neuen Fenster in der Gliederung und Ausgestaltung am noch vorhandenen und – im selben Zuge in Stand gesetzten – historischen Altbestand im nordöstlichen Teil des zweiten Obergeschosses orientiert sind. Die die Fensteröffnungen umrahmenden Sandsteingewände wurden je nach Schädigungsgrad gefestigt beziehungsweise an den Stellen, an denen zu starke Schädigungen der Substanz vorlagen, durch sogenannte „Vierungen", das heißt einem teilweisen Ersetzen des Altbestands durch Neumaterial, ergänzt.

Nach Wiederaufnahme der Arbeiten im Frühjahr kam dann im Herbst 2010 doch noch alles zu einem guten Ende. Das Schloss war endlich wieder gerüstfrei! Die bis dato bedingt durch die Gerüststellung nicht bearbeitbaren Teilflächen der Außenlagen wurden jetzt umgesetzt. Konzeptionell verhindert nun eine fast um das gesamte Gebäude laufende Drainage aufsteigende Feuchte. Und ergänzende Fundamentunterfangungen sichern, wo es notwendig ist, das Gebäude statisch.

Es waren drei sehr interessante, aber auch turbulente und anstrengende Jahre. Das Ergebnis kann sich, wie uns von vielen Seiten bestätigt wird, sehen lassen. Die Auswahl guter Handwerksbetriebe sowie auch die sach- und fachgerechte Unterstützung der am Verfahren beteiligten Behörden und Planer bergen die Hoffnung in sich, dass nun ein wesentlicher Schritt zu einer nachhaltigen Sanierung der Gesamtschlossanlage getan ist.

Initialen des heutigen Eigentümers nach der Renovierung

Andreas Lippeck

Quellen und Literatur

Alberti, Otto von: Württembergisches Adels- und Wappenbuch (J. Siebmachers Großes Wappenbuch E). Stuttgart 1889–1916 (Reprint Neustadt/Aisch 1975).

Beschreibung des Oberamts Leonberg (2. Bearbeitung). Hg. vom Württembergischen Statistischen Landesamt, Bd. 1 und 2. Stuttgart 1930.

Fritz, Ekkehard: Dokumentation über die Befunderhebung der Fassung der Fassade des Hohengaisberger Schlosses in Obermönsheim. Neulingen 2008 (unveröffentlicht).

Ders.: Dokumentation über die Maßnahmen der Restaurierung/Rekonstruktion der Fassaden am Schloss in Obermönsheim. Neulingen 2009/10 (unveröffentlicht).

Gaisberg-Schöckingen, Friedrich Freiherr von: Genealogie und Heraldik. Neumünster und Leipzig 1913.

Hoffmann, Gustav: Geschichte des Dorfs Mönsheim. O. A. Leonberg. Welzheim 1904.

Neumüllers-Klauser, Renate: Die Inschriften des Enzkreises bis 1650 (Die Deutschen Inschriften 22; Heidelberger Reihe 8). München 1983.

Schulz, Ekkehard: Von den Anfängen bis zum Beginn des 19. Jahrhunderts. In: 900 Jahre Rüppurr. Geschichte eines Karlsruher Stadtteils. Hg. von der Bürgergemeinschaft Rüppurr. Karlsruhe 2003.

Seeger, Karl, Werner Dangel, Ottokar Freiherr von Gaisberg und Thomas Fritsch: Mönsheim – Porträt einer Heckengäugemeinde. In: Der Enzkreis. Jahrbuch 9 (2001), S. 27–40.

http://www.forstverwaltung-obermoensheim.de/index.html (Stand: 2.2.2012)

http://de.wikipedia.org/wiki/Worms (Stand: 2.2.2012)

Anmerkungen

1   Zitiert nach Hoffmann, S. 100.
2   Schulz, S. 39f. Gegen eine Gleichsetzung mit dem dort von Schlossbaumeister von Batzendorf im Jahr 1717 beschriebenen rätselhaften Stein spricht jedoch vor allem die völlig andere Inschrift.
3   Wir danken Herrn Dr. Harald Drös, Heidelberger Akademie der Wissenschaften, für wichtige Hinweise. Das bei Alberti, S. 184, abgebildete Wappen Fechenbach stimmt einschließlich der Helmzier überein. Neumüllers-Klauser, S. 126, Nr. 252, ist jedenfalls bezüglich „Dürrn" zu korrigieren.
4   Zitiert nach Neumüllers-Klauser, S. 126.
5   Zitiert nach Schulz, S. 37.

Ansicht von der Talseite (Nordost)

NIKOLAUS BACK

Die Gemeinde Wiernsheim
in den Revolutionsjahren 1848/49

*In einem ganz leicht eingefurchten, zwischen flachhügeligem
Ackerland hinziehenden Thälchen liegt auf der Hochebene rechts
von der Enz frei und freundlich der wohl ansehnliche Ort mit
seinen breiten gutgehaltenen Straßen, an denen die meist großen, oft tüchtigen und geschnitzten Holzbau zeigende Bauern-
häuser stehen.* Mit diesen Worten wurde Wiernsheim in der
amtlichen Beschreibung des Oberamts Maulbronn von 1870 charakterisiert.

22 Jahre zuvor – im Jahr 1848 – war der Ort hingegen ein Schau-
platz heftiger lokaler Auseinandersetzungen. Die Revolutionsjahre 1848/49 hinterließen nämlich auch in Dörfern wie Wiernsheim ihre Spuren; hier gerieten die lokalen Herrschaftsverhältnisse
ins Wanken. Über solche dörflichen Konflikte ist allerdings meist
nur wenig bekannt. Die Auseinandersetzung in Wiernsheim fand
hingegen ihren Niederschlag in den Akten des württembergischen
Innenministeriums bzw. des Justizministeriums im Hauptstaatsarchiv Stuttgart sowie des Kreisgerichtshofs Esslingen im Staatsarchiv Ludwigsburg. Es dürfte in Württemberg nur relativ wenige
Dörfer wie Wiernsheim geben, deren Geschehen in den Revolutionsjahren 1848/49 sich so ausführlich dokumentieren lässt. Im Mittelpunkt der dortigen Auseinandersetzungen stand der Schultheiß des Ortes.

Den Beginn der Revolutionsereignisse im Oberamt Maulbronn[1]
markierte Anfang März 1848 eine Petition, die von 1333 Bürgern
aus 18 Dörfern (darunter auch Wiernsheim) unterschrieben war
und sich an die württembergische Abgeordnetenkammer richtete.
Darin zeigten die Dorfbewohner schon ein ausgeprägtes politisches Bewusstsein. Sie forderten eine *vollständige Preßfreiheit*,
ein gesamtdeutsches Parlament, die Abschaffung der adligen
Standesvorrechte, eine vollständige Religions- und Gewissensfrei-
heit, die Öffentlichkeit von Gerichtsverhandlungen und Gemeinderatssitzungen, die Einführung einer allgemeinen progressiven
Einkommenssteuer und anderes.[2] Es ist durchaus bemerkenswert,

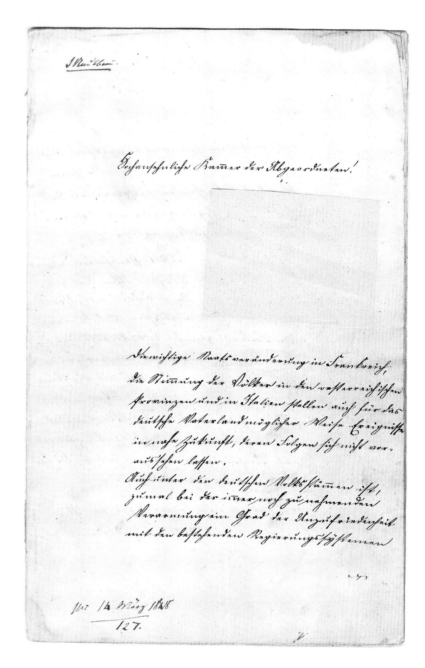

Titelblatt der
Petition aus dem
Oberamt Maul-
bronn an die
württembergi-
sche Abgeordne-
tenkammer

in welchem Maße die Forderungen der Revolution von 1848 auch
bei der Landbevölkerung angekommen sind. Solche Petitionen
waren indessen kein Einzelfall, ähnliche Eingaben erhielt der Landtag aus vielen württembergischen Landesteilen.

Die zitierte Petition nahm auch Bezug auf große politische Ereignisse wie zum Beispiel die Februar-Revolution in Paris, bei welcher der König gestürzt und die Republik ausgerufen worden war. *Die wichtige Staatsveränderung in Frankreich, die Stimmung der Völker in den oesterreichischen Provinzen und in Italien stellen auch für das deutsche Vaterland möglicher Weise Ereignisse in nahe Zukunft, deren Folgen sich nicht voraussehen lassen.* Angesichts der *immer noch zunehmenden Verarmung* wuchs auch die *Unzufriedenheit mit den bestehenden Regierungssystemen und Staatseinrichtungen*, zumal schon seit Jahrzehnten Reformen versprochen und nicht durchgeführt worden waren. Die Bürger sahen in massenhaften Petitionen die Chance, *die wichtigsten und dringendsten Forderungen des Volks ungesäumt durch die Volksabgeordneten an die Regierung stellen zu lassen.* Der württembergische König musste auf diese Bewegungen reagieren. Er gewährte Pressefreiheit und ernannte die führenden liberalen Oppositionellen zu Ministern mit Friedrich Römer an der Spitze.

Auch auf lokaler Ebene wurden die Herrschaftsverhältnisse erschüttert. In verschiedenen Gemeinden des Oberamts kam es zu heftigen Unruhen und zum Rücktritt von Gemeinderat und Schultheiß. Bereits Ende März trat der Schultheiß von Enzberg zurück.[3] In Wurmberg kam es zu Angriffen gegen den vom Oberamt eingesetzten Amtsverweser, vor allem von Seiten der ärmeren Bevölkerung, nachdem der Schultheiß zurückgetreten und der bisherige Gemeindepfleger zum Nachfolger gewählt worden war.[4] Weitere Schultheißenwechsel wurden im März 1848 aus Gündelbach und im April 1848 aus Derdingen sowie aus dem Städtchen Knittlingen gemeldet. Im September folgten Diefenbach und Kleinvillars, im Oktober Zaisersweiher und im Dezember schließlich Wiernsheim.[5] Somit wechselten zwischen März und Dezember 1848 insgesamt neun von 24 Schultheißen im Oberamt Maulbronn. Das entspricht

Nro. 28.   18. Jahrgang.

Dienstag den   7. März 1848.

Amts- und Intelligenz-Blatt
für die
Oberämter Vaihingen und Maulbronn.

Dieses Blatt erscheint wöchentlich 3 Mal. Preis halbjährlich 1 fl. Einrückungsgebühr die Zeile 2 kr.

Manifest

von

Seiner Majestät unserem Könige

an

Seine Unterthanen:

Württemberger!

Die großen Weltbegebenheiten, deren Wirkungen für unser Land, so wie für unser großes gemeinschaftliches Vaterland noch nicht zu übersehen sind, haben die größte Aufregung hervorgebracht. In diesem entscheidenden großen Augenblick spricht euer **König** zu Seinem treuen Volk. Bewährt auch jetzt wieder euren ächt deutschen Charakter, fest in dem Vertrauen in die göttliche Vorsehung, deren Allmacht und Weisheit das Schicksal der Völker lenkt, treu gegen eure Regierung und Verfassung, die eure Rechte und Eigenthum beschützt; Ruhe, Ordnung und Gehorsam vor dem Gesetz ist die heilige und nothwendige Pflicht. Reichen wir unsern deutschen Brüdern die Hand; wo unserem Vaterland Gefahr droht, werdet ihr Mich an eurer Spitze sehen. Segen unserem Vaterland, Heil und Ruhm für ganz Deutschland!

Treue-Appell von König Wilhelm I. an seine Untertanen aus dem Amts- und Intelligenzblatt für die Oberämter Vaihingen und Maulbronn, das wenig später als „Der Bürgerfreund" weitergeführt wurde.

37,5 % aller Gemeinden, was umso bemerkenswerter ist, als in jener Zeit der Schultheiß ein lebenslanges Mandat hatte.

Das politische Interesse der Bevölkerung war aber keineswegs nur auf den lokalen Horizont beschränkt; große Erwartungen knüpfte man etwa an die Wahl zur Nationalversammlung in Frankfurt.[6] Hierfür mussten im Vorfeld Kandidaten gefunden und diese der Bevölkerung bekannt gemacht werden. Dies geschah auf Versammlungen, die teilweise auch in den Dörfern abgehalten wurden, wie zum Beispiel in Dürrmenz[7] oder am 27. März 1848 in Lienzingen, wo ein Wahlkomitee gegründet wurde.[8] Der populäre Stuttgarter Rechtsanwalt und Maulbronner Landtagsabgeordnete Karl August Fetzer stellte sich als Kandidat für die Paulskirche zur Verfügung und konnte sich in der Wahl gegen August Ludwig Reyscher durchsetzen.[9]

Wegen seiner Nähe zu Baden und dem *nicht unbedeutenden Grenzverkehr* wurde die Lage im Oberamt Maulbronn durch die staatliche Bürokratie besonders kritisch beobachtet. Oberamtmann Widenmann schärfte *den Ortsvorständen und Landjägern [ein] genaues Augenmerk in der fraglichen Beziehung* zu Baden ein.[10] Über die politische Stimmung äußerte er im Juni 1848: *In Folge der politischen Gährung [seien] die Gemüther wie überall aufgeregt und in gespannter Erwartung, was die Zukunft bringe.* Dennoch kam außer einigen Rücktritten von Schultheißen *keine weiter auffallende Erscheinung vor, namentlich keine Fälle von Anarchie und Gesetzlosigkeit.* Als günstig empfand Widenmann, dass im Oberamt Maulbronn keine größeren Städte vorhanden seien, *so daß keine bestimmte politische Ansicht [herrsche], in Beziehung auf welche auch größere Volksversammlungen nicht statthaben.* Über die Stimmung in der Landbevölkerung stellte der Oberamtmann fest, dass dort diffuse Wünsche und Hoffnungen nach einem Ende der Obrigkeit und der steuerlichen Belastungen herrschten. Aber auch die Frage der Regierungsform war ein Thema: *In Beziehung auf die Nationalversammlung [werde] hie und da von Republik gesprochen, als Erörterung dessen, was die Zeitungen bringen.* Nach seiner Einschätzung folgte aber *die große Mehrzahl des Bezirks dem Gesetze und der Ordnung [und befürwortete] eine constitutionell monarchische Staatsverfassung.*[11] Andere Quellen vermelden hingegen durchaus auch Kritik an der staatlichen Obrigkeit, wie zum Beispiel an dem sogenannten „Beamten-Kleeblatt" Oberamtmann, Oberamtsrichter und Kameralamtsverwalter.[12] Möglicherweise war dies der Grund dafür, dass im Herbst 1848 Oberamtmann Ernst Ludwig Wilhelm Wi-

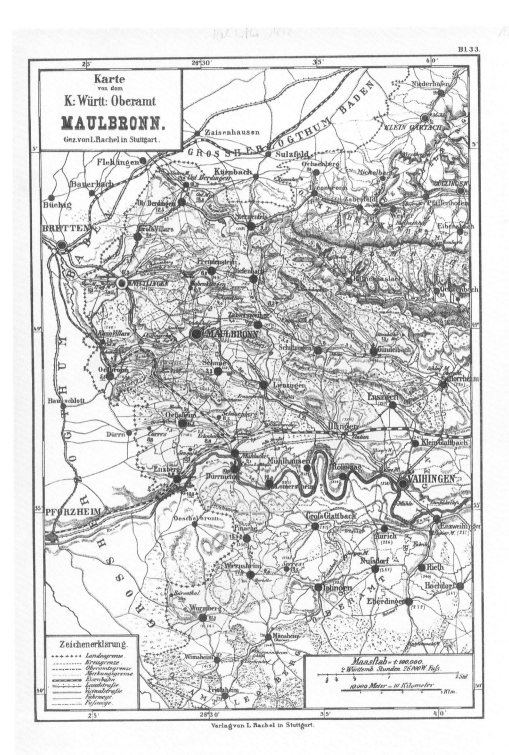

Karte
von dem
K: Württ: Oberamt
MAULBRONN.
Gez. von L. Rachel in Stuttgart.

Bl. 33.

Verlag von L. Rachel in Stuttgart.

denmann abgelöst und durch Franz Daser, bisher Oberamtmann von Nagold, ersetzt wurde.

Die Ereignisse in Wiernsheim

Die Revolutionsjahre 1848/49 hinterließen gerade auch in Wiernsheim ihre Spuren. In dem 1135 Einwohner zählenden Dorf wurde der langjährige Schultheiß Fehleisen zum Rücktritt gezwungen. Im Unterschied zu vielen seiner Amtskollegen wehrte er sich entschieden dagegen, musste aber nach einem zermürbenden Kampf im Dezember 1848 zurücktreten.

Karl Ludwig Fehleisen wurde 1794 in Bietigheim geboren, wo sein Vater die Stelle des geistlichen Verwalters innehatte. Im Jahr 1807 wurde der Vater nach Wiernsheim versetzt und zum Leiter des Kameralamts ernannt.[13] Karl Ludwig Fehleisen ergriff ebenfalls einen Beruf in der Verwaltung und begann als Steuerkommissär in Wiernsheim. Im Alter von 29 Jahren wählte man ihn 1825 zum Schultheißen von Wiernsheim. Die Ausgangslage war jedoch keineswegs günstig. Seine beiden Vorgänger Johannes Zundel und Karl Gottlieb Göhring hatten nur für kurze Zeit ihr Amt versehen und waren dann zurückgetreten.[14] Fehleisen hingegen erwies sich in den folgenden Jahren als ein durchsetzungsfähiger und tatkräftiger Schultheiß. 1829 ließ er ein neues Schulhaus und acht Jahre später ein neues Rathaus erbauen.[15] In den Jahren 1842/43 war er Abgeordneter des Landtags für das Oberamt Maulbronn.[16] Der Oberamtmann urteilte 1827, er solle *sein Amt mit gleichem Eifer und Pünktlichkeit wie bisher besorgen und die Bürgerschaft solle ihm die Dankbarkeit durch gebührende Achtung belohnen.* Dass die Arbeit in Wiernsheim aber dennoch nicht einfach war, zeigt seine Bemerkung, *er möge sich [...] durch leidenschaftliche Einflüsterungen nicht irre machen lassen.* Im Pfarrbericht von 1844 ist zu lesen: *Die Gemeinde gehört weder zu den besten noch zu den schlechtesten.* Auch gäbe es in der Gemeinde viel *Hang zur Trunkenheit [...], [gefördert] durch die immer noch stattfindenden Weinkäufe.*[17] Auch gegenüber dem Schultheißen sparte der Dekan nicht an Kritik. Einerseits dringe Fehleisen auf *gute Polizeiordnung*, andererseits bezeichnete er ihn als einen *Feind des tiefern religiösen Lebens.* Offensichtlich stand Fehleisen der Hahn'schen Gemeinschaft mit ihren 60 bis 80 Mitgliedern bzw. dem ebenfalls zum Pietismus neigenden Vikar Hiller distanziert gegenüber. In diesem Zusammenhang war es zu Spannungen innerhalb der Gemeinde gekommen.

Das unter Schult-
heiß Fehleisen
errichtete
Wiernsheimer
Rathaus am
Marktplatz
(1930er Jahre)

Erste Spuren der Revolution von 1848 finden sich im so genannten Befehlbuch der Gemeinde Wiernsheim. Die Kreisregierung
Ludwigsburg warnte die Schultheißen des Oberamts vor einem re-
publikanischen Flugblatt, das bei einer Volksversammlung in Weil
der Stadt am 12. März von Besuchern aus Baden (und vor allem aus
Pforzheim) verteilt worden sei. Die Schultheißen sollten über diese
Flugschrift nachforschen.[18]

Im Unterschied zu vielen anderen Gemeinden war in Wiernsheim im März 1848 noch von keiner Kritik oder gar Rücktrittsforderungen gegenüber Schultheiß und Gemeinderat die Rede. Am
26. März beschloss der Gemeinderat die Errichtung einer Bürgerwehr; es sollten 100 Gewehre aus dem Arsenal in Ludwigsburg bestellt werden. Zwar wurde die Bestellung vier Wochen später wegen der hohen Kosten auf 60 Gewehre reduziert, mit dem Aufbau
einer Bürgerwehr wurde aber dennoch begonnen.[19] Einige Wochen später beschloss hingegen der Gemeinderat, aus Kosten-
gründen vorerst überhaupt keine Gewehre zu bestellen, *so lange
die Bürgerwehr nicht überall organisirt und eingeführt werde*. Die
Bewaffnung solle stattdessen jedem Bürgerwehrmann selbst
überlassen sein.[20] Gerade die Bürgerwehr sollte im weiteren Verlauf der Auseinandersetzung eine wichtige Rolle spielen.

Dennoch blieb es auch in Wiernsheim nicht ruhig, denn seit
Juni mehrten sich die Vorwürfe gegen Schultheiß und Gemeinderat. Zunächst liegt es einfach in der Natur der Sache, dass ein

Schultheiß im Dorf auch Gegner hatte, seine Position war indessen nie ernsthaft gefährdet. Nach den Märzunruhen sollte sich das jedoch ändern. Rückblickend schrieb Fehleisen am 5. Oktober: Als *in der Revolutionszeit die gewaltsame Verdrängung alter Ortsvorsteher von der Volksjustiz vielfach ausgeübt worden ist*, habe eine Opposition gegen ihn immer größere Ausmaße angenommen, die schließlich seinen Rücktritt forderte.

Fehleisen nannte sogar ein konkretes Ereignis: Im Juni wurde Stadtschultheiß Kaufmann in Heimsheim *von seinem Amt verdrängt und an dessen Stelle [gelangte] Thierarzt und Stadtrat Bauer*. Wegen eines kranken Ochsen kam dieser Heimsheimer Tierarzt einmal zu Christoph Pflüger nach Wiernsheim. Dieser fragte ihn, *auf welche Weiße die Heimsheimer die Entfernung ihres Stadtschultheißen durchgesetzt haben*. Darauf lautete dessen Antwort: *Eine Anzahl Bürger habe eben demselben erklärt, er solle sein Amt niederlegen, weil sie kein Vertrauen mehr zu ihm haben – und auf diese Weise können die hiesigen Bürger auch mich [Fehleisen] wegbringen.*

Für den 3. Juli war eine Gemeinderats- und Bürgerausschusswahl vorgesehen. Bereits zwei Tage vorher hätte laut dem Bericht von Fehleisen *eine Anzahl von 40 Bürgern auf das Rathaus kommen wollen, um mich [Fehleisen] und die sämtlichen Gemeinderäte gewaltsam zu entfernen*. Daraufhin bat er den Oberamtmann, nach Wiernsheim zu kommen, um im Rahmen einer Bürgerversammlung etwaige Klagen gegen ihn und den Gemeinderat zu besprechen und zu entscheiden. Allerdings verschlechterte die Wahl vom 3. Juli die Lage des Schultheißen erheblich: Die Zahl seiner Gegner in den bürgerlichen Kollegien wuchs, im Bürgerausschuss errangen sie sogar die Mehrheit.[21]

Auch die vom Oberamtmann geleitete Bürgerversammlung verlief nicht im Sinne des Schultheißen. Zu seinem Bedauern ließ es der Oberamtmann *geschehen, daß sich, nachdem die gut gesinnten Bürger sich vom Rathaus entfernt hatten, ein Club Wühler zurückblieb, die den Oberbeamten zum Abtreten aus dem Rathaussaal nötigten, um sich über Beschwerdepunkte mit dem neu gewählten Bürgerausschuß, der größtentheils zur wühlerischen Parthei hielt, zu berathen und dann vorzubringen*. Eine Abordnung legte dem Oberamtmann die Beschwerdepunkte vor. Sie wurden von ihm *theils sogleich erledigt und theils dem Gemeinderat zur Erledigung übergeben*. Nur ein einziger Punkt hatte mit dem Schultheißen zu tun, *nehmlich die verläumderische Aussage des Wagners Jakob Friedrich Schmierer*. Fehleisen seinerseits ging in die Offensive, indem er bei den Versammlungen die Bürger an die gesetzlichen Vorschriften gegen Tumult und Aufruhr erinnerte und vom Oberamt forderte, eine gerichtliche Untersuchung gegen die Rädelsführer einzuleiten.[22]

Unruhen im September 1848

In den folgenden Monaten beruhigte sich die Lage zunächst wieder, bis am 22. September 1848 ein Vorfall die Auseinandersetzung erneut anheizte. An diesem Tag wurde Christoph Pflüger *wegen Ehrenkränkung gegen ein Mitglied des Bürgerausschusses vor den Gemeinderat geladen und wegen beharrlicher Weigerung, Rede und Antwort zu geben, und wegen brutalem Benehmens zu Aufrechterhaltung des obrigkeitlichen Ansehens mit 24 Stunden Arrest belegt.* Gegen seine Verhaftung wehrte er sich und rief dabei: *in einer halben Stunde komme ich doch wieder aus dem Arrest.* Tatsächlich entwickelte sich während der Nacht ein Tumult vor dem Haus des Schultheißen, der sich schließlich gezwungen sah, den Inhaftierten sofort wieder freizulassen.

Bald darauf sandte Gemeinderat Stähle eine von 112 Bürgern unterschriebene Beschwerde über Schultheiß Fehleisen an die Kreisregierung Ludwigsburg; 15 Bürger forderten seinen Rücktritt mit der lapidaren Begründung, es mangle ihnen an Vertrauen. Der gerade erst eingesetzte Maulbronner Oberamtmann Daser kam daraufhin nach Wiernsheim, um sich selbst ein Bild zu machen. Er nahm die Rücktrittsforderungen entgegen und leitete sie an die Kreisregierung Ludwigsburg weiter, bereitete aber auch eine gerichtliche Untersuchung wegen der ungesetzlichen Gefangenenbefreiung vor.

Mittlerweile war die obrigkeitliche Autorität schwer erschüttert. Ortspfarrer Hauff beklagte *die gegenwärtigen Spaltungen in der Wiernsheimer Bürgerschaft sehr, zumal auch seine Wirksamkeit sehr darunter leide, indem es z. B. dermalen nicht ratsam wäre, Strafen, welche der Kirchenkonvent zu verhängen für nötig erachte, zu vollziehen.*[23] Er sprach sogar davon, *die Gemeinde sey in Folge der Agitationen gegen den Schultheißen Fehleisen einer völligen Gesetzlosigkeit verfallen und ernste entschiedene Maßregeln seyen dringend geboten.*[24] Eine gerichtliche Untersuchung könne nach seinen Worten *die wühlerische Partei wieder zur Besinnung zu bringen.* Interessant ist auch seine Einschätzung über den Schultheißen, *indem seine Amtsführung uneigennützig, unpartheilich und energisch sey.* Oberamtmann Daser kam schließlich zu dem Schluss, *die gegen den Schultheißen vorgebrachten Klagepunkte seien offenbar unerheblich und gesucht*.

Auch die Kreisregierung stellte sich hinter Schultheiß Fehleisen. In ihrer Antwort vom 11. Oktober lehnte sie einen Rücktritt ab, da die Beschwerden keine konkreten Fehler des Schultheißen enthielten, *fehlendes Vertrauen* sei hingegen nicht ausreichend.[25] Die gewaltsame Gefangenenbefreiung sollte durch das Oberamtsgericht Maulbronn genauer untersucht werden. Der damit beauftragte Gerichtsaktuar stieß jedoch in Wiernsheim auf schroffe Ablehnung, auch von Teilen des Gemeinderats und der Bürgerwehr sowie seitens des Bürgerwehr-Hauptmanns Georg Bührer. Der Justizbeamte war somit gezwungen, die Vernehmungen abzubrechen und das Rathaus zu verlassen. Bei dieser Gelegenheit nahm *der an der Spitze der Aufrührer gestandene Gemeinderat Michael Stähle* den Rathausschlüssel zur Hand, zumal der Schultheiß sich gerade nicht auf dem Rathaus befand. *Zu gleicher Zeit ließ der Hauptmann der Bürgerwehr, Georg Bührer, Bierbrauer, die Bürgerwehr durch den Tambour versammeln*. Oberamtmann Daser musste feststellen, dass vier der acht Gemeinderatsmitglieder und vier Mitglieder des Bürgerausschusses zur Opposition gegen den Schultheißen zählten. Daser war erst wenige Wochen im Amt und besaß vermutlich noch nicht die erforderliche Autorität, um sich gegenüber der Bürgerschaft durchzusetzen.

Kurz darauf schickte die Justizverwaltung den Leonberger Oberamtsrichter Pistorius nach Wiernsheim, um die Vorgänge vom September erneut zu untersuchen. Aber auch ihm erging es nicht besser. Da ein Teil der bürgerlichen Kollegien es ablehnte, ihn bei den Ermittlungen zu unterstützen, wäre nur noch die Möglichkeit einer *Unterstüzung durch eine Compagnie Soldaten* geblieben. Pistorius befürchtete aber eine noch größere Verbitterung und verließ Wierns-

Karikatur aus den „Fliegenden Blättern" (1848)

Freiheit der Meinung.

heim nach kurzer Zeit wieder. In ähnlichen Fällen war im Frühjahr des Jahres 1848 durchaus Militär geschickt worden, wobei man in den Häusern der Aufrührer Soldaten einquartiert hatte. Auf diese Weise ließ sich zwar die Ordnung wieder herstellen, allerdings musste anschließend die Gemeinde für die oft hohen Kosten aufkommen, was nicht selten erhebliche Schulden verursachte, so dass sich die Gräben innerhalb des Dorfes noch weit stärker vertieften.

Vor diesem Hintergrund ist die Initiative mehrerer Gemeinderats- und Bürgerausschussmitglieder zu verstehen, dem Oberamtmann zu versichern, *daß der Oberamtsrichter Pistorius seine Untersuchung ungestört in Wiernsheim vornehmen könne, und daß selbst bei Verhaftungen keine Ruhestörungen zu befürchten seien.* Zur Verstärkung baten sie jedoch um zwei Landjäger, die mit Hilfe der *gut gesinnten Bürger [...] jedem Versuch einer etwaigen Ruhestörung kräftig* entgegentreten könnten. Auch auf die Bürgerwehr mit 40 Mann *könne man sich freilich nicht verlassen, weil die Mehrzahl und insbes. der Befehlshaber, Bierbrauer Bührer, Mitglied des Bürgerausschusses, gegen den Schultheißen seie.*[26]

Auch Pfarrer Hauff war *der Meinung, daß wenngleich bei dem ersten Auftreten des Untersuchungsrichters Militär erschien, nur eine nuzlose Erbitterung erzeugt würde.*[27] Es ist leicht vorstellbar, wie sehr dies die Verbitterung im Dorf gesteigert hätte, vielleicht liegt darin der eigentliche Grund für die unversöhnlichen Gräbern zwischen Schultheiß und Bevölkerung. Als einziger befürwortete Schultheiß Fehleisen einen Militäreinsatz zur Durchsetzung einer gerichtlichen Untersuchung und nahm auch die Kosten dafür in Kauf. *Da unter*

Unruhen vor dem Haus eines Schultheißen (Karikatur aus dem „Eulenspiegel", 1848)

der wühlerischen Partei sich auch vermögliche Bürger befinden, die für die Kosten einstehen können, und bey der oberamtsgerichtlichen Untersuchung, [...] sich die Zahl der Unruhestifter vollständig herausstellen wird, so kann ein Executions-Maasregel nur von den besten Folgen seyn, nicht blos für die hiesige Gemeinde, sondern auch für die ganze Gegend.[28] Zur Bekräftigung verwies Fehleisen auf mögliche Zusammenhänge mit der am 21. September in Lörrach erfolgten Ausrufung der Republik durch Gustav Struve. Nachdem aber der Struve-Putsch in Baden rasch zusammengebrochen war und der in Rottweil gestartete Rau-Ausmarsch nach Cannstatt sich nach wenigen Kilometern aufgelöst hatte, gab es auch für die staatlichen Beamten keinen Grund, Militär gegen die Aufrührer einzusetzen. Damit war allerdings das Schicksal von Schultheiß Fehleisen endgültig besiegelt.

Rücktritt

Bereits Anfang Oktober trug sich Fehleisen mit eventuellen Rücktrittgedanken: *Er sey zwar entschlossen, sein Amt auf den 1. Juli 1849, vielleicht auch bälder niederzulegen, allein auf eine schmachvolle und brutale Weise lasse er sich nicht aus dem Amt vertreiben. Zugleich brachte er zum Gesuch einer Brunnen-Cur in Kannstadt die Bitte um einen 4-wöchigen Urlaub vor.* Fehleisen fuhr tatsächlich zu einer Kur nach Cannstatt, als Amtsverweser fungierte Gemeinderat Andreas Bührer, der ihm später als Schultheiß nachfolgen sollte. Gerade Fehleisens Abwesenheit verschlechterte aber seine Position im Dorf entscheidend. Denn seine Gegner nutzten diese Zeit intensiv, um ihn noch stärker zu isolieren.[29]

Über die Situation nach seiner Rückkehr äußerte sich sein Bruder Ludwig Christian Fehleisen, Pfarrer in Renningen:[30] *Ich traf ihn an im tiefsten Elend, zwar aufrecht und gesund, aber gemütlich schwer angegriffen und niedergebeugt durch die fortgesetzten hartnäckigen Verfolgungen, welche seit 3 Monaten von Seiten einer rebellischen Bürgerparthei über ihn ergehen.* Wenige Tage später, Anfang Dezember 1848, trat Fehleisen von seinem Amt als Schultheiß zurück, blieb aber weiterhin Verwaltungsaktuar der Gemeinde. Ein solcher wurde im Allgemeinen als ausgebildeter Verwaltungsfachmann einem Bauernschultheißen zur Seite gestellt, um diejenigen Aufgaben zu erfüllen, für die spezielle juristische Kenntnisse notwendig waren; häufig umfasste seine Zuständigkeit mehrere Gemeinden. Der Rücktritt war Fehleisen keineswegs leicht gefallen. Im Unterschied zu wohlhabenden

Bauernschultheißen mit einer ökonomischen Basis in der Landwirtschaft gab es für den 54-Jährigen keine berufliche Alternative.

Aus diesem Grund hoffte er, durch das Amt des Verwaltungsaktuars in Wiernsheim weiterhin eine feste Einnahmequelle zu behalten. Allerdings hatte sich inzwischen das Verhältnis mit Gemeinderat und Bürgerausschuss so verschlechtert, dass diese eine Zusammenarbeit mit ihm verweigerten und sich über ihn beschwerten. Am 28. März 1849 beantragte der Bürgerausschuss, ihm seine Stelle als Verwaltungsaktuar zu kündigen, so dass Fehleisen vom 15. Juli 1849 an *keine Geschäfte bey der hiesigen Gemeinde mehr vornehmen darf;* dieser Vorschlag wurde vom Gemeinderat unterstützt.[31] Begründet wurde dieses Vorgehen am 14. Mai 1849 damit, dass *das Zutrauen in der ganzen Bürgerschaft gegen denselben erloschen* sei. Weiterhin beschwerten sich die beiden Gremien, dass Fehleisen gegen sie *feindselige Klagen* führe. Mit großer Entschiedenheit sollten die staatlichen Behörden seine Kündigung verfolgen, ansonsten würden *alle früheren Klagen wieder frisch aufgenommen.* Das Oberamt Maulbronn ordnete hingegen an, dass Fehleisen noch bis 1. Juli 1850 im Dienst der Gemeinde Wiernsheim stehen solle. Der Gemeinderat wollte sich jedoch nicht damit abfinden und erklärte am 15. November 1849, dass der *Beschluß vom Königlichen Oberamt nicht angenommen wurde.*

Eine berufliche Alternative erwies sich indessen für Fehleisen als außerordentlich schwierig. Ein Jahr später wandte sich der inzwischen 56-Jährige in einem Schreiben an das Innenministerium mit der Bitte um eine Anstellung: *Ich bin jetzt ganz ohne Beschäftigung, mein kleines Vermögen nimmt täglich ab, und ich gehe einer drückenden Zukunft entgegen, wenn ich zum Müßiggang verurteilt seyn sollte und zu einem bestimmten Einkommen keine Aussicht hätte. Meine Lage ist unerträglich und versetzt mich in einen Gemütszustand, der mir bei längerer Dauer das Leben kostet.*[32] Wie es allerdings mit Fehleisen weiterging, ist nicht bekannt. Im Jahr 1865 verstarb er im Alter von 71 Jahren.[33]

Nach dem Weggang von Fehleisen schien sich die politische Lage in Wiernsheim allmählich zu beruhigen. Amtsverweser Andreas Bührer, der einer alteingesessenen Wiernsheimer Familie entstammte, wurde 1849 zum Schultheißen gewählt und behielt dieses Amt über viele Jahrzehnte bis 1882.[34] Zu dieser stabileren politischen Lage dürften auch die wirtschaftlichen und sozialen Verhältnisse beigetragen haben, die sich im Laufe der Jahrzehnte erheblich gebessert hatten. Hierüber ist in der 1870 erschienenen

Historische
Ansichtskarte
von Wiernsheim
(1908)

Oberamtsbeschreibung zu lesen: *Die Vermögens-Verhältnisse der Einwohner sind geordnet und es haben sich die hiesigen Bürger im Verhältniß mit anderen Orten durchschnittlich eines guten Wohlstandes zu erfreuen.*[35]

Auswertung

Der Fall Fehleisen löst zweifellos Irritationen und Fragen aus: Wie ist zu erklären, dass ein so tatkräftiger Schultheiß wie Karl Ludwig Fehleisen nach einer 23-jährigen Amtszeit und mit einer beeindruckenden Bilanz an Leistungen einfach aus dem Amt gedrängt wurde?[36]

Die Forschung über dörfliche Konflikte unterscheidet einerseits innerdörfliche Auseinandersetzungen zwischen der dörflichen Unter- und Oberschicht sowie andererseits Auseinandersetzungen zwischen der Dorfgemeinschaft und den Repräsentanten der Landesherrschaft.[37] Bei den Revolutionsereignissen von 1848 auf den Dörfern handelte es sich einerseits um politische Auseinandersetzungen mit staatlichen Institutionen, um zum Beispiel mehr Freiheitsrechte zu erlangen. Andererseits finden sich auch viele Beispiele für soziale Proteste zwischen der dörflichen Unter- und Oberschicht. Aufgrund der Missernten und der darauf folgenden Teuerungskrise der Jahre 1846/47 waren die unterbäuerlichen

Schichten vielfach in ihrer Existenz bedroht und sahen sich durch die Revolutionsereignisse zu Protesten ermutigt. Verschärfend kam der Wegfall verschiedener Holznutzungsrechte hinzu, nachdem die Gemeinden seit dem frühen 19. Jahrhundert damit begonnen hatten, eine planmäßige Waldwirtschaft zu betreiben. Dadurch konnte die Dorfbevölkerung nicht mehr kostenlos ihr Brennholz im Wald besorgen, sondern musste dafür bezahlen. Aus diesem Grund wurden Armutsdelikte wie Holzdiebstahl zum Massendelikt.

Im Fall Wiernsheim dominierte zunächst ganz offensichtlich der Konflikt zwischen der ärmeren Dorfbevölkerung und der dörflichen Obrigkeit. Dass sich der Protest dann gerade gegen den Schultheißen wandte, erklärt Fehleisen selbst: In seiner langen, 23-jährigen Amtszeit als Schultheiß habe er sich auch eine Anzahl von Feinden geschaffen. Nach seinen Worten waren dies vor allem diejenigen, *welche schon gestraft wurden, eine Execution erlitten, oder sonst die Strenge des Gesetze erfahren haben und somit gegen die gesetzliche Autorität erbittert sind, und so bildete sich hier eine Parthei von ungefähr 20 übelgesinnten Bürgern.* Und es fanden sich bald zwei Rädelsführer, die seinen Sturz – notfalls auch mit Gewalt – betrieben. Der eine war der Wagner Jakob Friedrich Schmierer, *welcher wegen vielfacher Holzfreveleien gestraft und durch seine vieljährige Beteiligung bei der baierischen Zahlenlotterie in seinen Vermögens-Umständen herabgekommen ist,* der andere, der Bauer Jung Carl Härlin, hätte selbst Ambitionen für das Schultheißenamt. Beide sammelten im Dorf systematisch eine Anhängerschaft um sich und versuchten *namentlich solche Bürger für sich zu gewinnen, welche schlechte Wirtschafter sind, wegen Asotie [= Verschwendung, d. V.] bestraft worden, in Gant gerathen sind oder sonst die Strenge des Gesetzes erfahren haben.*[38]

Der Bürgerausschuss entwickelte sich in Wiernsheim zu einer Institution der ärmeren Schichten, um sich Gehör zu verschaffen. Er war in Württemberg als Kontrollgremium für den Gemeinderat geschaffen worden; seine Mitglieder wurden nur auf zwei Jahre gewählt und erwiesen sich deshalb häufig den langjährigen, auf Lebenszeit gewählten Gemeinderäten unterlegen. Dabei hatte Schultheiß Fehleisen die arme Dorfbevölkerung durchaus unterstützt. Schon 1847 hatte die Gemeinde die Summe von 2.700 Gulden zum Aufkauf von Früchten, Kartoffeln und Hanf ihrem Grundstock entnommen.[39] Laut Gemeinderatsprotokoll vom 16. März 1848 überließ die Gemeinde auf Antrag des Bürgerausschusses jedem Bürger ein Viertel Klafter Holz, und im Juni 1848 erhielten bedürftige Bürger einen Vorschuss an Gerste.

Dennoch kam es gerade im Jahr 1848 zu Protesten seitens der ärmeren Bevölkerungsschichten, die in Unruhen gegen den Schultheißen mündeten. Die Aufbruchstimmung im März 1848 ermutigte die dörflichen Unterschichten zum Aufbegehren. Aus der Sicht von Schultheiß Fehleisen hätten durch die *Revolution nach und nach unter einem Theil der ärmeren Klasse der Einwohner communistische Ideen an Boden gewonnen, und [...] Freiheits-Gelüste auch bei einigen bemittelteren Bürgern Platz gegriffen.*[40]

Zwar bezeichnete Fehleisen die Bewohner von Wiernsheim als *durch und durch demokratisch* (was im damaligen Verständnis einen sehr negativen Klang hatte) und sich selbst als einen *entschiedenen Gegner dieser Parthei.*[41] Allerdings zeigte er sich den liberalen Forderungen vom März 1848 durchaus aufgeschlossen, betonte aber, dass die Veränderungen *nur mit einer geordneten Amtsführung* durchführbar seien. Er hoffte deshalb, *es werden die hiesigen Bürger den Sinn der wahren Freiheit begreifen und sich durch aufrührerische Einflüsterungen nicht hinreißen lassen.* Fehleisen war somit kein Konservativer, der sich gegen jegliche Veränderungen stemmte, vielmehr dürfte er – trotz mancher Äußerungen im Sinne des Obrigkeitsstaats – gemäßigten Reformen durchaus positiv gegenüber gestanden haben.

Was waren dann die Gründe für die wachsende Opposition gegen den Schultheißen? Ein wichtiger Faktor war sicherlich, dass Fehleisen in dieser Situation hauptsächlich mit polizeistaatlichen Mitteln reagierte und dadurch viele Sympathien im Dorf verlor. So berichtete er dem Oberamt, wie sehr er bei jeder Bürgerversammlung auf dem Rathaus auf die Einhaltung von Ruhe und Ordnung hingewiesen habe und *eine ernstliche Warnung vor Ungehorsam, Widersetzlichkeit, Unbotmäßigkeit, Auflauf und Aufruhr [...] an die versammelte Bürgerschaft [habe] ergehen lassen.* Angesichts des gestiegenen Selbstbewusstseins der Bevölkerung entsprach Fehleisen damit nicht mehr den Vorstellungen der Bevölkerung, des Gemeinderats und schon gar nicht des Bürgerausschusses. Zudem sah er in dem Wunsch der Dorfbevölkerung nach mehr politischer Teilhabe lediglich Leute am Werk, *welche ohne alle innere Befähigung nach der Herrschaft streben und ihre Gelüste am leichtesten befriedigen zu können glauben.* Aus diesem Grund brachte er wohl auch Teile der wohlhabenden Dorfbevölkerung gegen sich auf. Somit prallte ein neues politisches Verständnis der Bevölkerung auf ein noch stark obrigkeitsstaatlich geprägtes Amtsverständnis des Schultheißen, der in fachlicher Hinsicht durchaus fähig war. Eine entscheidende Rolle kam hierbei auch dem Oberamtmann als dem lokalen Repräsentanten des Staats sowie der Justiz zu. Vordergründig erhielt Fehleisen Unterstützung durch sie. Allerdings sah sich der einberufene Oberamtsrichter mangels Kooperationsbereitschaft nicht in der Lage, eine gerichtliche Untersuchung durchzusetzen, und Oberamtmann Daser war im Herbst 1848 erst zu kurz im Amt, als dass er mit seiner Autorität den Schultheiß hätte stützen können.[42]

Somit hatte die Auseinandersetzung um Schultheiß Fehleisen durchaus ihre politische Dimension. Und damit war der Fall Wiernsheim wiederum typisch für das ländliche Württemberg im Jahr 1848. Zwischen März und August dieses Jahres gab es nicht weniger als 427 Schultheißenwechsel und 151 kommunale Unruhen.[43]

Seit dem Vormärz entzündete sich die Kritik der Bevölkerung an der Selbstherrlichkeit der Gemeinderäte und Schultheißen. Tatsächlich verfügte ein Schultheiß über eine beträchtliche Machtfülle und besaß durchaus die Möglichkeit, in den Lebensalltag der Gemeindebewohner einzugreifen, indem er sich beispielsweise in Leumundszeugnissen negativ über einzelne Bewohner äußerte. Zugleich war es für die Bevölkerung nahezu unmöglich, einen auf Lebenszeit gewählten Schultheißen wieder abzuwählen oder legal aus dem Amt zu entfernen.

Da der Schultheiß zudem eine Fülle von Aufgaben im Auftrag des Staates auszuüben hatte, überrascht es nicht, dass er von der Bevölkerung weniger als Vertreter der kommunalen Selbstverwaltung, sondern eher als staatlicher Beamter wahrgenommen wurde. Im Vormärz übten sich vor allem die Liberalen in Bürokratiekritik. So kritisierte beispielsweise Robert von Mohl die „Scheinselbstverwaltung" der Gemeinden, nachdem der Staat immer mehr Befugnisse an sich gezogen hatte.[44] Auch in zahlreichen Petitionen kritisierte die Bevölkerung die völlig überzogene Reglementierung und forderte mehr Autonomie in den Entscheidungen, aber z. B. auch die Öffentlichkeit von Gemeinderatssitzungen. Hier weckte die Aufbruchstimmung des Frühjahrs 1848 diffuse Hoffnungen auf Verbesserungen. Die Unzufriedenheit mit der lokalen Obrigkeit schlug schnell in Tumulte gegen das Rathaus um.

So wurden Schultheißen wie Karl Ludwig Fehleisen – wenngleich auch teilweise zu Unrecht – zur Projektionsfläche für die Unzufriedenheit mit der staatlichen Bürokratie. Die Missstände und die versäumten Reformen des Vormärz wurden Fehleisen zum Verhängnis. Außerdem brachte er durch sein stark auf Macht und Autorität orientiertes Verhalten die Dorfbevölkerung immer stärker gegen sich auf.

Nach seinem Rücktritt zeigten sich jedoch die durch und durch demokratischen Wiernsheimer tatsächlich in der Lage, durch die

Versammlung unter schwarz-rot-goldener Flagge (Karikatur aus dem „Eulen-spiegel", 1848)

Gründung eines Volks-vereins die Ziele der Märzrevolution zu un-terstützen.[45] Zu den Zie-len dieser Volksvereine zählten u.a. die Volks-souveränität, die bürger-lichen Freiheiten und die deutsche Einheit. Der Be-völkerung erschien die moderne Form eines po-litischen Vereins wesent-lich effektiver als Tu-multe und Unruhen. Diese politischen Vereine erschienen schließlich als die zukunftsweisende In-stitution, aus der sich wenig später politische Parteien formierten. Auch wenn speziell über den Wiernsheimer Volksverein kaum etwas bekannt ist, so steht seine Existenz stellvertretend für die über 500 politischen Vereine, die sich 1848/49 in Württemberg gebildet hatten.

Anmerkungen

1   Zum Oberamt Maulbronn vgl. Huber, Konstantin: Revolution 1848/49 – auch im Enzkreis? Schlaglichter zur badischen Volkserhebung im Pforzheimer Umland. In: Der Enzkreis. Jahr-buch 8 (1999), S. 57–73.
2   Hauptstaatsarchiv Stuttgart (HStAS) E 146 Bü. 7597 (hieraus auch die folgenden Zitate).
3   Dadurch beruhigte sich zwar die Lage im Dorf. Allerdings bereute der Schultheiß seinen schnellen Rücktritt bald. Nur bei einem erzwungenen Rücktritt bzw. einer Vertreibung hätte er die vollen Pensionsbezüge erhalten, nicht aber bei einem freiwilligen Rücktritt. Vgl. hierzu Bayer, Birgit: Ich bleibe nicht mehr über Nacht Schultheiß! Die Bewegung gegen die Schult-heißen in Württemberg im Frühjahr 1848. Frankfurt, Berlin, Bern u.a. 2006, S. 156f.
4   HStAS E 301 Bü. 241.
5   Zusammenstellung nach Pressemeldungen und HStAS E 146, Bü. 6457. Siehe Back, Niko-laus: Dorf und Revolution. Die Ereignisse 1848/49 im ländlichen Württemberg (Schriften zur südwestdeutschen Landeskunde 70). Ostfildern 2010, S. 351.
6   Erstmals war das Wahlrecht nicht von einer bestimmten Steuerleistung abhängig. Wahlbe-rechtigt waren alle Männer mit einem selbstständigen Hausstand, was ungefähr 80–90% der (männlichen) Bevölkerung entsprach.
7   Der Beobachter. Ein Volksblatt aus Württemberg 23.4.1848.
8   Vaihinger Intelligenzblatt 1.4.1848, S. 150/155.
9   Raberg, Frank (Bearb.): Biographisches Handbuch der württembergischen Landtagsabge-ordneten 1815–1933 (Veröffentlichungen der Kommission für geschichtliche Landeskunde in Baden-Württemberg). Stuttgart 2001, S. 199.
10   Bericht des Oberamtmanns an das Innenministerium vom Juni 1848, HStAS E 146 Bü. 8444.
11   Bericht des Oberamtmanns, HStAS E 146 Bü. 8444.
12   Beobachter (wie Anm. 7) 4.8.1848.
13   Raberg (wie Anm. 9), S. 195.

14 Seeger, Karl P.: Wiernsheimer Heimatbuch. Wiernsheim 1986, S. 203.

15 Seeger (wie Anm. 14), S. 346 und 235.

16 Raberg (wie Anm. 9), S. 195.

17 Landeskirchliches Archiv Stuttgart A 29 Bü. 5182.

18 Gemeindearchiv Wiernsheim (GA Wiernsheim) Nr. 18. Der Verfasser dankt dem Kreisarchiv für tatkräftige Unterstützung und die Benutzungsmöglichkeit der Archivalien im Kreisarchiv des Enzkreises.

19 Im Juni gewährte die Gemeinde zwei Trommlern eine Verdienstausfall-Entschädigung. GA Wiernsheim Nr. 66, Gemeinderatsprotokoll 9. Juni 1848, S. 163.

20 GA Wiernsheim Nr. 66, Gemeinderatsprotokoll 24. Juni 1848, S. 177.

21 Die Hintergründe für diesen starken Wechsel bleiben hingegen unklar. Lediglich der Rücktritt von Gemeinderat Schmierer wurde damit begründet, dass seine ökonomischen Geschäfte die Beibehaltung dieser Stelle nicht zulassen. GA Wiernsheim Nr. 66, Gemeinderatsprotokoll 24. Juni 1848, S. 177. Die neu gewählten Bürgerausschuss-Mitglieder waren Andreas Blessing, Sattler, Georg Bührer, Bierbrauer, Jakob Schreiner, Glaser, Michael Stähle, Metzger und Johannes Zundel, Schuster. Gemeinderatsprotokoll 1. Juli 1848, S. 185.

22 HStAS E 146 Bü. 8450, Schreiben vom 5.10.1848.

23 Staatsarchiv Ludwigsburg (StAL) E 319 Bü. 108.

24 HStAS E 146 Bü. 8450.

25 Kreisregierung Ludwigsburg an OA Maulbronn 11. Okt. 1848, HStAS E 146 Bü. 8450.

26 Bericht des Oberamtmanns an den Kreisgerichtshof Esslingen vom 22. Okt. 1848, StAL E 319 Bü. 108.

27 StAL E 319 Bü. 108.

28 Fehleisen an das Oberamtsgericht Maulbronn 30. Sept. 1848, StAL E 319 Bü. 108.

29 Allerdings scheint Fehleisen hierüber seine Befürchtungen gehabt zu haben, am 30. September schrieb er: Sie [die wühlerische Partei] *glaubt in dem von mir genommenen Urlaub einen günstigen Zeitpunkt für ihre Pläne zu meiner Verdrängung erblicken.* StAL E 319 Bü. 108.

30 Ludwig Christian Fehleisen (1799–1882), Pfarrer in Renningen 1837–1866; vgl. Sigel, Christian: Das evangelische Württemberg. Generalmagisterbuch. O. O. 1931.

31 GA Wiernsheim Nr. 66, Gemeinderatsprotokoll 1849, S. 344.

32 HStAS E 146 Bü. 8450.

33 Raberg (wie Anm. 9), S. 195. Was in den Jahren 1849 bis 1865 geschah, bleibt unbekannt. Zwar taucht der Name Fehleisen in den Hof- und Staatshandbüchern der folgenden Jahren mehrfach auf, allerdings lässt sich nicht feststellen, ob es sich dabei um Karl Ludwig Fehleisen handelte. Auch sein Sterbeort ist nicht bekannt.

34 Seeger (wie Anm. 14), S. 203.

35 Beschreibung des Oberamts Maulbronn. Hg. vom Königlichen statistisch-topographischen Bureau. Stuttgart 1870, S. 297.

36 Nach den Worten seines Bruders, des Renninger Pfarrers Ludwig Christian Fehleisen, habe er die Gemeinde Wiernsheim aus Schulden, Schmutz und Unordnung herausgezogen und auf eine Stufe des Wohlstandes erhoben, wie man es nur in wenigen Ortschaften finden wird. Auch wenn diese Schilderung geschönt sein mag, bestätigte auch der Ortspfarrer dem Oberamtmann eine gute Amtsführung. HStAS E 146 Bü. 8450.

37 Robert v. Friedeburg hält keinen der beiden Erklärungsansätze für ausreichend, sondern fordert, beide Perspektiven zu verbinden, da sie außerordentlich eng miteinander verflochten seien; siehe Friedeburg, Robert von: Ländliche Gesellschaft und Obrigkeit. Gemeindeprotest und politische Mobilisierung im 18. und 19. Jahrhundert. Göttingen 1997.

38 Fehleisen an Oberamt Maulbronn vom Okt. 1848, StAL E 319 Bü. 108.

39 GA Wiernsheim Nr. 66, Gemeinderatsprotokoll vom Juni 1848, S. 163.

40 Bericht Fehleisen vom 17. Oktober 1848, StAL E 319 Bü. 108. Dieses Schreiben ist auch in HStAS E 301 Bü. 825 enthalten.

41 Fehleisen an das Innenministerium im April 1850, HStAS E 146/2.

42 Es gibt verschiedene Beispiele aus den Oberämtern Kirchheim und Nürtingen vom März 1848, wo der Oberamtmann vor Ort erschien und die Rücktritte von Schultheiß und Gemeinderat wieder rückgängig machen konnte. Siehe Back (wie Anm. 5), S. 89.

43 Vgl. Back (wie Anm. 5), S. 69; Bayer (wie Anm. 3), S. 296.

44 Bayer, S. 69. Hettling, Manfred: Reform ohne Revolution. Bürgertum, Bürokratie und kommunale Selbstverwaltung in Württemberg 1800 bis 1850 (Kritische Studien zur Geschichtswissenschaft 86). Göttingen 1990.

45 Beobachter (wie Anm. 7) 15.2.1849.

Titelblatt der Confessio Augustana (1530)

HELMUT VESTER

Die Reformation erreicht das Dorf

Frühe Zeugnisse aus Birkenfeld und Umgebung[1]

Im Jahr 1509 verließ der Brettener Philipp Schwarzerdt die Lateinschule in Pforzheim; er war gerade zwölf Jahre alt. Wenige Jahre
später kam ein Birkenfelder Bub auf die Pforzheimer Lateinschule.
Sein Name war Martin Kügelin; er stammte aus einer angesehenen
Birkenfelder Familie.[2] Um 1505 muss er geboren worden sein, die
Lateinschule hat er wahrscheinlich zwischen 1515 und 1520 besucht. Da es noch keine Volksschulen gab, dürfte ihn der Pfarrer
vorbereitet haben. Martin Kügelin war wohl der erste Birkenfelder, der eine Schule besuchte. Die beiden Jungen waren annä-
hernd im gleichen Alter, sie gingen sozusagen gemeinsam der Reformationszeit entgegen. Wie erlebten sie nun diese Zeit und wie
standen sie zu der neuen Lehre?
   Während Werdegang und Bedeutung des einen in der Reformation allgemein bekannt sind, wissen wir von der Laufbahn des
anderen nur verhältnismäßig wenig. Da der vorliegende Aufsatz
vom Beginn der Reformation in Birkenfeld und Umgebung handelt, ist es nicht uninteressant, den Werdegang der beiden Pforzheimer Lateinschüler im Auge zu behalten.

Zwei akademische Karrieren vor dem Hintergrund
der Reformation

Philipp Schwarzerdts Verwandter Johannes Reuchlin hatte dem
Elfjährigen wegen seiner hervorragenden Griechischkenntnisse
den Namen Melanchthon verliehen. Als Philipp Melanchthon begann er 1509 sein Studium in Heidelberg – an der Artistenfakultät,
der gemeinsamen Unterstufe, die sich mit der Oberstufe des heutigen Gymnasiums vergleichen lässt. Schon im Juni 1511 erwarb
Melanchthon als gerade Vierzehnjähriger den ersten akademi-
schen Grad, den Baccalaureus Artium. 1512 wechselte er an die
Universität Tübingen und machte dort schon zwei Jahre später
den Magister Artium, sodass er fortan als akademischer Lehrer ar-

Philipp Melan-
chthon aus Bret-
ten (1497–1560)

beiten konnte. 1518 zog es ihn an die neu gegründete Universität von Wittenberg. Dort wurde
Melanchthon einer der wichtigsten Weggenossen
Martin Luthers. Sein Großonkel Reuchlin blieb der
katholischen Kirche treu; er nahm seinem Groß-
neffen sogar übel, dass dieser sich der neuen Lehre
anschloss. Vermutlich vermachte er ihm deshalb
auch nicht seine Bibliothek. Sie fiel an die Stadt
Pforzheim.

Auch Martin Kügelin durchlief eine steile Karriere, vielfach der Melanchthons ähnlich und doch
anders.[3] Er schrieb sich am 22. April 1520 an der
Universität Tübingen ein – zwei Jahre vorher hatte
Melanchthon die Stadt als Magister verlassen. Es
erscheint mehr als wahrscheinlich, dass Kügelin
von ihm wusste, ihn vielleicht persönlich kannte und ihm nachei-
ferte. Jedenfalls verlief auch Kügelins akademische Laufbahn rasant. Schon im September 1521 wurde er Baccalaureus Artium und
konnte Studienanfänger in Sprachen und Philosophie unterrichten. Im Juli 1523 folgte der Magistertitel, nun war er Dozent. 1528
machte er sein Examen als theologischer Lehrer mit dem Titel Baccalaureus Biblicus. 1529 wurde er Rektor der Tübinger Burse[4] sowie Dekan der Artistenfakultät. Als Magister erhielt man nur ein
schmales Salär und schaute sich deshalb nach einer Pfründe um. So
übernahm Kügelin 1530 eine Pfarrstelle in Asch.[5] 1531 erwarb er
den Baccalaureus Sententiarum und war damit auch Dozent für
Philosophie. Im April 1532 folgte ein entscheidender Schritt: Kügelin wechselte an die Universität Freiburg und lehrte dort Theologie. Schon an Silvester 1531 zog er in das Collegium der dortigen
Artistenfakultät ein. Obwohl er den für eine theologische Profes-
sur erforderlichen Doktorgrad, den Licentiatus Theologiae, noch
nicht hatte, erhielt er das gut honorierte Amt, in dem er dann bis
zu seinem Tod blieb. Den Doktorgrad erwarb er 1533. Kügelin
starb im Alter von etwa 55 Jahren am 1. September 1559 und hinterließ seinen Verwandten einiges Vermögen, darunter *eine Wein-
gülte ab Reben in Munzingen*.[6]

Kügelin wirkte als bedeutender katholischer Theologe; so
nahm er etwa 1540/41 im Auftrag des römisch-deutschen Königs
Ferdinand I. am Religionsgespräch in Worms teil. Ein theologisches
Gutachten zum Reichstag in Worms von 1544/45 lieferte er jedoch
nicht fristgerecht ab und wurde am 16. November 1544 gemahnt.
Er entschuldigte sich mit Überarbeitung; außerdem werde er das
Gutachten auf dem Reichstag persönlich abliefern.[7]

In diesen Anfangsjahren der Reformation versuchte man, in Religionsgesprächen zu einem Ausgleich zwischen den Konfessionen zu gelangen, so auch in Worms 1540/41. Auf der evangelischen Seite nahm der Autor der Confessio Augustana von 1530, des Augsburger Bekenntnisses, an dem Gespräch teil. Die Confessio beschreibt in 28 Artikeln die Summa des reformatorischen Denkens – Autor ist, zusammen mit Johannes Brenz und anderen, Melanchthon! Spätestens an diesem Punkt, als sich die Laufbahnen der beiden Pforzheimer Lateinschüler trafen, müssen sie sich ja kennengelernt haben. Gern würde man wissen, ob sie in Worms auch privat miteinander ins Gespräch gekommen sind.

Melanchthon und Kügelin – zwei fast gleich alte Absolventen der Pforzheimer Lateinschule. Der eine wurde wichtigster Wegbegleiter Martin Luthers, der andere, dessen Heimatgemeinde 1535 evangelisch wurde, ein bedeutender Theologe, verließ wie Reuchlin nie die katholische Kirche. Man fragt sich, wie er sich wohl verhalten hätte, wenn er 1535 in Tübingen die Reformation der Universität erlebt hätte? Eine interessante, aber unlösbare Frage. Wie seine Treue zur katholischen Kirche zu Hause aufgenommen wurde, weiß man nicht. Die Familie Kügelin ist jedenfalls im Ort geblieben und um 1700 noch nachweisbar.

Der Ketzerei angeklagt

Dem hochgelehrten Martin Kügelin soll nun der Birkenfelder Mathis Schroth gegenübergestellt werden, ein einfacher Mann, den Martin Kügelin vermutlich gekannt hat. Dieser Mathis Schroth gibt ein Beispiel ab, wie in dieser Umbruchszeit unter den gegebenen sozialen Umständen das Leben eines Nachbarkindes völlig anders verlaufen konnte.

Schroth erscheint in einer Urkunde vom 29. Januar 1530.[8] Diese ist vom Stadtgericht in Stuttgart ausgestellt, unterschrieben und besiegelt. Aus welchem Grund der Birkenfelder Bürger sich in Stuttgart aufhielt, ob er etwa dort arbeitete, geht aus der Quelle nicht hervor. Sein Name ließ sich in den Birkenfelder Akten nicht auffinden; die Herdstättenliste von 1525 weist zwar einen *Schrott* aus – allerdings mit unleserlichem Vornamen. Es könnte sich hierbei um Mathis' Vater handeln.[9] Die genannte Urkunde beschreibt nun, wieso Schroth vor Gericht kam und welche Strafe er erhielt: *Mathis Schrout aus Birkenfeld wegen Verbreitung ketzerischer Schriften gegen den christlichen Glauben, Kindertaufe, Altarsakrament, Messe, Beichte, Marien- und Heiligenverehrung zu Stutt-*

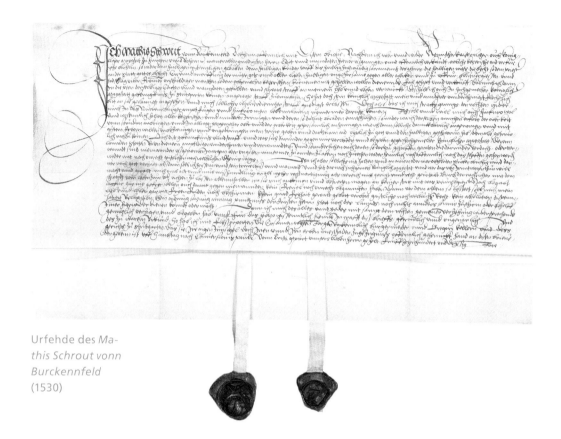

Urfehde des *Ma-
this Schrout vonn
Burckennfeld*
(1530)

gart gefangen, jedoch auf seine Bitte und die Fürbitte anderer des
strengen Rechts mit der Auflage enthoben, sich unverzüglich in
das Neuenbürger Amt zu begeben und sein Leben lang nicht mehr
zu verlassen, sich künftig wohl zu verhalten, von der Ketzerei ab-
zulassen und bei etwaiger Kenntnis von Ketzern diese unverzüglich anzuzeigen sowie der Partei der Obrigkeit und Ehrbarkeit[10]
anzuhängen, verspricht eidlich, dies zu befolgen und schwört Urfehde.[11]

Der Vorwurf der Verbreitung ketzerischer Schriften gegen den
christlichen Glauben bedeutet nun keineswegs, dass Schroth sich
grundsätzlich gegen die christliche Botschaft gestellt hätte, modern formuliert, Atheist gewesen wäre. Alle Anklagepunkte beziehen sich auf die Hauptstücke der alten Kirche, sind also eindeu-
tige Hinweise auf reformatorische Kritik. Und diese kritischen
Gedanken – seien sie aus der Richtung Zwinglis oder Luthers – kur-
sierten im Raum Pforzheim schon 13 Jahre nach dem sogenannten
Thesenanschlag und vier Jahre vor Einführung der Reformation in
Württemberg. Es finden sich nicht wenige Urkunden über Reli-

gionsprozesse, etwa 1531 gegen mehrere Bürger, auch eine Bürgerin, aus Schützingen. Sie standen in Vaihingen vor Gericht; die Anklage lautete in allen Fällen auf Annahme der lutherischen Lehre und Umgang mit ihren Anhängern.[12]

Die Wiedertäufer

Die Ablehnung der Kindstaufe, der erste Vorwurf gegen Schroth, ist keineswegs lutherisch. Diese Kritik kommt aus dem geistlichen Umfeld von Zwingli. Manchen seiner Anhänger ging die Reform in Zürich nicht weit genug. Zudem waren sie enttäuscht, dass Zwingli eine neue „Zwangskirche" errichtete. Sie fühlten sich als Erweckte und wollten dies in ihrem Leben bezeugen. Sichtbares Zeichen dafür sollte die Taufe sein – aber keinesfalls die Kindertaufe, da Säuglinge ja noch nicht glauben und nicht Buße tun können. Dazu bedurfte es nach ihrer Ansicht der Taufe des erweckten Erwachsenen. So entstand um 1523 in Zürich die Bewegung der Täufer; ihre Gegner nannten sie polemisch Wiedertäufer. Diese Bewegung kam überaus schnell nach Südwestdeutschland und verbreitete sich so auch im Herzogtum Württemberg.[13] Die Obrigkeit ging nun nicht nur gegen die Lutheraner vor, sondern, wie zahlreiche Urkunden belegen, auch und ganz besonders gegen die Wiedertäufer.[14]

Ein anderes Beispiel kommt aus der allernächsten Umgebung Birkenfelds: Das Ehepaar Hans Kettler und seine Frau Anna, geb. Schön, aus Feldrennach war in Neuenbürg am 15. und 16. Juni 1536 wegen Zugehörigkeit zur Sekte der Wiedertäufer angeklagt worden.[15] Mathis Schroth, dem die Anklage ebenfalls Ablehnung der

Überraschung von Täufern im Wald (Schweiz, 1527)

Kindertaufe vorwirft, scheint also auch Kontakt mit Täufern gehabt zu haben.

Dass die Obrigkeit zwischen Lutherischen und Täufern keine klare Unterscheidung vornahm, zeigt die Anklage aus dem Juni 1532 gegen Konrad Häffner aus Ölbronn *wegen Abfalls vom alten Glauben, Annahme der lutherischen Lehre und anderer Neuerungen wie der Wiedertaufe, Verachtung der Altarsakramente, der Messe, der Kindstaufe und anderer hergebrachter Zeremonien.*[16]

Welche Strafe erhielt nun der Birkenfelder „Ketzer"? Mathis Schroth wurde auf seine Bitte und die Fürbitte anderer nicht streng bestraft. Er musste widerrufen und wurde in sein Oberamt, das Amt Neuenbürg, gebannt, was bedeutet, dass er dieses nie mehr verlassen durfte. Außerdem müsse er, falls er Ketzer kenne, diese unverzüglich anzeigen und treu gegenüber Obrigkeit und Ehrbarkeit sein. Schroth verspricht eidlich, dies zu befolgen, und schwört Urfehde.

Eine härtere Strafe wäre eine Ausweisung gewesen: So musste etwa Christmann Schmidt aus Diefenbach, der sich den Wiedertäufern angeschlossen hatte und einen Widerruf ablehnte, im Jahr 1525 eidlich geloben, *unverzüglich außer Landes zu gehen und sein Leben lang ohne obrigkeitliche Erlaubnis nicht mehr zurückzukehren.*[17] Die Ausweisung war eine beliebte Strafe, nicht nur bei Religionsprozessen. Zu ihr gehörte häufig eine Zielbestimmung, etwa *in die Schweiz* oder *ins Elsass*; eine öfter gebrauchte Formel lautete: *Über den Rhein schwören.* Wiedertäufer wanderten häufig nach Mähren aus, wurden aber von dort oft auch wieder ausgewiesen wie der eben genannte Christmann Schmidt.

In einem Religionsprozess konnte sogar die Todesstrafe verhängt werden. So drohte dem jungen Konrad Häffner der Tod auf dem Scheiterhaufen. Doch wurde er aufgrund seiner Jugend begnadigt.[18]

„Urfehde schwören" ist ein merkwürdiger Rechtsbegriff aus der spätmittelalterlichen Zeit. Es war die stärkste Form des Versprechens, nach einem Vergehen und dessen Sühne sich künftig strikt nach den Gesetzen zu verhalten: *Man versuchte, die Delinquenten durch geeignete Maßnahmen, und das bedeutete auch Sanktionen, wieder in die Gemeinschaft einzubinden.*[19] Der Bruch der Urfehde wurde als Meineid auf das Strengste bestraft und konnte die Todesstrafe nach sich ziehen. Die Aufforderung an Mathis Schroth, andere Bürger anzuzeigen, belegt, woher die damalige Obrigkeit häufig erfuhr, ob jemand sich neuen Lehren zuwandte – Denunziation als wichtige Informationsquelle für die Regierung.

Die Reformation im Rahmen der württembergischen Geschichte

Die geschilderten Vorgänge müssen nun in die allgemeine geschichtliche Entwicklung im Württemberg des 16. Jahrhunderts eingeordnet werden. Birkenfeld erhielt 1490 seine erste Kirche und einen eigenen Pfarrer; bis dahin hatte die Gemeinde zur Pfarrei St. Martin in Brötzingen gehört. Gottesdienste und Kasualien fanden in der dortigen Kirche statt. Aus dieser Zeit stammen die Birkenfelder Wegbezeichnungen Kirchweg und Totenweg. Das Kirchlein von 1490 war in jeder Hinsicht bescheiden. Die beiden ersten Pfarrer, Michael von Wertheim und Johannes Holzwarth, teilten sich das Amt von 1490 bis 1520, doch lässt sich Genaueres nicht feststellen. Erst ab dem Jahr 1520 ist die Überlieferungslage zu den Birkenfelder Pfarrern eine bessere.

Der Flecken Birkenfeld gehörte seit zwei Jahrhunderten zur Grafschaft und ab 1495 zum Herzogtum Württemberg. Die Jahre von 1520 bis 1534 stellen jedoch einen Sonderfall in der württembergischen Geschichte dar. Herzog Ulrich, 1503 als Sechzehnjähriger an die Regierung gekommen, ein machtbesessener, rücksichtsloser junger Herrscher, hatte sich viele Feinde gemacht, besonders den Schwäbischen Städtebund. 1519 besetzte er die freie Reichsstadt Reutlingen, um sie zu einer schwäbischen Landstadt zu machen. Das war den Reichsstädten zuviel, und der Schwäbische Bund vertrieb den Herzog aus Württemberg.

Stadt und Amt Neuenbürg brachte der Ritter von Sickingen an sich; er hatte den Schwäbischen Bund gegen Ulrich unterstützt und verlangte nun seinen Lohn. Nach seinem Tod im Jahr 1523 fiel das Amt Neuenbürg wieder an Württemberg zurück, das schon seit 1520 unter habsburgischer Verwaltung stand. Kaiser Karl V. hatte es seinem jüngeren Bruder Ferdinand als Statthalter übergeben, 1530 sogar als Reichslehen. Ferdinand hatte dafür dem Schwäbischen Bund die Kosten für den Krieg gegen Ulrich ersetzt.[20] Die österreichische Herrschaft in Württemberg dauerte 14 Jahre, bis der Herzog 1534 nach der Schlacht bei Lauffen zurückkehren konnte. Am 29. Juni 1534 erhielt Ulrich im Vertrag von Kaaden an der Eger sein Land zurück, jedoch nur als Afterlehen,[21] nicht mehr als direktes Reichslehen.

Herzog Ulrich von Württemberg im Exil. Holzschnitt von oder nach Hans Brosamer (um 1530)

Die Jahre zwischen 1517 und 1521 waren von weitreichender Bedeutung. Luthers Thesen von 1517, denen Otto Borst weltgeschichtliche Bedeutung zumisst,[22] und das Wormser Edikt, welches 1521 Luthers Lehre als ketzerisch verbot, legten den Grund für einen neuen religiösen Aufbruch, aber – ungewollt – auch für religiöse und politische Spaltung, die zuerst Deutschland und dann fast ganz Europa erfasste. In der neuen Sicht des Glaubens war für Württemberg besonders wichtig die Heidelberger Disputation Martin Luthers bei den Augustinern am 26. April 1518. Bei diesem Anlass waren sämtliche Professoren der Artistenfakultät und die Theologen samt ihren Studenten anwesend. Junge Schwaben – Studenten oder Mönche – kamen hier zum ersten Mal in Berührung mit dem Augustinermönch Luther, so zum Beispiel die späteren Reformatoren Martin Bucer (Straßburg), Johannes Brenz (Weil der Stadt), Ambrosius Blarer (Konstanz), wohl auch Erhard Schnepf (Weinsberg). Die Heidelberger Disputation markiert im Grunde den Beginn der Reformation in Württemberg.[23] Studenten und Mönche, die Luther gehört hatten und von ihm überzeugt worden waren, wurden nämlich bald Prediger in Reichsstädten und begannen dort evangelisch zu predigen, wie 1522 Johannes Brenz (1499–1570) in Schwäbisch Hall. Als Reformator erarbeitete er dort eine erste Kirchenordnung, ein späteres Vorbild für die württembergischen Kirchenordnungen. In Pforzheim äußerte Johann Schwebel (1490–1540) reformatorische Gedanken und machte sich der badischen Obrigkeit als Anhänger Luthers verdächtig; er floh deshalb 1522 zu Franz von Sickingen.

Aber neben den lutherischen verbreiteten sich von Zürich her auch Zwinglis Vorstellungen in Württemberg; ebenso erreichten die Lehren der Täufer die Gegend. Sie kamen in Birkenfeld an, in Feldrennach und in der Gegend um Vaihingen. Schroth wird nicht der einzige Birkenfelder gewesen sein, der schon früh von Luther oder den Wiedertäufern gehört hatte. Pfarrer Christlieb äußerte in seiner Pfarrchronik die Vermutung, schon unter dem Lutherfreund Franz von Sickingen könnten die neuen Gedanken im Flecken bekannt geworden sein. Eine ganze Reihe von Prozessen zu Vaihingen wegen Annahme der lutherischen Lehre und Umgang mit ihren Anhängern oder auch wegen Wiedertäuferei in den Jahren 1528–1533 belegt die frühe Verbreitung reformatorischer Gedanken in dieser Gegend.[24]

Zu diesem Aspekt lässt sich noch die älteste Urfehden-Urkunde anführen. Sie stammt aus Wildbad und ist vom 5. August 1525 datiert.[25] Die Urkunde zeigt, wie sich die neue Lehre sozusagen unter der Hand ausbreitete: *Hans Rapp, Pfarrer zu Illingen, im Turm zu*

Wildbad gefangen, weil er daselbst im Herrenbad das Evangelium und Wort Gottes in eine unzüchtige Fabel und Ketzerei verkehrt hatte, jedoch auf Fürbitten der verwirkten Leibesstrafe entledigt und wieder freigelassen, gelobt eidlich, solche Reden an dergleichen Orten zu unterlassen und schwört Urfehde.

Was *unzüchtige Fabel* bedeutet, wird zunächst nicht deutlich, aber ganz gewiss hat Pfarrer Rapp keine „Theologenwitze" erzählt. Der Vorwurf der Ketzerei zeigt, dass es wahrscheinlich um die reformatorische Lehre ging. Pfarrer Rapp wird den Leuten im Bad von Luther erzählt haben (1525 noch kaum von den Wiedertäufern) und wurde daraufhin beim Stadtgericht denunziert. Im heutigen Enzkreis scheint sich demnach ein Pfarrer als Erster – aus Sicht der alten Lehre – wegen Häresie strafbar gemacht zu haben; wahrscheinlich hat er in seiner Kirche in Illingen schon lutherisch gepredigt.

Die Reformation war also auch aufs Land gekommen. Man hörte vieles, vor allem aus den Städten. Pforzheim und Hall wurden schon genannt, Bretten und Heilbronn waren nicht allzu weit weg. In Reutlingen, Ulm und anderen Reichsstädten hörten die Menschen von den Kanzeln lutherische Predigten. Nur: Im österreichischen Württemberg, aber auch in der Markgrafschaft Baden war die neue Lehre strengstens verboten. Predigt, Schriften und Rede darüber – dies alles stand unter dem Verbot des Wormser Edikts.

Auf dem Reichstag zu Speyer wurde dies 1529 noch einmal eingeschärft, führte aber zur *Protestation* evangelischer Fürsten und Reichstädte und letztlich auch zur Gründung des Schmalkaldischen Bundes. Die katholische österreichische Regierung ging aber dort, wo sie das Sagen hatte, strikt gegen die neuen Lehren vor, so auch in Württemberg. Am 26. November 1528 erließ sie einen *scharfen Befehl wider die Irrungen und Ketzereien, so einer, genannt Martin Luther durch Wort, Schriften und Bücher eine Zeit her zur Zerstörung guter Sitten, Friedens und christlichen Glaubens gepredigt.*[26] Wer die neue Lehre annehme oder nur die Schriften ihrer Verkündiger kaufe, lese oder abschreibe, sollte mit Einziehung seines Vermögens bestraft werden. Die vor den Amtsgerichten anhängigen Prozesse endeten jedoch in der Regel mit Widerruf und dem Schwören der Urfehde.

Die neue Lehre gewinnt Boden

1534 war nun das entscheidende Jahr für die Einführung der Reformation in Württemberg. Ulrich kehrte am 14. Mai nach Stuttgart zurück, zwei Tage nach der Schlacht bei Lauffen. Am 16. Mai hielt Konrad Öttinger die erste evangelische Predigt in der Stiftskirche zu Stuttgart. Dieses Datum gilt als offizieller Beginn der Reformation.[27] Ulrich erhielt das Herzogtum zurück, musste jedoch im Vertrag zu Kaaden schweren Herzens eine Reihe von Bedingungen akzeptieren – zum Beispiel niemanden zur Änderung der Religion zu zwingen und die Äbte in Klöstern, die nicht zum Herzogtum gehörten, in ihren Rechten zu belassen. Da der Kurfürst von Sachsen den Vertrag mit Ferdinand ausgehandelt hatte, konnte Ulrich die Reformation nur in lutherischer Form durchführen. Ulrich stimmte den Bedingungen mit Einschränkung zu: *Soweit er es zu thun schuldig sey, ihm Ehren halber zu thun gebühre, er zu thun Macht habe und der Vertrag ihn binden könne.*[28] Kontakt mit Luthers Lehren hatte er in seinem Exil schon früh gehabt; er hatte auch Zwingli in Zürich getroffen und bekannte sich schon länger zum evangelischen Glauben. In seinem Verhalten hatte sich der Herzog stark zum Besseren verändert.

Dieser Vertrag bedeutete zunächst, dass die Verfolgung von Anhängern der neuen Lehre endete – allerdings nicht für die Wiedertäufer, die weiterhin als ketzerisch galten. So hörten mit dem Jahr 1534 die einschlägigen Urkunden auf, jedoch zeigt der oben angeführte Fall Ketteler aus Feldrennach, dass die Verfolgung der Wiedertäufer andauerte. Zwei urkundlich belegte Verfahren vor dem Stuttgarter Stadtgericht beweisen, dass sich Vater und Sohn Rapp aus Hohenwart sogar noch im April 1557 wegen eben dieses Vorwurfs verantworten mussten. Der junge Rapp wurde nur belehrt, der Alte aus Württemberg ausgewiesen. Beide mussten Urfehde schwören.[29]

Wie ging nun Ulrich vor, um die Reformation im Herzogtum Württemberg durchzusetzen? Er bestellte zwei Theologen, die schon an verschiedenen Orten evangelisch gepredigt hatten, zu Reformatoren: Erhard Schnepf (1495–1568) für das Unterland, also für unseren Raum, und Ambrosius Blarer (1492–1564) für das Oberland. Die Stuttgarter Weinsteige bildete die Grenze. Schnepf repräsentierte die strenge lutherische Seite, Blarer folgte stärker den Vorstellungen Zwinglis.

Den Reformatoren gelang es, Formen für Kirche und Gottesdienst zu finden, welche für beide Richtungen annehmbar waren. Mittelpunkt des Gottesdienstes wurde die Predigt; sie sollte eine

Stunde dauern – deshalb so lange, weil sie nicht nur Auslegung und Übersetzung eines Bibeltextes in die Lebenswelt war. Der neue Gottesdienst musste bei fast 90 Prozent Analphabeten der damaligen Gemeindeglieder auch in den Katechismus einführen, und die wichtigsten Glaubensartikel wurden in der Kirche auswendig gelernt. Die traditionelle Messe schaffte man in Württemberg ab; in den meisten lutherischen Territorien blieb sie jedoch in deutscher Sprache erhalten. An die Stelle der Kommunion trat das Abendmahl in beiderlei Gestalt. Als eine Art Ersatz für den weitgehenden Wegfall der lutherischen Liturgie in Württemberg sang man viele, meist reformatorische Kirchenlieder. Auch deren Melodien und Texte mussten im Gottesdienst auswendig gelernt werden. Später trat für diese Aufgaben die Volksschule ein.

Das Land im Umbruch

Aber woher nahm man die Pfarrer? Viele hatten ja innerlich schon zu Luthers oder auch Zwinglis Lehren gefunden. Die Obrigkeit stand jetzt vor der Aufgabe, die theologische Einstellung der einzelnen Pfarrer herauszufinden. Also bestellte man die bisherigen Stelleninhaber der Reihe nach in die jeweilige Amtsstadt, um sie zu befragen: Waren sie bereit, lutherisch zu predigen? Und waren sie mit der neuen Form des Abendmahls einverstanden? Dann konnten sie ihre Stelle behalten. Die beiden Reformatoren und ihre Vertreter reisten durch die Amtsstädte Württembergs und hielten dort Visitation. Die Größe des Herzogtums und die Reisebedingungen – zu Fuß, zu Pferd oder mit der Kutsche – machten dies zu einer langwierigen Angelegenheit. In manchen Gemeinden gab es auch Widerstand. So wurde während der Visitationszeit je nach Einstellung des Pfarrers landauf, landab entweder evangelischer oder katholischer Gottesdienst gehalten. Wann Schnepf oder sein Vertreter ins Amt Neuenbürg kam, wissen wir nicht. In Birkenfeld wirkte seit 1520 Johannes Franck als Pfarrer. Er muss sich bereit erklärt haben, evangelisch zu predigen, denn er befand sich bis ca. 1550 im Amt.[30] Wer sich aber weigerte, wurde entlassen; er konnte ja in ein katholisches Land übersiedeln und dort eine Pfarrei suchen.[31] Alte und Kranke durften jedoch bleiben, ebenso Pfarrer, die bereits vor der Vertreibung Ulrichs ihren Dienst angetreten hatten.

Eine Beschreibung in dem Band „Celebrirung des zweyten Evangelischen Jubel-Festes den 31. Oktober 1717 zu Ludwigsburg und Stuttgardt" gibt ein lebendiges Bild dieser Umbruchzeit:[32] *Der*

Celebrirung
Des zweyten Evangelischen
Jubel-Festes
Den 31. Octobr. MDCCXVII.
Zu Ludwigsburg und Stuttgardt
In dem
Hertzogthum Würtemberg
Unter
Dem Durchl. Fürsten und Herrn
HERRN
Eberhard Ludwigen
Hertzogen zu Würtemberg und Teck / Grafen zu Mömpelgard / und Herrn zu Heydenheim. 2c.
Ihro Käyserl. Majest. des H. Römischen Reichs / und des Löbl. Schwäbischen Craysses General-Feld-Marechalia, auch Obristen/ über drey Regimenter zu Roß und Fuß/
Samt dem
Was vorher gegangen und nachgefolget
gedruckt /
Zum Angedencken Deſſen / was dieſes Falls auch in dem gantzen übrigen Hertzogthum Würtemberg geschehen.

STUTTGARDT/
Gedruckt und verlegts / Chriſtian Gottlieb Röſlin / Hof- und Cantzley-Buchdrucker/ 1719.

Titelseite des
Bandes zum
200-jährigen
Reformations-
jubiläum in
Württemberg
(1719)

Wechsel ging ja nicht überall reibungslos ab. Als in Waiblingen die erste evangelische Predigt durch M. Leonhard Werner gehalten wurde und man das Lied „Es ist das Heil uns kommen her" sang, spieen die päpstischen Priester und Kaplane aus und gingen aus der Kirche fort.

Nachdem nun im Land genug gepredigt und die Leute von dem Evangelio unterrichtet waren, ließ Herzog Ulrich allhier in Stuttgart Anno 1536 öffentlich auf dem Markt ausrufen:

1. Dass niemand weiter die öffentlichen Predigten verunglimp-
   fen,
2. Dass jedermann an Sonn- und Feiertagen dieselben besuchen,
   und auch seine Kinder und Gesinde wenigstens einmal darein
   schicken solle; wer es unterlasse, sollte das erste Mal um einen
   Gulden, das andere Mal um zwei Gulden gestraft werden; wer
   das Geld nicht geben könne, solle vier Tag in den Turm und mit
   Wasser und Brot gespeiset werden.
3. Niemand soll auslaufen in andere Ort, die Mess zu hören [etwa
   in einer katholischen Reichsstadt] – bei eben dieser Straf.
4. Unter den Predigten [d.h. zur Gottesdienstzeit] soll niemand
   spielen, tanzen, zechen – bei fünf Gulden oder der Turm-Straf.
5. Die Bilder, welche man angebetet oder die sonst Ärgerniss geben, sollen mit Vorwissen des Magistrats und der Prediger weg-
   getan werden.

Wer von den Mönchen privat leben wollte, dem gab man jährlich
40 Gulden [...]. Das Augustinerkloster zu Tübingen verwandelte
Brenz in das Theologische Stipendium [das Evangelische Stift]. Ambrosius Widmann, Propst und Kanzler daselbst ging weg nach Rottenburg und wollte nicht wieder zurückkehren. Er floh am 12. Juli
1535, nahm das Amtssiegel mit und verhinderte bis 1538 die Ma-
gister-Promotionen.[33] Es sei auch in diesem Zusammenhang daran
erinnert, dass der Birkenfelder Kügelin schon 1531/32 Tübingen
verlassen hatte, also aus seiner Sicht rechtzeitig.

Wieso erscheint nun bei dem Birkenfelder Pfarrer Johannes
Franck für das Ende seiner Tätigkeit nur die Zeitangabe *ca. 1550*?
Eine zweite Merkwürdigkeit kommt hinzu. Nach 1550 finden sich
drei Pfarrernamen mit unklaren Daten: Johannes Geer (1551), Johann Storm (um 1552), Peter Cölner (bis 1562, aber wann hat er
angefangen?).[34] Wie kam es zu so raschen Pfarrerwechseln?

Das Augsburger Interim

Das Stichwort dieser Jahre heißt Interim. Worum ging es? Da trotz
mehrerer Religionsgespräche kein Ausgleich zwischen den Konfessionen gelang, entschloss sich Karl V. 1546 zum Krieg gegen die
evangelischen Fürsten, die sich 1530 im Schmalkaldischen Bund zu-
sammengeschlossen hatten. Da Ulrich seit 1536 auch diesem Bund
angehörte, wurde Württemberg in die Auseinandersetzung einbezogen. Der Kirchenhistoriker von Loewenich formulierte das
Ziel des Habsburgers recht drastisch: *Er hielt den Zeitpunkt endlich
für gekommen, die Ketzerei auszurotten.*[35] Schon im ersten Kriegs-

jahr besetzten kaiserliche Truppen – spanische Soldaten – die oberdeutschen Reichsstädte und das Herzogtum Württemberg. Ulrich musste erneut fliehen. Der Kaiser blieb zunächst siegreich; als Ergebnis des Krieges wurde auf dem Augsburger Reichstag 1548 das sogenannte Interim erlassen, eine staatsrechtliche Kirchenordnung, die bis zu einer endgültigen Regelung auf dem Konzil zu Trient (1551/52) gelten sollte. Alle Territorien, welche die Reformation durchgeführt hatten, sollten jetzt wieder katholisch werden. Der Kaiser machte lediglich zwei Zugeständnisse: Laienkelch und Priesterehe konnten bleiben.

Das Interim wurde jedoch nur dort strikt umgesetzt, wo die kaiserlichen Truppen präsent waren wie in Württemberg. Hier wurde die Messfeier wieder eingeführt. Pfarrer, die sich dem Interim nicht beugten, wurden entlassen. Wer das Interim öffentlich angriff, wurde verfolgt. Manche flohen wie etwa Johannes Brenz.[36] Doch man wehrte sich im Herzogtum, soweit es möglich war, und begann, entlassene Pfarrer als „Katechisten" wieder anzustellen. Deren Aufgabe war es, die Jugend zu erziehen und, wo möglich, auch zu predigen – der Katechist als Vorläufer des Volksschullehrers.

Die Birkenfelder Kirche von 1490 (Rekonstruktion um 1925)

Vor diesem Hintergrund versteht man die Birkenfelder Situation etwas besser. Von 1550–1552 sind nämlich drei verschiedene Pfarrer belegt oder – genauer – zwei Pfarrer und Johann Storm als Katechet. Waren die beiden Pfarrer katholisch? Oder nur Johannes Geer? Wurde er nach dem Interim wieder entlassen? Predigte Peter Cölner zuerst katholisch und dann bis 1562 wieder evangelisch? Genaueres lässt sich nicht klären.

In Gräfenhausen ist die Situation deutlicher fassbar. Der seit 1515 amtierende Pfarrer Werner Zachmann aus Wilferdingen, der 1534 blieb, wurde im Interim entlassen. Er verließ aber das Dorf nicht und wirkte ohne Amt weiter. Für seinen Lebensunterhalt kamen die Bürger auf. Er blieb Pfarrer bis 1556 und war ab 1551/52 wohl wieder offiziell im Amt.[37] In Birkenfeld wirkte ab 1563 Johannes Kuhn als ordentlich bestellter, evangelischer Pfarrer. Wodurch war diese Rückkehr zur Reformation möglich geworden?

Cuius regio, eius religio –
Wessen das Land, dessen die Religion

Als Karl V. 1552 in militärische Bedrängnis geriet, musste er sich zu Verhandlungen mit den evangelischen Fürsten bequemen; König Ferdinand führte die Verhandlungen. Es kam in Passau am 2. August 1552 zu einem vorläufigen Vertrag. Dieser erlaubte den Protestanten ab sofort wieder die freie Religionsausübung, das Interim war passé. Auf dem Augsburger Reichstag vom 25. September 1555 wurde der Vertrag schließlich Reichsgesetz. Jetzt galt das lutherische Bekenntnis als gleichberechtigt. Jeder Landesfürst konnte von nun an die Religion seines Landes und seiner Untertanen bestimmen; man kennt das berühmte *cuius regio, eius religio* – einen Satz, der nicht im Gesetz steht, aber den Sinn des Augsburger Religionsfriedens treffend charakterisiert: Der Landesherr bestimmt die Konfession.

Dieses Hin und Her war für die Leute nicht einfach und löste auch nicht bei jedem Begeisterung aus. Aus den Birkenfelder Akten sind jedoch keine besonderen Vorfälle bekannt. Ein Prozess vor dem Stuttgarter Stadtgericht vom 21. Juni 1553 weist indes solche Vorkommnisse im Land nach.

Johann Hippolytos Winterstetter war Amtmann in Derdingen gewesen. Er wurde *wegen abfälliger Reden gegen die Landesreligion* angeklagt. Winterstetter hatte unter anderem gesagt, *dass die, die Gottes Wort predigen, Teufels Wort predigen, und dass es Ketzerworte seien, auch werde das Nachtmahl Christi in ketzerischer Weise gegeben. Er hatte ferner gedroht, gegen die Anhänger der neuen Lehre so vorzugehen, dass das Blut gen Himmel spritze; nach ihrem Tod werde er sie auf einem abgesonderten Platz begraben lassen.* Solche Rhetorik ging eindeutig gegen die Obrigkeit und den neuen evangelischen Aufbruch. Winterstetter wurde am Ende begnadigt, musste Urfehde schwören und das Herzogtum verlassen.[38]

Dieser Prozess fand nicht mehr in der Regierungszeit Herzog Ulrichs statt. Dieser war am 6. November 1550 im Alter von 57 Jahren gestorben. Sein Sohn Christoph war ihm nachgefolgt und hatte, 35 Jahre alt, die Regierung übernommen. Ihm lag der evangelische Glaube am Herzen und er hatte sich schon 1551 vom Interim freigemacht. In der Schrift „Celebrirung des zweyten Evangelischen Jubel-Festes" lautet das so: *Noch ehe es aber dazu kam [zum Passauer Vertrag], hatte Christoph Anno 1551 das Interim schon abgeschafft, da er des meisten Teils der Spanischen Garnison war losgeworden.*[39]

Herzog Christoph von Württemberg. Holzschnitt (um 1564)

Die Reformation ging nun weiter. Herzog Christoph konnte auf dem Stand aufbauen, der vor dem Interim erreicht war. In seiner Regierungszeit gelang es, die geistlichen und organisatorischen Strukturen der evangelischen Kirche zu sichern und zu ergänzen. Daran beteiligt war wieder Johannes Brenz, er wurde der wichtigste Berater des Herzogs. In dessen Auftrag verfasste er 1551 für das Konzil von Trient ein württembergisches Bekenntnis, die Confessio Virtembergica. Diese konnte am 24. Januar 1552 übergeben werden, doch einige Gesandtschaften, die der Herzog nach Trient schickte, hörte man nicht an.[40] Diese unfreundliche Behandlung beschreibt die „Celebrirung des zweyten Evangelischen Jubel-Festes" so: *Aber sie wurden nicht vorgelassen, und ihre Confession – als eine schon vorher verdammte Lehre – verworfen. Da sie dieselbige einem und anderen von dem Concilio privatim offerierten, verdross es den päpstlichen Legaten, der sie lieber gänzlich unterdrückt hätte. Reisten also unverrichteter Dinge wieder ab.*[41]

1553 holte der Herzog Johannes Brenz als Propst an die Stiftskirche in Stuttgart. Die Große Kirchenordnung von 1559 führte nun alle bisherigen Regelungen zusammen und ergänzte sie. Als einführenden Text nahm sie die Confessio Virtembergica auf. Das Gesamtwerk betraf aber nicht nur den Gottesdienst, sondern alle wichtigen Lebensgebiete: das Eherecht, den sozialen Bereich, die Finanzen und vor allem auch die Schulen. Otto Borst weist der vom Landtag gebilligten Ordnung den Rang eines württembergischen Staatsgrundgesetzes zu.[42]

Neben der Gottesdienstordnung nehmen Regelungen zum Schulwesen den größten Teil des Werkes ein; sie umfassen Schulformen, Lehrinhalte und Didaktik. Bis zu diesem Zeitpunkt hatten zwei Schultypen bestanden, sozusagen höhere Schulen, die auf das Studium, insbesondere auch das theologische, vorbereiten sollten:

• Klosterschulen für Mönche und bildungsfreudige Jungen aus der Umgebung des Klosters;
• in den Städten Lateinschulen, etwa in Pforzheim und in Neuenbürg – die Vorläufer der späteren Gymnasien.

Die Lateinschulen blieben nach der Reformation bestehen. In den nun aufgelösten Mönchsklöstern wurden evangelische Klosterschulen für den theologischen Nachwuchs eingerichtet, die soge-

nannten Evangelischen Seminare; am Anfang
waren dies 13. Diese Zahl wurde jedoch bald reduziert.[43]

Vor allem das Anliegen der Reformatoren,
auch die einfachen Leute sollten selbst die Bibel
lesen können, führte zur Gründung von Volksschulen; in Abgrenzung zu den anderen Schulformen nannte man sie *Teutsche Schulen*. Solche
Schulen mussten jedoch erst geschaffen werden
und waren in den ersten Jahren nur spärlich vorhanden. In der Birkenfelder Heiligenrechnung
des Jahres 1566 findet sich ein Hinweis, dass hier
schon Schule gehalten wurde: Der Zimmermann
Philipp Burck hatte *das Holtz zum Schuollhaus*
gehauen und erhielt aus dem Heiligenkasten
fünf Schilling und ein paar Heller für Zehrung.
Die Arbeit bezahlte die Gemeinde.[44]

Durch die Religionswirren zur
Ökumenischen Idee

Eine Neuauflage der Großen Kirchenordnung erschien 1582 unter
Herzog Christophs Sohn Ludwig. Von dieser gegenüber 1559 nur
wenig geänderten Ausgabe[45] besitzt die Birkenfelder Kirchengemeinde ein Exemplar. Dieses Buch hat im Dreißigjährigen Krieg ein
merkwürdiges Schicksal erlitten. Vermutlich in den Schreckensjah-
ren 1633/34 ist es verschleppt worden, kam aber nach einigen Jahren wieder in den Besitz der Kirchengemeinde. Ein handschriftli-
cher Eintrag auf der Rückseite des Buchdeckels berichtet darüber:
*Im Juno 1643 hat Daniel Hirschman das Buch Zu Pfortzheim wider
rüber komen bey Einem Kieffer, der hatt gesagt, es habs im ein
Baurer Geben.* Daniel Hirschmann war ein angesehener Birkenfelder Handwerker.

Im Inventar der Kirchengemeinde finden sich noch zwei weitere
bedeutende Werke der Reformation: Das Konkordienbuch von
1580 und die „Apologia" von 1583. Das Konkordienbuch ist die
Sammlung der maßgeblichen lutherischen Bekenntnisschriften. Es
enthält vor allem die Konkordienformel von 1577, ein gemeinsames Bekenntnis im Sinne des rechtgläubigen Luthertums in Abgrenzung zum Calvinismus. Dieses war unter dem wesentlichen
Einfluss des Tübinger Kanzlers Jakob Andreä (1528–1590) zustande
gekommen und 1577 von den evangelischen Fürsten angenommen

Titelblatt der
Großen Würt-
tembergischen
Kirchenordnung
(1559)

worden. Im Anhang sind noch 86 Reichsstände und rund 8.500
Theologen genannt, welche diese Texte als Lehrgrundlage angenommen haben.[46] Die beiden Birkenfelder Pfarrer Caspar Scharpf
(1573–1577) und Absalom Stecher (1577–1584) haben auch unterschrieben. Die 1583 erschienene „Apologia" umfasst dann Beiträge
zur Widerlegung von Einwänden gegen die Konkordienformel.

Wenn jemand weiß, dass Herzog Ulrich 1534 in Württemberg
die Reformation eingeführt hat, so ist das ein erfreuliches Wissen,
das man in weiten Kreisen vorfinden müsste. Indes verkürzt diese
durchaus wichtige Raffung das Reformationsgeschehen, weil sie
sich auf ein Datum festlegt und sich in erster Linie auf den rechtlichen Aspekt bezieht. Wie wir gesehen haben, hatten sich aber
reformatorische Gedanken schon bald nach der Heidelberger Disputation in Württemberg verbreitet, so auch im Gebiet des heutigen Enzkreises und – wie der Fall Mathis Schroth zeigt – auch in
Birkenfeld. Das Jahr 1534 brachte dann die rechtliche Basis für die
offizielle Umgestaltung der Kirche im lutherischen Sinn. Diese verlief zunächst nur langsam und auch gegen Widerstände, immer
aber unter kaiserlicher Missbilligung bis hin zum Interim, zum Passauer Vertrag von 1552 und zum Augsburger Religionsfrieden von
1555. Herzog Christophs Regierungszeit führte zu neuem Aufbruch; dieser kulminierte in der Großen Kirchenordnung und später in der Konkordienformel von 1577.

Die Auseinandersetzung zwischen den Bekenntnissen war allerdings auch nach dem Augsburger Religionsfrieden von 1555 nur
zu einer vorläufigen Ruhepause gekommen und flammte im Dreißigjährigen Krieg (1618–1648) noch einmal schrecklich auf. Über-
wunden ist die Trennung der Kirchen auch heute noch nicht, aber
ein fruchtbarer ökumenischer Geist hat sich in neuerer Zeit Bahn
gebrochen und auf der unteren Ebene zu wertvoller Zusammenarbeit der beiden Kirchen geführt. Der ökumenische Gedanke lebt
und wird weiter wirken. Man kann sich gut vorstellen, Philipp Melanchthon und Martin Kügelin hätten an einer solchen Entwicklung ihre wahre Freude gehabt.

Literatur

Borst, Otto: Geschichte Baden-Württembergs. Ein Lesebuch. Stuttgart 2004.

Brecht, Martin und Hermann Ehmer: Südwestdeutsche Reformationsgeschichte. Zur Einführung der Reformation im Herzogtum Württemberg 1534. Stuttgart 1984.

Bührlen-Grabinger, Christine: Urfehden für den Raum Pforzheim. Württembergische Quellen zur Kriminalitätsgeschichte 1416–1583. Hg. und mit einem Beitrag von Konstantin Huber (Der Enzkreis. Schriftenreihe des Kreisarchivs 7). Pforzheim, Ubstadt-Weiher, Basel 2003.

Celebrirung des zweyten Evangelischen Jubel-Festes den 31. Oktober 1717 zu Ludwigsburg und Stuttgardt. Stuttgart 1719.

Christlieb, Heinrich und andere: Beschreibung und Chronik der Pfarrey Birkenfeld. Unveröffentlicht, Birkenfeld 1825ff.

Ehmer, Hermann: Evangelische Kirche in Württemberg. Leinfelden-Echterdingen 2008.

Engelhardt, August: Birkenfeld. Die Geschichte des Ortes und seiner Bewohner. Birkenfeld 1980.

Kremer, Hans-Jürgen: Lesen, Exercieren und Examinieren. Die Geschichte der Pforzheimer Lateinschule. Höhere Bildung in Südwestdeutschland vom Mittelalter zur Neuzeit. Ubstadt-Weiher 1997.

Loewenich, Walther von: Die Geschichte der Kirche. 4. Aufl., Witten-Ruhr 1954.

Mayer, Emil: Dorfbuch Gräfenhausen-Obernhausen. Birkenfeld o. J.

Müller, Gerhard (Hg.): Theologische Realenzyklopädie, Band 34. Berlin und New York 2002.

Pfaff, Karl (Bearb.): Geschichte des Fürstenhauses und Landes Wirtemberg nach den besten Quellen und Hülfsmitteln, Bd. 2–3, Stuttgart 1839.

Ruth, Horst: Das Personen- und Ämtergefüge der Universität Freiburg (1520–1620). Dissertation, Freiburg 2001 (www.freidok.uni-freiburg.de/volltexte/299/).

Schwarz, Paul (Bearb.): Altwürttembergische Lagerbücher aus der österreichischen Zeit 1520–1534, Band 1 (Veröffentlichungen der Kommission für geschichtliche Landeskunde in Baden-Württemberg A 1). Stuttgart 1958.

Sumarischer und einfeltiger Begriff, wie es mit der Lehre und Ceremonien in den Kirchen unsers Fürstenthumbs, auch derselben Kirchen anhangenden Sachen unnd Verrichtungen, bißher geübt und gebraucht … werden solle [Württembergische Kirchenordnung]. Tübingen 1582.

Weller, Karl und Arnold Weller: Württembergische Geschichte im südwestdeutschen Raum. 10. Aufl., Stuttgart 1989.

Anmerkungen

1 Diesem Beitrag liegt ein Vortrag zugrunde, der am 1. November 2009 im Rahmen des württembergischen Reformationsjubiläums in der Birkenfelder evangelischen Kirche gehalten wurde. Der Vortragsstil sollte erkennbar bleiben.

2 Drei Schultheißen mit Namen Kügelein (auch Kügellin u. a.) sind noch im 17. Jahrhundert belegt: Gregor, Mathis, Hans. Kügelins finden sich zum Ende des 15. und im 16. Jahrhundert. In den Schatzungsbüchern von 1470/73 erscheint Bernhart Kügellin; sein Vermögen ist auf 225 Gulden geschätzt. In der Herdstättenliste von 1525 findet man Jeronimi Kügelin (zahlt 20 Kreuzer) und Anna Kügelin (zahlt 70 Kreuzer). Bernhart könnte Martins Vater gewesen sein und Anna Kügelin die Mutter. Nach ihnen häufen sich die Namen. Zum Beispiel heiratete Martins Schwester Anna (Namen der Mutter) *den Wendel Mesler von Bretzingen (Ehevogt der Anna Küglerin)*, vgl. Engelhardt, S. 109, 381ff; Universitätsarchiv Freiburg [UA Freiburg] Bestand A 001: Urkunden der Universität (1255–1896), Nr. 0787 und 0788 [http://www.uniarchiv.uni-freiburg.de/bestaende/Pertinenzprinzip/altbestaende/a0001/a0001]), zugunsten der Erben von Martin Kügelin; siehe auch Engelhardt, S. 135f.

3 Seine beruflichen Daten finden sich in einer Reihe von Universitätsakten: Zusammenstellung aller verfügbaren Quellen ab 1532 bei Ruth, S. 56f; siehe auch Engelhardt, S. 135f; Kremer, S. 167.

4 Burse: Studentenwohnheim.

5 Asch: Flecken in der Nähe von Blaubeuren.

6 UA Freiburg Bestand A 001 (wie Anm. 2), Nr. 0787 und 0788, beide vom 24.10.1559.

7 Engelhardt, S. 135f; er beruft sich in dem ausführlicheren, aber ungedruckten Manuskript seines Werkes, das sich im Gemeindearchiv Birkenfeld (Az. 361.21) befindet, auf ein Schrei-

ben der Universitätsbibliothek Freiburg, das die im Text getroffenen Aussagen bestätigt. Das Schreiben liegt dort nicht vor.

8   Bührlen-Grabinger, S. 55, Urkunde Nr. 2 (im Original: *Mathis Schrout*). In dieser Arbeit werden Urkundenregesten zusammengestellt, also Inhaltsangaben von originalen Urkunden; siehe Bührlen-Grabinger, S. 50–52.

9   Hauptstaatsarchiv Stuttgart A 54a Bd. 41. Der Name Schroth ist auch in anderen Listen belegt, aber nicht sehr häufig, etwa *Hanß Schrott* und *Laux Schrott* in der Türkensteuerliste von 1545: vgl. Engelhardt, S. 382f; *Laux Schraut* im Lagerbuch von 1527; vgl. Schwarz, S. 250) sowie *Laux Schraut* und mindestens zwei verschiedene *Hannß Schraut* in Musterungslisten des Jahres 1546, vgl. HStAS A 28a Bd. 108, 134.

10 „Ehrbarkeit": die Familien, aus denen sich Beamtenschaft und Geistlichkeit rekrutierten und die im Wesentlichen den Landtag bildeten.

11 „Urfehde schwören" als Abschluss des Verfahrens findet sich in jeder Urkunde; vgl. Bührlen-Grabinger, S. 16.

12 Bührlen-Grabinger, S. 164f, Urkunden. Nr. 215–218.

13 Ehmer, S. 22f.

14 Weller, S. 152, Ehmer, S. 22f.

15 Bührlen-Grabinger, S. 64f, Urkunden Nr. 20 und 21.

16 Bührlen-Grabinger, S. 149, Urkunde Nr. 186.

17 Bührlen-Grabinger, S. 98, Urkunde Nr. 86.

18 Bührlen-Grabinger, S. 149, Urkunde Nr. 186.

19 Bührlen-Grabinger, S. 19. Das Wort „Fehde" bedeutet „Streit, Rache für erlittenes Unrecht", sodass die Vorsilbe „Ur" negierende Bedeutung hat („Un-Fehde" – kein Unrecht mehr).

20 Ferdinand, Erzherzog von Österreich, später König von Böhmen und Ungarn, ab 1531 auch römisch-deutscher König und nach der Abdankung Karls V. im Jahr 1556 de facto Kaiser.

21 „After": mittelhochdeutsch „hinter", „nach", vgl. englisch „afternoon" (Nachmittag).

22 Borst, S. 110: *Luther hat das persönliche Gewissen als etwas Absolutes entdeckt. […] Diese Befreiung hat mehr ausgelöst als die Französische Revolution und deren Ringen um Menschenrechte.*

23 Weller, S. 152; Ehmer, S. 17.

24 Bührlen-Grabinger, S. 158, 165f, 178f, Urkunden Nr. 206, 216–218, 241–246.

25 Bührlen-Grabinger, S. 117, Urkunde Nr. 125.

26 Pfaff, S. 665.

27 Ehmer, S. 28.

28 Pfaff, S. 717.

29 Bührlen-Grabinger, S. 196f, Urkunden Nr. 283 und 284.

30 Engelhardt, S. 145f, 386.

31 Zu „Visitation" siehe Celebrirung, S. 6f, Ehmer, S. 30, und schriftliche Mitteilung von Prof. Dr. Hermann Ehmer vom 9. Oktober 2009 zu den Themen „Abfindung" und „Visitation".

32 Celebrirung, S. 6f.

33 Müller, S. 159; Celebrirung, S. 6f, und Brecht/Ehmer, S. 353.

34 Engelhardt, S. 386.

35 Loewenich, S. 255.

36 Er versteckte sich von 1548 bis 1550 auf der Burg Hornberg unter dem Namen „Huldreich Engster".

37 Mayer, S. 150.

38 Bührlen-Grabinger, S. 88f, Nr. 70.

39 Celebrirung, S. 10.

40 Ehmer, S. 46.

41 Celebrirung, S. 11.

42 Borst, S. 123.

43 In moderner Zeit waren es noch zwei Seminare – Maulbronn und Blaubeuren; heute sind diese Schulen staatliche altsprachliche Gymnasien ab Klasse 9 mit kirchlichem Internat für Jungen und Mädchen.

44 Engelhardt, S. 181.

45 Württembergische Kirchenordnung, S. 81: *Haben wir die Kirchenordnung oder Agend unsers Fürstenthumbs […] wo wir es für ein notturfft und Wolstand geachtet in ettlichen, gleichwol wenigen Puncten verbessern lassen.*

46 Ehmer, S. 51.

MARKUS MALL

Badischer Pietismus und Separatismus des frühen 19. Jahrhunderts im Raum Pforzheim[1]

Der Pietismus als eine bedeutende protestantische Erneuerungsbewegung entstand im 17. Jahrhundert und gelangte im 18. Jahrhundert zu voller Blüte. Sie entspricht einer Akzentverschiebung
von der „rechten Lehre" auf eine „gelebte Frömmigkeit", also eine
dem Glauben entsprechende Lebensführung. Diese Bewegung
trat sehr vielgestaltig auf und suchte sich Ausdruck in Theologie,
Soziologie und Kultur. Als bedeutendste Vertreter, die prägend
und fördernd auf den Pietismus Einfluss nahmen, gelten Philipp
Jakob Spener (1635–1705), August Hermann Francke (1663–1727),
Nikolaus Ludwig Graf von Zinzendorf (1700–1760) sowie der württembergische Theologe Johann Albrecht Bengel (1687–1752). Die
mit dem Pietismus verbundene Individualisierung und Verinnerli-
chung des Glaubens führte zu neuen Formen persönlicher Frömmigkeit und gemeinschaftlichen Lebens.[2]
  Charakteristisch für die pietistische Bewegung wurde die Bildung von Gruppen (Konventikel) innerhalb oder außerhalb der
Kirche, die zur Gemeinschaftspflege, zum Gebet und zum Bibelstudium dienten. Diese „Versammlungen" oder „Stunden" wurden nicht selten von sogenannten „Laien" gehalten, die sich durch
eigenes Bibelstudium dafür qualifiziert hatten, und durch Wort-
beiträge der Versammelten zu einem zuvor gelesenen Bibelab-
schnitt gestaltet. Inhaltlich werden zwei weitere Kennzeichen
sichtbar: die zentrale Stellung der Bibel und der Gedanke des allgemeinen Priestertums, also der Ermächtigung aller Christen zur
Schriftauslegung und Wortverkündigung durch den Heiligen
Geist.[3] Schließlich verband die pietistischen Gruppen eine starke
Zukunftshoffnung, die häufig in der Erwartung des baldigen An-
bruchs eines 1000-jährigen Friedensreiches unter der Herrschaft
des wiederkommenden Christus ihren Ausdruck fand. Das Studium
apokalyptischer Texte der Bibel, vor allem der Offenbarung des
Johannes, war sehr weit verbreitet.

Mehrheitlich war der Pietismus eine Erneuerungsbewegung innerhalb der Kirche, jedoch kam es auch immer wieder zur Trennung Einzelner oder Gruppen von der Kirche durch Austritt oder Ausschluss. Die genannten Chrarakteristika bergen diese Möglichkeit des „Separatismus" oder „radikalen Pietismus" in sich. Sie war stets vorhanden, weshalb Staat und Kirchenleitung die pietistische Bewegung mit Skepsis betrachteten. Außerdem hatte der Pietismus immer auch eine Frontstellung: Während er sich in seinen Anfangszeiten gegen eine starre Orthodoxie wandte, welche kaum Impulse für eine Glaubenspraxis gab, setzte er sich im Laufe des 18. Jahrhunderts zunehmend mit dem Einfluss von Aufklärung und Rationalismus auf die Theologie und Kirche auseinander. Beide Strömungen fand man in weiten Teilen der badischen Pfarrerschaft, wenn auch in milder Form. Die Geisteshaltung der Romantik des frühen 19. Jahrhunderts schließlich förderte eine Bewegung, die auf Innerlichkeit aus war und in der religiöse Gefühle ihren Platz hatten.

Die pietistischen Konventikel im 18. und frühen 19. Jahrhundert

In Württemberg schlug die pietistische Bewegung feste und dauerhafte Wurzeln. Bereits in der zweiten Hälfte des 17. Jahrhunderts wurde der Boden bereitet, auf dem das spenersche Gedankengut zum Blühen kam. Erst recht durch die Wirksamkeit des Klosterpräzeptors von Denkendorf Johann Albrecht Bengel, der eine biblisch-heilsgeschichtliche Theologie vertrat, und des Theologen Friedrich Christoph Oetinger (1702–1782), durch den spekulatives Gedankengut eindrang, entstand der besondere Charakter des württembergischen Pietismus, der Kirche und Theologie nachhaltig prägte.[4]

In Baden-Durlach gab es bereits gegen Ende des 17. Jahrhunderts durchaus Einflüsse des Pietismus. Meist waren es Einzelpersonen, die hier wirkten und Beziehungen zu den Führungsgestalten des Pietismus unterhielten, sogar Markgraf Friedrich Magnus stand in Kontakt mit Spener.[5] In der ersten Hälfte des 18. Jahrhunderts blieb der Pietismus in Baden jedoch auf diese wenigen Personen und kleinere Gruppen in den Städten beschränkt. Eine wirkliche Bewegung wurde daraus nie. Durch die Kriege bedingt verließen prägende Persönlichkeiten das Land oder die pietistische Bewegung wurde durch den Widerstand von Vertretern der Orthodoxie zurückgedrängt.[6] Erst Mitte des Jahrhunderts und erst recht gegen dessen Ende wuchs die Zahl der Erbauungstunden im Land, sie entstanden meist durch Einflüsse aus den Nachbarländern. Vor allem um die Jahrhundertwende kam ein apokalyptisch geprägter Pietismus von Württemberg her auch in verschiedene Orte der Dekanate Pforzheim und Bretten.[7]

Im Geiste des Pietismus wirkte Pfarrer Johann Christoph Ludwig Zandt (1741–1814) in immerhin drei Gemeinden des heutigen Kirchenbezirks Pforzheim-Land: Langenalb (1775–1783), Eisingen (1783–1793) und Bauschlott (1793–1814).[8] Im Jahr 1781 beschreibt Zandt in einem Antrag an die Pforzheimer Synode zur Einrichtung von Erbauungsstunden in seiner Gemeinde, wie er sich diese vorstellt: *Besonders geübte, gottselige und willige Seelen sollten nach den Gottesdiensten zusammenkommen, singen, beten und ein biblisches Kapitel betrachten. Man forscht gegenseitig liebevoll seinen Seelenzustand aus, lehrt, ermahnt, ruft Ungehorsame zur Buße und übt unter den Mitgliedern eine Art Kirchenzucht. Jeder Teilnehmer verpflichtet sich zur täglichen Lesung der Bibel. Besonders befähigten Mitgliedern überläßt dann der Pfarrer die Leitung solcher Stunden, die in kleinen Kreisen überall in der Gemeinde gehalten werden.*[9]

Auch von Pfarrer Ludwig Jakob Hartmann (1752–1836)[10] wird berichtet, er stehe in Verbindung mit eschatologisch ausgerichteten Pietisten.[11] Er gründete in Dietlingen eine nicht näher bezeichnete „Fromme Gesellschaft", wahrscheinlich eine Erbauungsstunde, und schrieb eine „Heilsordnung zum Unterricht der Kinder und Konfirmanden".[12] Der Pietismus, den Hartmann hier vertrat, hatte laut dem Dietlinger Ortschronisten Rommel keine separatistischen Auswirkungen. Vielmehr förderte Hartmann das kirchliche Leben sehr. Dass Hartmann stark in der kirchlich-reformatorischen Tradition gründete, zeigen auch seine Eingaben an die Pforzheimer Diözesansynode aus dem Jahr 1783, der Aufriss einer Kirchengeschichte für Religionsunterricht in den Schulen[13] und ein apologetischer Aufsatz gegen die Aufklärung aus dem Jahr 1785.[14]

Durch die Nähe der Diözese Pforzheim zu Württemberg spielte der Einfluss des dortigen Pietismus keine geringe Rolle. Kieselbronn und Öschelbronn waren bis 1810 württembergisch, die Gemeinden Bauschlott, Dietlingen, Dürrn, Ittersbach, Langenalb, Niefern und Weiler grenzten alle an Württemberg. Vor allem sogenannte „Laienprediger" verbreiteten die Lehren Johann Albrecht Bengels oder Johann Michael Hahns (1758–1819), eines Bauernknechts, der zu einer pietistischen Führungsfigur aufstieg und sich trotz mancher theosophischer Sonderlehren nicht von der Kirche trennte.

In Singen und Kleinsteinbach gab es zu Anfang des 19. Jahrhunderts pietistische Stunden, was ein Bericht des Dekanats Stein aus dem Jahr 1822 belegt.[15] Ebenso bestanden in Kieselbronn seit den 1820er Jahren Konventikel. Der Kieselbronner Chronist Riehm weiß von zwei Gemeinschaften und sieht in ihnen eine *gewünschte Ergänzung*.[16] 1823 besuchte der „Stundenhalter" Andreas Strohecker aus Wimsheim die Gemeinde und 1842/43 ein Immanuel Hochmuth aus Brötzingen. Oft wurde das kirchliche Gemeindeleben durch diese Konventikel gefördert. In manchen Fällen führten diese jedoch zur Bildung von Sondergruppen, zur Separation.

Die separatistischen Gruppen im Raum Bretten

Der württembergische Separatistenfürer Johann Georg Rapp aus Iptingen

Stark war der Einfluss großer pietistischer und vor allem separatistischer Gruppen aus dem württembergischen Oberamt Maulbronn auf Gemeinden im Raum Bretten, das seit 1803 zum Großherzogtum Baden gehörte. Größere Gruppen dieser Art gab es unter anderem in Knittlingen, Lomersheim und Ölbronn. Das Zentrum jedoch war Iptingen, wo sich der Leinenweber Johann Georg Rapp (1757–1847) 1785 zum Separatismus bekannte und zur bedeutendsten Führungspersönlichkeit in Württemberg heranwuchs. Predigend zog er im Umland umher und gewann zahlreiche Anhänger. Rapp geriet jedoch zunehmend mit der Regierung in Konflikt und wanderte im Sommer 1803 mit 700 weiteren Personen nach Pennsylvania aus.[17]

Rapps Einfluss dehnte sich auch nach Baden aus. Im Jahr 1803 predigte Rapp in der Grenzstadt Knittlingen vor über 100 Leuten – ein Ereignis, das in Baden nicht unbemerkt blieb. Seit Ostern 1804 waren in Bretten zahlreiche Separatisten zu finden, die sich um den Kübler Adam Eberle versammelten. Dieser traf in Knittlingen beim Werkzeugkauf auf separatistische Pietisten und besuchte mit Gesinnungsgenossen regelmäßig deren Versammlungen. Bereits im August 1804 berichtet das Pfarramt Bretten, der Kreis um Eberle habe mit der Kirche völlig gebrochen, sie würden sich über Pfarrer und Amtshandlungen lustig machen. Immerhin bemerkte das bürgerliche Amt Bretten in einem Bericht auch, dass sich einige schlechte Charaktere unter dem Einfluss der Separatisten in fleißige ehrliche Männer verwandelt hätten.[18] Die Brettener Separatisten blieben mit Rapp in Verbindung, und noch bevor Markgraf Karl Friedrich durch eine Ver-

Knittlingen.
Lithografie von
F. Kallmorgen
(um 1885)

ordnung vom 15. Februar 1805 den Umgang mit Separatisten regelte, waren bereits zahlreiche Brettener Separatistenfamilien nach Pennsylvania ausgewandert. In den Folgejahren gab es im Raum Bretten immer wieder einzelne Separatisten, gegen die jedoch staatlicherseits hart vorgegangen wurde. Ein Anstieg von separatistischen Gruppen ist erst wieder in den 1820er Jahren zu beobachten, dies nun auch im Raum Pforzheim.[19]

Oft hing der Weg, den die pietistisch geprägten Gemeindeglieder gingen, von der Haltung des Ortspfarrers ab, von seinen integrativen Fähigkeiten, und davon, wie stark der Einfluss und die Führungskraft der „Stundenhalter" war. So hörte man in Dietlingen zur Zeit eines Ludwig Jakob Hartmann nichts von Separatisten. Seine Offenheit gegenüber pietistischen Gedanken und gegenüber pietistischen Erbauungsstunden, daneben sein Engagement innerhalb der Diözese Pforzheim und später als Spezial der Diözese Durlach, was seine Kirchlichkeit belegt, zeugen von starker Integrationskraft – bei ihm verbunden mit großer theologischer Kompetenz. Jedoch entwickelte sich zu späterer Zeit neben Wilferdingen gerade Dietlingen zur Hochburg des Separatismus im Raum Pforzheim.

Durch die napoleonischen Kriege der Jahre 1792 bis 1815 war das Gebiet immer wieder von Truppendurchzügen, Einquartierungen und militärischen Auseinandersetzungen geprägt. Ob durch eigene, österreichische oder französische Truppen, immer gefährdete eine solche Kriegszeit die staatliche und bürgerliche Ordnung und brachte extreme soziale und wirtschaftliche Belastungen mit sich.[20] Die Kriegskontributionen taten ihr Übriges. Diese Umstände und dazu die Hungerjahre 1816/17 führten zu einer Stärkung des Separatismus, vor allem unter den ärmeren Volksklassen.[21] Auch die grundlegenden Veränderungen in Deutschland förderten eine Verunsicherung und ein Misstrauen der Menschen gegenüber der staatlichen Autorität. Napoleon, der in manchen Kreisen als Antichrist galt, sorgte für große politische Verwerfungen. Durch Säkularisation und die anschließende Mediatisierung sowie durch Ausgleich für an Frankreich abgegebene Gebiete wuchs Baden in den Jahren 1803 bis 1806 um das Vierfache. 1806 wurde es Großherzogtum, aber das Heilige Römische Reich Deutscher Nation war aufgelöst.

Die genannten Lebensumstände verstärkten den Hang zu apokalyptischen Ideen. Eine starke Naherwartung der Wiederkunft Christi, die beispielsweise bei Bengel schon angelegt war, sowie eine spekulative Mystik mit weltentsagenden Tendenzen, wie sie bei Oetinger zu finden sind, verbanden sich mit der Erfahrung von großem Leid und sittlichem Zerfall. Apokalyptische Tendenzen gab es in allen Volksklassen. Der Karlsruher Jurist und Kirchenrat Georg Friedrich Fein veröffentlichte schon 1784 anonym ein Werk mit eschatologisch-apokalyptischem Gedankengut. Dieses Buch prägte den Karlsruher Hofrat Heinrich Jung-Stilling, der selbst maßgeblichen Anteil an der Verbreitung und Hoffähigkeit dieser Gedanken hatte.[22]

Die Mühlhausener Erweckung durch Aloys Henhöfer

Einen ganz anderen Impuls erhielt die pietistische Bewegung aus Mühlhausen an der Würm. In den frühen 20er Jahren des 19. Jahrhunderts wurde dort durch die Predigten des katholischen Priesters von Mühlhausen, Aloys Henhöfer (1789–1862), eine Erweckung ausgelöst. Einerseits durch Einflüsse der katholischen Allgäuer Erweckungsbewegung, vermittelt durch deren Vertreter Michael Sailer (1751–1832) und dessen Schüler Martin Boos (1762–1825), sowie anderseits des evangelischen Pietismus im nahe gelegenen Württemberg wurde Henhöfer verstärkt zum Studium der Bibel angeregt und vor allem auf die Gnadenlehre des Apostels Paulus gestoßen.[23]

Aloys Henhöfer

Dies veränderte Henhöfers Theologie, was sich in den Jahren 1818 bis 1820 in seinen Predigten manifestierte: Aus einem Moral- und Bußprediger wurde er zu einem Gnadenprediger.[24] Henhöfer hatte entdeckt, *dass Christentum Gnadenreligion und*

Mühlhausen an der Würm – im Vordergrund das Gemmingische Schloss, die erste Predigtstelle der dortigen evange-lischen Gemeinde

nicht Gesetzesreligion ist.[25] Ihm war an einem inneren Herzens-glauben gelegen, nicht an einem äußerlichen Gewohnheitschris-tentum, zu dem er viele katholische Riten zählte. Zu den Gottes-diensten Henhöfers sowie zu den Erbauungsstunden des Schreiners und „katholischen Pietisten" Johann Anton Brougier, die auch Henhöfer besuchte, kamen unzählige Menschen aus dem Um-land.[26]

Während Henhöfer davon ausging, weiterhin in der katholi-schen Kirche wirken zu können, stießen seine Erkenntnisse bei sei-nen Kollegen und seiner Kirchenbehörde auf erhebliche Kritik. Es kam zur Anklage und zum Prozess, der schließlich 1822 mit der Exkommunikation Henhöfers endete. Erst jetzt erwog dieser ei-nen Übertritt und richtete am 7. März 1823 an die evangelische Kirchensektion die Bitte um Aufnahme in die evangelisch-protes-tantische Kirche. Die Aufnahme unter die evangelischen Pfarrkan-didaten erfolgte am 23. März. Als Reaktion auf Henhöfers Aus-schluss und Übertritt traten am 6. April 1823 sein Kirchenpatron Julius Freiherr von Gemmingen-Steinegg und 220 Mühlhausener Gemeindeglieder zum evangelischen Glauben über. Deren Hoff-nung, dass Henhöfer nun Pfarrer der durch landesherrliche Ver-ordnung vom 5. Juli 1823 errichteten evangelischen Pfarrei Mühl-hausen werden würde, erfüllte sich jedoch nicht; er war bereits zum 1. Juli 1823 als Pfarrer in Graben ernannt.[27]

Einigen Gemeindegliedern aus dem Pforzheimer Raum war die – selbstverständlich zu Fuß zurückgelegte – Entfernung von

50 km von Pforzheim nach Graben (ab 1827 Spöck) nicht zu weit, um die Gottesdienste Henhöfers zu besuchen. Der Weg führte von Pforzheim aus über Ispringen, Ersingen, Bilfingen, Königsbach, unter Umständen über Wilferdingen, Singen und weiter durch das Pfinztal. Die „Pilger" verbreiteten die Inhalte der Erweckung entlang der Strecke, wo sich ihnen viele anschlossen, *teils aus Neugierde, teils aus wirklichem Verlangen.*[28]

Die Gemeindepfarrer der betroffenen Gemeinden waren darüber natürlich nicht erfreut. Sie befürchteten Spaltungen, agierten teilweise aber sehr unklug und polemisch, wodurch sie ihre Gemeindeglieder nicht gewannen, sondern noch mehr in Distanz trieben.[29]

Der Eisinger Pfarrer Johann Mürrle beklagte sich 1823 darüber beim Dekanat in Stein, das in seinem Bericht festhält: *In dem Orte Eisingen hat der allgemein Aufsehen erregende früher in Mühlhausen katholische, nun aber zur ev. Kirche übergetretene und als evangelischer Pfarrer in Graben angestellte Pfarrer Henhöfer viele Anhänger gefunden, die scharenweis so wie früher nach Mühlhausen nun nach Graben zu ihm wallfahrten.*[30] Auch Pfarrer Friedrich Ludwig Fischer aus Dietlingen äußerte sich sehr negativ über Henhöfer und warf ihm enge Kontakte zu separatistischen Gruppen vor: *Auffallend ist, dass, nach Tatsachen zu urteilen, Herr Henhöfer sich, neuerdings oder noch, in denselben Verhältnissen wie früher zu diesen Menschen befindet. Wahrscheinlich leidet er hier an der nämlichen Täuschung wie in seinen Ansichten von Religion und Wissenschaft daß er die Schale für Kern hält.*[31]

Die separatistischen Gruppen im Raum Pforzheim

Das vermehrte Auftreten separatistischer Gruppen in der Gegend von Bretten und Pforzheim in den 1820er Jahren hatte die Aufmerksamkeit der Behörden erregt. Da lag es nahe, Henhöfer dem Separatismusverdacht auszusetzen, um ihm dadurch zu schaden. Nun ist es unbestritten, dass diese Kontakte bestanden haben, für viele Separatisten war Henhöfer nach dessen Exkommunikation sogar die prädestinierte Führungspersönlichkeit,[32] doch war er deshalb noch lange kein Separatist. In den folgenden Jahren wurde er immer wieder als Förderer des Separatismus beschuldigt, verneinte aber einen ursächlichen Zusammenhang zwischen Pietismus und Separatismus, ohne deren gemeinsame Wurzel zu leugnen. Henhöfer und seine Freunde sammelten die kirchenfreundlichen Pietisten in „Privaterbauungsstunden", um sie der

Kirche zu erhalten.[33] Die apokalyptisch aufgeladene Stimmung der frühen 1820er Jahre verstärkte jedoch die separatistische Bewegung und führte zu manchen Auffälligkeiten und außergewöhnlichen Ereignissen.

Einzelne Separatisten oder gar Gruppen gab es 1824 in Eisingen, Göbrichen, Wilferdingen, Bauschlott, Ispringen, Dietlingen, Ellmendingen und sogar in dem rein katholischen Dorf Ersingen.[34] Henhöfers Biograph Frommel weiß darüber hinaus von Separatisten in Weißenstein, Unteröwisheim, Gochsheim, Gondelsheim, Flehingen, Bahnbrücken und später auch in Rheinbischofsheim. *Ihr Haß war vornemlich gegen die Geistlichen und die Sacramente gerichtet. Sie tauften ihre Kinder entweder selbst oder ließen sie ungetauft; so erklärt ein Unteröwisheimer Bauer die Kirche für ein H – haus [Hurenhaus]; die Mutter eines Kindes zu Weißenstein läßt ihr neugeborenes Kind ohne Pflege sterben; erklärt es, weil in der eingesegneten Ehe geboren, für eine H – brut [Hurenbrut], versagt ihm die Mutterbrust. Als das Kind stirbt, bricht sie in ein schreckliches Wort aus und gibt ihren Geist auf. Bei ihrer Kirche, zu der der Mann zu gehen gezwungen ward, verrichtet derselbe am Grabe, während der Pfarrer betet, seine Nothdurft und verläßt mit einer Menge, in Werktagskleidern erschienener Separatisten, unter Gelächter den Kirchhof. So das Decanat Stein, das übrigens am schärfsten gegen Pietisten und Separatisten eingeschritten wissen wollte und unermüdlich in seinen Anklagen war, vom 26. Februar 1823.*[35] Im Hintergrund solcher Aussagen der Separatisten steht die spekulative Identifikation der Kirche mit der Hure Babylon aus dem 17. Kapitel der Johannesapokalypse.

Ebenso berichtet der Dietlinger Pfarrer Friedrich Ludwig Fischer im Jahr 1823 ausführlich über die Separatisten und deren staatsgefärdenden Tendenzen.[36] Immerhin gab es 1824 in Dietlingen 98 Separatisten, deren Führer ein gewisser Greule aus Knittlingen war, *der sich zur Auszeichnung einen langen Bart gepflanzt hat und ganz weiße Kleidung mit hoher Kappe trägt.*[37] Im Jahr 1820 zählte Dietlingen 1.109 Einwohner. Damit ging die Zahl der Separatisten gegen zehn Prozent, was einen außergewöhnlich hohen Anteil bedeutet.[38]

Eine weitere Leitfigur der Dietlinger Separatisten war der Leinenweber Sebastian Löffler. Vor seiner „Bekehrung" war er Komödiant, der auf Hochzeiten und Kirchweihfesten auftrat. Dann führte eine schwere Lebenserfahrung – der Tod seiner Frau und dreier Kinder innerhalb von vier Wochen – zur Hinwendung zu der bereits bestehenden separatistischen Gruppe, die nie förmlich aus der Kirche austrat, sich jedoch klar von dieser abgrenzte. Die Sepa-

Das Ortszentrum in Dietlingen (Ansichtkarte, 1938)

Dietlingen – Kirche mit Dorfbrunnen und Rathaus

ratisten hielten ihre „Stunden", ließen sich jedoch vom Pfarrer beerdigen. Mit Löffler erhielten sie eine Führerpersönlichkeit, die sich sehr fanatisch gegenüber Kirche und Obrigkeit verhielt. Strafmaßnahmen von Seiten des Staates bestätigten die Separatisten nur in ihrer Märtyrerrolle. Im Jahr 1876 gab es in Dietlingen immer noch 80 Anhänger der Separatisten, im Jahr 1925 nur noch wenige.[39]

Zahlenmäßig kleiner war die Zahl der Separatisten in den 20er und frühen 30er Jahren des 19. Jahrhunderts in Wilferdingen.[40] Jedoch erregten diese einiges Aufsehen. Im Jahr 1820 erfuhr der Wilferdinger Pfarrer Johann Friedrich Blum, dass in seiner Gemeinde ein Anhänger einer separatistischen Gruppe wohne – ein Wilferdinger, der in den Bannkreis der Dietlinger Separatisten geraten war. Schon vier Jahre später berichtete Pfarrer Blum dem Dekanat Stein, dass es in Wilferdingen drei separatistisch gesinnte Familien gebe. Von Verbindungen nach Dietlingen wird nichts mehr erwähnt, genausowenig von Zusammenhängen zum ersten Fall. Zum Konflikt kam es dann im Jahr 1826. Einer der Separatisten taufte sein Kind selbst, worauf Dekan Graebener aus Stein anordnete, dieses Kind sei kirchlich zu taufen, anderenfalls würden strafrechtliche Konsequenzen gezogen. Diese Strafen schreckten jedoch kaum ab, denn die Separatistentaufe fand Nachahmer.[41]

Der „Altvater" der Wilferdinger Separatisten war Johannes Zachmann, dem vom Oberamt Durlach eine weitere Strafe angedroht wurde, weil die Familie ihre Kinder vom Schulunterricht fernhielt. Nachdem Geldstrafen nichts bewirkt hatten, wurde an-

geordnet, die Kinder zum Unterricht abzuholen und bei Widersetzlichkeit der Eltern diese dem Vater wegzunehmen. In einem
Oberamtsprotokoll von 1828 gab der wegen Gotteslästerung an-
geklagte Johannes Zachmann an, er habe vor der Beerdigung des
Gottfried Zachmann Pfarrer Blum mitgeteilt, *[...] daß er mit anderen geistlichen Brüdern den Leichnam selbst hinaustragen wolle,
sie verbäten sich aber Geläute und Gesang. Sie wollten es aber
dem Pfarrer überlassen, ob er mitgehe und etwa eine Rede halten
wolle.*[42]

In enger Verbindung standen die Wilferdinger Separatisten mit
einer Gruppe aus Weingarten. Schon im Oktober 1826 schrieb der
Vogt von Weingarten an seinen Amtskollegen aus Wilferdingen,
er habe sechs Wilferdinger Separatisten verhaftet, weil sie *während des Gottesdienstes einen Konventikel abgehalten hätten.*
Mehrere Züge durch das Pfinztal zu der jeweils befreundeten
Gruppierung erregten Aufsehen, da die Separatisten mit weißen
Kleidern, hohen Hüten, um die Weisungen des Heiligen Geistes
besser empfangen zu können, und – wenn männlich – mit „wilden" Bärten[43] ausstaffiert waren. Darüberhinaus weigerten sie
sich, als Zeichen der Ehrerbietung den Hut zu ziehen, und redeten
sich alle mit „Du" an, weshalb sie unter der Bevölkerung „Duzer"
genannt wurden. Der Verzicht auf solche Ehrbezeugungen galt als
Symbol für die Gleichheit aller Menschen vor Gott und stellte damit gleichzeitig weltliche wie kirchliche „Obrigkeit" in Frage. Für
eine Gesellschaft, in der Ehrbezeugungen als Grundprinzipien galten, stellte dies nicht nur eine Geschmacksfrage dar, sondern eine
grundsätzliche Bedrohung der bürgerlichen Ordnung.[44]

Die Ereignisse am Michaelistag 1831

Die Wilferdinger Separatisten schlossen sich einer in apokalyptisch
geprägten Kreisen weitverbreiteten Lehre an, die für den Michaelistag (29. September) 1831 die Wiederkunft Christi vorhersagte.
Je näher dieser Tag rückte, desto öffentlicher wurde das Auftreten
der Separatisten.

Deren Aktivitäten waren am 13. Juni 1831 Anlass für eine De-
batte der Zweiten Kammer des Badischen Landtags. Hier tat sich
vor allem der Korker Dekan Gottlieb Bernhard Fecht hervor, der in
kräftigen Worten diese Aktivitäten schilderte und die Stimmung
gegen die Separatisten zu einer Generalabrechnung mit allen pietistischen Erscheinungen nutzen wollte. Er beklagte sich, dass die
Polizei das Treiben der Separatisten dulde, die in Grüppchen von

vier bis zehn Personen in ihren weißen Kleidern vor Wagen nieder-
stürzten, ihr Haupt in den Staub oder in den Kot legten und dazu
den Namen Jesu im Munde führten. Kinder und Fremde würden
darüber verwirrt. *Ist es der Großherzoglichen Regierungskommis-
sion bekannt, daß diese Menschen den Jüngsten Tag auf nächsten
Michaelis ankündigen, in ihren weißen Kleidern auf hohe Bäume
steigen, um von hier aus zu sehen, wie Karlsruhe, das sie nur als ein
Sodom bezeichnen, untergehe? [...], daß diese Menschen auch gar
nichts mehr arbeiten? [...] sie verkaufen ihr Vieh; ihre Felder liegen
öde [...].*[45] Der Polizeieinsatz wurde aber durch die differenziertere
Betrachtungsweise anderer Abgeordneter, vor allem des liberal
gesinnten Innenministers Ludwig Winter, verhindert.[46] Der vor-
sichtige und gemäßigte staatliche Umgang mit den Separatisten
wurde gegen Fecht verteidigt.

Die Lage spitzte sich zu, als der „Altvater" Zachmann die „Weißröcke" bzw. „Duzer" zum Michaelistag in Weingarten versammelte, um die Wiederkunft Christi zu erwarten. Dort konnte er
sich nicht mehr halten und zog mit 200 Anhängern nach Wilferdingen. Der Michaelistag ging jedoch vorüber, ohne dass Christus erschien, was aber nur wenige Separatisten zur Vernunft brachte.
Das Wilferdinger Gemeindeleben um den völlig überforderten
Pfarrer Blum kam derart durcheinander, dass der Großherzog sich
schließlich genötigt sah, eine Schwadron Dragoner in den Ort zu

Die Hauptstraße
in Wilferdingen

schicken, um Ruhe und Ordnung wiederherzustellen. Dort verschanzten sich die Separatisten in einem Haus und bewarfen die
Soldaten mit Ziegelsteinen. Der „Altvater" wurde arrestiert und
seine Anhänger wurden in ihre Wohnorte zurückgebracht und unter eine zeitlich befristete polizeiliche Aufsicht gestellt. Damit war
das Kapitel Separatismus in Wilferdingen erledigt.[47]

Da diese Ereignisse die Zahl der Dietlinger Separatisten kaum
verringerten, ist anzunehmen, dass trotz äußerer Ähnlichkeit ihrer
Anführer die Dietlinger Separatisten den extrem endzeitlichen
Charakter der Wilferdinger Gruppe nicht teilten. Zumindest führte
die Krise am Michaelistag nicht zu deren schleichender Auflösung.

Die Debatte um Pietismus und Separatismus

Diese Auswüchse waren dazu angetan, den Separatismus und mit
ihm die ganze pietistische Bewegung zu diskreditieren. Es ist zwar
davon auszugehen, dass die vorstehenden Berichte auch Übertrei-
bungen und Polemik enthalten, doch zeigen sie, dass gerade kirch-
licherseits eine große Unsicherheit gegenüber diesen Phänome-
nen bestand. Während die staatliche Gesetzgebung von 1805 ein
Vorgehen gegen den Separatismus nur dann rechtfertigte, wenn
die öffentliche Ordnung gestört wurde, sahen die Vertreter der
Kirche allein in der Existenz separatistischer Gruppen eine Bedrohung. Viele pietistisch geprägte Pfarrer hatten zudem Kontakte
zu separatistischen Gruppen und deren Leitern – nicht alle aber
zeitigten Auswüchse, wie gerade geschildert. Es war für die Verantwortlichen daher nicht einfach, die zahlreichen separatistischen Konventikel, die formal oft weiterhin der Kirche angehörten und in vielen Fällen pietistische Wurzeln hatten, von den
Konventikeln aus pietistischer Zeit zu unterscheiden, die ihrer Kirchengemeinde innerlich und äußerlich verbunden blieben bzw.
diese förderten und die Impulse der von Mühlhausen ausgehen-
den Erweckungsbewegung aufnahmen. Darüber hinaus bestanden viele Verbindungen der pietistischen Gruppen untereinander,
ein regelrechtes Netzwerk, wie etwa die Notiz des Dietlinger Pfarrers Friedrich Ludwig Fischer aus dem Jahr 1823 über die weiterhin
bestehenden Kontakte Henhöfers zu Separatisten zeigt.[48] Dabei
spielten Landes- und Konfessionsgrenzen keine Rolle.

Die separatistischen Gruppen waren jedoch zu heterogen –
in Ursprung und Gestalt –, um eine verbindende Institution auszu-
bilden. Dies war auch nicht ihre Absicht. Prägende Zentren des
Separatismus, wie es in Württemberg der Fall war, sind im mittel-

badischen Raum nicht auszumachen, ebenso wenig Führungspersönlichkeiten, die in der Lage gewesen wären, eine größere Bewegung in Gang zu setzen. Henhöfer wäre so eine Persönlichkeit
gewesen, er trennte sich jedoch nicht von der Kirche.

Erst im Jahr 1834 gab es auf der Generalsynode der Evangelischen Landeskirche in Baden – der ersten nach der Union von
1821 – eine intensive Auseinandersetzung um Pietismus und Separatismus. Kirchenrat Christian Theodor Wolf erstattete dem Plenum Bericht von der 6. Kommission, die alle Eingaben zu diesem
Thema aufarbeiten musste. Diesem Bericht schloss er ein differenziertes Referat an, in dem er zwischen echtem und unechtem Pietismus unterschied. Echte Pietisten seien Christen, *[…] deren Herzen von warmer Liebe zu Gott und ihrem Erlöser durchgedrungen
sind. Sie sind mit dem Inhalte der heiligen Schrift, mehr als viele
Andere, bekannt, und lesen sie fleißig und mit Andacht. Sie sind
von der Wahrheit und Göttlichkeit ihrer Lehren lebendig überzeugt, und sie halten an ihrem Glauben unerschütterlich fest. Sie
sind treue Glieder der Kirchengemeinde, zu welcher sie gehören.*[49]
Während diese echten Pietisten nicht nach Gleichgesinnten „spähen", führten die ursprünglich in guter Absicht eingerichteten
Konventikel der unechten Pietisten zur Gründung einer schwärmerischen *ecclesiola in ecclesia [Kirchlein in der Kirche]*. Die Mitglieder dieser Gruppen seien Christen, *deren Leben durch Ängste,
Zweifel und Bußkämpfe eine düstere Gestalt trägt.*[50]

Die meisten Eingaben und Beschwerden forderten die Anwendung der Separatismusgesetze und das Verbot der Konventikel.
Die Generalsynode lehnte dieses scharfe Vorgehen ab mit dem
Hinweis, die pietismusverdächtigen Pfarrer seien noch keine völligen Separatisten.

Die Synode legte dem Innenministerium Anträge über die Konventikel zur Genehmigung vor, welche die Ausbreitung der pietistischen und separatistischen Bewegung verhindern und deren
Kontrolle ermöglichen sollten.[51] Das Innenministerium forderte
von der ihm zugeordneten Evangelischen Kirchensektion eine Erläuterung hierzu. Darin verschärfte die Kirchenbehörde den Antrag der Synode und forderte das absolute Verbot der Konventikel. Ein solches wurde jedoch vom liberalen Innenminister Winter
mit dem Hinweis auf das Vereinsgesetz von 1833 abgelehnt, unter
das die Konventikel als Betvereine aus Sicht des Staates fallen würden. Als der Großherzog wenige Monate später die Beschlüsse der
Synode genehmigte, war von den Anträgen, die den Pietismus
und Separatismus betrafen, überhaupt keine Rede mehr. Sie blieben für immer in der großherzoglichen Schublade.[52]

Durch dieses maßvolle Vorgehen der badischen Regierung kam Ruhe in die Separatismusdebatte – vereinzelt hielten sich noch einige Gruppen wie in Dietlingen, jedoch nahmen die Erscheinungen des Separatismus immer mehr ab. Die pietistischen Privatversammlungen blieben unter dem Dach der Kirche und fanden größtenteils später im *„Evangelischen Verein für innere Mission Augsburgischen Bekenntnisses"* ihre organisatorische Verbindung.[53]

Auf der folgenden Generalsynode von 1843 wurde ein letztes Mal der Antrag gestellt, die Separatistenverordnung von 1805 auf die Versammlungen der Pietisten anzuwenden. Die Diskussion darüber war lebhaft, jedoch setzte sich mit knapper Mehrheit die Auffassung durch, diese Versammlungen seien nach dem allgemeinen Vereinsgesetz rechtmäßig. Dabei votierte der Direktor des Heidelberger Predigerseminars Richard Rothe (1799–1867) im Namen der religiösen Toleranz entschieden für die Freiheit der Privatversammlungen. Damit war die Voraussetzung zur Integration der pietistischen Bewegung in die Kirche geschaffen. Staatliche Gewalt und kirchliche Polemik waren keine angemessenen Mittel zur Auseinandersetzung mit dem Pietismus. Vielmehr galt es, die Ursachen seiner Entstehung zu erkennen und sein Anliegen zu verstehen. Der damalige badische Prälat D. Ludwig Hüffell (1784–1856) zeigt in seiner Pietismus-Schrift von 1846, dass dies auch geschah. Darin unterzieht er den Pietismus einer schonungslosen Kritik, bezeichnet ihn aber durchaus selbstkritisch in seinen vielfältigen Formen als *Reaktionserscheinung gegen den irreligiösen Geist der Aufklärung und ein Symptom von einem gewissen krankhaften Zustande, in dem sich die evangelische Kirche seit längerer Zeit befinde. Mit Gewalt sei gegen ihn nicht aufzukommen. Die einzige Macht, die ihm mit seiner Tendenz zum Sektenwesen gewachsen sei, sei eine aus echt biblisch-christlichem Geist neu belebte kirchliche Frömmigkeit.*[54]

Literatur

Ackva, Friedhelm: Der Pietismus in Hessen, in der Pfalz, im Elsaß und in Baden. In: Martin Brecht (Hg.): Geschichte des Pietismus, Bd. 2: Der Pietismus im 18. Jahrhundert. Göttingen 1995, S. 198–224.

Benrath, Gustav Adolf: Aloys Henhöfer und die Erweckung in Baden. In: Gerhard Schwinge (Hg.): Die Erweckung in Baden. Vorträge und Aufsätze aus dem Henhöfer-Jahr 1989, Karlsruhe 1990, S. 11–24.

Bickel, Otto: Remchingen. Geschichte seiner Ortsteile und der Adelsfamilie dieses Namens. Remchingen 1993.

Das Karlsruher Unterhaltungsblatt, 6. Jahrgang, Nr. 9, 1833, S. 33–34.

Demian, J. A. (Hg.): Geographie und Statistik des Großherzogthums Baden nach den neuesten Bestimmungen bis zum 1. März 1820. Heidelberg 1820.

Fritz, Eberhard: Johann Georg Rapp (1757–1847) und die Separatisten in Iptingen. Mit einer Edition der relevanten Iptinger Kirchenkonventsprotokolle. In: Blätter für Württembergische Kirchengeschichte 95 (1995), S. 129–203.

Fritz, Eberhard: Radikaler Pietismus in Württemberg. Religiöse Ideale im Konflikt mit gesellschaftlichen Realitäten. Epfendorf/Neckar 2003.

Fritz, Eberhard: Separatistinnen und Separatisten in Württemberg und angrenzenden Territorien. Ein biographisches Verzeichnis. Stuttgart 2005.

Frommel, Emil: Aus dem Leben des Dr. Aloys Henhöfer. Barmen 1880.

Hagedorn, Eckhard: Erweckung und Konversion. Der Weg des katholischen Priesters Aloys Henhöfer (1789–1862) in die evangelische Kirche. Karlsruhe 1993.

Heinsius, Wilhelm: Aloys Henhöfer und seine Zeit. Neu hg. von Gustav Adolf Benrath. Karlsruhe 1987.

Hüffell, Ludwig: Der Pietismus geschichtlich und kirchlich beleuchtet mit Beantwortung der Frage: wie demselben auf die geeignete Weise zu begegnen sey? Heidelberg 1846.

Luther, Martin: Schriften 1526. In: D. Martin Luthers Werke. Kritische Gesamtausgabe (Abteilung I Schriften, Bd. 19). Hg. von der Kommission zur Herausgabe der Werke Martin Luthers. Weimar 1897.

Münchener Tagsblatt vom 5.10.1831, Nr. 97, S. 410.

Neu, Heinrich: Pfarrbuch der evangelischen Kirche Badens. Von der Reformation bis zur Gegenwart, Teil I und II. Lahr 1938f.

Pfisterer, Hans: Erweckung, Liberalismus und Kirchenregiment in Baden im Ringen um Bekenntnis und Gemeinschaftsbildung. In: Gerhard Schwinge (Hg.): Die Erweckung in Baden. Vorträge und Aufsätze aus dem Henhöfer-Jahr 1989. Karlsruhe 1990, S. 83–104.

Riehm, Wilhelm: Ortsgeschichte der Gemeinde Kieselbronn. Karlsruhe 1900.

Rommel, Gustav: Dietlingen. Amt Pforzheim. Dietlingen 1925.

Schneider, Jörg: Die Evangelischen Pfarrer der Markgrafschaft Baden-Durlach in der zweiten Hälfte des achtzehnten Jahrhunderts. Lahr 1936.

Sick, Walter: Die Conventikel des Separatismus in Baden. Schönau 1936.

Spener, Philipp Jakob: Umkehr in die Zukunft. Pia desideria. Reformprogramm des Pietismus. 5. Aufl., Gießen 1995.

Stolz, Aloys: Geschichte der Stadt Pforzheim. Pforzheim 1901.

Trautwein, Joachim: Freiheitsrechte und Gemeinschaftsordnungen um 1800. Pietismus und Separatismus in Württemberg. In: Baden und Württemberg im Zeitalter Napoleons. Hg. vom Württembergischen Landesmuseum, Bd. 2. Stuttgart 1987, S. 323–342.

Verhandlungen der Ständeversammlung des Großherzogthums Baden im Jahre 1831. Enthaltend Protokolle der zweiten Kammer mit deren Beilagen, Heft 9, 35.–38. Sitzung. Hg. Von der 2. Kammer der Ständevers. Karlsruhe 1831.

Vierordt, Karl Friedrich: Geschichte der evangelischen Kirche in dem Großherzogthum Baden, Bd. 2: Vom Jahr 1571 bis zu der jetzigen Zeit. Karlsruhe 1856.

Wallmann, Johannes: Der Pietismus. Göttingen 2005.

Weigelt, Horst: Die Allgäuer katholische Erweckungsbewegung und Aloys Henhöfer. In: Gerhard Schwinge (Hg.): Die Erweckung in Baden. Vorträge und Aufsätze aus dem Henhöfer-Jahr 1989. Karlsruhe 1990, S. 25–43.

Zink, Gerhard L.: Dietlingen. Wendepunkte einer Dorfgeschichte. Dietlingen 1992.

Anmerkungen

1   Wertvolle Hinweise verdankt der Verfasser Herrn Archivar Dr. Eberhard Fritz, Altshausen.
2   Wallmann, Pietismus, S. 1.
3   In manchen Gruppen dehnte man diese Ermächtigung auch auf die Sakramentsverwaltung aus. Damit separierte man sich von der Kirche.
4   Wallmann, Pietismus, S. 204ff.
5   Speners Schwager, Johann Gerhard Arnold, war seit 1664 Professor und 1668–1689 Rektor des Gymnasiums in Durlach, der höchsten Bildungseinrichtung des Landes, die einen maßgeblichen Einfluss auf die badische Pfarrerschaft ausübte. Gleichzeitig war er Mitglied des dortigen Kirchenrats. Nach den französischen Übergriffen im Zusammenhang mit dem Pfäl-

zischen Erbfolgekrieg folgte er einem Ruf nach Frankfurt. Zur Zeit seines Rektorats in Durlach lehrte dort 1684–1688 auch der Hebraist Johann Heinrich May als Professor für orientalistische Sprachen bis zu seiner Berufung an die Universität Gießen. Obwohl er als Anhänger Speners galt, war er in Gießen auch Ansprechpartner für Separatisten und ist damit einer der pietistischen Vertreter, der sich in beide Richtungen öffnete. Auch Speners Bruder nahm insofern Einfluss auf Baden, als er von 1672 bis 1678 Kirchendienste in Rheinbischofsheim und Lichtenau, in der rechtsrheinischen Grafschaft Hanau-Lichtenberg gelegen, versah. Arnold und May verließen Durlach infolge der französischen Kriege und des damit verbundenen Niedergangs des Durlacher Gymnasiums, Johann Michael Stecherwald aus Wertheim jedoch, seit 1702 Lehrer an der Durlacher Mittelschule, erfuhr aufgrund seines entschiedenen Eintretens für die Ideen des Pietismus so viel Widerstand, dass er die Stelle quittierte und außerhalb Badens eine Anstellung suchte. Ein ähnliches Schicksal erlitt der Kirchenrat und Rektor des inzwischen in der neu gegründeten Stadt Karlsruhe ansässigen Gymnasiums Johann Kaspar Malsch aus Staffort, der allerdings aufgrund seiner persönlichen Beziehung zu August Hermann Francke Anfeindungen erlitt. Siehe Vierordt, Geschichte II, S. 449f.

Im Sinne des Pietismus wirkte der Pforzheimer Spezial Philipp Jacob Bürklin (1692–1760). Er wurde 1742 zum Generalsuperintendent der Diözese Karlsruhe berufen und war als erster Geistlicher des Landes auch Mitglied des Kirchenrats. Er wirkte weniger durch seine Predigten als durch seine Reformvorschläge. So stammt aus seiner Hand ein Kirchenordnungsentwurf von 1743, der neben anderen Forderungen im Geist des Pietismus die Wiedereinführung der Konfirmation vorsah. Die Konfirmationsfrage war auf die Heiligung des Lebens ausgerichtet und lautete: *Gedenkst du auch frömmer zu werden?* In seiner Pforzheimer Zeit gewann Bürklin durch Wiedereinführung von Synoden und Visitationen einen nicht geringen Einfluss auf die Pfarrer der Diözese. Siehe Ackva, Pietismus, S. 219f.

6 Der Durlacher Pfarrer und Kirchenrat Johann Jakob Eisenlohr (1655–1736) rühmt sich in einem nicht belegten Zitat, 16 Jahre lang den Pietismus unterdrückt und die reine Lehre gerettet zu haben. Siehe Vierordt, Geschichte II, S. 452f.

7 Heinsius, Henhöfer, S. 128.

8 Bereits Zandts Großvater D. Jakob Christoph, Spezial in Schopfheim, war als Verehrer Zinzendorfs ein Vertreter pietistischen Gedankenguts. Siehe Schneider, Evangelische Pfarrer, S. 204, Neu, Teil II, S. 684f. D. Jakob Christoph Zandt war 1717–1737 Pfarrer in Ispringen. Zwei seiner Söhne wurden Pfarrer, ebenso zwei seiner Enkel: Der obengenannte Johann Christoph Ludwig Zandt (1741–1814) sowie dessen Bruder Jakob Friedrich Theodor Zandt (1760–1843), 1783–1807 Lehrer und Rektor am Pädagogium Pforzheim, 1807 Professor in Karlsruhe, 1813 Kirchenrat, 1814–1837 (i. R.) Direktor des Lyzeums in Karlsruhe. Dort war er ab 1815 Mitglied der Ev. Kirchensektion des Innenministeriums und erhielt 1834 den Titel Dr. theol. h. c. der Universität Heidelberg. 1828–1830 war er Vorstand der Badischen Landesbibelgesellschaft.

9 Schneider, Evangelische Pfarrer, S. 205. Diese Beschreibung ähnelt sehr den Gedanken Luthers zu solchen Zusammenkünften, die er in der Vorrede zur Deutschen Messe äußert (Luther, Schriften, S. 75). Spener empfiehlt in seinen „Pia Desideria" ebenfalls die Einrichtung von solchen Kirchenversammlungen neben den gewöhnlichen Gottesdiensten zur Bibellektüre und zum gegenseitigen Austausch (Spener, Umkehr, S. 55ff).

10 Neu, Teil II, S. 235. Hartmann, Pfarrersohn, war 1776 Pfarrverwalter in Eisingen, 1777–1790 Pfarrer in Dietlingen, 1794–1808 Spezial der Diözese Durlach; 1832 wurde er zum Kirchenrat ernannt.

11 So Schneider, Evangelische Pfarrer, S. 203. Nach Vierordt, Geschichte II, S. 453, drang durch Hartmann apokalyptisch-pietistisches Gedankengut von Württemberg in die Pforzheimer Gegend ein.

12 Rommel, Dietlingen, zit. nach Zink, Dietlingen, S. 24.

13 Siehe Schneider, Evangelische Pfarrer, S. 158. Die Kirchengeschichte hatte folgenden Aufriss: a) Die Reformation selbst; b) Die vornehmsten Werkzeuge (auch Zwingli u. Calvin!); c) Die Freunde und Gönner; d) Die Wiederentdeckung der Bibel; e) Die aufblühenden Wissenschaften; f) Die Feinde; g) Äußere und innere Hindernisse.

14 Schneider, Evangelische Pfarrer, S. 271. Hartmanns Apologetik des Christentums gegen die Neologen hatte den Titel „de optimo methodo contra neologorum sententias". Hier vertritt er zunächst eine orthodoxe Schriftlehre, verlässt aber dann den Boden der intellektuellen Argumentation und vertritt nach Joh 7,17 den Selbstweis der biblischen Botschaft auf der Erfahrungsebene. Wer das Wort Jesu befolgt, wird die Wahrheit der gesamten christlichen

Verkündigung einsehen. Damit ist die pietistische Betonung der *praxis pietatis* aufgenommen.

15 Heinsius, Henhöfer, S. 128.

16 Riehm, Kieselbronn, S. 225. Zum Folgenden ebd., S. 225f.

17 Siehe Fritz, Rapp, S. 129ff; Fritz, Radikaler Pietismus, S. 124ff. Nach eigenen Angaben hatte Rapp mehr als 10.000 Anhänger, wozu er auch die noch Unentschlossenen zählte. Fritz schätzt die Zahl auf ca. 3.000 (Fritz, Radikaler Pietismus, S. 158).

18 Sick, Conventikel, 10. In seiner Arbeit konzentriert sich Sick vor allem auf die separatistischen Gruppen im Raum Bretten, wo der Separatismus in Baden zum ersten Mal auftrat. Von Separatisten in Dietlingen berichtet er nicht.

19 Sick, Conventikel, S. 34ff. Inwieweit die Union der beiden protestantischen Kirchen von 1821 den Separatismus förderte, ist zweifelhaft. Vierordt, Geschichte II, S. 458, sieht einen Zusammenhang, weil 1821 *die Strafgewalt des Kirchengemeinderathes durch die Union ihr Ende nahm.*

20 Heinsius, Henhöfer, S. 38f, zitiert Henhöfer mit dem Begriff *Verwahrlosung*, zeigt aber, dass diese Beurteilung für das Gebiet um Mühlhausen durchaus ihre Berechtigung hatte.

21 Rommel, Dietlingen, zit.nach Zink, Dietlingen, S. 24. Vgl. auch Vierordt, Geschichte II, S. 242.

22 Schneider, Evangelische Pfarrer, S. 203; Vierordt, Geschichte II, S. 453. Fein († 1817) war von Bengels apokalyptischem System sehr angesprochen. In seinem Buch über die Offenbarung des Johannes führte er Bengels Gedanken weiter. Bereits im Jahr 1793/94, unter dem Eindruck der Französischen Revolution und deren Folgen, schrieb Jung-Stilling († 1817) seinen Roman „Heimweh". Im Laufe seiner schriftstellerischen Tätigkeit verbreitete der „Patriarch der Erweckung" immer mehr eschatologisch-apokalyptisches Gedankengut, in dem Napoleon die Rolle des Antichristen spielte. Das Wort „hoffähig" ist wörtlich zu nehmen, denn Jung-Stilling hatte am Karlsruher Hof einigen Einfluss – auf den greisen Großherzog Karl Friedrich und v. a. auf Amalie, die Gattin des Erbprinzen Karl.

23 Zu Aloys Henhöfer siehe Benrath, Henhöfer, S. 11–25; Heinsius, Henhöfer; und für die Mühlhausener Zeit am ausführlichsten: Hagedorn, Erweckung. Die katholische Allgäuer Erweckung wurde nach Henhöfers Aussagen vermittelt durch den Neupriester und Hauslehrer auf Steinegg Johann Baptist Fink, der bei Johann Michael Sailer studierte (Hagedorn, Erweckung, S. 93ff, bezweifelt diese Vermittlung). Viel mehr Wirkung hatte das Buch des erweckten Allgäuer Priesters Martin Boos mit dem Titel „Christus das Ende des Gesetzes zur Gerechtigkeit einem Jeden, der da glaubt …", das die Formel prägte: *Christus für uns und Christus in uns* (Hagedorn, Erweckung, S. 217ff. Siehe dazu auch Weigelt, Allgäuer Erweckungsbewegung, S. 31ff). Der Einfluss des württembergischen Pietismus erfolgte durch Kontakte mit der von Herrnhut geprägten Brüdergemeine Korntal und mit Gemeinden in der unmittelbaren Nachbarschaft. Durch diese Kontakte nach Württemberg kam Henhöfer auch mit pietistischer und erwecklicher Literatur in Berührung, auch aus dem radikalen Pietismus. Eine nicht unbedeutende Rolle spielte dabei der „Stundenhalter" Johann Anton Brougier, ein ehemaliger Schreiner aus Mühlhausen, der in seiner Lehrzeit in Württemberg pietistische Bibelstunden kennenlernte und solche nach seiner Rückkehr nach Mühlhausen in Württemberg auch weiterhin besuchte und später auch hielt. Durch seine vielen Kontakte und seine Reisetätigkeit bildete er ein Netzwerk mit pietistischen Gruppen in Württemberg (Hagedorn, Erweckung, S. 95ff).

24 Mit Henhöfers eigener Terminologie werden drei Entwicklungsphasen seiner Predigttätigkeit der Jahre 1818–20 unterschieden: Er kam von der Moralpredigt über die Bußpredigt zur Gnadenpredigt (Benrath, Henhöfer, S. 13; Hagedorn, Erweckung, S. 107, 111).

25 Benrath, Henhöfer, S. 13.

26 Hagedorn, Erweckung, S. 138ff. Inhalt der Erbauungsstunden war oft die Predigt Henhöfers vom Vormittag. Die wichtigsten Beiträge kamen von Brougier und Henhöfer. Es gab aber auch andere Beiträge: das Vorlesen biblischer Geschichten, das Erklären eines Kapitels aus Thomas von Kempens „Nachfolge Christi" oder das Erzählen anderer erbaulicher Geschichten. Im Sommer 1819 wurden die „Versammlungen" verboten. Der Teilnehmerkreis war auf 60 Personen angestiegen, was die Grenze des vom Württemberger Pietistenreskript von 1743 erlaubten (10–15) bei weitem überstieg.

27 Benrath, Henhöfer, S. 13. In Graben wirkte er von 1823–27, in Spöck und Staffort 1827 bis zu seinem Tode 1862.

28 Heinsius, Henhöfer, S. 135.

29 Heinsius, Henhöfer, S. 135.

30 Bericht des Dekanats Stein vom 23.8.1823. Zit. nach Heinsius, Henhöfer, S. 267, Anm. 431.

31 Bericht des Pfarramts Dietlingen vom 11.7.1823. Zit. nach Heinsius, Henhöfer, S. 267, Anm. 431.

32 So Frommel, Henhöfer, S. 178.

33 Siehe Heinsius, Henhöfer, S. 144ff.

34 Heinsius, Henhöfer, S. 130.

35 Frommel, Henhöfer, S. 177, nach den Separatismus-Akten.

36 Heinsius, Henhöfer, S. 264, Anm. 431.

37 Heinsius, Henhöfer, S. 130, 266, Anm. 416. Bickel, Remchingen, S. 608. Möglicherweise handelt es sich hierbei um Friedrich Gruol d. Ä. aus Knittlingen, geboren 1769, der seit 1805 zu den Separatisten zählt. Der lange Bart soll ihn als Propheten auszeichnen. Siehe Fritz, Separatisten, S. 79. Eine weitere Möglichkeit wäre die Identifikation des „Greule" mit dem Nordheimer Müller Christoph Greulich (geboren 1768), der als Leitfigur der Separatisten gilt und häufig mit den Württembergischen Behörden in Konflikt kam. Sein Weg verliert sich nach 1818. Man geht davon aus, dass er in die USA ausgewandert ist. Ein „Zwischenstopp" in Dietlingen nach einem Aufenthalt in Knittlingen wäre denkbar und hätte durchaus Brisanz. Siehe Fritz, Separatisten, S. 101; Trautwein, Freiheitsrechte, S. 330f.

38 Selbst in Württemberg gab es in den Zentren des Separatismus keine Gruppen, die mehr als 60 Personen zählten. Siehe Tabelle bei Fritz, Radikaler Pietismus, S. 412ff. Zur Bevölkerungszahl in Dietlingen siehe Demian, Geographie und Statistik, S. 402.

39 Rommel, Dietlingen, zit. nach Zink, Dietlingen, S. 24.

40 Zum Folgenden siehe Bickel, Remchingen, S. 607f.

41 Dabei handelte es sich wohl um Philipp Jakob Zachmann. Blum schrieb 1826 an die Kirchenleitung nach Karlsruhe: *Da es scheint, Ph. Jakob Zachmann wegen seiner ohne den Willen seiner Frau an seinem Kinde vorgenommenen Taufe zu gelinde behandelt wurde und diese, allerdings christlich schöne Behandlung seinen Separatistenbruder Johannes Schlemm durch Mißbrauch der oberamtlichen Nachsicht oder Güte so frech gemacht hat, die tollen Streiche seines verschrobenen brüderlichen Schwärmers zu wiederholen, wolle doch der milde Hirtenstab, vereint mit dem Schwert der Gerechtigkeit, uns baldmöglichst Entscheidung erteilen.*

42 Zitiert nach Bickel, Remchingen, S. 607.

43 Im Karlsruher Unterhaltungsblatt Nr. 9, 6. Jahrgang 1833, S. 34, ist ein Brief eines Ellmendinger Nordamerika-Auswanderers an seinen Vetter nach Wilferdingen abgedruckt. Darin wird mit folgenden Worten ein Bison beschrieben: […] *am Kinn tragen sie einen viel längern und dickern Bart als unsere Separatisten zu Wilferdingen.*

44 Im 19. Jahrhundert war das „Sie" als Anrede der Eltern noch üblich. Die württembergische Regierung ahndete Vergehen gegen die bürgerliche Ordnung mit hohen Strafen. Siehe Trautwein, Freiheitsrechte, S. 331f. Er berichtet von einer 20-jährigen Festungshaft dreier Separatisten wegen „Duzen" und der Weigerung, den Hut zu ziehen.

45 Verhandlungen 1831, Heft 9, 35.–38. Sitzung, S. 209f.

46 Winter unterscheidet zwischen Separatisten und Pietisten. Er gibt uns in seiner Charakterisierung der Separatisten auch deren Lokalisierung an. Sie hätten *ihren Sitz in der Landstrecke, die sich an der württembergischen Grenze hinzieht, nämlich in einigen Orten des Oberamts Pforzheim, in mehreren Orten des nun aufgelösten Amts Stein, die zum Oberamt Durlach geschlagen worden sind, einem Orte des Oberamts Durlach und in wenigen Orten des Landamts Karlsruhe* (Verhandlungen 1831, Heft 9, 35.–38. Sitzung, S. 211f).

47 Bickel, Remchingen, S. 608. Siehe auch den Bericht des Münchener Tagsblatt, 1831, Nr. 97; 5.10.1831, S. 410: *In diesen Tagen fanden in dem Dorfe Wilferdingen (zwischen Karlsruhe und Pforzheim) arge Exzesse der dort sehr zahlreichen Separatisten Statt. Dieselben haben nemlich auf Michaelis den Untergang der Welt prophezeit, ihre Habe verkauft usw. Ein gewisser Zachmann war ihr sogenannter Altvater, dem sie alles Geld zutrugen. Diese Unglücklichen begingen nun Thätlichkeiten gegen den Vogt, und brachten das ganze Dorf in den höchsten Tumult, so, daß Dragoner von Bruchsal, und Infanterie von Karlsruhe zur Herstellung der Ordnung und Einfangen der Aergsten hingeschickt werden mussten. Die Verirrten verschanzten sich in einem Hause und warfen vom Dach mit Ziegelsteinen gegen die Heranrückenden. Es haben eine Anzahl von Verhaftungen Statt gefunden. Dieser Vorfall ist im höchsten Grade zu bedauern, und beweist, daß eine unzeitige Mäßigung endlich dahin führt, auf einmal zum Aeussersten schreiten zu müssen. Leider tragt eine nicht geringe Zahl junger Geistlicher zu dem Separatisten- und Pietisten-Unfuge bei, der von voriger Zeit her noch große Stützen hat, und auch in Gegenden, wo er früher ganz unbekannt war, um sich greift.* Nach Stolz, Pforzheim, S. 524, versammelten sich die „Weißröcke" am „Siehdichfür" (Sperlingshof) bei Wilferdingen. Über die Weingartener Separatisten schreibt Vier-

ordt, Geschichte II, S. 458: *Am widerlichsten fielen 8 Jahre später* [1831] *die weißgekleideten „Dutzer" in dem konfessionell gemischten Orte Weingarten bei Durlach auf, theils durch den Hochmuth auf ihre religiöse Vollkommenheit, theils durch die Arbeitsscheu, womit sie ihre Aecker und Weinberge unbestellt ließen, in Erwartung des auf Michaelis 1831 angekündigten Weltunterganges. Als ihr Unfug am 13. Juni jenes Jahres auch in der zweiten landständischen Kammer zur Sprache kam, äußerte Karl von Rotteck, auch der Narr müsse seine Freiheit haben, bis er zu gefährlichen Thaten übergehe.*

48 Heinsius, Henhöfer, S. 135f, 267, Anm. 431.

49 Zit. nach Pfisterer, Erweckung, S. 90f. Siehe zum Ganzen Pfisterer, Erweckung, S. 89ff.

50 Pfisterer, Erweckung, S. 91.

51 Pfisterer, Erweckung, S. 92: Wo sich das Übel des Pietismus und Separatismus bereits eingenistet hatte, dort sollten folgende Mittel zu dessen Ausrottung genehmigt werden: 1) Amtsenthebung bei Ablehung des neuen Katechismus; 2) Sorgfältige Lehraufsicht über die angehenden und bereits amtierenden Pfarrer und Schullehrer; 3) Amtsenthebung bei fortgesetzter Verketzerung, Herabwürdigung, Verdächtigung und Verdammung Andersdenkender; 4) Strenge Aufsicht über das Schullehrerseminar (dieser Antrag wandte sich direkt gegen den Seminardirektor Wilhelm Stern, der 1823 vom Großherzog auf diese Stelle berufen wurde und danach eine Hinwendung zur Erweckungsbewegung vollzog); 5) Besonderes Augenmerk auf die Konventikel.

52 Mitglied der Generalsynode 1834 war auch der Dietlinger Pfarrer Georg Heinrich Christian Euler, dessen Sohn Gustav Adolf 1849 Vikar bei Henhöfer war. Euler wurde in Nordhausen, Württemberg, geboren und war vor der Union Waldenserpfarrer in Wurmberg und Pinache, dann in Palmbach, wo er als reformierter Pfarrer in die Vereinigte Evangelisch-Protestantische Landeskirche Badens kam.

53 Die Gründung des A. B.-Vereins fand unter maßgeblichem Einfluss von Aloys Henhöfer am 24. Januar 1849 statt.

54 So die Zusammenfassung von Heinsius, Henhöfer, S. 155. Hüffell, Pietismus: *Die Kirche und die kirchliche Frömmigkeit ist die dem Pietismus gewachsene Gegnerin; nicht der Staat, der im Verhältnisse zwischen der Mutter und Tocher nur ein unberufener, trennender Mittler seyn könnte* (S. 96); die Überwindung könne nur erfolgen durch *einen ächt biblisch-christlichen Geist in der Kirche* (S. 100).

FRIEDRICH LEICHT

Ende einer Floßfahrt

Die kleine Bataille zwischen Pforzheimer Bürgern und
Nieferner Bauern im Jahr 1804[1]

In der Nacht vom 8. auf den 9. Juli 1804 erstattete der Pforzheimer
Stadtwachtmeister Weidenmann dem Oberamtsverweser Roth in
Pforzheim Bericht, dass es in dem Ort Niefern zwischen dortigen
Bürgern und dem Pforzheimer Jägerkorps *blutige Händel* gegeben habe. Wiederholt war die Sturmglocke geläutet worden, und
eine *Menge von Menschen* sei durch *Hiebe*, *Prügel*, ja sogar durch
Gewehrschüsse derart verletzt worden, dass man von *einer kleinen Bataille* reden könne.[2] Was war an besagtem Tag in Niefern
geschehen?

Die im Rahmen der amtlichen Ermittlungen angefallenen Akten geben von den Vorfällen ein recht detailliertes Bild. Der 8. Juli
1804 war ein Sommertag wie aus dem Bilderbuch. Nach dem Gottesdienst und dem Mittagessen strömten die Pforzheimer Bürger
hinaus vor die Tore der Stadt in die Kühle der Wälder und in die
Frische der Flusstäler. In großer Zahl machten sie sich auch auf den
Weg durch das Enztal nach Niefern. Beim sogenannten Holzgar-
ten zwischen Au und Altstadt sammelte sich das Pforzheimer bürgerliche Jägerkorps zu einer Floßfahrt auf der Enz. Die Mitglieder
des Jägerkorps, alle im Alter zwischen 20 und 35 Jahren, hatten
sich auf eigene Kosten mit Uniformen und Waffen versehen. Unter der Führung zweier Offiziere übten sie am Wochenende das
Schießen und Marschieren, um notfalls ihre Stadt, ihr Land und
ihren Fürsten zu verteidigen. Schließlich befand man sich in einer
unruhigen Zeit, denn mit der Französischen Revolution (1789) war
die Ordnung des sogenannten Heiligen Römischen Reiches Deutscher Nation ins Wanken geraten und seit 1792 hatten zwei der
sogenannten Koalitionskriege auch die Pforzheimer Region tangiert – der dritte stand bevor.

Ihren Ausflugstag wollten die Mitglieder des Jägerkorps mit
Angehörigen und Freunden verbringen. Ein Floß war angemietet
worden, das junge Flößerburschen aus der Au an der Altstädter
Kirche vorbei über Eutingen bis zum Stauwehr in Niefern steuerten.

Flößer um 1900

Mehr als 100 Personen bevölkerten die Gestöre des Floßes. Aus einem Fässchen wurde Wein ausgeschenkt. Die kleine Musikkapelle des Jägerkorps spielte den jungen Leuten auf. Es wurde gelacht, gescherzt, und von Zeit zu Zeit schossen die Jäger mit Platzpatronen in die Luft.

In Niefern stieg die Gesellschaft an Land. Noch einmal feuerten die Jäger eine Salve ab, um ihre Gewehre zu entladen. Dann legte man diese zusammen, ein Mann wurde zur Bewachung benannt. Nun begab sich die Gruppe ins Gasthaus „Zum Lamm", wo die Flößer aus Pforzheim einzukehren pflegten um abzuwarten, bis das Wasser der Enz aufgestaut war, das „Floßloch" geöffnet wurde und die Weiterfahrt nach Holland vonstatten gehen konnte. Hier hatten sich bereits weitere Gäste eingefunden, die zu Fuß, zu Pferd oder in der Kutsche von Pforzheim gekommen waren. Die älteren Herrschaften versammelten sich in der unteren Gaststube, während die jungen Jäger und Flößer sich beim Tanz mit ihren Schwestern und Freundinnen im Saal des oberen Stockwerkes vergnügten. Die Bauernburschen und Bauernmädchen aus Niefern aber blieben an diesem Tag draußen vor dem Gasthaus als Zuschauer, nur einige durften im „Lamm" die Gäste bedienen.

Gegen 19 Uhr brachen die Gäste aus Pforzheim schließlich auf. Die Soldaten des Jägerkorps stellten sich in Reih und Glied, nahmen die Gewehre auf und marschierten über die Enzbrücke der

Landstraße zu, die nach Eutingen führte. Zahlreiche Einheimische hatten sich auf den Brücken vor dem „Lamm" eingefunden, um den Auszug der Städter zu beobachten, zu kommentieren und manch spöttische Bemerkung fallen zu lassen. Zwei Nachzügler hatten beim Aufbruch der Jäger den Anschluss verpasst und sich etwas verspätet auf den Weg gemacht. Als die beiden offensichtlich angetrunkenen Jäger auf der Mühlbrücke an den dort sitzenden jungen Frauen vorbeigingen, wurden sie belacht und verspottet. Einer der Jäger, der 23 Jahre alte Pforzheimer Bürgersohn Carl Ehrhardt, hatte gegen die Mädchen *unschöne Reden geführt*, dann plötzlich den Hahn seines Gewehres gespannt und auf die Mädchen angelegt. Der anwesende Nieferner Zimmermann Wilhelm Metzger, ein ehemaliger Soldat, versuchte beschwichtigend auf Ehrhardt einzuwirken, allerdings ohne Erfolg. Denn dieser legte nun auf Metzger selbst an, der ihm aber das Gewehr aus der Hand riss, *den Gewehrhahn zur Ruhe* stellte und erst dann die Waffe ihrem Besitzer zurückgab. Ehrhardt war noch immer nicht einsichtig und schlug nun mit dem Gewehrkolben nach Metzger,

Nieferner Gemarkungsplan des Ingenieurs Schwenck (vor 1761)

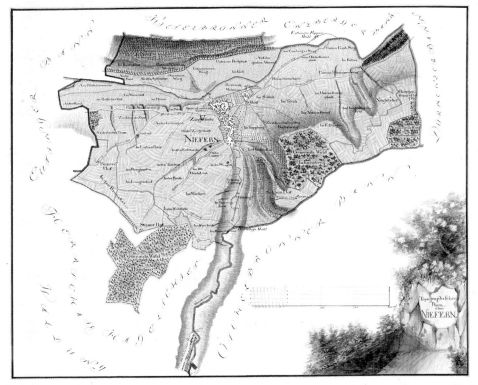

der den Schlag aber mit der Hand abwehren konnte. Auf die Schreie der Mädchen hin hatten nicht nur die Jäger kehrt gemacht. Auch aus Niefern liefen weitere Menschen herbei. Ein ehrverletzendes Wort gab das andere. Die Jäger waren zurückgeeilt und auch anwesende Flößer mischten sich nun in die Auseinandersetzung ein. Als dem Nieferner Musketier Kärcher schließlich das Seitengewehr herausgerissen wurde, brach das *ganze Spektakel* endgültig los. Vergeblich bemühten sich die beiden Offiziere des Jägerkorps, der Graveur Friedrich Mahler und der Adlerwirt Lienhard Geiger, die wütenden Schläger zur Vernunft zu bringen.

Musketier Martin Kärcher, 19 Jahre alt, gab später zu Protokoll: Die Jäger wären auf die Brücke zurückgekommen und hätten Händel mit den Einheimischen angefangen. Stadtsoldat Huber hätte ihn an der Brust gefasst und gesagt, er sei kein Soldat, sondern ein Bauernbub. Zugleich sei er von mehr als zehn Jägern umringt worden. Auch Flößer seien herbeigelaufen, die seiner Uniform keinerlei Respekt zollten, ihn vielmehr als Lausbuben beschimpft hätten. Von zwei Flößern sei er an den Haaren gepackt worden, um ihn ins Wasser zu werfen. Er aber hatte sich losgerissen und war über die Wiesen geflohen. Eine ganze Strecke hatten ihn die Jäger noch verfolgt. Einer hatte sogar seine Büchse angelegt und gerufen: Halt, Bauernbub, oder ich schieße! Als die Jäger von der Verfolgung abließen, ging Kärcher zunächst nach Hause. Mit seinem Vater kehrte er an den Ort des Geschehens zurück, um seinen verlo-

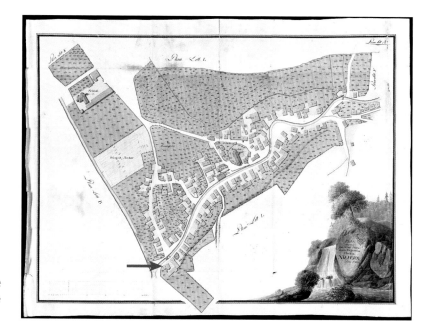

Ortsplan von Niefern des Kartographen Rochlitz (um 1800) mit dem Gasthaus Lamm am Südwestende des Dorfes (siehe Pfeil).

Das Gasthaus zum Lamm (Ausschnitt aus einer Nieferner Ansichtskarte, kurz vor 1900, davor das Denkmal für den Krieg 1870/71).

ren gegangenen Hut und sein Seitengewehr zu suchen. Dabei gerieten sie erneut in die gewalttätigen Auseinandersetzungen. Insgesamt hatte Kärcher nach eigener Aussage 15 Säbelhiebe auf den Kopf erhalten; zum Glück jeweils mit der flachen Seite.

Wilhelm Metzger war gleich zu Beginn des Tumults zum Nieferner Schultheiß Wilhelm Hofsäß gelaufen und hatte diesen aufgefordert, die Sturmglocke zu läuten. Hofsäß hatte zunächst noch gezögert, schließlich aber doch die Erlaubnis hierzu erteilt. Das Läuten der Sturmglocke war allenfalls in Ausnahmefällen, etwa im Brandfalle oder bei herannahendem Feind erlaubt. Und so musste sich Hofsäß später dafür rechtfertigen, denn das Sturmläuten hatte offensichtlich zu keiner Beruhigung, sondern gar zu einer Verschärfung der gewalttätigen Auseinandersetzungen geführt, in deren Verlauf sogar Schüsse fallen sollten.

Noch in derselben Nacht eilten auf den Hilferuf des Schultheißen der Amtsarzt Dr. Roller und der Amtschirurg Schmidt nach Niefern, um sich gemeinsam mit dem Ortschirurgen Winkler der Verletzten anzunehmen. Eine in den Akten überlieferte, auf den 9. Juli 1804 zu datierende Liste der Verwundeten gibt Auskunft über das tatsächliche Ausmaß der vorgefallenen Gewalttätigkeiten, das weit über dasjenige der in der Zeit vor 1800 allgegenwärtigen „Raufhändel" oder „Ehrenhändel" hinausging:

1. *Derjenige, welcher am gefährlichsten durch Schrotkugeln verwundet wurde, ist der hiesige verheiratete Bürger Christian Huttenloch. Dieser ist die ganze Nacht vom Verstand gewesen, nun vernimmt er aber wieder, was man mit ihm redet, er selbst*

kann aber nicht reden. Er hat 8 oder 9 Schrotkugeln in die Brust erhalten und liegt so darnieder, dass man vor der Hand den Ausgang nicht sagen kann. Der Mann ist etliche und 30 Jahre alt.

2. *Am gefährlichsten nach diesem Mann liegt des Wilhelm Weebers Ehefrau darnieder, welche an einem Auge durch Schrot verwundet worden. Sie lag die ganze Nacht im Delirium, nun aber hat sie sich wieder etwas erholt.*

3. *Der Bürger Johannes Dürrsperger von hier, welcher eine Schusswunde am Augenlid erhalten hat, liegt nicht gefährlich darnieder.*

4. *Des oben genannten Dürrspergers Mutter, eine Frau in den Vierzigern, welche Schrote auf die Stirn und auf die Brust erhalten hat, ist auch nicht gefährlich verletzt, indessen kann man bei Schusswunden doch nicht wissen, wie die Sache einschlägt.*

5. *Der verheiratete Bürger und Zimmermann Wilhelm Mezger von hier ist gehauen und gestoßen worden, auf den Rücken, ins Gesicht und überall herum. Er liegt aber auch nicht gefährlich darnieder.*

6. *Der hiesige Bürgermeister Jacob Goßweiler hat eine Wunde an der Hand erhalten und ist stark geprügelt worden.*

7. *Sodann sind noch mehrere Männer durch Schrotkugeln, jedoch nicht bedeutend, verletzt worden.*

Von den Pforzheimern sind folgende verwundet hier liegen geblieben:

1. *Der Fabrikant [Fabrikarbeiter] Zeh, ein Mann in den Fünfzigern. Dieser hat Schusswunden am Kopf, und ein Auge ist so verschwollen, dass er es nicht öffnen kann. Er ist die ganze Nacht ohne Bewusstsein gelegen, ob dies aber von den Verwundungen her gekommen, oder dass er zu sehr berauscht gewesen, das weiß man nicht.*

2. *Der ledige Flößersohn Christoph Mürrle, etliche 20 Jahre alt, hat starke Kopfwunden vom Prügeln, dies hat anfangs sehr gefährlich geschienen, man kann aber über seine Lage nichts Bestimmtes sagen.*

3. *Einer von den Jägern namens Carl Beckh hat eine leichte Kopfwunde. Er befindet sich auf dem Rathaus, wohin ihn die Ortsvorgesetzten haben bringen lassen.*

4. *Ungefähr fünf Flößer, die mehr oder weniger verwundet wurden, sind noch in der Nacht auf Wagen nach Pforzheim transportiert worden.*

Nun setzten langwierige behördliche Untersuchungen ein. Die überlieferten Protokolle der umfangreichen Zeugenvernehmungen erlauben tiefgehende Einblicke in das eigentliche Geschehen, zum Teil aber auch in die sozialen und wirtschaftlichen Verhältnisse der Befragten. Wie nicht anders zu erwarten, wurden die Ereignisse je nach dem Standpunkt der Befragten anders geschildert, stets mit der Absicht verbunden, das eigene Unverschulden hervorzuheben. Zunehmend konzentrierten sich die Untersuchungen dann auf die im Konflikt abgegebenen Schüsse.

Obwohl trotz aller Bemühungen nicht geklärt werden konnte, wer die Schrotschüsse abgefeuert hatte, und offenkundig von allen beteiligten Seiten gelogen und manches verschwiegen wurde, fällte das kurfürstliche Hofgericht in Rastatt auf der Grundlage der vorliegenden Ermittlungsakten im Dezember 1804 die Urteile. Lediglich acht Jäger und zwei Flößer wurden für schuldlos erklärt, denn sie hatten sich vor Beginn oder gleich zu Anfang der Auseinandersetzungen entfernt. Aus Niefern wurden vier Männer schuldig gesprochen, darunter der Wagnergeselle Christian Lindenmann, der zu einer sechswöchigen *Schellenwerksstrafe mit doppelter körperlicher Züchtigung* verurteilt wurde. Dieser entzog sich ebenso wie der gleichfalls verurteilte Metzgergeselle Martin Gräßle durch Flucht seiner Strafe.

Dorfidylle in Niefern (1884)

Gesamtansicht

Obwohl im März 1805 das Verfahren aufgrund neuer Zeugen-
aussagen erneut aufgenommen wurde – der Verdacht fiel auch
auf einen jungen Forstgehilfen, der mit seiner Flinte zufällig an
den Ort des Geschehens gekommen war –, konnten die Ermittlungen nach dem Schützen zu keinem abschließenden Ergebnis geführt werden. Für die dauerhaft Geschädigten der Nieferner Händel konnte der Ausgang des Verfahrens existenzbedrohliche Züge
annehmen, wie das weitere Schicksal des Bauern Christian Huttenloch aus Niefern zeigt: Dieser war, als die Glocken Sturm läuteten,
als braver Bürger mit seinem Feuereimer zum vermuteten Brand-
platz beim „Lamm" geeilt, wo er alsbald von Schrotkugeln in die
Brust getroffen wurde. Nun war er arbeitsunfähig und forderte
Schadenersatz für den ihm von den Jägern zugefügten Leibes-
schaden. Schon im November 1804 berichtete das *Physikat* an das
Pforzheimer Oberamt über die körperliche Verfassung des erst
33jährigen Bürgers Huttenloch. Der *Schlagfluss*, vermutlich ein
Schlaganfall, sei wohl durch den unvermuteten Schrecken hervor-
gerufen worden, denn die auf die Brust abgefeuerten Schrotkugeln seien nur oberflächlich in die Haut eingedrungen. Gegen die
undeutliche Aussprache und die Unbrauchbarkeit des rechten Ar-

mes könnten innerliche Mittel wenig oder gar nicht helfen. Allerdings wäre im Sommer eine Kur in Wildbad einen Versuch wert. Die Vermögensverhältnisse des Vaters eines 5¼ Jahre alten Sohnes und einer 2½jährigen Tochter waren freilich äußerst bescheiden. *Nach gerichtlichem Anschlag besaß dieser ein reines Vermögen von 448 Kreuzern. Da er außer einem halben Häuslein auch einige Güterstücke besaß, so ernährte er sich bislang einerseits mit ihrer Bestellung, andererseits auch als Tagelöhner. Seine Güter waren überwiegend von geringer Qualität und ihr Ertrag reichte kaum aus, das nötige Brot für die Familie auf ein halbes Jahr zu gewähren. So arbeitete er also die übrige Zeit des Jahres als Taglöhner. Hierfür waren ihm wenigstens 150 Tage im ganzen Jahr anzurechnen. Bei einem durchschnittlichen Tagesverdienst von 24 Kreuzer verdiente er also jährlich mit dem Taglohn etwa 60 Gulden.* Tatsächlich war es nun mit seiner Arbeitsfähigkeit schlecht bestellt. Die Hoffnung des Christian Huttenloch auf staatliche Hilfe sollte sich jedoch nicht erfüllen. Selbst eine Zivilklage am Hofgericht brachte keinen Erfolg, da nicht geklärt werden konnte, wer für seine Verletzungen verantwortlich sei.

Übel war auch dem Pforzheimer Fabrikarbeiter Christoph Zeh mitgespielt worden. Er wollte eigentlich nur ein Geschäft in Niefern tätigen. Anschließend hatte er im Gasthaus ein oder zwei Glas Wein getrunken und war dann ganz unbeteiligt in die Händel geraten. Durch einen Steinwurf wurde er zu Boden gestreckt und dann so verprügelt, dass man ihn für tot gehalten und bewusstlos ins „Lamm" transportiert hatte. Nun ging er trotz ärztlicher Hilfe immer noch am Stock, sah undeutlich und doppelt und war daher unfähig, seine Arbeit als Stahlgraveur zu verrichten. Deshalb bat er das Oberamt in Pforzheim, die Gemeinde Niefern anzuhalten, ihm seinen Arbeitslohn von wöchentlich acht Gulden darzureichen, so lange er arbeitsunfähig war. Ob er tatsächlich entschädigt wurde, ist nicht mehr bekannt.

Nach einem Protokoll vom 25. Januar 1805 wurde das Jägerkorps schließlich aufgelöst, *weil es die öffentliche Sicherheit gefährde.* Seine Mitglieder reihten sich in das gleichzeitig bestehende Pforzheimer Bürgerkorps oder in das Kavalleriekorps ein.[3] Über die blutige *Bataille* beim „Lamm" in Niefern wird wohl noch einige Zeit gesprochen worden sein. Manch einer der Beteiligten wird sie vielleicht noch den folgenden Generationen weiter gegeben haben. Heute aber ist die Erinnerung an jenes unschöne Ende einer Floßfahrt sowohl in Pforzheim als auch in Niefern längst vergessen.

Sie erinnerten sich vielleicht noch vom Hörensagen an die Ausflugsfahrt mit blutigem Ende: Einige der letzten Pforzheimer Flößer rund ein Jahrhundert nach der *kleinen Bataille* von Niefern.

Anmerkungen

1   Beim vorliegenden Aufsatz handelt es sich um eine stark gekürzte Fassung des vom Autor am 10.10.2004 in Niefern gehaltenen Vortrags. Die ausführliche Vortragsfassung ist online zu finden unter: http://www.loebliche-singer-pforzheim.de/EndeEinerFlossfahrt.html
2   Meldung des Stadtwachtmeisters Weidenmann an das Pforzheimer Oberamt. Das Folgende, soweit nicht anders vermerkt, nach Generallandesarchiv Karlsruhe 229/75300 (Mikrofilm II A 9774 im Kreisarchiv des Enzkreises).
3   Vgl. Stolz, Aloys: Geschichte der Stadt Pforzheim. Pforzheim 1901, S. 374f.

MARTIN FRIESS

Ein einmaliges Einzelstück:
Das Flusskartenwerk der Enz von 1894

Im Jahr 2000 wurde dem Kreisarchiv des Enzkreises von einem Stuttgarter Antiquariat eine Seltenheit aus dem Bereich der Kartographie angeboten. Es handelte sich um einen Kartensatz mit den Aufschriften *Floßstraße der oberen Enz*, *Floßstraße der unteren Enz* und *Die Klein-Enz-Floßstraße*, erstellt im Jahr 1894. Bei den Recherchen im Vorfeld der Kaufentscheidung stellte sich heraus, dass die einmalige Gelegenheit bestand, ein einzigartiges Dokument zur Geschichte der Flößerei, zur Nutzung der Wasserkraft auf der Enz und letztlich zur Wasserwirtschaft als solcher zu erwerben. Im Folgenden soll das Kartenwerk vorgestellt sowie auf seinen Entstehungszusammenhang und auf den Autor eingegangen werden.[1]

Beschreibung

Das Werk ist in drei Teile gegliedert. Der erste Teil, die *Floßstraße der oberen Enz*, beginnt am Poppelsee bei Enzklösterle-Poppeltal und endet unterhalb von Birkenfeld. Der zweite Teil, die *Floß-straße der untern Enz*, reicht von Enzberg bis Besigheim (Enzmündung). Der Abschnitt zwischen Birkenfeld und Enzberg (mit Pforzheim und Umgebung) ist nicht vorhanden. Ob er in dieser Art existiert hat, ist sehr fraglich, da es sich um badisches Gebiet handelte, dessen Verwaltung sich in vielerlei Hinsicht von der württembergischen unterschied. Beide Teile umfassen zusammen 26 farbig gezeichnete Flusskarten, vier Längenprofile der Enz, sechs Blätter mit insgesamt 68 Querprofilen der Brücken und Stege, ein

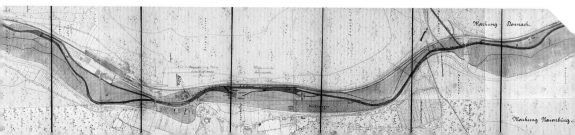

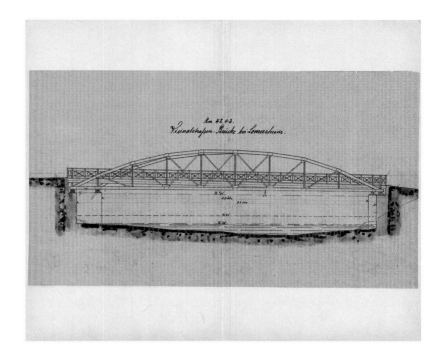

Vicinalstraßen-
brücke bei
Lomersheim

Blatt mit Diagrammen zum Langholz-Floßverkehr auf der oberen Enz und auf der Eyach sowie die Beschreibung der Flößereieinrichtungen (Wasserstuben, Wässerwehre, Einbindstätten, Anlandestellen) und der Wasserkraftanlagen.

Der dritte Teil, die *Klein-Enz-Floßstraße*, umfasst drei farbig gezeichnete Flusskarten – es fehlt jedoch ein kleiner letzter Abschnitt bis zur Mündung in die Große Enz bei Calmbach –, ein Längenprofil, ein Blatt mit 13 Querprofilen der Bücken, ein Blatt mit Diagrammen zum Langholz-Floßverkehr sowie schließlich die Beschreibung der Flößereieinrichtungen und der Wasserkraftanlagen.

Das Flusskartenwerk wurde auf der Basis der im Zuge der Landesvermessung am Ende der 1830er Jahre landesweit entstandenen Flurkarten angefertigt, die teilweise später rektifiziert (aktualisiert) wurden. Es ist auf Leinen aufgezogen und besteht aus jeweils sechs bis neun aneinander liegenden Einzelblättern (etwa im Format DIN A 4), die stets dem Flusslauf folgen. Jeder Karten-

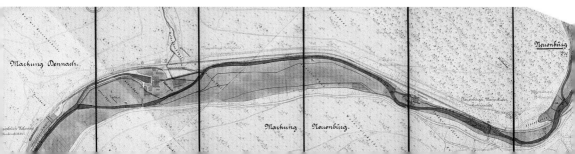

satz ist an den vorherigen angeschlossen, so dass der ganze Flusslauf der Enz (mit Ausnahme der oben genannten Abschnitte) abgebildet wird. Farbig eingezeichnet (koloriert) sind die Enz, das
Überflutungsgebiet in den Talauen, die Wasserstuben, Kanäle und
Wässerungsgräben, die Einbindstätten und die Holzlagerplätze.

Die Längenprofile zeigen nicht nur, wie steil oder flach die einzelnen Flussabschnitte verlaufen, sondern auch, zu welcher Markung bzw. zu welchem Oberamt sie gehören. Von sämtlichen Brücken, die den Flusslauf kreuzen, sind Querprofile angelegt worden
(Maßstab der Längen: 1:500, Maßstab der Höhen: 1:250). Sie dürften nicht nur für die Geschichte der Brücken und ihrer Verkehrs-
wege, sondern auch für den Denkmalschutz und für die Heimatgeschichte von Interesse sein. Es sind auch heute nicht mehr
erhaltene Bauwerke wie die frühere Eisenbahn-Bogenbrücke
beim Haltepunkt Neuenbürg-Süd dabei.

Nicht weniger aussagekräftig sind die Diagramme zum Langholz-Floßverkehr. Aus ihnen wird zum Beispiel ersichtlich, an welcher Einbindstätte in welchem Jahr wie viele Flöße eingebunden
(hergestellt) wurden. Man kann den Diagrammen auch die Gesamtzahl der Flöße entnehmen. So fuhren 1877 – zum Höhepunkt
im Erfassungszeitraum – über 100 Flöße auf der Kleinen Enz, während es 1893 nur noch ein Drittel davon war.

Beschreibung der Flößereieinrichtungen und Wasserkraftanlagen

Zahlreiche weitere Informationen enthält die dem Kartenwerk
beigelegte Beschreibung der Flößereieinrichtungen und der Wasserkraftanlagen. Nachfolgend soll auf die einzelnen Typen näher
eingegangen werden.

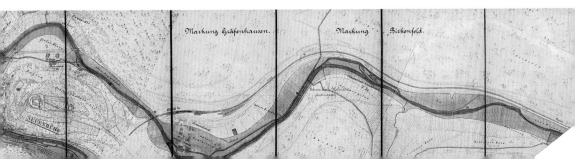

Wasserstuben und Wässerwehre

Angegeben sind folgende Rubriken: zugehörige Markung (die Grenze zwischen zwei Markungen verlief oft im Fluss und also auch in den Wasserstuben); zugehöriges Oberamt; Name der Wasserstube/des Wässerwehrs; Zweck der Stauvorrichtung; Höhenlage des zugehörigen Eichzeichens (über Meereshöhe); Entfernung von der Mündung in den Neckar (bzw. die Große Enz); Länge und Höhenlage des Überfallwehrs; Weite der Floßgasse und weiterer Fallen; Gesamtlänge der Wasserstube/des Wässerwehrs; Gefällverhältnisse mit Angabe der Höhe des Oberwassers, des Unterwassers und der Differenz; die von einem Floß zu entrichtende Gebühr für das Durchfahren der Floßgasse; der Unterhaltspflichtige; Bestimmungen über die Flößerei; Bestimmungen über Vorkehrungen bei Hochwasser und bei Eisgang; weitere Bemerkungen wie zum Beispiel, in welche Richtung der Wässergraben ausmündet.

Auf der Kleinen Enz existierten insgesamt 64 solcher Stauvorrichtungen, deren Gefälle zusammengerechnet 55,31 Meter betrugen. Von diesen entfielen neun auf die „Industrie" (Mühlen), zehn auf die Flößerei und 45 auf die Landwirtschaft. Durch die Wässerungsgräben konnte der Ertrag der nährstoffarmen Talwiesen deutlich gesteigert werden.

Wasserkraftanlagen und ihre Besitzer

Folgende Angaben sind in dem Kartenwerk zu finden: Bezeichnung der Wasserkraftanlage; zugehörige Markung; zugehöriges Oberamt; Datum der Genehmigungsurkunde und der Werksbeschreibung; Beschreibung der Eichzeichen und Höhe derselben; Beschreibung der Fallen, unter anderem mit Lichtweite und Höhe; Beschreibung der Wasserräder (Durchmesser, Breite); Differenz von Ober- und Unterwasser; mittlere Wassermenge in Kubikmetern pro Sekunde; berechnete Wasserkraft in PS; weitere Bestimmungen und Bemerkungen.

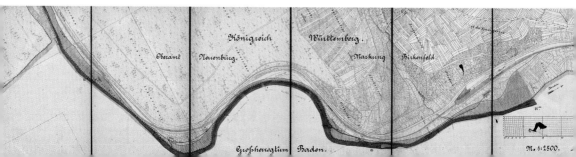

Zweifellos handelt es sich um eine wichtige Quelle zur Geschichte der Wasserkraftanlagen (häufig waren es Mühlen). Die zehn Anlagen auf der Kleinen Enz waren sieben Sägemühlen sowie je eine Mahlmühle, Ölmühle und Schleiferei.

Wasserstuben, Einbindestätten und Anlandestellen

Hierbei wird Folgendes angegeben: Name; zugehörige Markung und Oberamt; Entfernung von der Mündung; Lage; Parzellnummer mit Größe und Besitzer; Unterhaltspflichtiger (in der Regel die Forstverwaltung). Unter *Bemerkungen* wird ausführlich auf die Beschaffenheit der Anlage eingegangen (Material, Längenangaben). Genannt ist in der Regel auch das Jahr der letzten Instandsetzung.

Übersicht über den Langholz-Verkehr in den Jahren 1875 bis 1893

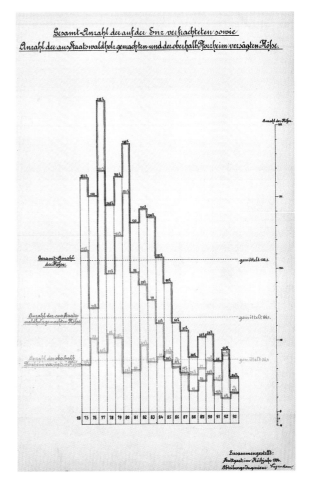

Ersichtlich wird hieraus, in welchem Jahr von welcher Wasserstube wie viele Flöße aus Staatswald oder aus anderen Waldungen zur Ausfuhr oder zum Versägen kamen.

Verzeichnis der Brücken und Stege

Hier finden sich: (Fluss-)Kilometerangabe; Zweck der Brücke und Markungszugehörigkeit; Baumaterial; Anzahl der Öffnungen; Lichtweite.

Diagramme

Die Diagramme enthalten eine bildliche Darstellung des Langholz-Floßverkehrs in den Jahren 1875 bis 1893: Ein Diagramm je Einbindestätte gibt die Anzahl der in diesem Zeitraum eingebundenen Flöße wieder. Ein weiteres Diagramm zeigt die Gesamtzahl der verfrachteten sowie der aus Staatswaldholz gefertigten und oberhalb von Pforzheim zersägten Flöße.

Der Entstehungszusammenhang

Die Anfertigung des Flusskartenwerks einschließlich der zugehörigen Beschreibungen steht in engem Zusammenhang mit dem Verwaltungsbericht der Königlichen Ministerialabteilung für den Straßen- und Wasserbau für die Rechnungsjahre 1895/96 und 1896/97. Dabei handelte es sich um eine Art Tätigkeitsbericht der Wasserbauverwaltung, der im zweijährigen Rhythmus in gedruckter Form vorgelegt wurde. Aufschlussreich ist das Vorwort. Dort heißt es: *Der vorliegende Verwaltungsbericht über den Wasserbau enthält die Ergebnisse der beiden Rechnungsjahre 1895/96 und 1896/97 und bildet die Fortsetzung der vier Berichte über die Jahre 1887/89, 89/91, 91/93 und 93/95. In den Abschnitt A. Hydrographie wurde, als Fortsetzung der in dem Bericht über die Jahre 1893/95 zum ersten Mal aufgenommenen Beschreibung einzelner Flussgebiete, diejenige der Enz und der Nagold eingefügt. Diese Beschreibung enthält auch das Wichtigste über die Geschichte des*

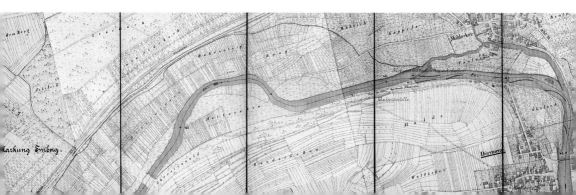

Holzhandels sowie über die Einrichtung und den Betrieb der Flößerei auf beiden Flüssen und über die Kosten und Nachteile sowie die Maßregeln zur Einschränkung oder Aufhebung der Flösserei.[2]

Der Bericht ist nicht nur ein Musterbeispiel für die Gründlichkeit der schwäbisch-württembergischen Verwaltung, sondern er besticht auch durch seinen hohen Informationswert (ebenso im historischen Bereich) und seine Anschaulichkeit.[3] Wie im Vorwort erwähnt, wurden die Flussgebiete der Enz und der Nagold zum ersten Mal in dieser Ausführlichkeit beschrieben. Es ist offensichtlich, dass das Flusskartenwerk der Enz samt Beschreibungen für den Verwaltungsbericht erstellt wurde, und zwar als Materialsammlung und als Vorarbeit, aber auch als kartographisch-beschreibendes Werk von eigenem Wert. Dieses weist ein großes Maß an Übereinstimmung mit dem Verwaltungsbericht auf. Folgende Beispiele belegen dies:

- Das Kapitel *A. 5. IV. 5. Gegenwärtige Floßeinrichtungen* geht weitgehend auf die entsprechenden Angaben im Flusskartenwerk zurück, vor allem in den Abschnitten über die Wasser-

Verwaltungs-Bericht

der

Königl. Ministerialabteilung für den Strassen- und Wasserbau

für die

Rechnungsjahre vom 1. Februar 18^{95}|$_{96}$ und 18^{96}|$_{97}$.

II. Abteilung.

Wasserbauwesen.

Herausgegeben von dem Königl. Ministerium des Innern,
Abteilung für den Strassen- und Wasserbau.

Mit 52 Beilagen.

Stuttgart.
Druck von Strecker & Moser.
1899.

Verwaltungsbericht der Ministerialabteilung für den Straßen- und Wasserbau 1895–1897

stuben, die Holzlagerplätze und Einbindstätten, die Anlandestellen und die Anbindemittel.[4]

- Die Längenprofile der Enz und der Nagold im Flusskartenwerk sind identisch mit denjenigen in den Beilagen Nr. 5 bis 10 des Verwaltungsberichts.
- Ebenso sind die Querprofile der Brücken identisch mit denjenigen in den Beilagen Nr. 19 bis 30.
- Die Diagramme mit der Anzahl der auf der Enz beförderten Flöße (Beilage Nr. 52) gehen auf die entsprechenden Angaben im Flusskartenwerk zurück.

Wie schon im Vorwort des Verwaltungsberichts angeklungen war, sind darin auch die *Maßregeln zur Einschränkung oder Aufhebung der Flößerei* beschrieben. Genau die bevorstehende Aufhebung der Flößerei war ein wesentlicher Grund dafür, dass sich der Verwaltungsbericht 1895/97 schwerpunktmäßig mit den Flussgebieten von Enz und Nagold befasste. Und so heißt es auch im Schlusswort des Kapitels über die Flößerei auf den beiden Flüssen: *Die vorstehenden Erhebungen wurden angestellt, um eine möglichst sichere Grundlage für eine sachliche Beurteilung der Flößereifrage im Enz- und Nagoldgebiet zu gewinnen. Wer diese Ausführungen*

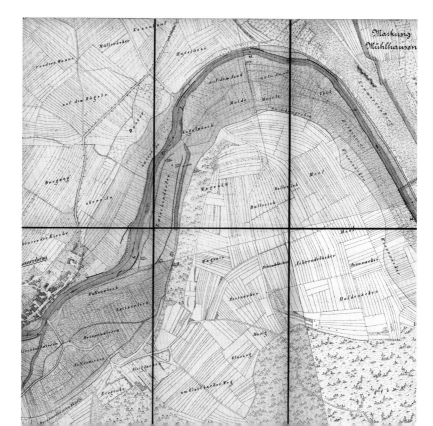

ohne Voreingenommenheit prüft, wird sich der Erkenntnis nicht verschließen können, dass hier vielseitige Interessen hineinspielen, die sich gegenseitig schroff gegenüberstehen und unmöglich miteinander in Einklang zu bringen sind. Die Staatsverwaltung wird weder der einen noch der anderen Interessengruppe unbedingte Heeresfolge leisten dürfen, ihre Aufgabe wird es vielmehr sein, vermittelnd einzugreifen und insbesondere solche Maßnahmen zu vermeiden, welche jenen mehr Schaden bringen, als sie diesen nützen. Dabei wird es sich empfehlen, schrittweise vorzugehen und die Flößerei zunächst nur in dem Maße einzuschränken, als hinreichender Ersatz durch andere Verkehrsmittel geboten wird.[5]

Eindrucksvoll kann die zwischen Flößerei und Eisenbahn bestehende Konkurrenz mit Zahlen belegt werden. Während auf der Großen Enz, der Kleinen Enz und der Eyach zwischen 1884 und 1892 im Jahresdurchschnitt etwa 24.000 Festmeter Holz befördert wurden, waren es allein auf der württembergischen Enztalbahn (d. h. zwischen Wildbad und Birkenfeld) 68.000 Festmeter.[6] Diese Entwicklung hat sich in den folgenden Jahren noch beschleunigt: Zwischen 1893 und 1896 wurden nur noch durchschnittlich 14.000 Festmeter verflößt, während die Enztalbahn mit 63.000 Festmetern etwa die viereinhalbfache Menge transportierte.

Anders sah es auf der Nagold aus. Hier hatte die Flößerei im Durchschnitt der Jahre 1884 bis 1892 mit rund 31.000 Festmetern zunächst noch die Oberhand gegenüber 24.600 auf der Nagoldtalbahn transportierten. Zwischen 1893 und 1896 konnte die Nagoldtalbahn ihren Anteil jedoch um zwei Drittel auf 40.600 Festmeter steigern und beförderte damit fast doppelt soviel Holz, wie auf dem Wasser mit 21.000 Festmetern geflößt wurde. Dies war nicht nur das Ergebnis der allgemeinen Entwicklung (denn neben dem Eisenbahnbau gab es noch weitere Gründe für den Niedergang der Flößerei), sondern es war auch die Folge der Eröffnung der Schmalspurbahn von Nagold nach Altensteig im Jahr 1891, wodurch das Holz des waldreichen oberen Nagoldtals ebenfalls auf dem Schienenweg transportiert werden konnte.

Der im Verwaltungsbericht angesprochene *hinreichende Ersatz durch andere Verkehrsmittel* bezog sich vor allem auf die Gebiete, die nicht direkt ans Eisenbahnnetz angeschlossen waren wie etwa der oberhalb von Wildbad gelegene Abschnitt der Großen Enz und das Tal der Kleinen Enz. Hier mussten in den folgenden Jahren erst die erforderlichen Straßen und Wege gebaut werden, damit das Holz *auf der Achse* wenigstens bis zum nächsten Bahnhof transportiert werden konnte. Das bedeutete nicht nur den Bau oder Ausbau der Wege und Straßen entlang der Flüsse, sondern

Nachfolgende Doppelseite: Die Enzschleife bei Mühlhausen

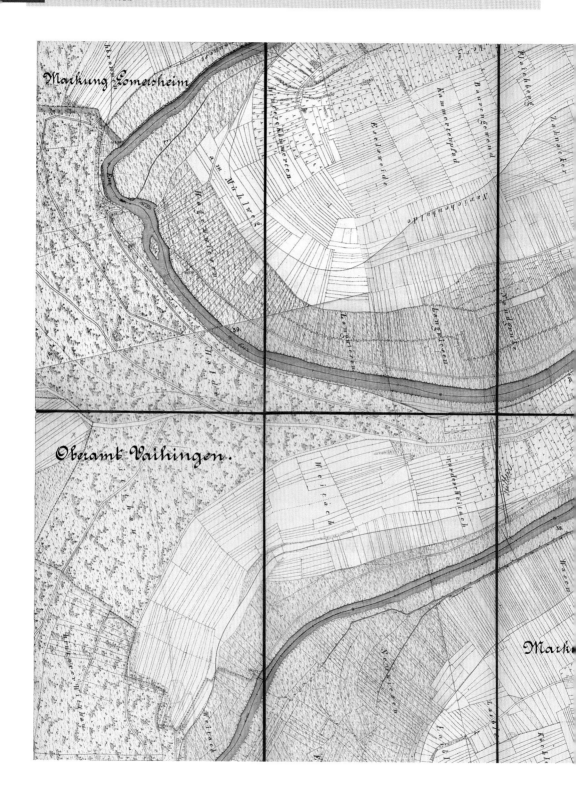

gerade auch in den steileren Lagen, wo Ersatz für die seither gebrauchten Riesen und Schleifwege geschaffen werden musste.

So waren also die eingetretenen und weiter bevorstehenden Umwälzungen im Holztransportwesen die Hauptursache für die aufwändige Entstehung des Flusskartenwerks der Enz, und auch zur Nagold hat es ein entsprechendes Flusskartenwerk gegeben. Dieses wurde damals ebenso wie das Flusskartenwerk der Enz vom Stuttgarter Antiquariat Müller & Gräf verkauft. Leider konnte oder wollte man dort weder den damaligen Erwerber nennen noch den Namen des Verkäufers, von dem es das Antiquariat erworben hatte. Angeblich sei das Kartenwerk *beim Umzug oder bei der Auflösung eines Institutes* aufgetaucht.[7] Vermutlich habe es sich dabei um die Kunstakademie gehandelt. Eine Anfrage beim Staatsarchiv Ludwigsburg nach dem Entstehungszusammenhang des Flusskartenwerks führte nicht weiter.[8] Auch die Vermutung, der fehlende badische Teil der Karten wäre über die Landesanstalt für Umweltschutz in Karlsruhe ins dortige Generallandesarchiv gelangt, bestätigte sich nicht.[9] Ebenso wenig konnte das Staatsarchiv Sigmaringen weiter führende Auskünfte über das Flusskartenwerk der Nagold geben.[10]

Der Autor

In der Einleitung des Verwaltungsberichts werden *drei etatmäßig angestellte Abteilungsingenieure* der Ministerialabteilung für den Straßen- und Wasserbau genannt. Auf dem flussabwärts von Birkenfeld gelegenen Abschnitt der Originalkarte steht der Vermerk: *Stuttgart, im Frühjahr 1894, Roller, Abt. Ing.* Auch die Längenprofile der Enz und die Querprofile der Brücken sind mit *Roller* namentlich gekennzeichnet. Klarheit brachten die Stellenakten der etatmäßigen Regierungsbaumeister beim Amt für Gewässerkunde

Signatur Christian Rollers aus
dem Kartenblatt Birkenfeld

Stuttgart im Staatsarchiv Ludwigsburg, denen zufolge es sich um den damaligen Abteilungs-Ingenieur Christian Georg Roller (1856–1924) handelt.[11]

Seine Laufbahn kann ohne Übertreibung als beispielhaft bezeichnet werden: Seit 1884 war er im Dienst der württembergischen Straßen- und Wasserbauverwaltung tätig bei den Straßenbauinspektionen Oberndorf, Rottweil und Stuttgart, seit 1891 als Abteilungs-Ingenieur beim technischen Bureau in Stuttgart, ab 1893 beim hydrographischen Bureau. In diese Zeit fällt Rollers Arbeit an den Flusskartenwerken, unter anderem an dem der Enz. 1895 wurde er Vorstand des Straßen- und Wasserbaubureaus in seinem Geburtsort Balingen, seit 1897 als Bauinspektor. 1898 wechselte er zur Gebäudebrandversicherungsanstalt, wo er ab 1909 als Baurat und ab 1920 als Oberbaurat tätig war. 1924 trat Roller in den Ruhestand und bereits zwei Jahre später verstarb er am 22. Juni 1826.[12] Roller war in Fach- und Kollegenkreisen sehr beliebt und geschätzt. Besonders verdient machte er sich um den Wiederaufbau der infolge der Hochwasserkatastrophe vom 4. bis 7. Juni 1895 betroffenen Flüsse und zerstörten Straßen, Brücken, Wehre und Kanäle in und bei Balingen sowie um den Wiederaufbau der abgebrannten Orte Binsdorf (1904) und Darmsheim (1907).

Das Flusskartenwerk der Enz ist insofern nicht nur ein einmaliges Einzelstück, das für die historische Forschung unter ganz verschiedenen Gesichtspunkten ausgewertet werden kann, sondern es ist auch ein wertvolles Dokument über die Tätigkeit eines landesweit wirkenden, vielseitigen Baumeisters und seiner Verwaltung aus der Zeit des Übergangs vom 19. ins 20. Jahrhundert.

Anmerkungen

1 Kreisarchiv des Enzkreises, Bestand X 17, Nr. 1 bis 3. Kopien in digitaler Form befinden sich im Kreisarchiv Calw.
2 Verwaltungsbericht der Königlichen Ministerialabteilung für den Straßen- und Wasserbau für die Rechnungsjahre 1895/96 und 1896/97, II. Abteilung, Wasserbauwesen. Hg. von der Abteilung für den Straßen- und Wasserbau im Innenministerium. Stuttgart 1899, S. II (Kreisarchiv des Enzkreises, Bestand X 17 Nr. 4 und 5).
3 Dem Bericht ist eine Mappe beigegeben mit 52 Beilagen, vor allem graphischer Art, z.B. Diagramme über Wasserstände, über das Floßaufkommen, Längenprofile der Nagold und der Enz, Querprofile sämtlicher die Enz querender Brücken, hydrographische Karten.
4 Verwaltungsbericht (wie Anm. 2), S. 92–101.
5 Verwaltungsbericht, S. 126.
6 Verwaltungsbericht, Beilagen Nr. 50 und 52.
7 Kreisarchiv des Enzkreises, Sachgebietsregistratur Az. 044.46.
8 Ebd.
9 Ebd.
10 Auskunft vom 7. November 2011.
11 Staatsarchiv Ludwigsburg E 166 Bü. 5833. Daraus auch das Folgende.
12 Hauptstaatsarchiv Stuttgart J 155 II, Schwäbischer Merkur vom 24. Juni 1926. Daraus auch das Folgende.

Werbeplakat des Norddeutschen Lloyd (1927)

CHRISTINE PRAETORIUS

Der Schiffskoch von der Enz

Eine Familiengeschichte zwischen Roßwag, Neuenbürg
und den sieben Weltmeeren

Die Kinder des Adlers

Das alte Dorf Roßwag liegt eingebettet in eine Enzschleife und
umgeben von Weinbergen. Seit über hundert Jahren wächst und
reift der Roßwager Wein, und noch länger steht das Gasthaus Adler. Niemand kann zählen, wie viele Becher an seinen Tischen
schon ausgeschenkt wurden, fröhlich gehoben oder still geleert.

Am 27. November 1900 herrscht Trauer im Gasthaus Adler: Jakob Friedrich Schneider ist gestorben, Adlerwirt seit vielen Jahren

Die Adlerwirtsfamilie aus Roßwag um 1892: Jakob Friedrich Schneider und seine Frau Johanna
Rosina mit den Kindern (v. l. n. r.) Johanna, Gustav, Karl (hinten), Hermann, Amalie und Ernst

und Vater einer großen Familie. Er war erst sechsundfünfzig Jahre alt. Für Johanna Rosina, seine Frau, ist es nicht der erste zu frühe Abschied: Von den zwölf Kindern, die sie Jakob geboren hat, sind ihr sechs geblieben. Fünf davon sind erwachsen, aber die kleine Johanna ist erst elf, als der Vater stirbt. Wie soll es nun weitergehen mit Jakobs Witwe, mit ihren Kindern und der Gastwirtschaft?

Für Johanna Rosina steht fest, dass ihr ältester Sohn einmal den Adler übernehmen wird. Karl ist siebenundzwanzig, lebt in Roßwag und ist schon ein erfahrener Ökonom. Der achtzehnjährige Hermann und Ernst, der erst vor zwei Tagen zwanzig geworden ist, haben sich wie ihr großer Bruder für den Kaufmannsberuf entschieden und werden wohl ihr Heimatdorf verlassen, um Karriere zu machen. Amalie, die älteste Tochter, ist mit ihren fünfundzwanzig Jahren im besten Heiratsalter. Auch sie könnte schon bald nicht mehr in der Nähe sein, um die Mutter zu unterstützen.

Von den Söhnen des Adlerwirts hat nur Gustav ein Handwerk gelernt: Er ist Bäcker und Konditor. Täglich arbeitet er hart und ist dabei von Süßem umgeben. Beim Tod des Vaters ist Gustav dreiundzwanzig, ein fröhlicher Mensch mit feinem Humor und großen Träumen. Dass er nicht sein Leben lang in Roßwag bleiben und für die Gäste Kuchen backen wird, weiß er schon lange. Gibt es nicht aufregendere Orte, an denen er sein süßes Handwerk ausüben kann?

Gustav Schneider trauert mit seiner Familie. Dann macht er sich auf den Weg nach Bremerhaven, um auf einem Postschiffdampfer anzuheuern.

Seid mir willkommen, Söhne deutscher Gauen!

Die junge Stadt Bremerhaven ist einer der wichtigsten Häfen der Welt. Ihre Bedeutung für die Seefahrt verdankt sie dem Aufstieg der Reederei Norddeutscher Lloyd, die im Jahr 1885 die ersten Postdampferlinien eingerichtet hatte. Die Postdampfer nutzen den 1869 eröffneten Suezkanal und verkehren mit geregelten Fahrplänen und festen Stationen zwischen Deutschland, Australien und Fernost. Mit der neu hinzugekommenen Amerikalinie ist der Norddeutsche Lloyd in den 1890ern zu einer mächtigen Großreederei geworden. Sie bringt Tausende von Auswanderern nach New York und fordert die britischen Giganten White Star Line und Cunard Line im Rennen um das Blaue Band für die schnellste Atlantiküberquerung heraus. Als im Jahr 1897 der Schnellpostdampfer Kaiser Wilhelm der Große die prestigeträchtige Trophäe nach

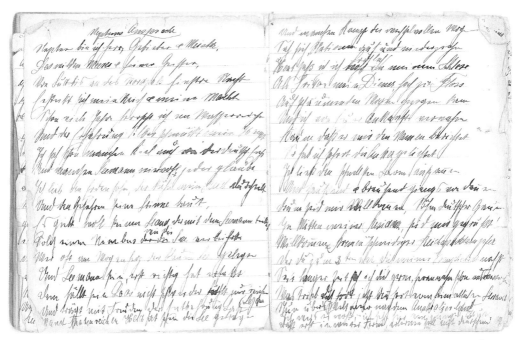

Deutschland holt, liegt das Land im Freudentaumel. Der Norddeutsche Lloyd ist auf dem Gipfel seines Ruhmes. Das neue Jahrhundert wird von der Seefahrt als Jahrhundert der Deutschen ausgerufen.

Gustav Schneider findet Arbeit auf der S. S. Bremen, die auf der
Amerika- und Australienlinie eingesetzt wird. Er liebt seine neue
Arbeit und versteht sich gut mit den Kollegen an Bord. In sein Rezeptbuch schreibt er Zutaten und Servierideen für Desserts und
süßes Gebäck und manchmal, in seiner freien Zeit, auch Verse.

> *Seid mir willkommen, Söhne deutscher Gauen*
> *Inmitten meiner Residenz, seid mir gegrüßt!*
> *Willkommen, Bremen, schneidiger Reichspostdampfer!*

So freundlich begrüßt der Meeresgott Neptun die S. S. Bremen.
Die Worte gehören zu einem längeren Gedicht, das Gustav auf
dem Weg nach Australien schreibt und „Neptuns Ansprache"
nennt.

> *Neptun bin ich, Herr, Gebieter und Meister*
> *Des wilden Meeres und seiner Geister*
> *Von Süd bis zu des Nordpols finstrer Nacht*
> *Erstreckt sich mein Reich und meine Macht.*

Schon viele Jahr herrsch ich im Wasserreiche
Und der Erfahrung Silber schmückt mein Haupt
Ich sah schon manchen Kiel auch von der deutschen Eiche
Und manchen Seemann, wie wohl jeder glaubt.
Ich lieb den Erdensohn, der kühn mein Reich durcheilt
Und den Gefahren seine Stirne baut.
Es gibt wohl keinen Stand, der mit dem Seemann teilt
Solch einen Nimbus, wie die See verleiht.
Wer oft am Wogenherz der blauen See gelegen
Und Seemann sein erst richtig hat erfasst,
Dem fällt sein Los nicht schwer, der fühlt nur reichen Segen
Und trägt mit Freuden der Entbehrung Last.

Roßwager Gruß-
karte der Adler-
wirtin Johanna
Rosina Schneider
an ihren Sohn
Ernst mit Abbil-
dung des Gast-
hauses (unten
Mitte) (1901)

Aufbruchzeiten

Während Gustav ein Seemann geworden ist, hat die Familie da-
heim ihr Leben neu sortiert. Die Mutter, Karl und Johanna sind in
Roßwag geblieben, Ernst ist in die Pfalz gezogen, nach Bruchmühlbach. Zu seinem 21. Geburtstag gratuliert ihm die Mutter mit einer
Postkarte, auf der auch das Elternhaus abgebildet ist. Sie bittet ihn
außerdem, ihr zu Weihnachten einen Kaufladen für die kleine

Schwester zu schicken, und der kommt natürlich rechtzeitig an, denn das Nesthäkchen wird von den Geschwistern innig geliebt.

Im Sommer 1903 ist Gustav in Bremerhaven. Er hat die S. S. Bremen verlassen und wartet darauf, mit der S. S. Gneisenau erneut in See zu stechen. Diese verkehrt auf der Linie Bremen–Suez–Fernost und kann 1.200 Passagiere mitnehmen. Ein gutes Jahr ist Gustav für deren Gaumenfreuden zuständig. Auch Amalie hat Roßwag verlassen. Im März 1904 schreibt sie Gustav aus Stuttgart nach Colombo/Ceylon, zwei Monate später nach Antwerpen. Ob er die Karten nach Genua und Southampton erhalten habe? Nicht immer erreicht die Post ihr Ziel. Manche Karte geht verloren oder kommt erst am Hafen an, wenn der Postdampfer schon wieder auf hoher See ist. Zuweilen wird die Korrespondenz der Seeleute auf dem Landweg den Schiffen hinterhergetragen.

Für kurze Zeit wechselt Gustav auf die S. S. Rhein und überquert nun wieder regelmäßig den Atlantik, denn dieser Postdampfer wird vom Norddeutschen Lloyd vor allem für den Auswandererverkehr nach Amerika eingesetzt. Die Rhein ist auch kampferfahren: Im Jahr 1900 brachte sie deutsche Soldaten des Ostasiatischen Expeditionskorps nach China, wo der Boxeraufstand niedergeschlagen werden sollte.

Schon 1906 wird Gustav abermals versetzt, diesmal auf die S. S. Hohenzollern. Es ist üblich, dass die Arbeitskräfte des Norddeutschen Lloyd je nach Bedarf das Schiff wechseln, umgestiegen wird in der Regel in Bremerhaven. Dorthin schreiben die Geschwister auch, wenn sie nicht genau wissen, wo Gustav sich gerade befindet.

Amalie, seine große Schwester, hat inzwischen ihre große Liebe gefunden: Georg Haizmann, gebürtig von der Petersmühle bei Enzklösterle. Er und sein Vater sind Baumeister, die Eltern besitzen ein Haus in Neuenbürg, einem kleinen, verschachtelten Fachwerkstädtchen. *Herzliche Grüße sende ich dir vom Hochzeitstisch*, schreibt sie an Gustav. Der ist gerade in Marseille, wo die S. S. Hohenzollern zwischen zwei Fahrten vor Anker liegt. Er dreht die Karte in den Händen, betrachtet die Neuenbürger Sensenfabrik und den alten Bahnhof. Es ist April und schon warm in Südfrankreich, in Neuenbürg noch recht kühl. Dort wird Amalie also ab jetzt wohnen, wieder an der Enz, wenn auch in einem engeren Tal.

Zwischen Enzufern und Welthäfen

Das malerische Städtchen lernt Gustav von vielen Ansichtskarten und aus Erzählungen seiner Schwester noch besser kennen. Dort richtet sie sich mit Georg Haizmann häuslich ein, während Gustav zwei neue Schiffe kennenlernt: Im Jahr 1908 ist er mit der S. S. Schleswig unterwegs, dem ehemals einzigen Passagierdampfer, der für den Norddeutschen Lloyd (NDL) auf der Südamerikalinie Bremerhaven–Río de la Plata gefahren war, seit 1904 aber das Mittelmeer durchkreuzt. So erreichen Gustav noch etliche Karten mit Neuenbürger Stadtansichten in Marseille. Mal schreibt die Schwester, mal der Schwager, mit dem sich Gustav von Anfang an gut versteht. Wenn er zwischen seinen Reisen Urlaub in der alten Heimat macht, verbringt er viel Zeit mit den beiden. Im Sommer 1908 besucht er sie in Neuenbürg, nachdem Amalie sich von einer längeren Krankheit erholt hat.

Auf der S. S. Goeben beginnt für Gustav nach vielen Mittelmeerfahrten wieder eine Zeit der weiten Reisen. Der Dampfer gehört zur Feldherren-Klasse des NDL, hat zwei Masten und einen Schornstein und macht vierzehn Knoten, wenn es schnell gehen muss. Über 1.600 Passagiere kann die Goeben befördern: Von Bremerhaven in den Fernen Osten und zurück. Gustav hat inzwischen viel Routine beim Kochen, Backen und Garnieren im schaukelnden Schiffsbauch. Wenn der Dampfer in Singapur, Ägypten oder Japan anlegt, wartet manchmal schon eine neue Karte aus Neuenbürg auf ihn, darauf die Turnhalle, die Bügeleisenfabrik, das Enztal, der Schlossberg und wieder das Enztal.

Gustav schreibt viel nach Neuenbürg und vergisst auch die anderen Daheimgebliebenen nicht. Zur Weihnachtszeit 1908 grüßt er seinen Bruder Ernst mit einer Karte, auf der die Goeben in voller Fahrt zu sehen ist. Ernst wohnt inzwischen in Frankfurt und ist dort als Kaufmann erfolgreich.

Während Gustav in Singapur schwitzt, genießen Amalie und Georg den Winter im Schwarzwald. Sie fahren Schlitten auf dem Dobel und schicken den Roßwagern eine ausgelassene Karte, die sie an Hänschen Schneider adressieren. Dieser Kosename ist der kleinen Schwester geblieben, obwohl sie inzwischen zwanzig Jahre alt ist. *Die Metzelsuppe ist wohl auch ohne uns gut vorbeigegangen? Wann kommt der Rosswager Schlitten?*, liest Johanna dem großen Bruder und der Mutter vor. Die drei halten im Adler die Stellung, es gibt dort viel Arbeit. Karl, der angehende Adlerwirt, ist oft unterwegs, feiert mit Freunden und genießt das Leben – ein wenig zu sehr nach Mutter Johannas Geschmack. Auf den Rosswager Schlitten warten Amalie und Georg jedenfalls vergeblich: Die beiden Frauen können das Wirtshaus nicht einfach abschließen und auf den Dobel fahren.

Norddeutscher Lloyd, Bremen

Kapitän B. Wilhelmi

Reichspost-Dampfer
Goeben

Weihnachtskarte Gustav Schneiders vom Reichspostdampfer Goeben an seinen Bruder Ernst über Sibirien nach Frankfurt (1908)

FOOCHOW ROAD, SHANGHAI.

Grußkarte Gustav Schneiders aus Shanghai an seine jüngste Schwester Johanna Schneider (1909)

Gustav neckt seine jüngste Schwester, indem er ihren Spitz-
namen ins Französische übersetzt. Mademoiselle Jeanette Schneider ist stolz auf ihren Bruder, den Abenteurer, und freut sich über
die Ansichtskarten, die er ihr von so aufregenden Orten wie Port
Said in Ägypten, Hongkong oder Shanghai sendet.

Aus Fernost, durch die Unendlichkeit Sibiriens, abertausende
von Meilen weit reisen sie und finden ihr Ziel ohne Postleitzahl
und Straßennamen. *Rosswag a. Enz Wurtemberg Allemagne* – das
genügt als Adresse. In Roßwag weiß jeder, wo die Schneiders wohnen und dass Gustav, der Konditor, auf den Weltmeeren unterwegs ist.

Gustavs aktueller Dampfer heißt S.S. Lützow, ein weiterer
Schiffsname, in dem sich die Preußenfreundlichkeit des Norddeut-
schen Lloyd ausdrückt. Seine Zeit an Land nutzt der Schiffskoch für
Ausflüge. In Ägypten etwa besucht er die Pyramiden und die
Sphinx und lässt sich im April 1909 beim Ritt auf einem Kamel fo-
tografieren.

Port Said in Ägypten ist ein für die Fernostlinie sehr wichtiger
Hafen. Er liegt am nördlichen Eingang des Suezkanals, dessen Bau

Gustav Schneider
(ganz rechts)
beim Kamelritt
vor den Pyrami-
den von Gizeh
(1909)

den geregelten Schiffsverkehr zwischen Europa und Asien erst möglich machte.

Die Weihnachtsfeiertage des Jahres 1909 will Gustav zu Hause verbringen: Von Colombo fährt die S. S. Lützow über Port Said und Algier zurück nach Bremerhaven. Doch bevor Gustav sich auf die Reise in die Heimat machen kann, werden noch Genua, Marseille und Southampton angesteuert. Die Vorfreude bei der Familie ist groß. Wieder reist so manche Karte dem Postdampfer hinterher, um ihn dann woanders zu erreichen als ursprünglich geplant.

Amalie hofft, der Bruder möge gesund durch die Gluthitze kommen und bald glücklich im Heimathafen landen. Von Zuhause erzählt sie: *Heute habe ich mit Hänschen am Telefon gesprochen, morgen hält Carl Treibjagd ab. Am Freitag war ich bei meinem Augenarzt in Pforzheim, ich habe seit einiger Zeit Schmerzen im linken Auge, hoffentlich wird es durch das Augenwasser bald besser.* Georg schreibt: *Nach Algier sende ich dir liebe Grüsse und wünsche dir glückliche Ankunft auf deutschem Boden [...] Komme doch bald. Es ist für eine Seeratte mindestens angebracht, nach langer Seefahrt auch mal wieder Boden unter den Füßen zu haben.* Schon in Southampton eingetroffen, erhält Gustav wieder eine Karte von den beiden: *Ging's diesmal durchs rote Meer? Hier schneit es schon wieder den ganzen Sonntag unaufhörlich, dann kommst du direkt in den deutschen Winter und wirst schön frieren nach der tropischen Hitze.* Gustav besitzt inzwischen schon eine hübsche Sammlung Neuenbürger Stadtansichten.

Soufflés für die Crème de la Crème

Das Jahr 1910 bricht an, und Gustav ist wieder auf der Ostasien-route unterwegs. Ende Januar ist er in Japan, während der Frühling vorzeitig in Neuenbürg Einzug hält. *Jeden Tag anderes Wetter diesen Winter. Der Schnee ist fast wieder verschwunden. Im Garten habe ich schon 3 blühende Schüsselblümchen-Glöckchen,* schreibt Amalie. Gustav liest die Karte seiner großen Schwester im Hafen von Kobe, von der Bildseite grüßt ihn einmal mehr das grüne Enztal.

Im Sommer des Jahres 1910 wird Gustav in die Mannschaft der George Washington aufgenommen, eines der Traumschiffe, die seit einigen Jahren auf der gewinnbringenden Nordatlantikroute verkehren. Wahre Paläste überqueren inzwischen das Weltmeer, allen voran RMS Lusitania und RMS Mauretania, die größten Schiffe der Welt. In Belfast baut die White Star Line seit einem Jahr

Partie im Enztal. Nr. 1.

Vier Ansichtskarten der „Landratten" Amalie und Georg Haizmann bzw. dessen Schwester Emma (oben rechts) an den Bruder bzw. Schwager Gustav Schneider aus Neuenbürg und dem Enztal nach Algier, Kobe, Bremerhaven bzw. Port Said (1909–1912)

Neuenbürg m. Schloss

Neuenbürg a. d. Enz 2. Nov. 09.

Dampfer „George Washington".   Zur Erinnerung.   Dezember 1911.

Gustav Schneider (mittlere Reihe, 3. von rechts) als Koch auf dem Passagierdampfer George Washington

an einem noch gewaltigeren Schiff, der RMS Titanic, die den Giganten der Cunard Line den Rang ablaufen soll. Auf diese Herausforderung der Briten musste der Norddeutsche Lloyd reagieren: Die Deutsche Weltreederei kontert mit kleineren, aber äußerst luxuriös ausgestatteten Dampfern, von denen die George Washington einer ist. Sigmund Freud ist mit diesem Doppelschrauben-Salonpostdampfer nach Amerika gefahren, ein Jahr, bevor Gustav an Bord kam, und selbst der österreichische Arzt mit dem schwierigen Charakter war von der Noblesse der George Washington restlos begeistert.

Dreizehn Tage braucht das 213 Meter lange Schmuckstück für die Strecke von Bremerhaven nach New York, länger als die Schnelldampfer, aber dafür fährt man auf der George Washington standesgemäß. Am teuersten und prächtigsten ausgestattet sind die Kaiserzimmer: Jedes besteht aus Schlaf- und Wohnzimmer, Bad und einen Extraraum für das Frühstück. Zur Zerstreuung der Passagiere finden Konzerte und Bälle statt, Salons, Gesellschaftszimmer, Speisesäle und Bibliothek sind elegant, aber nicht pompös eingerichtet. Die Küche an Bord ist exzellent.

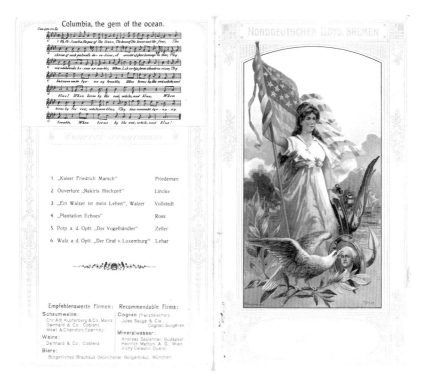

Außen- und Innenseite einer Speisekarte des Luxusdampfers George Washington (1910)

Überall gibt es elektrischen Strom. Abends sind die Promenadendecks festlich beleuchtet, wohlhabende Reisende aus aller Welt kühlen hier ihre von Tanz oder Festmahl erhitzten Gesichter, lehnen an der Reling und betrachten die Lichter, die sich im dunklen Wasser spiegeln. Hierher kommt manchmal auch Gustav Schneider, wenn es nach dem Essen in der Küche ruhiger geworden ist, genießt den kühlen Wind und lauscht der gedämpften Musik aus den Sälen.

Natürlich fahren auf der George Washington nicht nur reiche Passagiere mit. Die meisten Auswanderer leben und schlafen auf dem Zwischendeck, wo es weniger elegant zugeht, und nehmen am gesellschaftlichen Leben der Begüterten nicht teil. Aber Hunger haben sie alle.

Trotz der anstrengenden Arbeit findet Gustav immer wieder Zeit zum Dichten. Er schreibt Reime über seine Kollegen, in denen er ihnen imaginäre Orden verleiht, einem besonders heißblütigen Kapitänleutnant beispielsweise die *Granate in Gold*, denn: *In Euch soll liegen gar viel Genie, im Betracht von schwerer und leichter Artillerie rat ich keinem, mit Euch anzubinden, er würde sofort von der Bildfläche verschwinden.*

Einem anderen, den er kaum kennt, aber aus der Ferne schätzt, widmet Gustav diese Worte: *Es thut mir leid Herr Leutenant, dass wir uns nicht schon längst gekannt, denn solche Leute frisch und frei, im Dienste stramm, in Liebe treu, hab alle Zeit ich lieb und wert [...].*

Die Reise ins Pfefferland

Während Gustav auf dem Traumdampfer Süßigkeiten bäckt, kommt es in Roßwag zum Familienzwist: Karl, der das Gasthaus übernehmen soll, will endlich heiraten, und zwar eine der drei Heidersbach-Schwestern aus Frankfurt-Bockenheim, von denen Auguste bereits seinen jüngeren Bruder Ernst geehelicht hat. Die Verbindung wäre nicht schlecht, die Familien sind sowieso verbandelt, aber die Mutter sieht das anders. Zu lange hat Johanna Rosina dem Treiben ihres Ältesten zugesehen: Vier uneheliche Kinder hat Karl bereits gezeugt, wo soll das enden? Der alternden und zunehmend eigenwilligen Adlerwirtin reicht es: Die Braut kommt ihr nicht ins Haus, soll Karl doch hingehen, wo der Pfeffer wächst!

Karl nimmt seine Mutter beim Wort: Er weiß ja, wo die Schiffe ablegen. Am 18. April 1912 bricht er auf, achtzig Tage lang ist er unterwegs, von Stuttgart über Italien und Ägypten, durchs Rote

Meer nach Ceylon, schließlich nach Australien und von Sydney in einem kleinen, englischen Flussdampfer über Fidschi nach Samoa. 24.600 Kilometer bringt er zwischen sich und den Adler. Im November kommt er in der samoanischen Hauptstadt Apia an, noch vor Weihnachten sieht er die ersten Pfefferstäucher.

Im Jahr 1914, zu Kriegsbeginn, wird Samoa von Großbritannien besetzt. Alle Deutschen, die dort leben, werden interniert; erst nach Ende des Krieges kommen sie frei und dürfen in ihre Heimat zurückkehren.

Karl sitzt also auf Samoa fest und Georg, Amalies Mann, muss als Soldat ins Feld. Gustav jedoch hat Glück: Er kommt als Koch durch den Krieg. Freilich sind die Bedingungen jetzt anders, auch die Zeit auf dem Luxusdampfer ist vorbei. Jetzt wird für Soldaten gekocht, die Zutaten sind mangelhaft, und mehr als einmal wird Gustav und den Kollegen das Essen hinterhergeworfen. Glücklicherweise übersteht die gesamte Familie den Krieg unbeschadet.

Die Heimkehr der Helden

Aus dem Leben der Adlerkinder sind viele Geschichten geworden. Gustavs große Schwester Amalie und ihr Mann Georg sind von Neuenbürg nach Zuffenhausen gezogen, der jüngste Bruder Hermann wohnt mit seiner Frau Elisabeth in Crailsheim bei Heilbronn. Gustav Schneider, Koch, Konditor, Seemann und Dichter, heiratet Emma Heidersbach, die Schwester seiner Schwägerin, zieht nach Hessen und fährt fortan in ruhigeren Gewässern.

Im Jahr 1920 erreicht Amalie in Zuffenhausen eine Freudenbotschaft. Sie leitet sie an Georg weiter, der gerade in Neuenbürg seine Eltern besucht: Karl kommt heim! Georg bringt auf dem Rückweg eine Flasche Schnaps aus dem Adler mit.

Karl, der große Bruder, kehrt als reicher Mann zurück: Im doppelten Boden seines Koffers und im ausgehöhlten Spazierstock hat er Gold aus dem Pfefferland mitgebracht, so viel, dass er ein sorgenfreies Junggesellenleben führen kann. Er zieht nach Frankfurt und später nach Ludwigsburg, wo er sich als wohlhabender Privatier einrichtet.

Den Adler hat nun Johanna Albertina übernommen, das Hänschen, die kleine Schwester. Sie heißt mit Nachnamen jetzt Bayha, denn auch sie hat geheiratet und ihre Geschwister ausbezahlt. Als einziges der Schneiderkinder bleibt sie in Roßwag, aber der Adler läuft nach dem Tod der alten Wirtin immer schlechter. Noch einige Jahre kämpfen Johanna und ihr Mann weiter, dann müssen sie ver-

Gustav Schneider im Alter von
78 Jahren (1955)

kaufen. Das alte Gasthaus, das schon so viele Gesichter gesehen
hat und jahrelang Lebensmittelpunkt der Familie Schneider war,
steht heute noch, und auch der gute Roßwager Wein wird nach
wie vor dort ausgeschenkt.

Johannas Töchter und die Kinder der Brüder lieben ihren Onkel
Gustav. Sie nennen ihn den „Gruschtelonkel", denn in seinen
Schatzkisten und Koffern finden sich die eigentümlichsten Dinge,
mitgebracht und zusammengesammelt von fast überall auf der
Welt. In den 1930er Jahren träumen Gustav und Emma davon, in
Spanien ein Restaurant zu eröffnen, aber wie sie von ihren spanischen Freunden erfahren, sind die Deutschen dort nicht mehr beliebt; Militärputsch, Generalstreik und drohender Bürgerkrieg machen das sonnige Land zu einem gefährlichen Pflaster. So lassen
die beiden von dem Plan ab und führen im Frankfurter Stadtteil
Bockenheim, Emmas Heimat, ein friedvolles Leben. Kinder haben
sie nicht. Wenn Gustav nicht arbeitet, kann er mit seiner Frau die
Zweisamkeit auskosten oder mit ihr ausgehen, Besuche machen
und verreisen. Freunde aus vielen Ländern sind zu Gast im freund-
lichen Heim der Eheleute Schneider, und noch mit 80 Jahren übernimmt Gustav die Küche, wenn es etwas Süßes geben soll. Für sich,
seine Emma, den Familien- und Freundeskreis bereitet er die Köstlichkeiten dann ebenso liebevoll zu wie früher auf der Bremen
oder der George Washington, in Roßwag, New York, Hong Kong
oder Marseille.

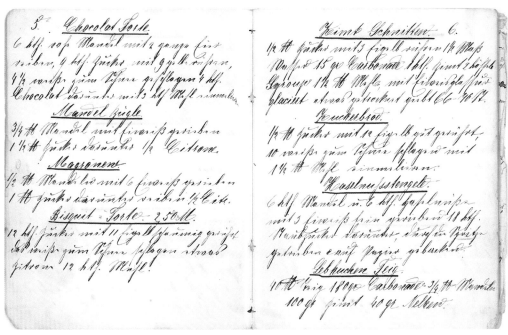

Chocolat-Torte, Mandel-Zügle, Magronen, Bisquit-Torte, Zimt-Schnitten, Zuckerbrod, Haselnussstengele und Lebkuchen-Teig – Köstlichkeiten aus Gustav Schneiders Rezeptbuch, dem „Cahier de recepte pour Gustave Schneider". Als Profi vermerkte der Koch vor allem Zutaten in Form von Stichworten. Nachfolgend eine Gebäcksorte zur Auswahl mit Übersetzung – wer traut es sich zu, das nachzubacken?

Haselnussstengele

6 Lth. Mandel u. 6 Lth. Haselnüße mit 3 Eiweiß fein gerieben, 18 Lth. Staubzucker darunter, durch die Spritze getrieben und auf Papier gebacken.

3 Eiweiß steifschlagen, je 90 g fein geriebene Mandeln und Haselnüsse sowie 270 g Puderzucker vorsichtig unterheben. Die Mischung in einen Spritzbeutel füllen, Stengel aufs Backblech legen (auf Backpapier), dann backen.

Quellen

Kreisarchiv des Enzkreises, Bestand X-A (Gustav Schneider) sowie R 41 (Ansichtskarten).
Privatbesitz Ulrich Schmidt, Vaihingen an der Enz, und Lore Methfessel, Eltville am Rhein.

Der Schiffskoch und das Kreisarchiv

Die Geschichte um den weitgereisten Gustav Schneider (1877–1960) und seine Familie hat einen ungewöhnlichen Hintergrund. Dass sie geschrieben wurde, verdankt sie erstens dem Zufall, zweitens der Begeisterungsfähigkeit einer Archivarin, drittens der Hartnäckigkeit eines Familienforschers und schließlich der Freude einer Autorin, aus einer quietschbunten Materialsammlung eine spannende Geschichte zu formulieren.

Doch wie kam es dazu? Üblicherweise besitzen Archive Fotobestände. Und so sammelt das Kreisarchiv des Enzkreises auch historische Ansichtskarten. Dies ist an sich nichts Ungewöhnliches. Als ungewöhnlich aber fiel der für das Fotoarchiv zuständigen Mitarbeiterin Johanna Kirsch auf, dass gleich mehrere der im Jahr 2011 erworbenen Ansichtskarten mit Neuenbürger Fotomotiven einst als Adressaten einen gewissen Gustav Schneider hatten: einen Schiffskoch, der sowohl in Southampton als auch in Port Said und Singapur angeschrieben wurde. Die Neugier war geweckt, und so machte sich Johanna Kirsch ans Recherchieren. Über das Internet vermochte sie bald weitere Ansichtskarten ausfindig zu machen. Und bald fand man heraus, dass der Schiffskoch gar nicht, wie zunächst angenommen, aus Neuenbürg stammte, sondern aus dem Gasthaus Adler in Roßwag. Wir setzten den unter anderem im Raum Vaihingen unermüdlich forschenden Genealogen Werner Kaag aus Nöttingen auf die Sache an – und auch er war sofort begeistert von der Sache! Was er in der folgenden Zeit zutage förderte, war nun absolut Ungewöhnliches! Zunächst stellte er einen Stammbaum zusammen; dann gelang es ihm, über Nachkommen der Adlerwirtsfamilie Schneider Familienfotos und weitere Ansichtskarten zu ermitteln – diesmal auch solche von Gustav Schneider selbst an seine Lieben in der Heimat. Schließlich brachte Werner Kaags Spürsinn Fotos der Küchencrews, gedruckte Speisekarten der Überseedampfer und sogar das Rezeptbuch des Schiffskochs zutage, in dessen hinteren Teil Gustav Schneider seine Verse eingetragen hatte! Und eines war nun endgültig klar: Diese ungewöhnliche Geschichte musste unbedingt aufgeschrieben werden! Was besonders bemerkenswert erscheint: Die Details entstammen weitgehend den Texten auf den Ansichtskarten, die – jede für sich gesehen – doch nur dürftige Informationen für die Nachwelt bereithält. So aber ließen sich die Puzzleteile Stück für Stück zusammenfügen und überliefern nun in toto die Geschichte des „Schiffskochs von der Enz".

Konstantin Huber

JEFF KLOTZ

Das Römermuseum Remchingen

Das noch junge Römermuseum Remchingen beschäftigt sich mit der Geschichte der Region im Allgemeinen und den archäologischen Funden zwischen Karlsruhe und Pforzheim im Speziellen. Es wurde als Museum mit Schwerpunkt auf provinzialrömischer Geschichte eingerichtet, beherbergt aber seit März 2012 auch eine umfangreiche keltische sowie eine naturkundliche und eine neuzeitliche Ausstellung. Die Ausrichtung ist dabei eine kulturhistorische. Das Römermuseum befasst sich mit Themen verschiedener Epochen, kombiniert diese jedoch stets mit den historischen Grundlagen der keltischen und römischen Kultur.

Die archäologischen Grabungen als Initiative

Die Geschichte des Römermuseums beginnt mit den jüngeren Ausgrabungen auf der Gemarkung Remchingen. Diese fanden zum einen in den 1990er Jahren im innerörtlichen Bereich von Wilferdingen (Hildastraße) und zum anderen um die Jahrtausendwende am Niemandsberg, ebenfalls in Wilferdingen, statt. Zu diesen römischen Fundstellen kommen die keltischen Grabhügel in Singen, sodass man von drei besonders wichtigen archäologischen Fundstellen in Remchingen sprechen kann.

Die am Niemandsberg gefundene Villa Rustica besitzt einen gut erhaltenen Keller und auch ein vergleichsweise gut erhaltenes Wirtschaftsgebäude, dessen Fundamente und Mauerreste heute vom Glas-Saal des Römermuseums geschützt werden. Die römische Siedlung im Bereich der Hildastraße trug den Namen Vicus Senotensis. Dieser Name wurde auf der in Gänze erhaltenen Bauinschrift eines bis heute nicht entdeckten Jupiterheiligtums gefunden. Damit gehört diese römische Siedlung zu den wenigen in der Region, deren Namen identifiziert werden konnten.

Steindenkmäler und Keramikfunde

Die neuen Funde erwiesen sich als verhältnismäßig umfangreich und bedeutungsvoll. Denn im Zuge der Ausgrabungen stieß man auf eine ganze Reihe interessanter Steindenkmäler, die auch Aufschluss über die Bewohner des Ortes geben. Neben Leugensäulen fand sich die genannte Bauinschrift eines römischen Bürgers namens Juvenalius Macrinus, der aus eigenen Mitteln die Umfassungsmauer für ein Jupiterheiligtum gestiftet hatte. Auf dieser Tafel findet der Ort „Vicus Senotensis" seine vollständige Erwähnung. Aus dem Ortsbereich von Wilferdingen gibt es zudem ein dreiseitiges Steinrelief mit Abbildungen aus der griechischen Mythologie, was auf einen gewissen Bildungsgrad der Bevölkerung schließen lässt.

Die auf der Gemarkung Remchingen gefundenen Hinweise zeigen ein typisches Bild: Keramik wurde heimisch hergestellt, aber auch über die Handelswege eingeführt. Neben einer Amphore und mehreren Henkelkrügen entdeckte man auch Terra-Sigillata-Keramiken, darunter einige, deren Stempel auf die Produktion in Rheinzabern schließen lassen. Bekannte Namen wie Meddicus finden sich unter den Stempelnamen.

Kelten und Römer

Die Funde aus mehreren keltischen Grabhügeln in Singen und Wilferdingen stammen aus einer Zeit rund 450 Jahre vor der römischen Besiedelung wie etwa der Schmuckinhalt eines Frauengrabes. Sie liegen im Badischen Landesmuseum und sind als Nachbildungen im Römermuseum Remchingen ausgestellt. Generell ist in unserem Raum die Betrachtung der keltischen Geschichte unabdingbar für die Auseinandersetzung mit der römischen Zeit (ca. 70 n. Chr. bis 259/260 n. Chr.). Denn auch in Remchingen trafen die Römer auf Reste der bereits im Rückgang befindlichen keltischen Kultur. Zu den konkreten Zeugnissen keltisch-römischer Kulturberührung und -verschmelzung gehört etwa ein Relief, auf dem die keltische Göttin Rosmerta gemeinsam mit dem römischen Gott Merkur abgebildet ist.

Ältere Kleinfunde

Die römischen Funde aus den Hauptgrabungsgebieten werden durch verschiedene Kleinfunde ergänzt, die von zahlreichen weiteren Stellen auf der Gesamtgemarkung stammen. So kam bereits im 19. Jahrhundert aus dem Mauerwerk der Nöttinger Martinskirche ein gut erhaltener römischer Viergötterstein zutage, der heute im Museum steht. Generell wird vermutet, dass es sich bei den

Fundamenten dieses Gotteshauses um römische Mauern handelt. Dazu kommen Leugensäulen aus Nöttingen und auch die Reste eines befestigten römischen Weges im Buchwald in Wilferdingen.

Bedeutung der Funde

Historisch betrachtet sind die zutage geförderten Funde Remchingens schlüssig in die allgemeine Siedlungssituation der Region einzuordnen. Zwar sind sie nicht von außerordentlicher historischer Bedeutung, aber ihre Herkunftsgebiete definieren die Siedlung „Vicus Senotensis" dennoch als eine an wichtigen Handelsrouten gelegene Ortschaft. Die vom Rhein nach Bad Cannstatt und weiter bis Aalen führende römische Fernstraße passierte das Remchinger Gemeindegebiet am äußersten Südende, wo bei der Dietenhausener Mühle allem Anschein nach die römische Straße von Ettlingen nach Pforzheim verlief. Irgendwo in der Umgebung Dietenhausens zweigte vielleicht eine kleinere Straße nach Norden ab und führte wahrscheinlich entlang der Pfinz über Nöttingen, Wilferdingen, Kleinsteinbach, Söllingen und Berghausen wieder in Richtung Rheintal. In einigen Ortschaften des Pfinztals wurden im 19. Jahrhundert unabhängig voneinander einzelne Wegereste einer Nebenstraße lokalisiert, mit der die vielen Siedlungen und Villae Rusticae der Umgebung (in Remchingen, Karlsbad und Königsbach-Stein und sogar zwei in Pfinztal-Söllingen) an die ausgebaute West-Ost-Fernstraße angebunden gewesen sein könnten.

Entstehung des Museums

Durch das große ehrenamtliche Engagement von Ortshistorikern und heimatgeschichtlich Interessierten formierte sich im Jahr 2001 unter dem damaligen Remchinger Bürgermeister Wolfgang Oechsle ein Heimatverein, zu dessen vornehmlichen Aufgaben die Sicherung und Darlegung archäologischer Funde in der Gemeinde gehören. Nach den Ausgrabungen setzte sich der Heimatverein Remchingen die Einrichtung eines Museums zum Ziel, das auch die an das Badische Landesmuseum übergebenen Exponate in Form von Leihgaben oder Kopien zeigt. Das Mannheimer Architektur-büro Striffler und Striffler setzte den Bau am Niemandsberg um, der 2009 fertig gestellt wurde. Die Überdachung der Mauern des römischen Wirtschaftsgebäudes hatte sich aufgrund von deren guter Erhaltung angeboten. Die räumlichen Voraussetzungen für ein Museum in Remchingen waren damit geschaffen. Von März bis Dezember 2010 erstellte der Remchinger Geschichtsstudent Jeff Klotz eine Museumskonzeption. Inhalte derselben waren die archäologische und kulturhistorische Ausrichtung des Museums mit dem Namen Römermuseum Remchingen, die Möglichkeiten zur Aufrechterhaltung und Einrichtung eines Museumsbetriebes sowie die Ausstellungsgestaltung. Jeff Klotz wurde im Januar 2011 vom Gemeinderat Remchingen zum Museumsleiter gewählt; die Eröffnung des Museums für Besucher fand am 1. April 2011 statt.

Die Keltenfamilie Abnoba vermittelt anschaulich das keltische Alltagsleben.

Organisation und Aufbau des Museums

Das Römermuseum Remchingen wird von Heimatverein und Gemeinde Remchingen betrieben sowie ausschließlich durch ehrenamtliche und private Kräfte getragen. Zum Jahresende 2011 hatte das Museum 26 regelmäßige ehrenamtliche Mitarbeiterinnen und Mitarbeiter. Sämtliche Umbaumaßnamen und Investitionen werden durch Spenden und die Erlöse im laufenden Betrieb finanziert.

Montagnachmittags und am ersten Sonntag im Monat öffnet das Museum seine Pforten für Besucher und

Besucher erler-
nen keltische
Webtechniken.

zeigt in zwei Hauptabteilungen Dauerausstellungen zur Geschichte der Kelten in der Region und zur Geschichte der Römer in Karlsbad, Keltern, Königsbach-Stein, Pfinztal und Remchingen. Hinzu kamen Ende 2011 noch eine naturkundliche und die keltische alltagsgeschichtliche Abteilung. Der Naturkunde-Bereich wurde eingerichtet, um zu verdeutlichen, wieso Menschen gerade hier in der Region siedelten sowie welche Bedeutung die Böden aus Buntsand- und Kalkstein für die Vegetation und damit für die Besiedelung Remchingens hatten. Der als großer Glas-Saal überdachte Außenbereich gilt der Alltagsgeschichte einer bis heute geheimnisvollen Kultur: Wie wohnten die Kelten? Was aßen sie? Welche Pflanzen bauten sie an? Diesen Fragen wird hier nachgegangen.

Zum besonderen Thema der Berührung der keltischen und römischen Kultur gibt es zwei Sonderabteilungen: Die alltagsgeschichtliche Ausstellung im Glas-Saal enthält ein rekonstruiertes keltisches Wohnhaus, einen Querschnitt der Grabhügel von Singen und einige Steindenkmäler aus römischer Zeit. Im Innenbereich des Museums erleben Besucher eine Zeitreise: Durch die keltische Abteilung, die sich mit den Grabfunden und den Kelten im Allgemeinen befasst, gelangt man in die römische Ausstellung.

Ein weiterer Schwerpunkt des Museumskonzepts sind themenbezogene Veranstaltungen oder Veranstaltungsreihen. Wichtig war bei allen Planungen im Heimatverein Remchingen, dass der Eintritt kostenfrei bleiben muss. Darum hat das Museum wöchentlich nur einmal geöffnet und verlangt bis heute mit wenigen Ausnahmen auch keinen Eintritt zu Veranstaltungen.

Die ersten Monate des Betriebes

Nach der Eröffnung im April 2011 wurde das Römermuseum rasch zu einem zentralen Anlaufpunkt für historisch interessierte Personen aus Remchingen und der ganzen Region. Von April bis Dezember 2011 zählte das Museum über 4.000 Besucher und 37 Schul-

Museumsleiter
Jeff Klotz bei
einer Führung

klassen- bzw. Kindergruppenbesuche. Dazu kamen über 30 gebuchte Führungen außerhalb der Öffnungszeiten. Maßgeblich für das Museum und seine Entwicklung ist die Unterstützung durch ehrenamtliche Kräfte, vor allem durch zahlreiche Personen, die sich teilweise schon viele Jahre mit der Ortsgeschichte befassen.

Ausrichtung und Veranstaltungen des Römermuseums Remchingen hatten zunächst das Ziel, Menschen für archäologische Regionalgeschichte zu interessieren. Besonders gut gelang das durch die Einbindung der Schulen. Große Veranstaltungen wie die von Dr. Joachim Schoberth geplante und organisierte Erste Remchinger Kunstnacht im Museum waren Besuchermagneten. Allein dieser Abend führte über 800 Besucher in die Räumlichkeiten am Niemandsberg. Auch durch den Kulturtag am Wilferdinger Rathaus kamen Hunderte von Menschen in Berührung mit der Heimatgeschichte der vier Remchinger Ortschaften und dem kulturellen Programm des Römermuseums.

Laufende Projekte des Museums

Das Römermuseum Remchingen trägt derzeit sämtliche Informationen zur römischen Geschichte zwischen Karlsruhe und Pforzheim zusammen und hat das Ziel, eine ganzheitliche Ausstellung zur Geschichte der Römer im Pfinzgau anbieten zu können. Es geht dabei um die Beschreibung der Siedlungsstruktur, die Darstellung der Funde mit Verweis auf die Ausstellung des Badischen Landesmuseums Karlsruhe und die Vermittlung einer Perspektive, die es dem Besucher ermöglicht, auch über die römische Zeit hinaus den Raum zwischen Karlsruhe und Pforzheim als ein kulturhistorisch zusammenhängendes Gebilde zu begreifen. Wichtige Aspekte der Ausstellung im Römermuseum sind die durch den Pfinzgau verlaufenden Wegenetze im Wandel der Zeit, die verschiedenen regional zusammenhängenden römischen Funde und die keltische Vorbesiedlung. Allgemeines Thema bleibt die Frage nach der Bedeutung keltischer und römischer Kulturen für die Region einst und vor allem heute. Diese zentrale Frage bestimmt auch die Auswahl der Sonderausstellungsthemen und die Zusammenarbeit mit den Schulen.

Von Dezember 2011 bis zur Wiedereröffnung des Museums am 18. März 2012 erfolgte im Römermuseum Remchingen eine ganze Reihe von Umbaumaßnahmen. Das Museum erhielt nicht nur zusätzliche römische Exponate und ein rekonstruiertes keltisches Wohnhaus, sondern auch einen geologischen Tunnel und eine Naturkunde-Abteilung. Das ehrenamtliche Umbauteam wurde hierbei von Winfried Butz und Dr. Joachim Schoberth geleitet.

Mit den neuen Räumlichkeiten präsentiert sich das Römermuseum Remchingen als regionalgeschichtliches Museum, das

Der seit 2012 neue geologische Tunnel fasziniert durch Einblicke in die Erdgeschichte.

den vielen Besucherinnen und Besuchern insbesondere die Antike greifbar macht und die keltisch-römische Geschichte des Gebiets zwischen Karlsruhe und Pforzheim in spannender Art und Weise veranschaulicht – und das alles unter einem Dach.

Römermuseum Remchingen
Niemandsberg 4
75196 Remchingen
Öffnungszeiten: Erster Sonntag im Monat von 14 bis 18 Uhr sowie auf Anfrage.
Kontakt: Museumsleiter Jeff Klotz, Tel. 0170/9036793,
Jeff@Stephan-Klotz.de

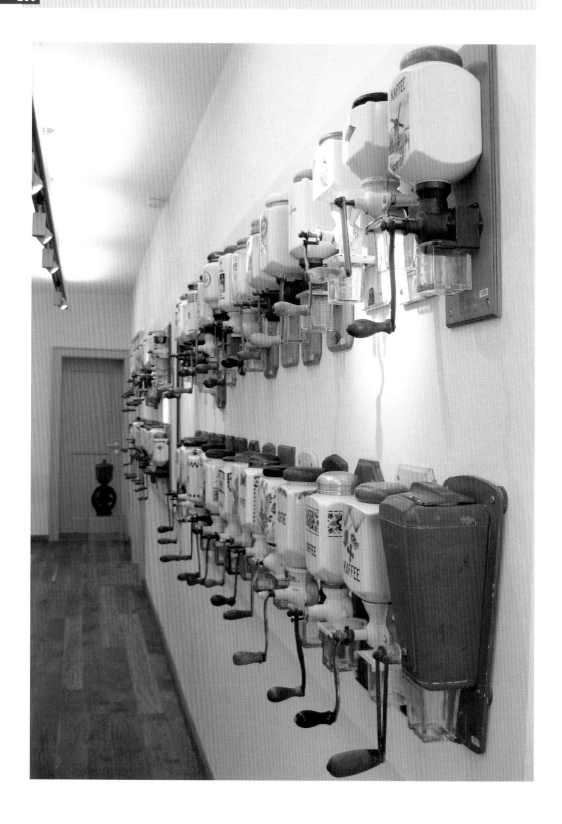

JUDITH KÄPPLINGER

„Oh, wie liebe ich Sie, liebe Kaffeemühle. Ihre Gestalt ist göttlich!"

Das Kaffeemühlenmuseum in Wiernsheim
präsentiert die Sammlung Rolf Scheuermann

Robert Walser lässt in dem Ende der 1920er Jahre entstandenen Werk *Kochtopfs Brief* einen Kochtopf dessen Verehrung gegenüber einer Kaffeemühle aussprechen.[1] Die Bewunderung der Gestalt einer Kaffeemühle ist freilich durchaus ironisch zu verstehen. Die in Worte gefasste Attraktivität der Kaffeemühle kennzeichnet darüber hinaus aber deren einstige Wertschätzung. Bedingt durch den technischen Fortschritt wurden jedoch die mechanischen Mühlen aus dem häuslichen Alltag verdrängt. Die Kaffeemühle war und ist immer noch ein Faszinosum. Vielleicht schon allein deshalb, weil sie den Status des aufgebrühten Kaffees als beliebtestem Getränk Deutschlands greifbar macht. Der durchschnittliche Kaffeebohnenverbrauch von knapp fünf Kilogramm jedes Bundesbürgers im Jahr 2009 spricht auf jeden Fall eine deutliche Sprache.[2]

Nicht zuletzt aufgrund der (kultur-)historischen Bedeutung der Kaffeemühle ist es als außerordentlicher Glücksfall zu werten, dass die Gemeinde Wiernsheim im September 2011 ein Museum eröffnen konnte, in dessen Räumen eine höchst bedeutende Kaffeemühlensammlung der Öffentlichkeit zugänglich ist. Zu verdanken ist dies in erster Linie Rolf Scheuermann, der seine über viele Jahrzehnte angewachsene Sammlung seiner Heimatgemeinde übertragen hat. Damit gibt es im Enzkreis nun ein weiteres themenbezogenes Museum mit überregionaler Anziehungskraft. Im Folgenden wird die mit über 1.300 Einzelstücken wohl weltweit größte Sammlung an Kaffeemühlen in diesem neuen Präsentationsrahmen vorgestellt.[3]

Die Sammlung Rolf Scheuermann

Ins Leben gerufen und mit tiefer Passion liebevoll ausgebaut wurde die in Quantität und Qualität unvergleichliche Sammlung historischer Kaffeemühlen von Rolf Scheuermann. Der erfolgreiche Unternehmer ist seit 2007 Ehrenbürger Wiernsheims. Der Beginn dieser außergewöhnlichen Sammlertätigkeit verlief ausgesprochen pragmatisch. Als der 1930 in Karlsruhe geborene Scheuermann vor vier Jahrzehnten seine erste Kaffeemühle auf einem *Flohmarkt in Mühlacker* kaufte, war der Grund trivial: *Ich hatte damals keine und brauchte eine.*[4] Dass diese Begebenheit weit reichende Folgen hatte, hängt unzweifelhaft damit zusammen, dass die private Leidenschaft und das eigene Unternehmen Scheuermann GmbH Hand in Hand gingen. Schließlich betreibt diese seit 1985 in Wiernsheim ansässige Firma deutschlandweit den Unterhalt von Getränkeautomaten in Betrieben – und das mit stetem Erfolg. Vor diesem Hintergrund ist es besonders hervorzuheben, dass die Sammlung nicht nur auf unternehmerischem Know-how fußt, sondern in erster Linie von einem tendenziell wissenschaftlich fundierten Ansatz getragen wird. Scheuermann stellte bei der Wahl der Objekte einen hohen Anspruch an handwerkliche und kulturgeschichtliche Qualität und auch Originalität und Einzigartigkeit standen stets im Fokus. So entstand eine Sammlung mit einem weiten Objektspektrum bezogen auf Material, regionale, zeitliche und gesellschaftliche Herkunft, auf Kunstfertigkeit und Funktionalität, auf Typen, Detailformen und Motive. Die Vielfalt erstreckt sich von Miniaturmühlen bis hin zu gewerblichen Großmühlen, von serieller bis individueller Machart – und dies lückenlos ab dem frühen 18. Jahrhundert bis in die jüngste Vergangenheit. Aufgrund dieser Spannbreite kann der Besucher die Entwicklungsgeschichte der Kaffeemühle umfassend nachvollziehen.

Geschichte der Kaffeemühle

Naheliegenderweise hat der Mensch Mühlen nicht nur zum Mahlen von Kaffeebohnen herangezogen. Getreide, Gewürze und ähnliches wurde bereits in vor- und frühgeschichtlichen Hochkulturen gemahlen, mit Mahlsteinen, Mörsern, ja sogar mit steinernen Handmühlen. Nur in groben Konturen nachzuzeichnen ist, wann Kaffee als wild wachsende Pflanze aus der äthiopischen Provinz Kaffa konsumiert und kultiviert wurde. Fest steht, dass Kaffee in Bohnenform und als Getränk erstmals Anfang des 17. Jahrhunderts ins christliche Europa kam. Von Konstantinopel (1554) ausgehend breiteten sich auf dem ganzen Kontinent Kaffeehäuser aus. Von Venedig (1645/47) über London (1652) nach Paris (1672), Hamburg (1679) und bis Wien (1685) lässt sich die Erfolgsgeschichte des Kaffeekonsums zurückverfolgen. Zeitgleich kamen Kaffeemühlen auf, deren früheste 1665 in London nachweisbar ist.

Nur wenig später als die erste Beschreibung der Kaffeemühle im *Nutzbaren, galangen und curiösen Frauenzimmer-Lexicon* des Gottlieb Siegmund Corbinus (1715)[5] datiert die älteste Mühle der Sammlung Scheuermann. Es handelt sich dabei um eine in Frankreich gefertigte Zwingenmühle aus der Zeit um 1720.[6] Ihre beiden kegelförmigen und gegenläufigen Trichter für Bohnen (oben) und Pulver (unten) sind über das zylindrisch ummantelte Mahlwerk verbunden und erinnern so an eine Sanduhr. Die Kurbel sitzt – dies ist bereits die charakteristische Gestaltungsweise – auf dem Flachdeckel des Einfülltrichters und wird horizontal betätigt. Mittels einer seitlichen Zwinge, ausschlaggebend für die Typenbezeichnung, lässt sich die Mühle auf Höhe des Mahlwerks an einer Tischplatte befestigen. Finden sich bei frühen, meist hölzernen Hand- oder Rundmühlen oft starke Anklänge an osmanische Kaffeemühlen, besitzt diese Mühle eine zukunftsweisende, auf Funktionalität zielende Gestalt, nicht zuletzt durch ihr Grundmaterial Eisenblech.

Zwingenmühle (Frankreich, um 1720)

Im 18. Jahrhundert etablierte sich die Kaffeemühle in ganz Europa, freilich zunächst ausschließlich in gehobenen Gesellschaftskreisen. Früh wurde sie in das Zedlersche Lexikon (1731/54) aufgenommen, das einschlägige und umfangreichste Wissenskompendium des 18. Jahrhunderts. Waren zu dieser Zeit Hand-, Tisch- und Wandmühlen prägend, so kam ab der Mitte des 19. Jahrhunderts der Bautyp der Schoßmühle in Mode und blieb bis weit in das 20. Jahrhundert der vorherrschende und bis heute populärste Mühlentyp. Die Würfelgrundform der Mühle, die auf den Schoß gedrückt oder zwischen die Beine geklemmt wird, mit in den Mühlenkörper versenktem Einfülltrichter und einer ausziehbaren Pulverschublade konnte einerseits auf einfachstem Weg – einzeln wie als Massenprodukt – hergestellt werden, andererseits zugleich hochkomplexe, handwerklich wie künstlerisch hochwertige Ausprägungen aufweisen.

Tisch- oder Schoßmühle (Holland, um 1780)

Letzteres belegt eine holländische Tisch- oder Schoßmühle des späten 18. Jahrhunderts.[7] Ihr Würfelkörper besteht aus hochwertigem Holz, Einfülltrichter und Knauf der

Pulverschublade sind aus goldgelb glänzendem Messing, die guss-
eiserne Kurbel zeugt von handwerklicher Präzision. In besonde-
rem Maße bestechen die sichtbaren Wandflächen des Würfels. Sie
sind schachbrettartig mit dunklen und hellen Feldern besetzt, von
denen die hellen mit farbigen Chinoiserien dekoriert sind. Augen-
scheinlich war diese Mühle im Besitz wohlhabender Kaffeegenie-
ßer und offenbart durch das fernöstliche Dekor den zeittypischen
Geschmack an Exotischem. Grundsätzlich sind an den Wiernsheimer Kaffeemühlen vielfältige Zeitmoden und Kulturaspekte
erfahrbar, anhand heraldischer, bildhafter oder ornamentaler De-
koration, anhand unterschiedlichster Motive aus den Themenbe-
reichen Jagd, Hochzeit, Krieg oder Religion oder auch diverser
Zeitstile wie etwa der Romantik, des Historismus oder des Jugend-
stils.

Deutlich kann die formale Entwicklung der Kaffeemühle im De-
tail anhand Material, Trichterform, Handkurbel, Mahlwerk oder
Dekorstil nachvollzogen werden. Ab der Mitte des 19. Jahrhunderts dominierten Mechanisierung, Technisierung und Massen-
produktion die Herstellung und beeinflussten stetig zunehmend
und letztlich uneingeschränkt die Gestalt, Konstruktion und den
Charakter der Kaffeemühle. Gleichwohl unterlagen Form und Gestaltung zu einem gewissen Grad dem persönlichen Geschmack
des Besitzers. Das Wesen einer Kaffeemühle wechselt damit, unabhängig von der handwerklich-künstlerischen Qualität, stets
zwischen Funktionalität und Expressivität.

Dass mitunter auch höchst individuelle Kaffeemühlen gefertigt
und benutzt wurden, zeigen Kuriositäten wie Mühlen in Form
eines Taucherhelmes, eines Turmes, eines Heißluftballons und
selbst der Wallfahrtsstätte von Lourdes. Unter diesen Beson-
derheiten befindet sich auch eine sogenannte Teufelsmühle,[8]
ein männlicher Teufelskopf, der auf einem Rundteller fußt.
Die Augen weit aufgerissen, die Stirn in Falten gelegt, ist er
mit den langen spitzen Ohren Furcht einflößend gezeichnet.
Freilich, die ausziehbare Pulverschublade in dem gezwungen
aufgesperrten Mund und die dezenten, weich abgerundeten
Hörner karikieren den Diabolischen. Für die Benutzung wird
die Schädelkalotte abgenommen und die Kurbel ebendort
eingesetzt, so dass im Teufelskopf die Bohnen gemahlen
werden. Zweifelsohne sind durch die eigenwillige Form In-
terpretationen und leichtes Amüsement gewollt. So regt
nicht nur der Kaffee den Körper an, sondern die Mühlenge-
stalt auch die Gedanken.

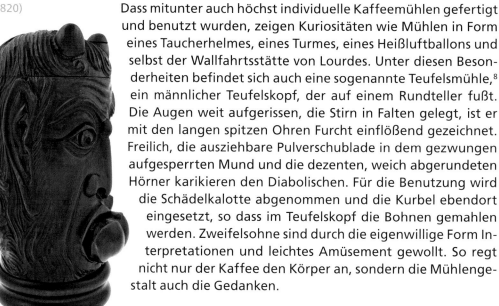

Teufelsmühle
(Frankreich,
1820)

Das Museumsgebäude

Untrennbar verbunden mit der 2007 erfolgten Schenkung der Sammlung Scheuermann an die Gemeinde Wiernsheim war stets das Anliegen, die Kaffeemühlen museal zu präsentieren sowie als Aushängeschild für Ort und Region einem breiten Publikum zu erschließen. Noch im selben Jahr konnte hierfür das ehemalige Pfarrhaus der evangelischen Gemeinde Wiernsheim durch den Gemeinderat erworben werden. Die Lage am Marktplatz, die Größe des Gebäudes und vor allem dessen kulturhistorischer Stellenwert als geschütztes Baudenkmal im Ortskern ließen das nach dendrochronologischen Untersuchungen auf das Jahr 1711 datierte Gebäude zum idealen Standort für das Museum werden. Mit dem aufgrund von Denkmalschutz und einer problematischen Statik anspruchsvollen und ambitionierten Umbau wurde das Karlsruher Architektenbüro Crowell beauftragt. Nach insgesamt fünf Jahren seit den ersten Planungsstufen und mit Investitionen von rund zwei Millionen Euro konnte das Großprojekt Wiernsheimer Museumsbau im Herbst 2011 abgeschlossen werden.[9]

Dem Besucher steht seitdem ein Baudenkmal offen, das neueste Bautechnik aufweist, zugleich seine historische Substanz bewahrt, über einen rollstuhlgerechten Zugang verfügt und durch eine innovative Heizanlage auch neuesten energetischen Gebäudenormen entspricht. Neben den Räumen der Dauerausstellung bietet der Gebäudekomplex einen Museumsladen, einen nach historischem Ansatz angelegten Kräutergarten mit mehr als 150 Pflanzenarten sowie – selbstverständlich – ein Museumscafé. Der Kaffeebegeisterte findet sich somit rundum versorgt. Bereits die

Das grundlegend sanierte ehemalige Pfarrhaus beherbergt seit 2011 das Kaffeemühlenmuseum.

Eröffnung des Museums am 9. September 2011 fand mit über 700 Besuchern großen Anklang und erfreulicherweise blieb die Nachfrage ungebrochen.[10] Im ersten Halbjahr seines Bestehens konnte das Kaffeemühlenmuseum im Monatsmittel gut 1.000 Besucher begrüßen.[11]

Die Dauerausstellung

In den Ausstellungsräumen erwartet den Besucher eine der umfangreichsten Sammlungen an Kaffeemühlen weltweit, wobei die beeindruckende Menge an Exponaten eben durch die hohe Qualität einzelner Prachtmühlen und die überaus breite Spannweite an Mühlentypen samt verwandten Gerätschaften wie Röstmaschine und Kranenkanne besticht. Barbara Kollia-Crowell und ihr Ehemann Robert Crowell erzielten in Zusammenarbeit mit dem Landratsamt des Enzkreises bei der Konzeption der Dauerausstellung ein inhaltlich stimmiges wie attraktives Ergebnis. So wird neben den Mühlen alles Wissenswerte rund um das Thema Kaffee aufbereitet: von der biologischen Vielfalt der Bohne über die äthiopische Herkunft des Kaffees, seine Entdeckung in Europa, seine Etablierung als Luxus- und dann als Alltagsgetränk bis hin zu der technischen Entwicklung der Kaffeemühle.

Auf drei Etagen sind die Kaffeemühlen ausgestellt und zumeist nach ihrer zeitlichen Entstehung geordnet. So folgen auf die frühen Objekte ab dem zweiten und dritten Viertel des 18. Jahrhunderts die Mühlen aus dem 19. Jahrhundert, als vor allem der private Kaffeegenuss noch Luxus war. Erst im 20. Jahrhundert wurden Kaffeemühlen zum Alltagsgegenstand und zum festen Bestandteil jedes Haushalts. Zeitgleich zu aufwändigen Prachtmühlen (vermeintlich) ferner Herkunft, die vor allem dekorativen Zwecken dienten, enthält die Sammlung auch vermeintlich einfache, rein auf die Funktion beschränkte Mühlen. Ebenfalls vertreten sind Mühlen bekannter Markenhersteller sowie einzigartige Designermodelle aus dem vorhergehenden Jahrhundert. Im Dachgeschoss hingegen, wo, nebenbei be-

Das Museumscafé im Erdgeschoss

merkt, im Trauraum der Gemeinde Ehen geschlossen werden, verblüffen die Kaffeemühlenkuriositäten. Als Begleitlektüre liegt sowohl ein handlicher Museumsführer aus als auch ein umfangreicher Katalog, herausgegeben von der Gemeinde Wiernsheim und gefördert durch die Sparkasse Pforzheim Calw.

Der große Zuspruch in den ersten Monaten bestätigte Initiatoren und Ausstellungsmacher. Vor allem stimmt es glücklich, dass das Museum aktiv von der Ortsgemeinschaft angenommen wurde. Sei es, dass sich ehrenamtliche Mitarbeiter mit Führungen für die Dauerausstellung engagieren, sei es, dass mit dem Kaffeeklatsch im Museumscafé das alte Pfarrhaus ein Mittelpunkt des gesellschaftlichen Lebens geworden ist. Es bleibt zu wünschen, dass das Kaffeemühlenmuseum als Identifikationsfaktor weiterhin wächst und sowohl den Status eines überregionalen Aushängeschildes für Wiernsheim festigt, wie auch innerhalb der Ortsgemeinschaft seinen hohen Stellenwert behält.

Literatur

Allen, Stewart Lee: Ein teuflisches Zeug. Auf abenteuerlicher Reise durch die Geschichte des Kaffees. Frankfurt am Main 2003.

Heise, Ulla: Kaffee und Kaffeehaus. Eine Geschichte des Kaffees. Frankfurt am Main 2002.

Krieger, Martin: Kaffee. Geschichte eines Genussmittels. Köln 2011.

Oster, Uwe A.: Historische Kaffeemühlen. Sammlung Rolf Scheuermann. Begleitband zur Dauerausstellung im Kaffeemühlenmuseum Wiernsheim. Hg. von der Gemeinde Wiernsheim. Wiernsheim 2011.

Schindler, Werner: Antike Kaffeemühlen. Von den Anfängen bis ins 20. Jahrhundert. Holzkirchen 2007.

Schindler, Werner: Die schönsten Kaffeemühlen. Schmuckstücke aus vergangenen Zeiten. Holzkirchen 2008.

Walser, Robert: Das Gesamtwerk. Hg. von Jochen Greven, Bd. IX: Maskerade. Prosa aus der Berner Zeit (II) 1927/28. Hamburg 1968.

Anmerkungen

1   Walser, S. 368.
2   http://de.wikipedia.org/wiki/Kaffee#Verbrauch (Aufruf 3. Juli 2012), dort weiterführende Literatur und Links.
3   Hierzu und zum Folgenden vor allem Oster.
4   Vaihinger Kreiszeitung – Der Enz-Bote vom 7. September 2011. http://www.vkz.de/de/heute/redaktion/archiv/lokal/september-2011/07/ueber-tausend-kaffeemuehlen-in-deutschlands-groesster-sammlung/ (Aufruf 3. Juli 2012).
5   Oster, S. 16.
6   Oster, S. 28.
7   Oster, S. 15.
8   Oster, S. 47.
9   Vaihinger Kreiszeitung – Der Enz-Bote vom 7. September 2011 (wie Anm. 4).
10 Mühlacker Tagblatt vom 10. September 2011. Auch http://www.muehlacker.de/mt/articles/910MT95dcfb6d-7724–4cd3–8305–04ea0157c8a5.xml (Aufruf 3.7.2012).
11 Mühlacker Tagblatt vom 22. Februar 2012. Auch http://www.muehlacker.de/mt/articles/910MTee0140f5-b110–4eb5-bbc9–66b769712d98.xml (Aufruf 3.7.2012).

ELKE HIRSCHBACH-ZENTNER UND RUDOLF HALLER

Die historische Kelter in Ötisheim – vom landwirtschaftlichen Zweckbau zum modernen Bürgertreffpunkt

Vorgeschichte zur Sanierung und derzeitige Nutzung

Im Grunde genommen hat es die Ötisheimer Bevölkerung dem damaligen baden-württembergischen Ministerpräsidenten Erwin Teufel zu verdanken, dass sie heute über ein schmuckes Bürgerhaus verfügt. Denn er war es, der anlässlich seines Besuches zum 300-jährigen Waldenserjubiläum im Jahre 1999 dem eigentlich auslaufenden Sanierungsprogramm „Ortsmitte Ötisheim" einen weiteren Schub verlieh. Bürgermeister Werner Henle berichtet auch heute noch gerne darüber, wie er damals die Gelegenheit nutzte, dem „Landesvater" die Situation der seit 1989 laufenden Ortskernsanierung vorzustellen. Nach der Vorgabe des Gemeinderates hatte man nämlich bis dahin die zur Verfügung gestellten Gelder, versehen auch noch mit einem erklecklichen Beitrag der Kommune, ausschließlich in die ebenfalls dringend erforderliche Sanierung privater Anwesen im Ortszentrum fließen lassen. Die öffentlichen Gebäude, Straßen und Plätze sollten bis zum Ende der Sanierungsphase zuwarten. Doch das Ende war bis zur Jahrtausendwende absehbar und mehrfach wurde die Gemeinde von Seiten des Regierungspräsidiums Karlsruhe angemahnt, die durchgeführten Maßnahmen abzuschließen und vor allem auch abzurechnen. Erst ein entsprechender Aktenvermerk von Erwin Teufel nach seinem damaligen Besuch ermöglichte eine Fortführung der Sanierung über den zunächst vorgegebenen Terminrahmen hinaus und vor allem auch eine weitere Aufstockung der staatlichen Sanierungszuschüsse.

   Ziemlich genau fünfeinhalb Jahre nach Baubeginn wurde im September 2010 das größte Einzelprojekt in der jüngeren Geschichte der Gemeinde Ötisheim fertig gestellt: die grundlegend sanierte und renovierte Alte Kelter. Inmitten des historischen Ortskerns bildet das mächtige Gebäude jetzt einen weiteren Glanzpunkt – zusammen mit dem Evangelischen Gemeindehaus,

der mächtigen Michaelskirche und ausnahmslos sanierten priva-
ten und öffentlichen Fachwerkgebäuden wie dem Pfleghof.

Historie und Baugeschichte

Die Kelter liegt im alten Ortskern von Ötisheim oberhalb von Kirche und Pfleghof. Durch ihre Größe und die exponierte Lage prägt
sie das Ortsbild entscheidend. Mit einer Grundfläche von 350 Quadratmetern ist die Kelter das größte Bauwerk innerhalb der alten
Ortsgrenzen. Sie fand schon im Jahr 1927 Aufnahme in das Landes-
verzeichnis für Baudenkmale.

300 Jahre hatte die zum Kloster Maulbronn gehörige und von
dessen Klosterpflege verwaltete Kelter ihrem ursprünglichen
Zweck gedient: Die Weinbauern waren verpflichtet, ihre Ernte in
die Kelter zu bringen, dort pressen zu lassen und der Herrschaft als
Naturalabgabe gleichzeitig auch ein Siebtel des gepressten Trau-
bensaftes als „Kelterwein" zu überlassen. Über dem riesigen Kel-
terraum befand sich der sogenannte „Fruchtkasten", der Getrei-
despeicher, in den die Bauern ihr Getreide brachten. Nachdem der
mit drei Kelterbäumen ausgestattete Vorgängerbau der heutigen
Kelter im Jahre 1692 während des Pfälzischen Erbfolgekrieges
nach einem nahe dem Ort stattgefundenen Gefecht niederge-
brannt worden war, hatte die Gemeinde Ötisheim 1699 bei der
Maulbronner Klosterpflege eindringlich darum gebeten, wenigstens wieder einen Kelterbaum auf dem Platz der abgebrannten
Kelter zu errichten.[1] Die Klosterpflege gab daraufhin noch für den
Herbst 1699 die Aufstellung eines Kelterbaums unter freiem Himmel in Auftrag. Im folgenden Jahr 1700 wurde mit dem Bau des
Keltergebäudes begonnen, das 1701 fertig gestellt werden
konnte.[2]

Es sollten jedoch noch mehr als 100 Jahre vergehen, bis die Gemeinde Ötisheim selbst Eigentümer der Kelter wurde. Allerdings
zeigte sie anfangs gar kein Interesse, als im Jahr 1822 die königli-
che Finanzkammer des Neckarkreises das Gebäude samt Einrichtung zum Kauf anbot. Die Gemeindevertreter befürchteten, dass
sich die Erhaltung als zu kostspielig erweisen könnte und die Kosten durch den Bezug des Kelterweins nicht gedeckt werden könnten. Sie lehnten einmütig ab. Wie „demokratisch" es dabei zuging,
zeigt sich daran, dass die ganze Bürgerschaft auf das Rathaus gerufen wurde, um ihre Meinung durch Abstimmung kundzutun.
Die Bürger, das waren damals allerdings nur die Männer mit vol-
lem Gemeindebürgerrecht, erklärten sich mit den Beschlüssen des

Rates einverstanden und verzichteten auf die Abstimmung.[3] Auch in den folgenden Jahren schlug die Gemeinde das Kaufangebot aus mit den Argumenten, man könne sich keinen Nutzen davon erhoffen und bei den drückenden Zeitumständen nicht genug Geld auftreiben, um den Weinzehnten und den Bodenwein in eine Geldabgabe umzuwandeln.[4] Am 11. Oktober 1826 jedoch erwarb Ötisheim die Kelter samt Zubehör schließlich doch zum Preis von 450 Gulden. Davon war ein Drittel mit Vertragsunterzeichnung, der Rest in verzinslichen Jahresraten von 100 Gulden zu bezahlen.[5] Was hatte den Stimmungsumschwung bewirkt? Nun, zwei Jahre zuvor sollte die Kelter noch deutlich mehr kosten, ihr Wert wurde auf 840 Gulden geschätzt, wovon man 540 Gulden für die Kelter selbst und 300 Gulden für den darüber liegenden „Fruchtkasten" ansetzte. Außerdem hatten einige Weinbergbesitzer zum wiederholten Mal ihr Interesse daran bekundet, die Kelter zu kaufen und den Weinzehnt zu pachten. Dass die Kelter in Privathände gelangen sollte, wollten die Räte dann doch nicht zulassen.[6] Noch im Erwerbsjahr beschlossen sie, die großen Zehntfässer zu verkaufen, da sie keinen Naturalweineinzug mehr vornehmen, sondern diesen in eine Geldabgabe umwandeln wollten. Der Naturalzehntbezug war mit dem Verkauf des Gebäudes auf 20 Jahre an die Gemeinde verpachtet worden.

In der Wahrnehmung der abgabepflichtigen Zeitgenossen hat sich durch diese Vorgänge möglicherweise kaum etwas sicht- und spürbar verändert, denn sie brachten ihren Ertrag weiterhin in dasselbe Gebäude. Tatsächlich markiert der Verkauf der Kelter jedoch den historischen Prozess des Übergangs von der noch in feudalen Strukturen organisierten Gesellschaft in das bürgerliche Zeitalter. Die Gemeinde Ötisheim als Gesamtheit der Bürger wurde Eigentümer der vormals herrschaftlichen Kelter, und Naturalabgaben wurden in Geldabgaben umgewandelt.

Erste Seite des Kaufvertrags über die Kelter von 1826

Die Befürchtungen der Gemeindevertreter hinsichtlich des Aufwandes zur Bauerhaltung finden sich zumindest in den Gemeinderatsprotokollen im 19. Jahrhundert nicht bestätigt. Kurz vor der Währungsreform in der Mitte des 20. Jahrhunderts aber waren Renovierungsmaßnahmen am Dach und am Nordgiebel unumgänglich. Die Kosten schlugen mit 3290 Reichsmark zu Buche. Die Einnahmen aus dem Kelterbetrieb in Höhe von 4830 Reichsmark überstiegen aber auch in diesem Jahr 1947 die Ausgaben.[7]

Entsprechend der technischen Entwicklung wurde die Kelter noch kurz vor dem Ersten Weltkrieg an die neu eingerichtete Elektrizitätsversorgung angeschlossen, und 1926 hat man den letzten, inzwischen schadhaft gewordenen Kelterbaum durch eine hydraulische Presse ersetzt. Deren Aufstellung erforderte, dass ein Teil des Bodens betoniert wurde. Gleichzeitig beschloss man, eine Abortanlage einzurichten sowie zwei Fenster auf der Westseite einzusetzen.

Die Kelter wurde neben ihrer Hauptfunktion in vielfältiger Weise genutzt. Die Böden wurden zum Aufhängen der Tabakpflanzen sowie zur Lagerung von Zwiebeln verpachtet. Und während der Wohnungsnot in der Nachkriegszeit diente das Gebäude im Jahr 1950 einer Familie als Unterkunft.

Grundlegende Sanierung und Ausbau in den Jahren 2005 bis 2010

Die Gemeinde Ötisheim hat sich ihr Schmuckstück, die neue „gute Stube" für die Bürgerschaft, einiges kosten lassen. Der Gesamtaufwand für die in zwei Bauabschnitten vollzogene grundlegende Sanierung des bis noch vor wenigen Jahren als Gemeindekelter dienenden Gebäudes summierte sich auf immerhin 4,3 Millionen Euro. Eine runde Million durfte die Gemeinde aus Mitteln des Landessanierungsprogrammes und des Denkmalschutzes auf der Habenseite verbuchen, so dass über den eigenen Haushalt immerhin rund 3,3 Millionen Euro finanziert werden mussten, verteilt auf einen Zeitraum von sechs Jahren.

Erstmals hat sich der Ötisheimer Gemeinderat im Rahmen einer Klausurtagung samt vorangegangener Besichti-

Die Kelter im Jahr 2005

gungsfahrt zu ähnlichen Objekten im Jahre 2001 mit der dringend erforderlichen Sanierung des damals exakt 300 Jahre alten mächtigen Gebäudes befasst, an dem nicht nur der Zahn der Zeit, sondern auch die Nutzung als Obst- und Weinkelter kräftig genagt hatten. Bereits am 13. März 2001 fiel dann der Grundsatzbeschluss, das denkmalgeschützte Gebäude zu sanieren und umzugestalten und damit in seiner Substanz zu erhalten. Beschlossen wurde auch, nach eigenen Vorgaben fünf renommierte Architekturbüros mit der Erarbeitung entsprechender Planungsvorschläge zu beauftragen. Schon damals stand für den Gemeinderat fest, das Gebäude vor allem einer Nutzung durch die Bürgerschaft sowie durch die örtlichen Vereine und Kirchen zuzuführen. Kernstück sollte ein Fest- beziehungsweise Bürgersaal für rund 150 Personen samt zugehörigen Nebenräumen sein, während zunächst auch noch an eine Umsiedlung der örtlichen Bücherei von der Schule in die Kelter gedacht war. Doch dieses Vorhaben hat sich im Zuge der weiteren Planungen und Beratungen zerschlagen, denn der Gemeinderat vertrat die Auffassung, dass die Bücherei an ihrem jetzigen Standort in unmittelbarer Nähe ihrer potentiellen Leser am besten aufgehoben ist.

Schon bei den ersten Planungsüberlegungen hat sich der Gemeinderat zur Freude der zahlreichen Hobby-Obstbauern und -Wengerter auch einhellig für eine Beibehaltung des Keltereibetriebes an anderer Stelle im Ort ausgesprochen. Im Bauhofgebäude hatte man schon bald einen neuen Standort gefunden; dort wird bereits seit dem Jahr 2005 mit einer modernen Anlage gekeltert. Diese hat sich die Gemeinde immerhin rund 250.000 Euro kosten lassen.

Mit den Sanierungs- und Umbauarbeiten an der Alten Kelter wurde nach langwierigen Planungen, in die nicht zuletzt auch archäologische und denkmalschutzrechtliche Belange einfließen mussten, im März 2005 begonnen. Dabei stand zunächst der erste Bauabschnitt zur Realisierung an. Dieser sah lediglich eine Sommernutzung vor, beinhaltete also zum Beispiel keine Heizung. Die Ausbaukosten konnten so von den ursprünglich veranschlagten 3,7 vorerst auf 2,1 Millionen Euro gesenkt werden. Größter Brocken war dabei in jedem Fall die umfangreiche Fundamentierung samt Unterkellerung des zuvor über kein brauchbares Fundament verfügenden Anwesens. Die Mauern waren teilweise nur aus Bruchsteinen aufgehäuft beziehungsweise in vielen Teilbe-

Bauarbeiten am Fundament

reichen überhaupt nicht vorhanden oder auf wenig tragfähigem Grund einfach aufgeschichtet. Ein Sachverständiger stellte in diesem Zusammenhang sogar fest, dass das gut 300 Jahre alte Gebäude nach heutigen Gesichtspunkten überhaupt nicht mehr stehen dürfte.

Noch während der überaus zeitaufwändigen Bauarbeiten entschied sich der Gemeinderat im Jahr 2006 dann doch für eine Sanierung zur Ganzjahresnutzung. Die Mehrkosten für den Einbau eines Fußbodens samt Fußbodenheizung im Erdgeschoss und einer Heizung im Untergeschoss wurden auf knapp 200.000 Euro veranschlagt. Argumentationshilfe lieferte hier auch der relativ kühle Monat August 2006: Bürgermeister Werner Henle stellte vor dem Beschluss fest, dass man in diesem Monat in der sanierten Kelter ohne eine Zusatzheizung wohl keine Veranstaltung hätte durchführen können. Eine Ganzjahresnutzung, so drückten verschiedene Ratsvertreter ihre Hoffnung aus, würde auch wieder etwas mehr Leben in den ansonsten immer mehr ausblutenden Ortskern bringen.

Mit einem kleinen Festakt, dem am 8. November 2007 neben den am Bau beteiligten Handwerkern auch zahlreiche Bürgerinnen und Bürger beiwohnten, wurde nach zwischenzeitlich zweieinhalbjähriger Bauzeit zünftig Richtfest gefeiert. Bürgermeister Werner Henle erinnerte bei dieser Gelegenheit daran, dass die Kelter ursprünglich nicht von der Gemeinde errichtet worden sei. Architekt Frank Hihn vom planenden und bauleitenden Büro Weinbrenner & Single aus Nürtingen ergänzte, dass durch die weitsichtige Sanierungsentscheidung des Gemeinderates ein wichtiges Kulturdenkmal und kulturhistorisches Kleinod inmitten

Treppenhaus

Holzkonstruktion

des historischen Ötisheimer Ortskerns vor dem drohenden Verfall beziehungsweise vor weiteren gravierenden Bauschäden bewahrt worden sei. Bis zu diesem Zeitpunkt waren immerhin schon über 1000 Kubikmeter Baugruben- und Fundamentaushub bewegt, 370 Kubikmeter Stahlbeton und 40 Tonnen Betonstahl verarbeitet sowie 300 Quadratmeter Ausmauerungen im Bereich der Fachwerkwände geleistet wor-

Der Technische Ausschuss des Gemeinderats bei der Besichtigung der Bauarbeiten

den. Die Zimmerleute hatten für die Dachkonstruktion 20 Kubikmeter Holz zum Aufsparren verarbeitet, 650 Quadratmeter Schalungen durchgeführt und nicht weniger als 7.000 Meter Latten und 2.000 laufende Meter Leisten für die neuen Ausmauerungen im Bereich der Fachwerkwände in die Hand genommen. Eine überaus schwierige Aufgabe war bis dahin auch die Teilunterkellerung der ehemals ohne Keller gebauten Kelter gewesen.

Nur wenige Monate nach dem Richtfest beschloss der Ötisheimer Gemeinderat am 22. Juli 2008, noch vor Fertigstellung der Sanierungsarbeiten dem ersten auch gleich den zweiten Bauabschnitt folgen zu lassen. Die Kosten für diesen wurden auf 1,2 Millionen Euro brutto veranschlagt. Mehrheitlich vertrat der Gemeinderat damals die Auffassung, man müsse die Maßnahme jetzt auch gleich komplett zum Abschluss bringen. Wenn man nach Abschluss des ersten Bauabschnittes eine Pause einlege, so konstatierten viele Ratsvertreter, werde die Maßnahme auf jeden Fall teurer, und ob es dann auch noch Fördergelder gebe, sei fraglich.

Der zweite Bauabschnitt umfasste den Ausbau des Obergeschosses zu einem Veranstaltungsraum für bis zu 150 Gäste sowie den Einbau eines Aufzugs. Endgültig verzichtet hat der Gemeinderat dabei hingegen auf eine Galerie oberhalb dieses Veranstaltungsraumes. Diese hätte weitere rund 60.000 Euro gekostet und wäre nur von einigen wenigen Personen nutzbar gewesen. Alle Geschosse sind nun behindertengerecht über den neu installierten Aufzug in filigraner Stahl- und Glaskonstruktion erreichbar.

Die Ötisheimer und ihre Kelter

Einig waren sich die Ötisheimer Ratsvertreter schon vom Anbeginn ihrer Beratungen darüber, die mit enormen öffentlichen Mitteln sanierte historische Kelter auf jeden Fall mit Leben zu erfüllen und neben der Nutzung für Vereine, Kirchen und Privatpersonen auch zu einem Generationentreff, einer modernen Begegnungsstätte für Alt und Jung, zu machen. Dafür ist im Erdgeschoss mit Ausrichtung zum Kelterplatz hin eine Cafeteria eingerichtet worden, die zum Beispiel noch mit Internetzugang, Zeitschriften, Spielen usw. ausgestattet werden und dann täglich für eine bestimmte Zeit geöffnet werden kann. Die Betreuung soll hier eventuell durch ehrenamtliche Kräfte erfolgen. Daneben entwickelten der Gemeinderat und auch die interessierte Bürgerschaft für die Räumlichkeiten im Erdgeschoss wie auch für den Festsaal im Obergeschoss eine ganze Anzahl von weiteren Nutzungsideen: angefangen von Vereins- und kirchlichen Veranstaltungen über Kleinkunstbühne, Frühschoppenkonzerte, Kunstausstellungen, Oster- oder Weihnachtsmärkte, politisches Café, Vorträge und Lesungen, Veranstaltungen der Volkshochschule, mobiles Kino, Seminare und Schulungen, Dauerausstellung über die Ötisheimer Geschichte bis hin zu einer Vermietung für Klausurtagungen, Privat- und Firmenfeiern. Einige dieser Nutzungsvarianten wurden seit der Eröffnung bereits in die Tat umgesetzt. So erfreut sich die historische Kelter bereits einer regen Nachfrage insbesondere bei Firmen- und Familienfeierlichkeiten sowie Konzerten. Zusammen mit engagierten Bürgern hat die Gemeindeverwaltung zwischenzeitlich die Veranstaltungsreihe „Kultur im Dorf" ins Leben gerufen. Die hier bislang durchgeführten Konzerte und Vorträge

Das Gebäudeinnere und der Festsaal im Obergeschoss bieten Raum für Veranstaltungen verschiedener Art.

hatten jeweils eine ausgezeichnete Resonanz. Dabei will man natürlich auch den Belangen der Anwohner auf eine maßvolle Nutzung Rechnung tragen.

In die Nutzung soll auch der im Außenbereich entstandene neue Kelterplatz mit einbezogen werden. Diesen ließ sich die Gemeinde samt der Wiederherrichtung des bei den Bauarbeiten arg in Mitleidenschaft gezogenen angrenzenden Pfarrgartens ebenfalls rund 116.000 Euro kosten. Vor der Kelter lädt unter einem dominanten Baum ein kleiner Innenhof mit Sitzgelegenheiten und einer Bewirtungsmöglichkeit zum Verweilen ein. Angrenzend befinden sich auf einer topografisch bedingt etwa drei bis vier Meter tiefer liegenden Ebene insgesamt sechs Stellplätze, die von der Kirchgasse aus angefah-

ren werden können. Abgegrenzt sind diese beiden Ebenen durch eine mächtige Stützmauer, die mit den Sandsteinen des im Hohlen Graben abgebrochenen früheren Backhauses verblendet und damit überaus ansprechend gestaltet wurde.

Inmitten ihres historischen Ortskerns besitzen die Bürgerinnen und Bürger und natürlich auch die Ötisheimer Vereine jetzt eine in traditionellem Ambiente grundlegend erneuerte und zweckmäßig eingerichtete Heimstatt, in der es sich ebenso trefflich feiern lässt wie auch Kunst und Kultur dort zu ihrem Recht kommen.

Anmerkungen

1 Hauptstaatsarchiv Stuttgart (HStAS) A 303 Bü. 11230.
2 HStAS A 303 Bd. 11186, Bl. 220–223.
3 Gemeindearchiv Ötisheim (GAÖ) vorl. Nr. 002, Bl. 1–2.
4 GAÖ vorl. Nr. 003, Bl. 26–27, 173b.
5 Staatsarchiv Ludwigsburg F 67 Bü. 120.
6 GAÖ vorl. Nr. 1095.
6 GAÖ vorl. Nr. 032, S. 472.
7 GAÖ vorl. Nr. 032, S. 472.

Plakate der Veranstaltungsserie „Kulturlandschaften" aus den Regionen Kraichgau, Stromberg, Nordschwarzwald und Heckengäu

ANGELA GEWIESE

Die Lokale Agenda im Enzkreis

Ein Rückblick auf das erste Jahrzehnt

Wie alles begann: Die Konferenz von Rio (1992)

Im Jahr 1992 fand vom 3. bis 14. Juni die Konferenz der Vereinten
Nationen über Umwelt und Entwicklung (UNCED) in Rio de Janeiro
statt. In Bekräftigung der im Juni 1972 in Stockholm verabschiede-
ten Erklärung der UN-Konferenz über die Umwelt des Menschen[1]
sowie in dem Bemühen, darauf aufzubauen, wurde zum Abschluss
und als Ergebnis 1992 die „Rio-Erklärung über Umwelt und Entwicklung" verabschiedet, welche 172 Staaten unterschrieben.

Durch die Schaffung von neuen Ebenen galt es eine Zusammenarbeit zwischen den Staaten, wichtigen Teilen der Gesellschaft und den Menschen aufzubauen und diese Zusammenarbeit
als eine neue und gerechte weltweite Partnerschaft anzusehen.
Die Staaten sollten bemüht sein, die Interessen aller zu achten und
das globale Umwelt- und Entwicklungssystem zu schützen. Es
wurde anerkannt, dass die Erde als unsere Heimat ein Ganzes dar-
stellt, dessen Teile miteinander in Wechselbeziehung stehen. Die
Erklärung enthält im Einzelnen 27 Grundsätze, wobei der zehnte
Grundsatz insbesondere auf die Beteiligung der Bürger eingeht:
*Umweltfragen sind am besten auf entsprechender Ebene unter
Beteiligung aller betroffenen Bürger zu behandeln. Auf nationaler Ebene erhält jeder Einzelne angemessenen Zugang zu den im
Besitz öffentlicher Stellen befindlichen Informationen über die
Umwelt, einschließlich Informationen über Gefahrstoffe und ge-
fährliche Tätigkeiten in ihren Gemeinden, sowie die Gelegenheit
zur Teilhabe an Entscheidungsprozessen. Die Staaten erleichtern
und fördern die öffentliche Bewusstseinsbildung und die Beteiligung der Öffentlichkeit, indem sie Informationen in großem Umfang verfügbar machen. Wirksamer Zugang zu Gerichts- und Ver-
waltungsverfahren, so auch zu Abhilfe und Wiedergutmachung,
wird gewährt.*[2]

Inzwischen jährte sich der sogenannte „Weltgipfel" von Rio de
Janeiro zum 20. Mal. Die dritte Nachfolgekonferenz „Rio+20"

(nach „Rio+5" 1997 in New York und „Rio+10" 2002 in Johannes-burg) fand vom 20. bis 22. Juni 2012 erneut in der brasilianischen Metropole statt. Das Abschlussdokument „The future we want" war bereits auf drei Vorbereitungstreffen seit 2010 ausgehandelt und am Vorabend des Gipfels vorgelegt worden. Die Bewertung der Konferenz fiel insgesamt sehr kontrovers aus; sowohl Vertre-ter der Europäischen Union als auch Deutschlands kritisierten das Abschlussdokument als zu schwach und unverbindlich.[3]

Das Aktionsprogramm Agenda 21

Schon auf der ersten Konferenz von Rio wurde deutlich, dass eine nachhaltige Entwicklung nur durch ein weltweites Aktionspro-gramm erreicht werden könnte. Die Weltgemeinschaft verein-barte daher das entwicklungs- und umweltpolitische Aktionspro-gramm Agenda 21, das als Meilenstein auf dem Weg zur Nachhaltigkeit gilt. In ihm sind detaillierte Handlungsaufträge in sozialer, ökologischer und ökonomischer Hinsicht verankert, um eine nachhaltige Nutzung der natürlichen Ressourcen sicherzu-stellen.[4] Die Agenda 21 wurde vielerorts zur Leitlinie öffentlichen Handelns. Ihr Ziel war und ist es, durch eine veränderte Wirt-schafts-, Umwelt- und Entwicklungspolitik die Bedürfnisse der heutigen Generation zu befriedigen, ohne die Chancen künftiger Generationen zu beeinträchtigen.

Entscheidend für das zukünftige Handeln ist das Prinzip der Nachhaltigkeit, das bereits 1987 als Definition für die „Nachhal-tige Entwicklung" („sustainable development") im sogenannten Brundtland-Bericht formuliert wurde: *Unter dauerhafter Entwick-lung verstehen wir eine Entwicklung, die den Bedürfnissen der heutigen Generation entspricht, ohne die Möglichkeiten künfti-ger Generationen zu gefährden, ihre eigenen Bedürfnisse zu be-friedigen und ihren Lebensstil zu wählen.*[5]

„Sustainable" kann „nachhaltig", „dauerhaft umweltgerecht" oder „zukunftsfähig" bedeuten – der Begriff lässt also viele alter-native und abstrakte Auslegungen zu. Dennoch besteht eine breite Übereinstimmung, dass Nachhaltigkeit nicht auf den Be-reich der Ökologie zu beschränken ist, sondern dass auch wirt-schaftliche, soziale und gesellschaftliche Aspekte zu berücksich-tigen sind. Nicht nur auf internationaler, sondern auch auf nationaler, regionaler und lokaler Ebene müssen Schutz der Um-welt, soziale Gerechtigkeit, wirtschaftliche Belange sowie die Be-teiligung der Bürgerinnen und Bürger Berücksichtigung finden, denn nur ein Gleichgewicht dieser verschiedenen Aspekte kann zu einer nachhaltigen Entwicklung führen.

Daher fordert Kapitel 28 der Agenda 21 von Rio explizit weltweit die Beteiligung der Kommunen: *Jede Kommunalverwaltung soll in einen Dialog mit ihren Bürgern, örtlichen Organisationen und der Privatwirtschaft eintreten und eine „kommunale Agenda 21" beschließen.* Dieser Aufruf soll die Kommunen dazu bewegen, einen „Lokale-Agenda-21-Prozess" in Gang zu setzen und mit allen gesellschaftlichen Gruppen vor Ort ein Handlungsprogramm zu erarbeiten. Denn viele globale Probleme müssen auf örtlicher Ebene gelöst werden. Unter dem Motto „Global denken – Lokal handeln!" ist daher jede Kommune der 172 Unterzeichnerländer aufgerufen, eine eigene Agenda 21 zu erarbeiten. Jede Kommune muss dabei unter Beachtung ihrer jeweiligen Rahmenbedingungen ihren eigenen Weg finden. Das bedeutet konkret, ihre jeweiligen Stärken, aber auch ihre Schwächen im Blick auf das Ziel der nachhaltigen Entwicklung zu ermitteln. Die Kommunen können sich Ziele setzen und ihren Weg mit Hilfe von Indikatoren zu den verschiedenen Problembereichen sichtbar machen. Vor allem aber können sie Maßnahmen und Projekte entwickeln, die dazu beitragen, diese Ziele zu verwirklichen.[6]

Die Lokale Agenda im Enzkreis

Im Enzkreis haben seit 1998 insgesamt 18 Gemeinden mit oder ohne Agenda-Beschluss des Gemeinderats damit begonnen, für mehr Nachhaltigkeit und Bürgerbeteiligung aktiv zu werden. In einigen Gemeinden sind die Agendagruppen (AG) zwischenzeitlich wieder „eingeschlafen", dafür haben sich in den letzten Jahren Gemeinden wie Engelsbrand oder Ispringen neu auf den Weg gemacht. Die Lokale Agenda auf Kreisebene wurde mit einer Auftaktveranstaltung am 4. April 2001 im Landratsamt Enzkreis gestartet, auf welcher Annette Kurth die Ziele wie folgt definiert hat:

Die Agenda 21, das Handlungsprogramm für eine nachhaltige Entwicklung im 21. Jahrhundert, stellt sich in der Theorie als ein sehr abstraktes Thema dar. Sie steht für eine umwelt- und sozialverträgliche Lebens- und Wirtschaftsweise bei einem verantwortungsbewussten Umgang mit den vorhandenen Ressourcen. Dabei geht es um die Abstimmung des Zieldreiecks von Wirtschaft, Umwelt und Sozialem. Dies wurde für die Lokale Agenda 21 im Enzkreis in dem Leitsatz: „Lebensvielfalt in einer gesunden Um-

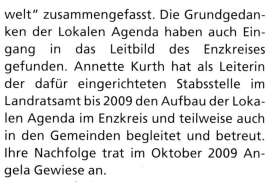

Annette Kurth,
die erste Leiterin
der Stabsstelle
„Forum 21 – Bür-
gerschaftliches
Engagement und
Lokale Agenda
im Enzkreis" bei
ihrer Verabschie-
dung im Juli
2009

welt" zusammengefasst. Die Grundgedanken der Lokalen Agenda haben auch Eingang in das Leitbild des Enzkreises
gefunden. Annette Kurth hat als Leiterin
der dafür eingerichteten Stabsstelle im
Landratsamt bis 2009 den Aufbau der Lokalen Agenda im Enzkreis und teilweise auch
in den Gemeinden begleitet und betreut.
Ihre Nachfolge trat im Oktober 2009 Angela Gewiese an.

Zum Auftakt der kreiseigenen Agenda
wurden 2001 neun Handlungsfelder fest-
gelegt:
* Erneuerbare Energien
* Verkehr
* Landwirtschaft und Naturschutz
* Flächenmanagement – Bauen und
  Wohnen
* Abfall- und Wasserwirtschaft
* Gesundheit und Prävention
* Soziales und bürgerschaftliches Engagement
* Bildung und Kultur
* Zukunft der Arbeit und Wirtschaftsförderung

Zu diesen Handlungsfeldern haben sich Projektgruppen zusammengefunden, die unter der Leitung von Annette Kurth und den
jeweiligen Fachleuten aus dem Landratsamt (Naturschutz, Landwirtschaft, Kultur, Bauen, Abfallwirtschaft) sowie aus externen
Organisationen wie der Volkshochschule Pforzheim-Enzkreis
(VHS) oder der Industrie- und Handelskammer (IHK) bereits Ende
April 2001 ihre Arbeit aufgenommen haben.

Im Laufe des Jahres 2004 wurde die von Jürgen Hörstmann und
Evelyn Ochs vom Jugendamt betreute Initiative Bürgerschaftliches
Engagement (BE) mit der Lokalen Agenda 21 zum „Forum 21" unter der Leitung von Annette Kurth fusioniert. Seit Mitte 2004
lautet die Bezeichnung „Forum 21 – Bürgerschaftliches Engagement und Lokale Agenda im Enzkreis". Bürgerschaftliches Engagement existiert als eigenständiger Begriff seit Mitte der 1990er
Jahre und steht für das freiwillige, nicht auf finanzielle Vorteile
gerichtete, das Gemeinwohl fördernde Engagement von Bürgern
zur Erreichung gemeinsamer Ziele.[7] Es wird auch heute noch in
Baden-Württemberg maßgeblich vom Landesnetzwerk Bürgerschaftliches Engagement, Stabstelle Bürgerengagement und Frei-
willigendienste, im Sozialministerium unterstützt. In diesem Rah-

Forum 21

men treffen sich ehrenamtlich arbeitende Gruppen, die vor allem im sozialen Bereich aktiv sind. In Baden-Württemberg wird das BE von den kommunalen Spitzenverbänden im Rahmen einer Kooperationsvereinbarung mit dem Sozialministerium getragen. Die Lokale Agenda wird von der Landesanstalt für Umwelt, Messungen und Naturschutz Baden-Württemberg (LUBW) unterstützt, das dem Umweltministerium untersteht. Bei der LUBW in Karlsruhe ist das landesweit aktive Agenda-Büro Baden-Württemberg angesiedelt.

Im Enzkreis wird das Handlungsfeld „soziales und bürgerschaftliches Engagement" nicht als ehrenamtlich arbeitende Agendagruppe geführt, sondern es besteht hier eine Zusammenarbeit mit Institutionen und Gemeindeeinrichtungen. Unter anderem gehört der Aufbau der Freiwilligenagentur Pforzheim-Enzkreis (FRAG) dazu. Diese bei der Volkshochschule Pforzheim-Enzkreis angesiedelte Freiwilligenagentur vermittelt engagierte Menschen jeden Alters für ehrenamtliche Tätigkeiten. In der Aufbauphase war der Kreisseniorenrat Pforzheim-Enzkreis mit eingebunden.

Ein weiteres Projekt im Enzkreis, das zusammen mit Partnern aus Schweden, Frankreich und Italien bearbeitet wird, beschäftigt sich mit Herausforderungen, welche sich für die zahlenmäßig wachsende „Generation 60+" stellen. Im Rahmen dieses EU-Projektes wurden Ideen aus den beteiligten Ländern für die „jungen Alten" zusammengetragen sowie unter den jeweils länderspezifischen Bedingungen betrachtet und diskutiert. Das Projekt wurde 2011 abgeschlossen.[8]

Zu den Bereichen des Bürgerschaftlichen Engagements gehört auch der jährlich am 5. Dezember stattfindende „Internationale Tag des Ehrenamtes". Abwechselnd organisieren die Stadt Pforzheim und der Enzkreis eine Festveranstaltung, zu der die ehrenamtlich engagierten Bürgerinnen und Bürger aus der Region eingeladen werden. Wichtig an diesem Abend ist das Dankeschön an alle Engagierten. Neben Festreden werden auch Persönlichkeiten und Gruppen vorgestellt.

Zu den ursprünglich neun Handlungsfeldern der Lokalen Agenda bildeten sich im Enzkreis unterschiedlich große Projektgruppen, die teilweise noch heute aktiv sind. Im Rahmen der Zehn-Jahresfeier Mitte April 2011 haben sich die folgenden noch aktiven Agendagruppen der Öffentlichkeit präsentiert:

Agendagruppe Bauen und Energie

Die Arbeitsgruppe „Flächenmanagement – Bauen und Wohnen" begann bereits 2001 mit einem Fotowettbewerb zu umweltgerechtem und sozialverträglichem Bauen und Wohnen. Später wurde sie mit der Gruppe „Erneuerbare Energien" unter dem Namen „AG Bauen und Energie" zusammengeführt. Diese leistete 2003/04 eine erste Bestandsaufnahme zum Thema „Erneuerbare Energien im Enzkreis". Ab 2004 wurden regelmäßig Informationsveranstaltungen mit Fachvorträgen im Energie- und Bauberatungszentrum Pforzheim (ebz) organisiert. Die Themenvielfalt reicht von der Nutzung erneuerbarer Energien über alternative Antriebstechniken bis hin zur Gebäudesanierung. Die Agendagruppe wird von Kreisbaumeister Mathias Wagner fachlich mitbetreut. Nach dem Umzug des ebz im Frühjahr 2011 in neue Räumlichkeiten in Pforzheim wird seit Herbst 2011 die Vortragsreihe zu aktuellen Themen erfolgreich fortgeführt. Solche sind zum Beispiel Brandschutz von Solarstromanlagen, die neuen Energiegesetze bei Neubau und Sanierung, Einsatz von Mikro-Blockheizkraftwerken oder Potential für Windkraftanlagen im Nordschwarzwald.

Den Abschluss der Vortragsreihe 2011/12 der AG Bauen und Energie bildeten in Pforzheim zwei Vorträge über das Potential von Windkraftanlagen im Nordschwarzwald von Wolfgang Reich, Energiegenossenschaft Engelsbrand, und Thomas Müllerschön, Windmühlenberg GmbH Karlsruhe, hier mit Angela Gewiese, Forum 21, und Manfred Volz vom ebz (von links).

Tour des „Bus & Bahn-Teams" in den Jansenpark nach Karlsbad im Mai 2012

Agendagruppe Verkehr – jetzt Bus & Bahn-Team

Die AG Verkehr war anfänglich in die Betreuung einer Mobilitätsstudie mit Haushalten eingebunden. Von Anfang an gab es eine Zusammenarbeit mit dem Verkehrsverbund Pforzheim Enzkreis (VPE), mit dem Fahrgastverband PROBAHN Nordschwarzwald und dem Verkehrsclub Deutschland (VCD). Seit 2006 arbeitet die Agendagruppe unter dem Namen „Bus & Bahn-Team", dessen Ziel die Vermittlung von Informationen rund um die Nutzung der öffentlichen Verkehrsmittel ist. Im Rahmen von Informationsveranstaltungen und Schulungen an Fahrkartenautomaten sowie bei speziell zusammengestellten Touren werden Einblicke ins Tarifsystem geboten sowie Bus und Bahn als preiswerte und umweltfreundliche Alternative zum Auto vorgestellt. Das Bus & Bahn-Team hat mit seinen Aktivitäten mittlerweile über 10.000 Mitbürgerinnen und Mitbürger direkt erreicht – und das alles ehrenamtlich.

Agendagruppe Naturschutz und Landwirtschaft

Die AG Naturschutz und Landwirtschaft besteht ebenfalls seit Beginn der Lokalen Agenda im Enzkreis, wobei es verschiedene Einzelgruppen gab und gibt, deren Schwerpunkte entweder auf dem Naturschutz und/oder der Landwirtschaft liegen. Ein Teil der Agendagruppe hat in Zusammenarbeit mit Bernhard Reisch vom Landwirtschaftsamt die Vermarktungsinitiative „… den Enzkreis

Unter dem Motto „… den Enzkreis erwandern" in den Weinbergen zwischen Illingen und Mühlhausen an der Enz im Juli 2008

genießen e. V." gegründet, deren Hauptanliegen der Vermarktung von regionalen Produkten galt. Nach anfänglichen Erfolgen ruht der Verein zurzeit. Ein weiteres großes Projekt war die Erstellung einer Ausstellung zum Flächenverbrauch, die als Wanderausstellung in mehreren Enzkreisgemeinden gezeigt wurde. Ein zweiter Teil der Agendagruppe hat die Wanderführer „… den Enzkreis erleben – Erlebnistouren für Familien" (2005) sowie „… den Enzkreis erwandern – Der Enzkreisweg" (2007) erarbeitet und herausgegeben. In öffentlichen Wandertouren wurde der Enzkreisweg dann in den Jahren 2008 und 2009 abgelaufen. Seit 2008 wird hier außerdem der Veranstaltungskalender „… den Enzkreis genießen!" zusammengestellt – seit 2011 mit neuem Logo unter dem Motto „Enzkreis erleben". Im Jahr 2011 konnten 64 Veranstaltungen von 34 Vereinen, Gruppen und Institutionen zusammengetragen und als Broschüre veröffentlicht werden. Die fachliche Betreuung liegt weiterhin bei Bernhard Reisch vom Landwirtschaftsamt. Im Jahr 2012 wurde der erfolgreiche Veranstaltungskalender bereits zum fünften Mal aufgelegt. Über 60 Einzelveranstaltungen laden von April bis Dezember zum Naturerleben mit allen Sinnen in den Enzkreis ein. Leider stießen jedoch nicht alle Angebote auf die gewünschte Resonanz in der Bevölkerung, so etwa der in Zusammenarbeit mit der VHS und den Fachämtern des Landratsamts im Jahr 2011 angebotene neunmonatige Lehrgang „Enzkreis FaN – Familien- und Naturbegleiter".

Agendagruppe Kultur

Aus der ursprünglichen Agendagruppe „Bildung und Kultur" wurde im Laufe der Jahre kurz die AG Kultur. Diese Gruppe besitzt seit ihrer Gründung 2001 einen festen Stamm an Aktiven, die im Laufe der Jahre unterschiedliche Projekte realisierten. Nach den Enzkreis-Kulturtagen im Rahmen des Landesjubiläums 2002 wurde 2003/04 der „Enzkreis-Kulturführer" erarbeitet und herausgegeben. 2005/06 wurden Kulturtage für Kinder- und Jugendliche unter dem Motto „spot on!" realisiert. Seit 2008 organisiert die AG im Rahmen der Reihe „Kulturlandschaften" zwei bis drei Veranstaltungen pro Jahr. Ziel ist es dabei, hochkarätige Kulturveranstaltungen an außergewöhnlichen Orten zu präsentieren. Dabei lernen die Besucher die reizvollen Kulturlandschaften unserer Region besser kennen. So gibt es je Veranstaltung Wanderungen, Kultur-Bustouren und ein kulturelles Event in einem der vier Landschaftsteile Kraichgau, Stromberg, Nordschwarzwald und Heckengäu. Gestartet wurde mit „Musik im Busdepot", weitere Angebote hießen unter anderem „Kunst in der Fabrikhalle", „Theater in den Weinbergen", „Literatur im Stall" oder „Kunst und Natur im Sägewerk". Im Mai 2011 ging es unter dem Motto „Zu den Skulpturen von Peter Jacobi" auch in das Atelier des Künstlers in Wurmberg. Im Juni 2011 fand die Veranstaltung „Holz, Erz & kalte Herzen" mit einem Aktionstag zum Thema „Flößer" im Schloss Neuenbürg statt, und Ende September gab es zum zweiten Mal „Theater in den Weinbergen" mit einem internationalen Theaterfestival in Sternenfels. Bei den „Kulturlandschaften" besteht jeweils eine eng vernetzte Zusammenarbeit mit Kulturschaffenden im Enzkreis und der Stadt Pforzheim. Die fachliche Betreuung der Agendagruppe liegt bei Alexander Weber vom Kulturamt.

Für das Jahr 2012 sind folgende zwei Veranstaltungen zu nennen: Im Juni lud die AG Kultur unter dem Motto „Von den Rittern an der Enz" in Zusammenarbeit mit der Volkshochschule Mühl-

Familienoper „Ritter Eisenfraß" des Stadttheaters Pforzheim beim Erlebnistag „Von den Rittern an der Enz" auf Burg Löffelstelz in Mühlacker-Dürrmenz im Juni 2012

acker auf die Burgruine Löffelstelz ein. Im September hieß es dann „Kunst am Bau" in Zusammenarbeit mit dem Bauunternehmen Wilhelm Dennig in Remchingen und der Musik- und Kunstschule westlicher Enzkreis. Auch 2013, dem Jahr, in dem der Enzkreis sein 40-jähriges Bestehen feiert, wird die erfolgreiche Veranstaltungsreihe fortgesetzt, wobei die Agendagruppe wieder gerne einen Anteil an den Feierlichkeiten übernimmt.

Weitere Agendagruppen

Zu den Handlungsfeldern „Abfall- und Wasserwirtschaft" sowie „Gesundheit und Prävention" haben sich in den Jahren 2001 und 2002 einige Male Ehrenamtliche getroffen, die sich aber nie als eigenständig arbeitende Agendagruppen konstituiert haben.

Die Agendagruppe „Zukunft der Arbeit und Wirtschaftsförderung" hat unter dem Titel „Corporate Citizenship – Bürgerschaftliches Engagement von Unternehmen im Enzkreis" in den Jahren 2004/05 einige Projekte in Zusammenarbeit mit der IHK und Unternehmen wie Eberhardt-Reisen, der Baugenossenschaft Arlinger eG und der Kaufmann GmbH & Co. KG durchgeführt. Nach Abschluss dieser Projekte haben sich keine weiteren Kooperationspartner mehr gefunden. Dieses Handlungsfeld wurde daher auch nicht weiter verfolgt.

Impressionen von der Tansania-Reise der Enzkreis-Delegation im April 2012

Die neue Agendagruppe Tansania

Die Lokale Agenda 21 bietet auch die Möglichkeit neue Ideen und Projekte aufzugreifen, die von ehrenamtlich aktiven Bürgerinnen und Bürgern weitergetragen werden. So erreichte den Enzkreis

über den Deutschen Landkreistag im Sommer 2011 eine Anfrage, ob eine Delegation aus dem Masasi District im Süden von Tansania den Enzkreis besuchen könne. Mitte September 2011 fand dieser Besuch statt. Im Nachgang dazu wurde von der „Servicestelle Kommunen in der Einen Welt" (SKEW) mit Sitz in Bonn die Idee an den Enzkreis herangetragen, sich an dem Projekt „50 kommunale Klimapartnerschaften bis 2015" zu beteiligen. Dabei geht es darum, Partnerschaften zwischen deutschen Kommunen und Regionen in Afrika, Südamerika und Asien aufzubauen. Die Auftaktveranstaltung zu diesem Projekt fand Mitte Oktober 2011 in Bonn statt. Die Projektpartnerschaften sind zunächst auf zwei Jahre angelegt und beziehen sich vor allem auf die Bereiche „Klimaschutz" und „Klimaanpassung. Zum Start wurden Kommunen angesprochen, die bereits Partnerschaften mit afrikanischen Städten unterhielten. Eine Partnerschaft zwischen dem Masasi District und dem Enzkreis wurde aber als Pilotprojekt ebenfalls mit aufgenommen.

Der Schwerpunkt des Projektes „50 kommunale Klimapartnerschaften bis 2015" lag im ersten Jahr in Afrika, was mit der internationalen Auftaktveranstaltung Mitte November 2011 in Dar es Salaam auch deutlich gemacht wurde. Ziel dieses internationalen Workshops war es, die afrikanischen Partner kennen zu lernen sowie ein Memorandum of Understanding mit der SKEW zu unterzeichnen. Außerdem konnten bei den Treffen beider Delegationen aus dem Enzkreis und dem Masasi District erste Projektideen für gemeinsame Aktivitäten entwickelt werden.

Nach einem Aufruf in der lokalen Presse hat sich im Januar 2012 die AG Tansania als neue Agendagruppe gebildet. Als Teilnehmer haben sich mehrere Interessenten gemeldet, die selbst bereits in Afrika gelebt oder gearbeitet haben. Ein „Leitfaden Klimamanagement" soll den beteiligten deutschen und afrikanischen Partnern helfen, bis Ende 2012 ein Handlungsprogramm zu erstellen.

Um die verschiedenen Projektideen der Verwaltung im Masasi District genauer beurteilen zu können, besuchte unter der Leitung des Forums 21 eine Delegation aus dem Enzkreis Anfang April 2012 den District. Die Mitglieder der AG Tansania waren dabei bereits im Vorfeld des Besuchs aufgrund ihrer persönlichen Erfahrungen im Umgang mit afrikanischen Partnern gefragt. Die AG Tansania wird von Edith Marqués Berger, der Klimaschutzbeauftragten, und von Sabine Burkard, Internationale Beziehungen, mitbetreut.

Fazit

Die langjährige kontinuierliche und vertrauensvolle Arbeit innerhalb der verschiedenen Agendagruppen zeigt, dass bürgerschaftlich Engagierte ohne feste Vereinsstruktur sehr nachhaltig und ausdauernd – immerhin schon teilweise seit elf Jahren – zusammenarbeiten können. Zusätzlich bedarf es aber der Koordination und Betreuung sowie intensiver Zusammenarbeit mit den Fachämtern im Landratsamt und mit anderen Organisationen wie VHS, Kreisseniorenrat und Stadt Pforzheim. Unersetzlich ist bei allem die finanzielle Unterstützung einzelner Projekte, insbesondere der AG Kultur, durch Sponsoren wie die Sparkasse Pforzheim Calw oder Unternehmen aus dem Enzkreis.

Anmerkungen

1   Report of the United Nations Conference on the Human Environment, Stockholm, 5–16 June 1972 (Veröffentlichung der Vereinten Nationen, Best.-Nr. E.73.II.A.14 und Corrigendum), Kapitel I.
2   Rio-Erklärung über Umwelt und Entwicklung, u.a. veröffentlicht unter: http://www.un.org/depts/german/conf/agenda21/rio.pdf (26.6.2012).
3   Weltgipfel, Rio+20, Lexikon der Nachhaltigkeit, http://www.nachhaltigkeit.info/artikel/weltgipfel_rio_20_rio_de_janeiro_2012_1419.htm (26.6.2012).
4   Agenda 21, Lexikon der Nachhaltigkeit http://www.nachhaltigkeit.info/artikel/agenda_21_744.htm > (26.6.2012).
5   Brundtland-Bericht, <http://de.wikipedia.org/wiki/Brundtland-Bericht (26.6.2012). Die ehemalige norwegische Ministerpräsidentin Gro Harlem Brundtland hatte in dieser Kommission den Vorsitz.
6   Agenda 21, Lexikon der Nachhaltigkeit (wie Anm. 4).
7   Siehe die Definition unter: http://de.wikipedia.org/wiki/B%C3%BCrgerschaftliches_Engagement (31.5.2012).
8   Vgl. hierzu den Beitrag von Britta Kinzler und Jürgen Hörstmann im vorliegenden Band.

Peter Jacobi – Neue Heimat für künstlerische Reflexion im Enzkreis

Im Rahmen der Veranstaltungsreihe „Kulturlandschaften" fand im Mai 2011 unter dem Titel „Zu den Skulpturen von Peter Jacobi" eine Kunstfahrt mit Besuch im Atelier des Künstlers statt. Detailliert, hintergründig und humorvoll stellte Jacobi sich den Fragen der Kunstinteressenten und gab Einblicke in sein vielfältiges Schaffen als Bildhauer und Fotograf. Der 1935 in Rumänien geborene Künstler lebt und arbeitet seit über 40 Jahren in Wurmberg. Hier hat der 1971–1998 an der Pforzheimer Hochschule für Gestaltung tätige Professor eine künstlerische und private Heimat gefunden. Anlässlich seines 75. Geburtstages wurden die unterschiedlichen Aspekte seines Schaffens gleich mit vier Ausstellungen gewürdigt. Mit mehreren Skulpturen wie etwa der „modularen Säule" vor dem Eingang des Landratsamts, der „italienischen Säule", die vor einigen Jahren in Wurmberg aufgestellt wurde, und weiteren Arbeiten in der Kunstsammlung des Enzkreises ist er in der Region gut vertreten.

In einem Gespräch mit der Kunsthistorikerin Regina M. Fischer nahm Professor Jacobi Stellung zu zentralen Fragen seines Werkes.

R. F.   Im vergangenen Jahr wurde in Bukarest ihr Holocaust Memorial eingeweiht. Ein monumentales Werk von fast städtebaulicher Dimension, mit dem Sie an die unterschiedlichen Gruppen nationalsozialistischer Verfolgung erinnern. Aber der Memorialgedanke spielt seit langem eine herausragende Rolle in Ihrem Werk.

P. J.   Ja, das ist richtig. Die Beschäftigung mit dieser Thematik begann vor über 30 Jahren. Bei meiner täglichen Fahrt von Wurmberg zur Hochschule sah ich den Pforzheimer Wallberg, den mit den Trümmern aus der Bombardierung vom 23. Februar 1945 aufgeschütteten künstlichen Hügel. Das war der Auslöser. Meine eigene Biografie als Sohn einer deutschen Familie in Siebenbürgen, das Schicksal von Pforzheim und ganz allgemein Krieg, Verfolgung und Zerstörung im 20. Jahrhundert beschäftigen mich stark. Darüber kam ich übrigens auch zur Fotografie. So entstanden neben meinen dreidimensionalen Arbeiten auch die großen Fotoserien der Wehranlagen des Westwalls oder meine Auseinandersetzung mit der Raketenstation vor meiner Haustür bei Neubärental. Beispielhaft ist mein Monument für Claus Schenk Graf von Stauffenberg im Pforzheimer Stadtpark vor dem Reuchlinhaus. Die Form des Steinsarkophags symbolisiert das Sepulkrale, den Tod des Widerstandskämpfers. Da er nach oben offen bleibt und nur teilweise durch eine dicke Glasplatte bedeckt ist, sammelt sich nicht nur Wasser an, es entstehen auch verschiedene Spiegelungen. So erscheint dem Betrachter beim Blick hinunter der Himmel – die Region, in der ich Graf von Stauffenberg vermute.

R. F.   Dies ist gleich Stichwort für ein weiteres zentrales Moment in Ihren Arbeiten, die Spiegelung oder Reflexion.

P. J.   Sowohl formal und materiell wie auch gedanklich leben meine Arbeiten von der Reflexion. Ich arbeite mit dreidimensionalen Objekten, als Bildhauer in Stein oder Metall und im Bereich der Fotografie. Meine eigenen Arbeiten sind immer wieder Ausgangspunkt für weitere Überlegungen, und einzelne Objekte werden in Installationen und fotografische Arbeiten einbezogen.

R. F.   Sie sind in Rumänien geboren und haben in Bukarest Bildhauerei studiert. Mit textilen Wandobjekten wurden Sie und Ihre damalige Frau Ritzi Jacobi sehr bekannt und hatten Ausstellungen in zahlreichen Ländern Europas, in Nordamerika und in Australien. Kann man denn sagen, dass Sie hier im Enzkreis eine zweite Heimat gefunden haben?

P. J.   Durchaus, ich lebe inzwischen seit über 40 Jahren hier. Für mich war immer die Nähe zur Fachhochschule entscheidend. Inzwischen habe ich drei Häuser gebaut – das spricht doch wirklich für eine ehrliche Siedlungsabsicht! 1971 habe ich mein erstes Haus gekauft, die Alte Schule in Neubärental. Seit vielen Jahren wohne ich jetzt hier oben in Wurmberg.

Meine Arbeiten stehen im öffentlichen Raum in Pforzheim und der Region. Der ehemalige Landrat Dr. Heinz Reichert hatte ja begonnen, Kunst zu sammeln, und begründete damit die guten Bedingungen für Künstler im Enzkreis. Hier finde ich übrigens auch das technische Know-how zur Umsetzung meiner Werke. In der unmittelbaren Umgebung gibt es hervorragende Gießereien wie die Gießerei Casper, bei der ich seit 35 Jahren meine Skulpturen gießen lasse, die Firma Rottner Metalltechnik, die die „Wurmberger Säule" umgesetzt hat, oder die

Modellbaufirma Tobias Gloss hier in Wurmberg. Und natürlich ist das hier auch eine herrliche Landschaft, in welche ich etwa von meinem Atelier aus blicke. Von dort aus mache ich lange Spaziergänge, um in Ruhe nachzudenken.

Aktuell denkt Professor Peter Jacobi schon wieder über ein künstlerisches Projekt von europäischer Tragweite nach. Er beschäftigt sich mit einem Memorialort, der im Rahmen des europäischen Hugenotten- und Waldenserpfades an die Ende des 17. Jahrhunderts nach Wurmberg eingewanderten Glaubensflüchtlinge erinnern soll.

Regina M. Fischer

ANDREA GARHÖFER

ObenAuf – Verein zur Förderung der musischen Jugendbildung in der Region Nordschwarzwald

Warum musisches Engagement auch ein Standortvorteil sein kann

Verwahrloste Generation oder ungeschliffene Diamanten?

„*Die* Jugend" wird von der „erwachsenen" Öffentlichkeit ganz unterschiedlich wahrgenommen und bewertet – je nach dem Blickwinkel des Betrachters oder nach den Erwartungen, die mit der jungen Generation verknüpft werden. Vertreter der Wirtschaft beklagen fehlende Berufsreife, mangelnde Sozialkompetenz und Motivationslosigkeit bei Schulabgängern und Ausbildungsanfängern. Vereine und Organisationen stellen fest, dass immer weniger junge Menschen sich einbringen, langfristig engagieren oder Verantwortung übernehmen wollen. Berichte über Verhaltensstörungen und Sprachprobleme bei Kindergartenkindern, über Schulversagen und Überforderung bei Schulkindern sowie über Jugendkriminalität, Gewaltexzesse und Koma-Saufen von jungen Erwachsenen schrecken die Öffentlichkeit auf und verunsichern.

Aber auch das ist „*die* Jugend": Der Trend, sich sozial zu engagieren, hält an. Mittlerweile setzen sich fast 40 Prozent der Jugendlichen für soziale und gesellschaftliche Zwecke ein. Optimismus ist „in": Fast 60 Prozent der Jugendlichen blicken ihrer Zukunft zuversichtlich entgegen. Und: Die Jugendlichen wollen persönlich erfolgreich sein. Werte wie Leistung, Fleiß oder Ehrgeiz werden daher für sie immer wichtiger.[1]

Kinder und Jugendliche müssen sich in diesem Spannungsfeld behaupten und in einer komplexen Welt ihren Platz suchen. Damit sie ihn finden, sind sie auf Hilfe, Unterstützung und Begleitung angewiesen – von ihren Eltern und Familien, ihren Erzieherinnen und Pädagogen, aber auch von der Gesellschaft, deren Teil und Zukunft sie sind. Bildung ist der Schlüssel für eine erfolgreiche Zukunft jedes Einzelnen, aber auch für eine positive Entwicklung von Gesellschaft und Wirtschaft. Aber auch Bildung braucht Förderung und Unterstützung.

Der Förderung der Jugendbildung im musischen Bereich hat sich der Verein ObenAuf verschrieben. Kindern und jungen Menschen soll der Zugang zur musischen Bildung ermöglicht und erleichtert werden – unabhängig von ihrem familiären, sozialen und kulturellen Hintergrund.

Mittlerweile hat sich die Arbeit von ObenAuf fest etabliert. In der gesamten Region Nordschwarzwald – das heißt im Enzkreis, in der Stadt Pforzheim sowie in den Landkreisen Calw und Freudenstadt – konnten bisher durch den Verein 319 musische Jugendbildungsprojekte bewilligt, und damit angestoßen sowie unterstützt werden.

Impulsveranstaltung in Altensteig-Wart – Plädoyer für den „Impfstoff Bildung"

Im Juli 2006 hatte eine Diskussionsveranstaltung in Altensteig-Wart die Initialzündung zur Gründung des Vereins gegeben. Auf Einladung der Sparkasse Pforzheim Calw und des Landkreises Calw diskutierten im dortigen CongressCentrum prominente Vertreter aus Politik, Wirtschaft, Wissenschaft und Gesellschaft vor über 300 Zuhörern zum Thema „Oben auf statt unten durch – Bildung sichert unsere Zukunft". Auf dem Podium saßen der damalige baden-württembergische Ministerpräsident Günther Oettinger, Klaus von Trotha, ehemals Minister für Wissenschaft und Kunst und zugleich Präsident des Landesverbandes der Musikschulen, der Kriminologe Prof. Dr. Christian Pfeiffer, der Dirigent und Musikpädagoge Prof. Wolfgang Gönnenwein als Präsident des Landesmusikrats Baden-Württemberg, Günther Fleig, Vorstand der DaimlerChrysler AG, und Peter Schneider, Präsident des Sparkassenverbandes Baden-Württemberg.

Bei der Diskussionsrunde wurde deutlich, dass die Bildung junger Menschen eine breite Unterstützer-Basis braucht. Im günstigsten Fall entsteht eine Bildungs-Partnerschaft, in der Politik, Wirtschaft, Gesellschaft und Kunst an einem Strang ziehen. Dass der musischen Förderung eine ganz entscheidende Bedeutung für die Bildung und Persönlichkeitsentwicklung bei Kindern und jungen Menschen zukommt, wurde von allen Rednern betont. Besonders kritisch beleuchtete man in diesem Zusammenhang die Bedeutung des Medienkonsums, insbesondere von Computer(-Spielen)

Der Kinderchor „Kurrende Maulbronn" beim gemeinsamen Konzert mit dem Jugendchor aus Mbeya, Tansania, und einem Percussion-Ensemble in der Stadthalle Maulbronn.

und Fernsehen durch Kinder und Jugendliche. In seinem Vortrag sprach der Kriminologe Prof. Dr. Christian Pfeiffer von der *Verwahrlosung der Jugend durch Medien* und stellte einen direkten Zusammenhang zwischen Fernsehkonsum und Schulversagen her. Dagegen sei neurobiologisch längst erwiesen, dass Musizieren das Hirnwachstum anrege und die kognitiven, kreativen und sozialen Fähigkeiten fördere. *Sie haben in Baden-Württemberg pro 100.000 Kinder doppelt so viele, die in einer Musikschule aktiv sind, wie der Rest der Republik. Und ich sage: das ist ihr großes Kapital, denn nach allem, was wir erkennen können, ist Musik der Schutzimpfungs-Faktor, wenn er nur früh genug angeboten wird*, hob Christian Pfeiffer die seiner Ansicht nach gute Ausgangssituation in Baden-Württemberg hervor.

Deutliche Worte zur Bedeutung der musischen Jugendförderung fanden auch die weiteren Redner, so Wolfgang Gönnenwein: *Bei der musischen Erziehung geht es um das Totale unseres Humankapitals. Es geht um das Wachwerden von Kreativität. Wenn wir es nicht schaffen, Kreativität zu wecken, sind wir als Gesellschaft kaputt.* Klaus von Trotha sagte: *Man kann nicht früh genug anfangen mit der Musik. Damit werden nicht nur die intellektuellen und logischen Fähigkeiten gefördert, sondern auch das, was wir derzeit sträflich vernachlässigen, nämlich Kreativität und Sensibilität.* Günther Fleig ergänzte: *Musische Fähigkeiten haben eine besondere Bedeutung, denn dahinter kann man eine Kraft vermuten, die einen gewissen Ehrgeiz und auch Disziplin beinhaltet.* Peter Schneider empfahl: *Stellen Sie jemanden ein, der in einer Musikkapelle oder in einem Chor ist, und Sie haben die Gewähr dafür, einen guten Mann oder eine gute Frau zu haben.* Und schließlich forderte Günther Oettinger: *Bei der öffentlichen Hand darf der Förderbetrag für Musikschulen nicht weiter abgebaut werden.*

Alle Redner bezeichneten im globalen Vergleich Bildung als den entscheidenden Standortfaktor in Deutschland, da sie die wirtschaftliche Wettbewerbsfähigkeit sichere. Außerschulische Bildung werde zudem die weitere Zukunft unseres Landes entscheidend mitbestimmen. Bei alledem gelte es nicht nur, die spezialisierte Ausbildung im kognitiven Bereich zu fördern. Denn dass die musische Bildung in diesem Zusammenhang alles andere als Luxus oder Zugabe zur Bildung junger Menschen ist, sondern essentielle Fähigkeiten schult und entwickelt, wurde ebenfalls besonders hervorgehoben.

Konsens herrschte auch darüber, dass Verantwortung für die musische Bildung junger Menschen als zukunftsweisende Aufgabe nicht allein der öffentlichen Hand zufällt und die Möglichkeit zur Nutzung entsprechender Angebote genauso wenig von sozialen Gegebenheiten oder finanziellen Möglichkeiten der jeweiligen Familien abhängen darf. Vielmehr gelte es, Interessen zu bündeln, tragfähige Netzwerke zu entwickeln und auch die finanzielle Ausstattung von Bildungsinitiativen neu zu strukturieren – damit Kinder und Jugendliche und folglich unsere zukünftige Gesellschaft davon profitieren.

Die Vereinsgründung – Eine Idee wird in die Tat umgesetzt

Begeisternde und inspirierende Veranstaltungen gibt es viele – aber nur wenige können tatsächlich als „Geburtsstunde" für eine engagierte und nachhaltige Initiative bezeichnet werden. Die Vortragsveranstaltung in Altensteig-Wart gehört aber ohne Frage dazu: Sie war die Geburtsstunde für den Verein ObenAuf.

Ziel des Vereins sollte die ideelle und materielle Förderung der Jugendbildung in den Bereichen Musik, bildende und darstellende Künste im Enzkreis, der Stadt Pforzheim sowie den Landkreisen Calw und Freudenstadt sein – als Ergänzung zum bestehenden Bildungsangebot. Eine nachhaltige Bildungsförderung auf breiter Basis war den Vereinsgründern wichtig: Der Verein kümmert sich um außergewöhnliche Talente und engagiert sich genauso in der Breitenförderung und in Förderklassen. ObenAuf setzte es sich als Aufgabe, flächendeckend in der Region einen höheren Bildungsstandard bei Kindern und Jugendlichen zu erzielen, um damit die Wettbewerbsfähigkeit der Region und – davon ausstrahlend – des Landes zu erhöhen. Ein ehrgeiziges Ziel von ObenAuf war es schon beim Vereinsstart, in jeder Kindertageseinrichtung und in jeder

Die Gründungsmitglieder (v. l. n. r.): Jürgen Teufel, Fred Theurer, Barbara Casper, Prof. Thomas Gerlach, Lothar Hudy, Dieter Haag, Gerhard Baral, Hans-Werner Köblitz, Helmut Wagner, Jürgen Großmann, Stefan Kaufmann, Hans Peter Häusser

Schule der Region ein musisches Projekt anzustoßen, zu fördern und dauerhaft zu etablieren.

So gründeten 13 Persönlichkeiten aus der Region Nordschwarzwald am 16. August 2006 in Calw den Verein ObenAuf und wählten folgenden geschäftsführenden Vorstand: Hans-Werner Köblitz, Bad Teinach-Zavelstein (Vorsitzender), Barbara Casper, Remchingen (stellvertretende Vorsitzende), Helmut Wagner, Sternenfels, (Geschäftsführer), Fred Theurer, Schömberg (Schriftführer), Jürgen Teufel, Calw (Schatzmeister), Gerhard Baral, Pforzheim, Dieter Haag, Bad Teinach-Zavelstein, Daniela Lindner, Calw (alle Beisitzer) sowie Gerda Lörcher (Mitarbeiterin). Alle diese Vorstandsmitglieder sind bis heute im Amt.

Unterstützt wird die Arbeit des Vorstandes durch den Regionalbeirat. Die Regionalbeiräte bilden ein flächendeckendes Beraternetzwerk in allen Städten und Gemeinden der „ObenAuf-Region" Nordschwarzwald und stellen ihr Wissen sowie ihre Beziehungen in den Dienst von ObenAuf; sie bilden sozusagen das Bindeglied zwischen Sponsoren und Ideen, zwischen dem Verein und den Projektträgern. Im Enzkreis sind Barbara Casper (Remchingen), Edith Eidner (Neulingen), Frank Kreeb (Engelsbrand), Jürgen Kurz (Niefern-Öschelbronn) und Helmut Wagner (Sternenfels) als Regionalbeiräte aktiv, knüpfen Kontakte, stoßen Projekte an und begleiten diese.

Kooperieren und Partnerschaften bilden

Neu am Konzept von ObenAuf ist zum einen die Ausrichtung der Vereinstätigkeiten auf eine gesamte Region – über Städte- und Landkreisgrenzen hinweg. Insgesamt 70 Städte und Gemeinden mit zusammen rund 590.000 Einwohnern gehören zu dem Gebiet, in dem der Verein die musische Jugendarbeit unterstützt. Neu ist zum anderen ein Förderkonzept, das ausschließlich auf die Einwerbung von Spenden ausgelegt ist. Mitgliedsbeiträge werden bei ObenAuf nicht erhoben. Ganz wichtig war den Vereinsgründern, dass der Verein rein ehrenamtlich geführt wird – bis heute ist das so geblieben. Ausgehend von dem Grundgedanken „Bildung macht Freude, und Bildung zu fördern macht auch Freude" konnte ObenAuf bisher rund 250 Spenden in einer Gesamthöhe von über 300.000 Euro verbuchen und für die Förderung musischer Projekte in der Region Nordschwarzwald ausgeben. Letztlich hat dieses Engagement als Anschubfinanzierung für Projekte in einem finanziellen Gesamtumfang von etwa 1,16 Millionen Euro gewirkt. Allein im Enzkreis hat ObenAuf seit seiner Gründung 90 musische Jugendbildungsprojekte in 19 der 28 Kreisgemeinden gefördert.[2]

„Zukunftssponsoring" nennt man diese Art von Kultursponsoring für die Jugendbildung bei ObenAuf. Die Professionalität, Kompetenz und Verlässlichkeit des Vereins sowie das zielorientierte Handeln bei der Projektumsetzung überzeugen und begeistern viele Menschen und lassen sie zu Spendern und Bildungsunterstützern werden.

Wichtig für die Absicherung einer kontinuierlichen Arbeit von ObenAuf ist die großzügige Unterstützung durch Mäzene (10.000 Euro Jahresförderung), Gönner (3.000 Euro Jahresförderung), Paten (1.000 Euro Jahresförderung) und Förderer (500 Euro Jahresförderung). Diese gewährleisten durch ihre Spenden die finanzielle Basis für langfristige und hochwertige musische Jugendbildungsangebote in der gesamten Region Nordschwarzwald.

Zu den Spendern gehören immer mehr Firmen und Unternehmen. Sie haben verstanden, dass die Förderung musischer Bildung von Kindern und Jugendlichen eine Investition in den Wirtschaftsstandort ist, von der sie ganz konkret profitieren, und sie sind bereit, dafür Verantwortung zu übernehmen. Treue Unterstützer und Förderer werden vom Verein regelmäßig für ihr Engagement gewürdigt. So werden sie zu den Vortragsveranstaltungen eingeladen, bei denen prominente Redner ihre Visionen, Ziele und Projekte in Sachen Jugendbildung vorstellen, Denk- und Handlungsanstöße geben und die Bildung von Netzwerken unterstützen. Unter anderem sind bereits Bundesbildungsministerin Dr. Annette Schavan, der Vorstandsvorsitzende der Deutschen Bahn AG, Dr. Rüdiger Grube, sowie die Volkswirtschaftlerin und Psychologin Dr. Helga Breuninger von der Breuninger-Stiftung Stuttgart der Einladung von ObenAuf gefolgt. Für 2012 hat Dr. Arend Oetker, Präsident des Stifterverbandes für die Deutsche Wirtschaft, sein Kommen zugesagt. Ein wichtiger und verlässlicher Partner und Förderer der Arbeit von ObenAuf ist die Sparkasse Pforzheim Calw, die für den Verein in seiner Gründungsphase den notwendigen finanziellen Grundstock zur Verfügung stellte und den Verein seither „vor und hinter den Kulissen" unterstützt – als finanzieller Förderer genauso wie als Impuls- und Ideengeber für zahlreiche Projekte.

Für die Förderung von Projekten gibt es bei ObenAuf festgelegte Kriterien und Grundsätze. Grundsätzlich gilt: Der Verein ist gegenüber allen Vorschlägen und Ideen, welche die musische Bildung fördern, aufgeschlossen. Er versucht, deren Umsetzung zu ermöglichen – der Kreativität und dem Einfallsreichtum der Projektträger sind also (fast) keine Grenzen gesetzt. Gesang, Tanz, darstellende und gestaltende Kunst, Literatur, Dichtung, Theater, Film oder ein „Crossover" zwischen diesen musischen Richtungen – alles ist denkbar.

Der Verein sieht es als eine wichtige Aufgabe an, Antragssteller und Projektträger bei der Entwicklung ihrer Ideen zu beraten und deren Realisierung im Rahmen der fianziellen Möglichkeiten, aber auch ideell zu unterstützen. ObenAuf grenzt nicht aus und tritt auch nicht in Konkurrenz zu anderen Projekten, Stiftungen und Initiativen. Bisherige Partner sind die Stadt Pforzheim, der Enzkreis, die Landkreise Calw und Freudenstadt, der Verein „GoldaderBildung e. V., der Verein „Musik aus Dresden" in Birkenfeld, das Kulturhaus Osterfeld sowie verschiedene Musik- und Gesangvereine aus der gesamten Region.

Vom Einzelprojekt zu regionalen Förderschwerpunkten

Um die Nachhaltigkeit der Bildungsarbeit zu sichern, hat ObenAuf neben den Einzelförderungen ein Konzept für die langfristige außerschulische musische Bildung in der Region entwickelt. Dabei wurden verschiedene Förderschwerpunkte herausgearbeitet, die Projektträgern Anregungen geben und Leitlinie sein sollen.

„Singen im Kindergarten": das erste regionale ObenAuf-Projekt

Dr. Herbert Müller, Vorstandsvorsitzender der Sparkasse Pforzheim Calw, hatte im Jahr 2008 den Anstoß für das heutige Vorzeige-projekt gegeben und persönlich auch den finanziellen Grundstock dafür gelegt: Die musischen Fähigkeiten der Kinder sollen so früh wie möglich gefördert werden. „Singen im Kindergarten" will Kinder und Erzieherinnen zum Singen motivieren und sie dazu an-leiten, dies mit Freude zu tun und ihre Stimme dabei richtig und in kindgerechter Stimmlage, die höher ist als die „Erwachsenen-Stimmlage", einzusetzen. Kinder und Erzieherinnen sollen bei die-sem Projekt spüren: Singen macht einfach Spaß! Es ist die ur-sprünglichste Form des Musizierens, fördert die Sprach- und Ausdrucksfähigkeit, stärkt das Gemeinschaftsgefühl und das ei-gene Selbstvertrauen und schult darüber hinaus das Gehör, die Körperspannung und die Konzentration. Und ganz nebenbei wer-den durch das Singen von Liedern aus aller Welt auch Integration, Toleranz und unterschiedliche kulturelle Werte vermittelt.

In einer Pilotphase sammelten zwölf Kindergärten im Enzkreis, in Pforzheim und im Landkreis Calw erste Erfahrungen – und diese waren durchweg positiv und vielversprechend. Wie eine Umfrage bei den teilnehmenden Einrichtungen gezeigt hat, reagierten die Kinder aufgeschlossen und begeistert auf das musische Angebot und gerade bei Kindern im mittleren Kindergartenalter (4–5 Jahre) sowie bei Vorschulkindern seien im Laufe des Projektes deutliche Fortschritte zu erkennen gewesen.

Zu den Bausteinen dieses zeitlich unbefristeten Konzeptes ge-hören unter anderem die intensive Zusammenarbeit zwischen den Erzieherinnen der jeweiligen Einrichtungen sowie Musikschulen und Stimmbildnern, die Fortbildung der Erzieherinnen am Ar-beitsplatz und jährliche Impulsveranstaltungen in Pforzheim, Calw und Freudenstadt mit Friedhilde Trüün, Lehrbeauftragte an der Hochschule für Kirchenmusik in Tübingen, zu der die Erziehe-rinnen aus allen rund 450 Kindertageseinrichtungen der Region eingeladen werden. Die Schulung zur Stimmbildung, die 14 Stun-den umfasst, wurde mittlerweile in 123 Kindertageseinrichtungen der Region durchgeführt.

„ObenAuf im Schulchor"

Ein weiterer Projektbaustein, der das Singen von Kindern fördert, heißt „ObenAuf im Schulchor". Neben den bereits genannten positiven Effekten des Gesangs steht beim Singen im Chor zusätzlich noch die soziale Komponente im Fokus: Auch die jüngsten Sänger müssen aufeinander hören, sich um Harmonie bemühen, mit ihrer Stimme zum Gelingen des Ganzen beitragen sowie die anderen Sänger und Sängerinnen respektieren. Bisher konnten 15 Projekte gefördert werden. Die Gründung weiterer Schulchöre, auch als Kooperationsmodell zwischen Schule und Gesangverein, ist ein besonderes Anliegen des Vereinsvorsitzenden Hans-Werner Köblitz, das er selbst mit je 1.000 Euro fördert.

„Musik macht Schule"

„Was wäre das Leben ohne Musik" – dieses Zitat von Hermann Hesse vermag treffend auszudrücken, welche elementare Bedeutung Musik für die Menschen hat. Heute gibt es keinen Zweifel mehr, dass Musik die Lebensqualität bereichert und aktives Musizieren die Konzentrationsfähigkeit, das Selbstbewusstsein und die Persönlichkeitsentwicklung der Kinder fördert. Ab der Grundschule werden Percussions-Orchester, schulische Gitarren- oder Akkordeongruppen, Bläser- oder Violinklassen, Flötengruppen und Keyboard-AGs durch ObenAuf gefördert. Durch die großzügige Unterstützung der Sponsoren konnten bislang 80 Projekte bewilligt werden.

Bläserklasse an der Grundschule Freudenstein – eine erfolgreiche Kooperation mit dem Musikverein Freudenstein im März 2009

„KunstSinn"

Ein weiteres Angebot von ObenAuf an Jugendliche aus Jugendgruppen sowie Haupt-, Werkreal-, Realschulen und Gymnasien heißt „KunstSinn". Die Jugendlichen bekommen in Zusammenarbeit mit namhaften Künstlern aus der Region Zugang zu krea-

ARTistik, Zirkus- und Kunstprojekt an der Grundschule Sternenfels im Juli 2007. (v. l. n. r.): Hans-Werner Köblitz, 1. Vorsitzender von ObenAuf, Dr. Anette Schavan, Bundesministerin für Bildung und Forschung, Christel Weigle-Mayer, Rektorin der Grundschule Sternenfels, Bürgermeisterin Sigrid Hornauer und die Künstlerin Martina Mohren.

Pilotprojekt „Lebendige Steine". Die 8. Klasse der Heynlin-Schule Stein gestaltete im Sommer 2010 acht Wochen lang im Wilferdinger Steinbruch eindrucksvolle Skulpturen zum Thema „Der eigene Körper", die seither entlang des Steiner Mühlbachs den öffentlichen Raum bereichern.

tivem Arbeiten. Sie können sich und ihre Fähigkeiten ausprobieren und gemeinsam mit anderen etwas Einzigartiges, Bleibendes schaffen – und „ganz nebenbei" noch Anerkennung für ihre Leistungen erhalten und soziale Erfahrungen in der Gruppe sammeln.

Die Palette der bereits geförderten „KunstSinn"-Projekte ist breit angelegt: Bei „Zusammengeschweißt" entstehen aus Schrott und Überbleibseln der Wegwerf- und Industriegesellschaft neue, individuelle Kunstgegenstände. „Lebendige Steine" ist ein Projekt, das unter anderem bereits in Königsbach-Stein, Maulbronn und Sternenfels durchgeführt wurde. Als Mosaik oder Skulptur entstehen Gemeinschaftswerke, die den öffentlichen Raum beleben und Zeugnis von der Kreativität und Schaffenskraft junger Menschen geben. „Holzige Ideen" sind bei ObenAuf derzeit noch gesucht. Bisher wurde noch kein Projekt zu diesem Kreativbereich gefördert – Ideen und Anfragen sind den ObenAuf-"Machern" herzlich willkommen. Bunt geht es beim „FarbStoff" zu. Jugendliche erschaffen dabei mit Farbe und Pinsel Kunstwerke – unter anderem gestalteten Schülerinnen und Schüler der Heynlinschule Stein ein Gemälde an Trafostationen der EnBW mit peppigen und kreativen Motiven zum Thema „Sonne – Wasser – Wind: Energie der Zukunft".

Ziel aller KunstSinn-Projekte ist es, das kreative Schaffen von Kindern und Jugendlichen in der Öffentlichkeit sichtbar zu machen. Geplant ist, dass alle KunstSinn-Projekte zusammen ein regionales ObenAuf-Kunst-Band bilden, das die Region verbindet.

„School of Rock"

Ein etabliertes Projekt des „Netzwerk Musik Nordschwarzwald", das von ObenAuf seit 2007 bereits mehrfach gefördert wurde, ist „School of Rock". Der gleichnamige Kinofilm gab Pforzheimer Musikschaffenden im März 2004 den Anstoß, die pädagogische Grundidee dieses Filmes in die Tat umzusetzen. Mit Hilfe eines Dozententeams sollten Schülerinnen und Schüler – auch ohne musikalische Vorkenntnisse – innerhalb einer Doppelschulstunde einen Rock- oder Popsong einstudieren oder sogar gleich einen eigenen Song schreiben und auf die Bühne bringen. Die Schüler lernen dabei aus dem Stand Grundkenntnisse auf Instrumenten wie Schlagzeug, E-Gitarre, E-Bass oder Keyboard kennen und setzten diese neuen Kenntnisse sofort um.

Die Jugendlichen erleben in dieser Unterrichtsstunde sowie beim obligatorischen Abschlusskonzert jeder Staffel ein erheb-

liches Positivgefühl, sie erleben Musik begeisternd und aus dem Blickwinkel der „Macher" statt der „Konsumenten". Über diese Erlebnisse hinaus will die „School of Rock" die Jugendlichen zu dauerhaftem eigenem Musizieren motivieren. Die Resonanz auf das Angebot war bisher überwältigend. Mittlerweile lief bereits die vierte „School of Rock"-Staffel, teilgenommen haben insgesamt 150 Schulklassen aus Pforzheim und dem Enzkreis mit etwa 3.500 Jugendlichen.

Glanzlicht in der Region Nordschwarzwald

In den Jahren seit seiner Gründung hat ObenAuf Vieles erreicht und Beispielhaftes geleistet – zusammen mit

- großzügigen Spendern und Förderern, die sich von der Bedeutung der musischen Jugendbildung überzeugen ließen und ein Stück Verantwortung für die Zukunft von Kindern und Jugendlichen übernommen haben,
- kreativen Projektträgern, die an ihre Ideen und deren Umsetzung glaubten,
- verantwortungsbewussten Erzieherinnen und Pädagogen und natürlich
- vielen begeisterten Kindern und Jugendlichen, die aus der Freude am eigenen musikalischen oder künstlerischen Tun wichtige Erlebnisse für ihre persönliche Entwicklung gewonnen haben.

Der Verein wurde zu einer landesweit beachteten, modellhaften Initiative und hat sich zu einem Alleinstellungsmerkmal und Aushängeschild für die Region Nordschwarzwald entwickelt. Für sein beispielhaftes Vereinskonzept, das hohe Maß an ehrenamtlichem Engagement sowie die wichtige und erfolgreiche Arbeit, die bei ObenAuf geleistet wird, wurde der Verein durch die Sparkasse Pforzheim Calw im Jahr 2011 als eines der Glanzlichter in der Region Nordschwarzwald ausgezeichnet – der Verein ist sozusagen zu einem Stück dieser Region geworden. Deshalb ist es selbstverständlich, dass ObenAuf auch an zwei Großveranstaltungen in der Region teilnimmt: Bei der Landesgartenschau 2012 „Natürlich Nagold" sind Kinder und Jugendliche unter dem Motto „Zusammengeschweißt – Kunst-Garten – Mit Dir und ObenAuf" zum kreativen gestalten von „Kunstwerken" aus Abfällen und Schrott eingeladen. Die Skulpturen werden auf der Gartenschau ausgestellt und sollen auch Teil des ObenAuf-Kunst-Bandes werden. Außerdem steht fest, dass sich der Verein am Nordschwarzwaldtag 2013 des Regionalverbandes mit dem Schwerpunkt Kultur und Tourismus beteiligen wird.

In den kommenden Jahren möchte man bei ObenAuf den eingeschlagenen Weg weiter gehen, die langfristig angelegten Bildungsprojekte pflegen und neue, herausragende Initiativen un-

Die Auszeichnung des Vereins als Glanzlicht in der Region Nordschwarzwald im April 2010, v. l. Hans Neuweiler, Stellvertretender Vorstandsvorsitzender der Sparkasse Pforzheim Calw, Barbara Casper und Helmut Wagner, Zweite Vorsitzende und Geschäftsführer von ObenAuf, sowie Fred Theurer, Stellvertretendes Vorstandsmitglied der Sparkasse Pforzheim Calw und Schriftführer von ObenAuf.

terstützen. Dass diese Absicht eine stetige Herausforderung ist, wissen alle Beteiligten. Die Projekte leben auch von den Ideen und dem zeitlichen Engagement der Pädagogen, Erzieherinnen und Betreuer. Zu hoffen bleibt, dass diesen trotz der sich immer wieder verändernden Orientierungs- und Bildungspläne genügend Zeit für die Vermittlung musischer Belange verbleibt. Die immer häufiger realisierte Ganztagesbetreuung an Schulen eröffnet dem Verein neue Chancen, die hoffentlich durch Kooperationen im Rahmen der Nachmittagsbetreuung noch mehr Kindern die Teilnahme an musischen Angeboten ermöglichen könnten. So wird mit Unterstützung der „ObenAuf-Netzwerker" dieses „Glanzlicht" auch in Zukunft in und für die Region Nordschwarzwald erstrahlen.

Nikolausfeier nach erfolgter Beschaffung eines Klaviers für die Pforzheimer Kindertagesstätte Oststadtpark im Dezember 2007.

Ansprechpartner:
Helmut Wagner, Geschäftsführer, Friedrich-Ebert-Straße 18, 75447 Sternenfels, www.oben-auf.de, E-Mail: mail@oben-auf.de, T: 07045-912880 und 07051-9321-9050

Anmerkungen

1   Zahlen aus Albert, Mathias, Klaus Hurrelmann und Gudrun Quenzel: Jugend 2010 (16. Shell-Jugendstudie 2010). Hamburg 2010. <http://www-static.shell.com/static/deu/downloads/youth_study_2010_flyer.pdf> (25.6.2012).
2   Alle Zahlen zu den Vereinsaktivitäten: Stand 31.12.2011.

KLAUS-PETER BÖHRINGER

Von der Integration zur Inklusion

Der Beitrag des Enzkreises zur beruflichen und
sozialen Teilhabe benachteiligter junger Menschen

Anlässlich des „Europäischen Jahres der Menschen mit Behinderungen" wurden 2003 im Jahrbuch 10 des Enzkreises die schulische
Förderung und nachschulische Begleitung von Menschen mit Behinderungen dargestellt sowie die vorbildlichen Bemühungen des
Enzkreises als Schulträger ausführlich erläutert. Leitmotiv damals
war die Integration, definiert als Wiederherstellung eines Ganzen.
Dieser Begriff wurde nach und nach ersetzt durch den der Inklusion, definiert als Einschluss. Denn Eltern und Sonderpädagogen
wollen nicht als „Reparateure" etwas Ganzes wiederherstellen,
sondern gleichberechtigten Mitgliedern eines Ganzen die ihnen
zustehende und benötigte Unterstützung angedeihen lassen. Aus
diesem Verständnis heraus benutzen wir den klaren und einfachen Begriff „Teilhabe".

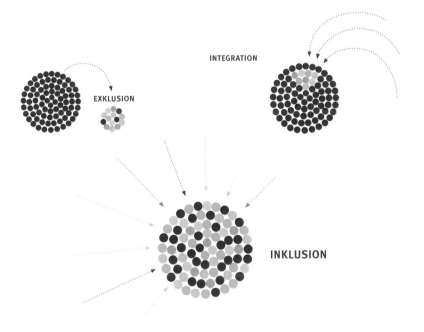

Die Bemühungen um mehr Teilhabe von Menschen mit Behinderungen wurden durch die UN-Konvention über die Rechte behinderter Menschen vorangebracht, die 2009 auch Deutschland ratifiziert hat. Die Konvention hat Rechtscharakter und enthält klare Vorgaben, über deren Umsetzung die einzelnen Länder in regelmäßigen Zeitabständen berichten müssen. Sie geht von der Gleichheit aller Menschen aus und verzichtet – im Gegensatz zu Artikel 3 Absatz 3 des Grundgesetzes der Bundesrepublik Deutschland – auf besondere Herausstellung der Behinderteneigenschaft. Sie macht also behinderte Menschen nicht „gleicher" als andere, indem etwa formuliert wird: *Behinderte dürfen nicht benachteiligt werden.* Daraus folgt logischerweise, dass sie auch nicht bevorteilt werden dürfen – und schon haben wir ein typisch deutsches Dilemma: durch Überregulierung verursachte Unsicherheit. Wie einfach haben es da die Schweden in ihrer Verfassung geregelt: Dort ist festgelegt, dass alle Menschen gleich sind und es allen Menschen gut gehen soll, niemandem besser oder schlechter.

Allen Menschen soll es gut gehen – diese Formulierung ist zielführend im Hinblick auf die Teilhabe von Menschen mit Behinderungen. Diesen Menschen geht es gut, wenn ihre Wünsche und Bedürfnisse Berücksichtigung finden. So einfach ist das! Wenn man Wünsche und Bedürfnisse erkannt hat und respektiert, müssen Bemühungen folgen, ihnen gerecht zu werden – eine Voraussetzung, die in unserem überorganisierten System nicht leicht zu schaffen ist. Sie erfordert einen Paradigmenwechsel: Die Verantwortlichen sollen nicht länger klären, wie die Menschen zu Vorschriften passen, sondern wie die Vorschriften den Bedürfnissen angepasst werden können. Ein schwieriges, aber durchaus mögliches Unterfangen. Erforderlich dafür sind Mut, Übernahme von Verantwortung und Schaffung klarer Zuständigkeitsstrukturen. Vernetzung von Kompetenzen und Ressourcen führt zu Lösungen, die allen Beteiligten nützen und sich volkswirtschaftlich rechnen. Dies wird durch ein im Enzkreis entwickeltes Erfolgsmodell deutlich gemacht: Wir sind dem Ziel, aus der kreiseigenen Gustav-Heinemann-Schule in Pforzheim eine „Schule für alle" zu machen, schon sehr nahegekommen.

Bis heute existiert der Name „Schule für Geistigbehinderte". Es ist der Schulverwaltung noch immer nicht gelungen, einen weniger diskriminierenden Namen zu finden. Aus diesem Grund gaben sich Schulen selbst einen Namen – wir an der Gustav-Heinemann-Schule entschieden uns für „Schule zur Förderung der Teilhabe" und nach der Umsetzung des Teilziels „inklusive Sonderschule" für die Bezeichnung „Schule für alle". Die Weiterentwicklung dieser

Enzkreis-Sonderschule zu einer Schule zur Unterstützung und Förderung von Kindern unterschiedlichster Begabung erfordert ein hohes Maß an Differenzierung und individuelle Lernangebote.

Das Bundesministerium für Arbeit und Soziales brachte im Jahr 2011 eine „Initiative Inklusion" auf den Weg. Deren Kern ist die personelle und zeitliche Vernetzung aller Partner der Schule im Übergang zum Beruf, also die Vernetzung der Schulverwaltung, der Arbeitsverwaltung, der Sozialverwaltung (Integrationsamt und Integrationsfachdienst [IFD]) sowie der Schulträger. Die Abstimmung der Verfahrensschritte und die klare Zuweisung von Zuständigkeiten ist Aufgabe dieser Partner. Auch müssen sie die Bedürfnisse und Kompetenzen der Schülerinnen und Schüler während einer längeren Übergangs- und Begleitphase kennenlernen. Gerade behinderte Schüler (wir verwenden hier generell die männliche Form, schließen die weibliche jedoch stets mit ein) sind darauf angewiesen, ihre Lebensumwelt zu erfahren und sich in ihr zurechtzufinden. Fahren Kinder mit Behinderung morgens mit dem Schulbus zur Schule und kommen abends zurück, sind ihre Sozialkontakte im Lebensumfeld sehr eingeschränkt. Die Bevölkerung lernt nicht, mit diesen Kindern ganz normal umzugehen und sie als gleichwertig zu akzeptieren – sie bleiben im Sozialraum fremd. Also, was ist für Pädagogen der logische Schluss? Die Schüler sollten im sozialen Umfeld der Region unterrichtet werden: Lernen im Leben, in Teilhabeprojekten der Gemeinden im Enzkreis.

Weiterentwicklung der Struktur der Gustav-Heinemann-Schule

Die beiden Teilhabeprojekte „Gemeindehaus Zaisersweiher" und „Gasthaus Pflug" in Dennach sind in Band 10 dieser Buchreihe bereits vorgestellt worden. Die Auswirkungen des Unterrichts vor Ort waren bei Schülern, Eltern und Bevölkerung so positiv, dass wir seit 2003 drei weitere Teilhabeprojekte eingerichtet haben:

- „Altes Kloster" in Wiernsheim mit drei Klassen
- „Uff dr Pfinz" in Straubenhardt-Pfinzweiler (im alten Schulhaus) mit drei Klassen, davon eine Klasse mit körperbehinderten Kindern
- „Paul Ochner" in Neuenbürg-Dennach mit zwei Klassen, davon eine Klasse mit körperbehinderten Kindern

Die Gustav-Heinemann-Schule verfügt also über insgesamt fünf Teilhabeprojekte in angemieteten Räumen in Gemeinden des Enz-

Auf dem Weg zur Schule der Zukunft (Schule für alle): die differenzierten Angebote der Gustav-Heinemann-Schule in der Region Pforzheim-Enzkreis

kreises. Zusammen haben diese Projekte zwölf Klassen aufzuweisen. Daneben sind weitere sechs Klassen als „Außenklassen" an anderen allgemeinen Schulen im Enzkreis untergebracht, nämlich in Ispringen, Kieselbronn, Wurmberg und Wiernsheim. Förderung der Teilhabe hat also nach unserer Auffassung zwei Wirkungsbereiche: das rein schulische Lernen in der Stammschule und mit zunehmendem Alter das Lernen in realen sozialen Umfeldern unter Einbeziehung der Bevölkerung. Durch die Aufnahme der Lernbereiche „Trainingswohnen" und „Mobilität" im neuen Bildungsplan der Schule für Geistigbehinderte sehen wir unsere langjährigen Bemühungen um die Verselbstständigung unserer Schüler bestätigt.

Von der „Eingliederungswerkstufe" zur BVE und zur BVE/KoBV

Die berufliche und soziale Teilhabe von Schülern mit besonderen Bedürfnissen und Begabungen gewann seit 1999 mit dem rich-

tungsweisenden Beschluss des Kreistages, an der Gustav-Heinemann-Schule eine „Eingliederungswerkstufe" einzurichten, lan-
des- und bundesweite Bedeutung. Die ersten beiden Klassen
dieser „besonderen Werkstufe" (der Berufsschule für Geistigbehinderte) wurden als Außenklassen an der Ludwig-Erhard-
Schule (Kaufmännische Berufsschule in Pforzheim) eingerichtet
für Schüler, *die den Anschein erkennen lassen, mit Unterstützung
des Fachdienstes des Landeswohlfahrtsverbandes Baden auf einen
Arbeitsplatz auf dem allgemeinen Arbeitsmarkt vorbereitet werden zu können.* In diesem Erlass des Oberschulamtes Karlsruhe war
ein „Vernetzungsgebot" vorgegeben – Voraussetzung für alle
weiteren Entwicklungen zur beruflichen Teilhabe von Menschen
mit Behinderung und ein kleiner Schritt zur Umsetzung der Vorgaben von Teil IX des Sozialgesetzbuches (Einbeziehung des Integra-
tionsfachdienstes).

Im April 2004 kam es durch die Erfolge dieser Eingliederungswerkstufe und den Wegfall der „Förderlehrgänge" der Arbeitsverwaltung für schwache Förderschüler (Lernbehinderte) zu einer
Besprechung mit dem Kultusministerium, anlässlich der gefragt
wurde, ob wir uns vorstellen könnten, Förderschüler, die nicht zur
Ausbildungsreife geführt werden können, in unserer Eingliederungswerkstufe auf die berufliche Teilhabe vorzubereiten. Da die
Bedürfnisse dieser Zielgruppe weitgehend denen unserer Schüler
der Eingliederungswerkstufe entsprachen, war dies für uns lediglich eine Frage der räumlichen und sächlichen Ressourcen. Kurz
entschlossen trugen wir dem Landrat diese erweiterte Aufgaben-
stellung vor, und wenig später mietete uns der Enzkreis geeignete
Räumlichkeiten in einer ehemaligen Schmuckfabrik in der Luitgardstraße in Pforzheim an. Und nur fünf Monate (!) nach der
Konferenz mit den Referenten des Referats Sonderschulen des
Kultusminsteriums bezogen wir mit der erweiterten Schülerschaft
die neuen Räumlichkeiten, die wir zuerst mit den Schülern reno-
vieren und einrichten mussten. Diese gemeinsame Aufgabe war
ein sehr geeigneter Einstieg in das erweiterte Aufgabenfeld, sowohl für Lehrer als auch für Schüler. Der Name, den die neue Berufsschule erhielt – Berufsvorbereitende Einrichtung (BVE) – senkte
die Hemmschwelle bei Förderschülern und deren Eltern. Durch
den in der gleichen Zeit begonnenen Ausbau der Stammschule an
der Habsburgerstraße konnte der Schulträger weitere Klassen vorübergehend in dieses Gebäude auslagern, so dass in der Luitgardstraße zeitweise neun Klassen der Gustav-Heinemann-Schule unterrichtet wurden.

Die Eingliederungserfolge der BVE sprachen sich schnell herum. Bedingt durch die enge Kooperation mit dem IFD war auch der Kommunalverband für Jugend und Soziales Baden-Württemberg (KVJS) als Träger des IFD auf dieses rein schulische Modell der Berufsvorbereitung aufmerksam geworden.

Das mit sechs Modellschulen in Baden-Württemberg erarbeitete Grundlagenwerk „Was kommt nach der Schule? Handbuch zur Vorbereitung auf das nachschulische Leben durch die Schule für Menschen mit geistiger Behinderung", das als Dissertation von Matthias Küchler anerkannt wurde, beschreibt neben den vielen organisatorischen, didaktischen und methodischen Hinweisen auch das „Drei-Phasen-Modell" zur beruflichen Orientierung, Erprobung und Eingliederung:

- Orientierung – Betriebsbesichtigungen, Schnupperpraktika
- Erprobung – Betriebspraktika, Blockpraktika
- Eingliederung – Langzeitpraktika, Qualifizierung

Diese drei Phasen bauen aufeinander auf und dauern je nach Entwicklung des Berufsschülers ein bis zwei Jahre. Die ersten beiden Phasen sind als besondere Form der Berufsschulstufe ein rein schulisches Modell und nach dem Organisationserlass für die Schule für Geistigbehinderte organisiert. Die Dauer beträgt in der Regel zwei Jahre und kann bei begründetem Bedarf verlängert werden. Die dritte Phase ist eine berufsvorbereitende Bildungsmaßnahme (BVB) der Agentur für Arbeit und analog der dualen Ausbildung (betriebliche Ausbildung und Berufsschule) organisiert. Sie dauert 11 bis 18 Monate.

Zeitgleich entwickelte der KVJS ein Modell zur beruflichen Teilhabe benachteiligter Jugendlicher unter stärkerer Einbindung von Berufsschulen, Arbeitsverwaltung und Werkstätten für behinderte Menschen, die Kooperative berufliche Bildung und Vorbereitung (KoBV). Teilnehmer dieses Modells werden in Anlehnung an die duale Ausbildung in einem Zeitraum von 11 bis 18 Monaten auf die Übernahme einer Tätigkeit auf dem allgemeinen Arbeitsmarkt vorbereitet. Sie erhalten ein Ausbildungsgeld und Fahrtkosten von der Arbeitsagentur, werden von einem Jobcoach begleitet und besuchen an zwei Tagen der Woche die Berufsschule. Es zeigte sich, dass der Eingliederungserfolg wegen der zeitlich begrenzten Ressourcen und der unzureichenden schulischen Vorbereitung nicht so groß war wie erwartet. Die berufliche Eingliederung der Schüler aus der BVE war deshalb so erfolgreich, weil sie über genügend Zeit verfügten, sich in aller Ruhe zu orientieren und zu erproben. Allerdings verfügten sie als Schüler nicht über ein Ausbildungsgeld, was sich oft negativ auf die Motivation auswirkte.

**Übergang von der Schule für Geistigbehinderte in das nachschulische Leben:
Drei Phasen einer Lebensvorbereitung in der Berufsschulstufe**

Ende der Hauptstufe: Allgemeine Informationsveranstaltung zur Berufswegeplanung und zum Berufsschulstufekonzept

Phase 1: ORIENTIERUNGSPHASE Planungsphase

BVE

Schule für GB und KB
Berufsschulstufe

Gegenseitige Kontaktaufnahme

Kooperationspartner
**für den
Berufsvorbereitenden Bereich**

Schwerpunkte:
- **Berufliche Bildung**
- **Lebensplanung**

Allgemeinbildung
Lebensplanung
Berufswegeplanung
Verselbstständigung
Schlüsselqualifikationen

Lernbereiche:
o Identität
o Arbeit
o Mobilität
o Wohnen
o Freizeit
o Öffentlichkeit
o Freundschaft/
   Partnerschaft/
   Sexualität

**INDIVIDUELLE
LEBENS-/BERUFSWEGEPLANUNG**

Inhalte:
o Neigungen der SchülerInnen
o Kompetenzen der SchülerInnen
o Entwicklung von Perspektiven
o Abklärung von Zuständigkeiten /
   Aufgaben

o Eltern
o Arbeitsamt
o Schulverwaltung
o IFD
o Partnerbetriebe
o WfbM
o Berufsschule
o Kostenträger

ORIENTIERUNGSPRAKTIKA

INDIVIDUELLE BERUFSWEGEKONFERENZ
(bei Bedarf)

Teilnehmer: Schülerinnen, Eltern, Schule, IFD
WfbM, Arbeitsamt (Reha-
Beratung)

Beziehungen der Kooperationspartner und Darstellung der Abläufe am Beispiel der Orientierungsphase. Die beiden anderen Phasen sind ähnlich strukturiert, allerdings mit unterschiedlichen Schwerpunkten.

Nach Abwägung der Vor- und Nachteile beider Modelle wurden sie unter dem Titel BVE/KoBV im Jahr 2005 vereint. Künftig finden Orientierung und Erprobung in der BVE statt, die dritte Phase, genannt Eingliederungsphase, ist als KoBV organisiert.

Mit der „Aktion 1000" setzte sich der KVJS im Jahr 2005 ein sehr ehrgeiziges Ziel: Innerhalb von fünf Jahren sollten in Baden-Württemberg 1000 Teilnehmer in den allgemeinen Arbeitsmarkt eingegliedert werden. Nach nur vier Jahren war das Ziel erreicht

Schulverwaltung

Arbeitsverwaltung

Sozialverwaltung

Schnittmenge der Zuständigkeits- beziehungsweise Verantwortungsbereiche der Partner im Prozess der Berufsorientierung.

Schüler und Schülerinnen der Berufsvorbereitenden Einrichtung (BVE) helfen tatkräftig bei der Renovierung ihrer Berufsschule.

und die Wirksamkeit von BVE/KoBV erwiesen – und dies in wirtschaftlich schwierigen Zeiten.

Die hohe Akzeptanz der BVE in der Luitgardstraße ließ die Schülerzahl rasch ansteigen. Auf der Suche nach geeigneten Räumlichkeiten wurden verschiedene Alternativen geprüft. Der Standort sollte mit Rücksicht auch auf körperbehinderte Schüler möglichst zentrumsnah und verkehrsgünstig gelegen sein. Die ursprüngliche Absicht, die BVE/KoBV an einer Berufsschule anzusiedeln, scheiterte am Platzmangel an diesen Schulen. Schließlich wurden wir in der Salierstraße 2 fündig. Eine dort ansässige Kettenfabrik hatte die Produktion aufgegeben und der Enzkreis konnte das Gebäude preisgünstig erwerben. Zusammen mit Schülern wurde das Gebäude entkernt sowie für Renovierung und Ausbau vorbereitet. Trotz nicht vorhersehbarer Bauschäden konnte das Gebäude sehr zweckdienlich und modern gestaltet werden. Mit dieser BVE/KoBV verfügt der Enzkreis seit 2010 über die erste Berufsschule dieser Art in Baden-Württemberg. Der Zugang zu dieser ist natürlich auch für Schüler der zweiten Sonderschule des Enzkreises, der Schule am Winterrain, möglich. Um die Kooperation der beiden Einrichtungen zu vertiefen, wurde die Schule am Winterrain organisatorisch stärker in die BVE/KoBV eingebunden.

Die Vorbereitung auf berufliche und soziale Teilhabe beginnt nicht erst in der Berufsschulstufe. Die Schulen müssen auf Verselbstständigung der Schüler ausgerichtet sein und sie auf die Wahl des weiteren Bildungsganges vorbereiten. Schüler der Schule am Winterrain können nach Abschluss der Haupt- oder während der Berufsschulstufe bei entsprechend hoher Eigenmotivation und vorhandener Basiskompetenzen jederzeit in die BVE aufgenommen werden.

In die BVE/KoBV werden wesentlich behinderte und benachteiligte junge Menschen aufgenommen, die nicht zur Ausbildungsreife, wohl aber zur Arbeitsreife geführt werden können. Oftmals verfügen diese jungen Menschen erst in fortgeschrittenem Alter über die nötige Motivation und das Durchhaltevermögen zur Qualifizierung für eine Tätigkeit auf dem allgemeinen Arbeitsmarkt. Das Bildungsziel der BVE ist die erfolgreiche Aufnahme in die Eingliederungsphase, also in die KoBV.

Im Übergang Hauptstufe/Berufsschulstufe ist nicht immer eindeutig abzusehen, ob der Schüler die Voraussetzungen für die Aufnahme in die BVE erfüllt. Deshalb wurde an der Schule am Winterrain eine Berufsvorbereitungsklasse (BVK) für Schüler eingerichtet, von denen man annimmt, dass sie für die Aufnahme in die BVE geeignet sind, aber zuvor noch eine intensivere schulische Vorbereitung benötigen. So sind beide Schulen im Übergang

Die neue BVE in der Pforzheimer
Salierstraße wurde im September
2010 bezogen.

Hauptstufe/Berufsschulstufe eng verzahnt und tragen in diesem wichtigen Entwicklungsabschnitt gemeinsam Verantwortung für die weitere Förderung der Teilhabe, da sie sich auch die für beide Schulen zur Verfügung stehende Trainingswohnung teilen.

Mit der neuen Berufsschule wurde es auch möglich, Schüler mit einer Körperbehinderung in das Konzept BVE/KoBV einzubeziehen. Diese Schüler erfuhren bisher ihre berufliche Qualifizierung in überregionalen und überbetrieblichen Ausbildungseinrichtungen wie zum Beispiel in Berufsbildungswerken, allerdings oftmals ohne anschließende berufliche Eingliederung in ihrem regionalen Umfeld. Gemäß den sozialpolitischen Vorgaben des Enzkreises sollen diese Schüler künftig in der Region auf die berufliche Teilhabe vorbereitet werden.

Inzwischen hatten an anderen Standorten in Baden-Württemberg weitere Schulen eine BVE eingerichtet, mit dem Ziel, diese um ein KoBV zu erweitern. Das Kultusministerium genehmigte neben unserem Standort neun weitere, um Erfahrungen auch in anderen Regionen zu sammeln.

Zwischenzeitlich hatte das Integrationsamt des KVJS durch Gespräche mit Kultusministerium und Bundesagentur für Arbeit die Voraussetzungen geschaffen, das Konzept BVE/KoBV flächendeckend und landesweit in Baden-Württemberg einzuführen. Diese

Vernetzung der Bemühungen um die berufliche und soziale Eingliederung

Landesweite Vernetzung der Partner zur Erarbeitung der Grundlagen zur Implementierung von BVE/KoBV in Baden-Württemberg

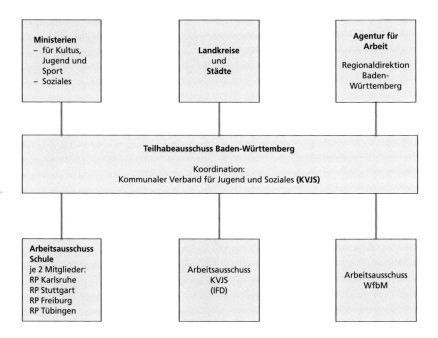

„Aktion 1000plus" soll bis Ende 2013 ihr Ziel erreicht haben, so dass jeder Region mit ca. 300.000 Einwohnern eine derartige Einrichtung zur Verfügung stehen wird.

In den „Gemeinsamen Empfehlungen", die der Teilhabeausschuss Baden-Württemberg verabschiedet hat, wurden alle rechtlichen und verwaltungstechnischen Vorgaben aufgelistet. Vereinbarte Standards sind die Erstellung eines Teilhabeplans für jeden Schüler, der die BVE/KoBV besuchen möchte. Ein Kompetenzinventar beschreibt die Fähigkeiten und Fertigkeiten der Schüler, die hier aufgenommen werden möchten beziehungsweise sollen. In Berufswegekonferenzen (BWK) setzen sich alle Partner (Schüler, Eltern, Schule, Agentur für Arbeit, IFD, Eingliederungshilfe, Jobcoach) mit den Wünschen und Bedürfnissen der Bewerber intensiv auseinander und erarbeiten eine gemeinsame verbindliche Berufsbildungsempfehlung. Besondere Bedeutung hat die BWK beim Übergang von der Hauptstufe in die Berufsschulstufe beziehungsweise in die BVE sowie beim Übergang von der BVE in die KoBV. Hier sind die von allen Partnern einvernehmlich erarbeiteten Empfehlungen besonders wichtig und verbindlich.

Ein von den Kolleginnen und Kollegen in Lörrach erarbeitetes Curriculum bildet die didaktische Grundlage der Arbeit in der Berufsschulstufe (BVE) und der Berufsschule (KoBV). Der Enzkreis hat

Zuständigkeits- bzw. Verantwortungsbereiche im Prozess der Berufsorientierung

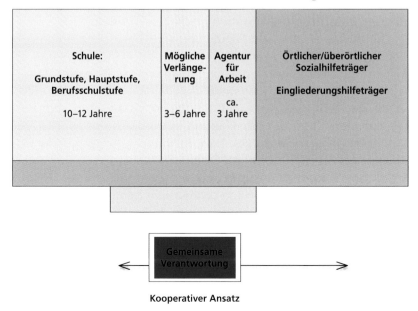

| Schule:

Grundstufe, Hauptstufe, Berufsschulstufe

10–12 Jahre | Mögliche Verlänge-rung

3–6 Jahre | Agentur für Arbeit

ca. 3 Jahre | Örtlicher/überörtlicher Sozialhilfeträger

Eingliederungshilfeträger |

Gemeinsame Verantwortung

Kooperativer Ansatz

Darstellung der gemeinsamen Verantwortungsbereiche im neuen Berufsorientierungsverfahren des Bundesministeriums für Arbeit und Soziales hier schon 1999 und damit sehr früh mit der Eingliederungswerkstufe, die in Form von zwei Außenklassen an der Pforzheimer Johanna-Wittum-Schule geführt wurde, die Voraussetzungen für eine positive Entwicklung geschaffen. Das Bundesministerium für Arbeit und Soziales profitierte denn auch in seinen Bemühungen um die Erarbeitung eines bundesweit einheitlichen „Berufsorientierungsverfahrens" von den Erfahrungen in Baden-Württemberg.

Im Rahmen der „Initiative Inklusion" des Bundesministeriums für Arbeit und Soziales werden die Erfahrungen aus BVE/KoBV auf weitere Zielgruppen von Menschen mit Behinderung (Autisten, Hörbehinderte, Sehbehinderte und Körperbehinderte) übertragen.

„Schule für alle"!?

Während dieser spannenden Entwicklung hatten der Kreistag des Enzkreises und der Pforzheimer Gemeinderat beschlossen, Hauptstufe und Berufsschulstufe der Schule für Körperbehinderte an der Gustav-Heinemann-Schule unterzubringen. Bis dahin mussten diese Schüler nach der Grundstufe die Schule für Körperbehinderte in Karlsbad-Langensteinbach besuchen und hatten entsprechend lange Fahrwege und Fahrtzeiten. Die Gustav-Heinemann-Schule musste jedoch noch auf die neuen Erfordernisse wie Barrierefreiheit, Pflegeeinrichtungen etc. abgestimmt werden. Die zunächst großen Vorbehalte der Elternschaft konnten nach und nach abgebaut werden. Seit der Aufnahme des Unterrichts findet die räumliche und unterrichtliche Situation große Anerkennung.

Die Gustav-Heinemann-Schule hatte sich den neuen Herausforderungen zu stellen. Hier erwiesen sich die Teilhabeprojekte als äußerst hilfreich, konnten doch auf diese Weise Schüler der Hauptstufen beider Schultypen gemäß dem Motto „im Leben lernen" und in den Genuss dieses wichtigen Verselbstständigungskonzeptes kommen. Dem bei der Planung vorgebrachten Wunsch der Schulleitung nach vier großen Klassenzimmern zur Aufnahme von Klassen des Pforzheimer Hilda-Gymnasiums wurde von Seiten des Schulträgers Enzkreis entsprochen. Die Erfahrungen, die wir mit autistischen Schülern am Hilda-Gymnasium gemacht hatten (zielgleicher Unterricht mit Schulbegleitung), überzeugten uns, dass die auf Freiwilligkeit beruhende „inklusive Beschulung" von nicht behinderten Schülern an der Sonderschule gelingen könnte.

Mit der UN-Konvention „unter dem Arm" gelang es, Schulleitung, Eltern und Lehrkräfte von der Idee zu überzeugen, nicht behinderte Schüler der Pforzheimer Schanzschule mit behinderten

Kindern der Gustav-Heinemann-Schule gemeinsam an der Sonderschule zu unterrichten. Die beiden Schulen liegen dicht beieinander. Lehrkräfte der Außenklasse an der Grundschule Kieselbronn und die Schulleiterin erläuterten den Eltern, wie ein solcher gemeinsamer Unterricht gestaltet würde und welche Vorteile sich für behinderte wie nicht behinderte Kinder daraus ergäben. Spontan erklärte sich die erforderliche Zahl von Eltern bereit, diesen bisher einmaligen Versuch des „inklusiven Unterrichts" an einer Sonderschule zu wagen. Schon wenige Wochen nach der gemeinsamen Einschulung zeigte sich, dass die nicht behinderten Kinder keinerlei Probleme hatten, die unterschiedlich schwer behinderten Mitschüler ganz selbstverständlich zu akzeptieren. Die Lehrkräfte arbeiteten im Team sehr eng zusammen, und bald konnte man zum Beispiel in den gemeinsamen Pausen nicht mehr unterscheiden, welche Lehrkraft für welche Kinder zuständig war. Den Unterricht gestalten die Lehrkräfte in einigen Lernbereichen zielgleich, in den Hauptfächern jedoch zunehmend zieldifferent. Dies ist Voraussetzung, um den Bildungsansprüchen der Kinder und den Erwartungen der Eltern gerecht zu werden. Dementsprechend verfügen die Klassen über eigene Klassenzimmer, die idealerweise offen stehende Verbindungstüren besitzen, so dass etwa ein Schüler mit autistischem Syndrom stillschweigend aufstehen und den Raum wechseln kann. Auf diese Weise ist gewährleistet, dass er in den Hauptfächern am Unterricht der Grundschüler teilnimmt, so lange er dies aushalten kann. Oder ein Grundschüler, der früher mit seinen Aufgaben fertig ist, geht, ohne die anderen zu stören, in den Nachbarraum und beschäftigt sich mit einem behinderten Mitschüler.

Schon bald stellten sich auch die Vorteile dieser Art des gemeinsamen Unterrichts heraus. So mussten in diesen Klassen noch keine Schulstunden ausfallen, da ein anderer Lehrer aus dem Lehrerteam bei Ausfall einer Lehrkraft den Unterricht fortführen konnte. Sonderschullehrkräfte bekommen Einblick in den Unterricht an einer allgemeinen Schule und Grundschullehrkräfte erleben, dass auch Kinder mit Behinderungen lern- und bildungsfähig sind sowie im Rahmen ihrer Möglichkeiten erfolgreich gefördert werden können. Die Erfahrungen mit den bis zu acht Außenklassen und dem zielgleichen Unterricht (mit Schulbegleitung) von Autisten an allgemeinen Schulen bestärkten uns in unserer Überzeugung, dass gemeinsamer Unterricht in einem „inklusiven Setting" an den Bedürfnissen der Kinder orientiert sein muss.

Mit der Übernahme der Haupt- und Berufsschulstufe der Schule für Körperbehinderte ergab sich auch im Bereich der „inklusiven

Der erste Schultag der Inklusions-
klasse an der Gustav-Heinemann-
Schule im September 2009

Beschulung" eine neue Herausforderung. Hatten die meisten dieser Schüler auch eine intellektuelle Beeinträchtigung, so gab es doch einige, die sehr wohl nach dem Bildungsplan Hauptschule unterrichtet werden konnten. Deshalb unterstützten uns das Staatliche Schulamt mit der Abordnung von Hauptschullehrkräften und die benachbarte Schanzschule mit Rat und Tat.

Auf der Suche nach geeigneten Räumlichkeiten für „inklusive Beschulung" von Schülern mit Körperbehinderung nach dem Bildungsplan Hauptschule stießen wir auf die Otto-Riehm-Schule in Ispringen. Da auch dort die Gemeinde nach geeigneten Partnern zur Erhaltung dieses hervorragenden Schulstandortes suchte, trafen sich die Interessen. So wurden eine Hauptschulklasse der Sonderschule für Körperbehinderte und eine weitere Klasse dieser Einrichtung mit etwas schwächeren Schülern an die Otto-Riehm-Schule verlagert. Dies sollte einer „Elitebildung" an einem Standort vorbeugen. Da die Schule im Erdgeschoss weitgehend barrierefrei ist, stellte die Unterbringung dieser Klassen kein großes Problem dar, denn das ganze Gebäude kann mit vertretbarem Aufwand durch den Einbau eines Fahrstuhls weitgehend barrierefrei erschlossen werden. Außerdem ist die sehr aufgeschlossene Gemeinde ein geeigneter Partner zur Einrichtung einer „inklusiven Werkrealschule" oder, was bereits beantragt wird, einer „inklusiven Gemeinschaftsschule." Auf diese Weise könnte der Enzkreis zusammen mit der Gemeinde Ispringen einen weiteren wesentlichen Schritt zur Umsetzung der UN-Konvention leisten.

Inzwischen sind an der Gustav-Heinemann-Schule drei Grundschulklassen der Schanzschule untergebracht. Ziel ist die Verwirklichung einer „inklusiven Grundschule" an der Sonderschule. Dies könnte bei Aufnahme einer weiteren ersten Klasse zum Schuljahr

2012/13 bereits erreicht werden: Die Gustav-Heinemann-Schule wäre dann eine „Schule für alle", zumindest in der Grundstufe.

Hartnäckig hält sich das Gerücht, Inklusion koste viel Geld. Anlässlich eines Besuches von Kultusministerin Marion Schick zeigten wir am Beispiel der Gustav-Heinemann-Schule auf, dass Inklusion vor dem Hintergrund der demographischen Entwicklung in unserer Region eigentlich keinen Mehraufwand erfordert. Im Enzkreis geht die Zahl der Schüler dramatisch zurück, was zur Folge hat, dass einige Hauptschulen bereits leer stehen. Einige Gemeinden haben Schulräume an Firmen vermietet. Die räumlichen Ressourcen sind demzufolge in unserer Region kein ernsthaftes Problem. Versorgt man die Schulen mit dem vorgesehenen Personal und vernetzt die vorhandenen Ressourcen, ist die Ausstattung kein Problem und verursacht keine zusätzlichen Kosten. Das Gleiche gilt für das vom Schulträger zur Verfügung gestellte Betreuungspersonal. Versorgt die Schulverwaltung beziehungsweise die Landesregierung die öffentlichen Schulen mit dem ihnen zustehenden Personal, wäre die „inklusive Beschulung" an geeigneten Standorten eine durchaus lösbare Problemstellung.

Berufliche Teilhabe für alle: Das Projekt BESTE

Der von der Bundesregierung initiierte „Nationale Aktionsplan" zur Umsetzung der Behindertenrechtskonvention veranlasste das Bundesministerium für Arbeit und Soziales, nicht nur die „Initiative Inklusion" mit ihren vier Handlungsfeldern
• Berufsorientierung,
• betriebliche Ausbildung für Behinderte,
• Arbeitsplätze für Behinderte und
• Implementierung von Inklusionskompetenz bei Betrieben und Kammern
zu starten, sondern auch Bemühungen in Gang zu setzen, die Eingliederungshilfe neu zu strukturieren. Der KVJS schrieb das Programm „Neue Bausteine der Eingliederungshilfe" aus, an dem sich der Enzkreis in Kooperation mit der Stadt Pforzheim beteiligte. Ausgangspunkt war die Überzeugung, dass betriebliche Teilhabe jedem Menschen zugänglich gemacht werden muss. Den Anlass gab der dringende Wunsch eines schwer mehrfach behinderten Schülers, er wolle als Erwachsener *nicht den ganzen Tag nur unter Schwerstmehrfachbehinderten sein.* Auf der Suche nach einem Praktikumsplatz wurden wir bei der Firma Frank Haug in Straubenhardt fündig. Während des Besuches der BVE absolvierte der

Igor an seinem
Arbeitsplatz in
der Firma Haug
in Straubenhardt

Schüler ein längerfristiges Praktikum in dieser Firma.

Diese Erfahrungen veranlassten uns, an der Ausschreibung des KVJS mit dem Projekt „BESTE" (Berufliche Teilhabe Schwerstbehinderter) teilzunehmen. Ziel dieser Initiative ist es, die berufliche Teilhabe von Menschen möglich zu machen, von denen bisher niemand angenommen hatte, sie könnten in einem Betrieb unterkommen. Das Projekt wird wissenschaftlich begleitet und steht darüber in Verbindung mit Projekten in den Landkreisen Lörrach und Karlsruhe, bei denen versucht wird, schwer behinderte Menschen aus dem Förder- und Betreuungsbereich in die Werkstatt zu übernehmen beziehungsweise im sozialen Umfeld, in dem sie leben, mehr Verständnis für berufliche und soziale Teilhabe dieser Menschen zu wecken.

Die körperliche Einschränkung des Teilnehmers am Projekt BESTE ließ nur eine zeitlich begrenzte Teilhabe im Betrieb zu. So musste eine weitere Tagesstruktur für diesen jungen Mann gefunden werden. Der Förder-und Betreuungsbereich der Lebenshilfe Pforzheim entwickelte ein Betreuungskonzept, das die betriebliche Teilhabe an zwei Tagen pro Woche ermöglichte. So konnte dem Wunsch des Betroffenen teilweise entsprochen werden, und er erklärte sich mit dieser Lösung einverstanden. Bedingt durch die wirtschaftliche Lage war die Firma Haug zwischenzeitlich gezwungen, einige Umstrukturierungen vorzunehmen, die eine menschenwürdige Teilhabe des jungen schwerbehinderten Mannes nur schwerlich zulassen würden. Nach Abschluss derselben und nach einer räumlichen Erweiterung im Verwaltungsbereich wird die Firma als möglicher Teilhabepartner für das Projekt wieder zur Verfügung stehen. Innerhalb kurzer Zeit gelang es jedoch, einen anderen Betrieb in unmittelbarer Nähe zu finden, der den jungen Mann zu den gleichen Bedingungen beschäftigen wird. Die Firma Vester Electronic, ebenfalls in Straubenhardt, ist erfahren in der Beschäftigung von benachteiligten Menschen, ist doch seit vielen Jahren nicht nur ein ehemaliger Schüler der Gustav-Heinemann-Schule erfolgreich hier angestellt, sondern auch ein Mitarbeiter, der auf den Rollstuhl angewiesen ist. Barrierefreiheit ist also kein Thema, und die räumliche Situation bietet die besten Voraussetzungen. Diese schnelle Lösung macht Mut.

„Im Leben lernen": Teilhabe- und Arbeitsprojekte

Bereits 1988, nach der mit Schülern der Gustav-Heinemann-Schule und der Schule am Winterrain erfolgten Renovierung des „Wohnmodells Stein", verfügten die Schulen über eine Trainingswohnung, in der Schüler lernen konnten, sich selbst zu versorgen und ihr Wohnumfeld zu gestalten. Ebenso wie das Arbeiten kann man Wohnen nur in wirklichkeitsentsprechenden Erfahrungs- und Erprobungsfeldern lernen und nicht in der Schule. Die Trainingswohnung bietet demnach Raum für eine neue Art des realitätsbezogenen Unterrichts.

Will man den Schülern die Lernfelder Trainingswohnen und Betriebspraktikum erschließen, ergibt sich daraus die Notwendigkeit des Mobilitätstrainings: Die Nutzung öffentlicher Verkehrsmittel erfordert Kompetenzen wie Fahrplanlesen, Anfordern des Mobilitätsservices der Deutschen Bahn, die alle umfassend trainiert werden müssen. Die aus diesem praxisorientierten Unterricht erwachsende Motivation ist Voraussetzung für die weitere Verselbstständigung. Unterstützt wurde dieser Motivationsaufbau durch den Enzkreis, der jedem „Selbstfahrer" eine Schülermonatskarte zur Verfügung stellte – eine Regelung, die aus pädagogisch völlig unverständlichen Gründen wieder eingestellt wurde.

War auch in diesem Bereich der Enzkreis führend, so galt es nun, Schülern mit Körperbehinderung diese Art des Unterrichts zu ermöglichen. Da sich die in Königsbach-Stein zur Verfügung gestellte Trainingswohnung als nicht geeignet erwies, suchte man in Pforzheim in zentraler Lage eine Alternative. Ab diesem Schuljahr steht den Schulen nunmehr in der Nähe der BVE eine verkehrsgünstig gelegene und barrierefreie Trainingswohnung zur Verfügung.

Teilhabe ist nicht länger Wunsch oder Forderung von Fachleuten, Eltern und Betroffenen, sondern ein in über 120 Staaten der Welt anerkannter Rechtsanspruch. Die Unterzeichnerstaaten der UN-Konvention sind verpflichtet, alle zwei Jahre einen „Staatenbericht" an die UNO abzugeben; daneben können auch nicht staatliche Organisationen berichten. Über Sanktionen bei Nichterfüllung ist bisher nichts ausgesagt worden. Die Verpflichtung zur Umsetzung der Konventionsbestimmungen berücksichtigt allerdings auch die Voraussetzungen und Möglichkeiten der einzelnen

Staaten. In unserer Region ist man schon vergleichsweise weit vorangekommen, da man bereits vor der Behindertenrechtskonvention mit der Umsetzung der entsprechenden Maßnahmen begann.

Teilhabe fängt in den Köpfen der Menschen an. Schwanken wir nicht oft zwischen kritiklosem Mitleid und unreflektierter Ablehnung? Fällt es uns nicht schwer, andere vorbehaltlos zu akzeptieren?

Wenn man verstehen lernt, warum ein Mensch mit Behinderung sich in bestimmten Situationen nur so verhalten kann, fällt es leichter, sein Verhalten zu akzeptieren. Dadurch, dass man diese Menschen (Alte und Behinderte) in Sonderschulen, Heimen, Werkstätten und Tagesförderstätten isoliert, verhindert man die Begegnung und den selbstverständlichen Umgang mit ihnen und damit das Verständnis. Vor diesem Hintergrund gewinnen die Teilhabeprojekte der Gustav-Heinemann-Schule eine besondere Bedeutung.

Es ist schlichtweg unmöglich, die Lebenswirklichkeit und das soziale Umfeld der Schüler in der Schule abzubilden. Während sich nicht behinderte Kinder ihren Platz in Gesellschaft und sozialem Umfeld selbst erkämpfen, ist dies für Kinder und Jugendliche mit einer Behinderung nur sehr begrenzt möglich. Was liegt also näher, als diese Kinder in einem Lernfeld zu fördern, das die Menschen ihres sozialen Umfeldes mit einbezieht?

Die neue Trainingswohnung in der Hohenzollernstraße in Pforzheim

In Maulbronn-Zaisersweiher backen die Schüler im Backhaus Brot und Hefezöpfe und verkaufen diese zum Beispiel an das Kinderzentrum Maulbronn. Sie versorgen sich selbst, kochen jeden

Tag für sich und verwenden dazu die Erzeugnisse aus dem eigenen Schulgarten. Einmal im Monat bereiten sie ein Drei-Gänge-Menü für ältere Bürger der Gemeinde. Wenn man erlebt, wie dieses Angebot angenommen wird, wie geschätzt die Schüler sind und wie selbstverständlich die Menschen mit ihnen umgehen, erübrigt sich jede weitere fachliche Begründung.

Beim Stammtisch im Gasthaus Pflug in Neuenbürg-Dennach kochen Schüler für bis zu 250 Gäste, schenken aus, bedienen und kassieren. Wenn man die begeisterten Rückmeldungen von Eltern und Gästen hört, so weiß man, dass die Schule mit diesen Projekten auf dem richtigen Weg ist hin zu einer weiteren Förderung der Teilhabe.

In Wiernsheim sind Schüler im „Alten Kloster" untergebracht. Wie selbstverständlich sie sich ins Gemeindeleben einbringen können, spricht auch für die Akzeptanz durch die Bürger und das Engagement der Gemeindeverwaltung. Künftig steht das „Alte Forsthaus" für die Unterbringung weiterer Klassen zur Verfügung.

Beispielhaft ist auch die Einbindung der Schüler des Teilhabeprojektes „Uff d'r Pfinz" in den Straubenhardter Ortsteilen Pfinzweiler und Langenalb, die im „Vesperstüble" im Vereinsheim des FV Langenalb einmal im Monat Eltern, Freunde und natürlich viele Bewohner der Gemeinde bewirten, sich bei der Bewirtschaftung von Ackerflächen nützlich machen oder in Kooperation mit Grund- und Hauptschule sowie Alfons-Kern-Schule einen Barfußpark anlegten.

Der Eingang zum Barfußpark in Straubenhardt   Ein Klangspiel im Bereich Sinneserfahrung

Am Beispiel des jüngsten Teilhabeprojekts „Paul Ochner" in Neuenbürg-Dennach sieht man, wie auch Schüler mit einer Körperbehinderung von solchen Projekten profitieren und erstaunliche Fähigkeiten entwickeln. Dort wurde etwa ein „art-cafe'" eingerichtet, in dem Künstler und Künstlerinnen aus der Region ausstellen und ihre Kunstwerke allgemeinverständlich erklären. Auch der angebotene Bügelservice und der Nachmittagskaffee für ältere Mitbürger werden begeistert angenommen.

Der Bevölkerung in Gemeinden mit Teilhabeprojekten muss man nicht mehr erklären, wie mit behinderten Menschen umzugehen ist. Sie erfahren dies täglich selbst und machen ihre eigenen, guten Erfahrungen. Dies gilt auch für die Mitarbeiter der zahlreichen Firmen, in die wir seit mehr als 30 Jahren Menschen mit Behinderung erfolgreich eingegliedert haben. Unsere ehemaligen Schüler haben durch Motivation, Fleiß, Durchhaltevermögen und Identifikation mit ihrer Arbeit und Firma überzeugt – wir mussten nur die Schlüsselqualifikationen entdecken und fördern.

Die Anerkennung der eigenen Leistung ist für jeden von uns neben dem Gelderwerb Voraussetzung für Arbeitszufriedenheit und Motivation. Für Menschen mit Behinderung gilt dies in weit stärkerem Maße, da sie weniger Möglichkeiten haben, Misserfolge zu kompensieren. So wurde von Schülern beim Umbau der Stammschule an der Habsburgerstraße in Pforzheim (1981–83 und 2003–05) kräftig mit angepackt. Im Außenbereich entstanden ein Holzhaus, ein Fahrradschuppen und ein Schuppen für die Müllcontainer. Schüler und Lehrkräfte der Schule am Winterrain und der Pforzheimer Bohrainschule halfen mit, eine weitere Rutschbahn für die Grundschüler zu bauen. Solche Projektgruppen mit Schülern aus verschiedenen Schulen waren auch an Umbau und Renovierung der neuen BVE in der Salierstraße beteiligt. Die hohe Anerkennung, welche die Schüler durch derartige Projekte erfahren, trägt wesentlich dazu bei, dass sie die nötige Motivation und Handlungskompetenzen entwickeln können, die eine erfolgreiche berufliche Teilhabe voraussetzen.

In der BVE selbst gibt es das Projekt „Suppenküche", das einmal pro Woche einen preiswerten Mittagsimbiss anbietet, das Büroprojekt, welches die Verwaltung in organisatorischen Belangen und einfachen Büroarbeiten unterstützt, sowie das Projekt „Putzteufel", in dem Schüler bei der Reinigung der Stammschule mithelfen.

Vor einigen Jahren fragte der Verein „Historische Kelter Dietlingen" in der BVE an, ob Schüler Interesse hätten, bei der Renovierung der alten Kelter mitzuhelfen. Eine Gruppe „Holzwürmer"

Die „Historische Kelter" in Diet-lingen

mit ihrem Lehrer brachte sich erfolgreich in Arbeiten ein. Die Ama-teurwinzer waren von der Arbeit der Schüler so angetan, dass sie diese auch in die Arbeiten im Weinberg einbezogen. So bauten sie eine Pergola an eine Weinberghütte, halfen und helfen beim Schneiden der Reben sowie bei der Pflege der Weinberge. Natür-lich sind sie auch bei der Lese dabei und erleben, wie Wein gekel-tert und ausgebaut wird. Bürgermeister Ulrich Pfeifer war von dem Projekt so angetan, dass er der BVE kurzerhand die Fläche zur Anlage eines eigenen Weinberges zur Verfügung stellte. Das Brachland wurde gerodet und aufbereitet, bepflanzt und be-stockt, und im Herbst 2011 konnte der erste Spätburgunder gele-sen werden. Ein Winzer war von der Arbeit der Schüler so begeis-tert, dass er spontan einen Praktikumsplatz anbot: Vielleicht ein künftiges Berufsfeld für die Absolventen der BVE/KoBV?

Alle diese Projekte sind gesichert, solange die Schüler in der Maßnahme BVE/KoBV sind. Doch wie geht es weiter, wenn sie spä-ter auf Unterstützung angewiesen sind und evtl. die Eingliede-rungshilfe zuständig wird? Es ist uns gelungen, die Eingliederungs-hilfe, also das Sozialamt der Stadt Pforzheim und des Enzkreises, davon zu überzeugen, dass es von großem Vorteil für die Sachbe-arbeiter wäre, wenn sie Lern- und Sozialverhalten, Motivation und sozialen Hintergrund der Schüler kennen und bei deren Lebens- und Zukunftsplanung dabei sein würden.

Ausblick

Die Vision ist eine Schule, die unter Beteiligung von Eltern, Lehrern und Partnern ein eigenes Schulprofil entwickeln dürfte. So könnten Stundentafeln den Bedürfnissen und Begabungen der Schüler angepasst werden. Ideal wäre Musikunterricht dort, wo musiziert wird, Kunstunterricht dort, wo künstlerisch gearbeitet wird, Deutschunterricht auch im Theater, Technikunterricht auch in den Berufsschulen oder in Betrieben. Dies würde ermöglichen, dass wir in Zukunft auch Lehrkräfte mit außerschulischen Erfahrungen in verschiedenen Berufsfeldern einsetzen könnten, um damit das Lernen stärker an der Lebenswirklichkeit zu orientieren.

Welche Aufgaben stellen sich für den Enzkreis als Schulträger und Partner? Zunächst sollte die differenzierte Angebotsstruktur im Bereich der beruflichen und sozialen Teilhabe gefestigt und ausgebaut werden; es fehlt zudem ein weiteres Teilhabeprojekt im Bereich Mühlacker. Die Schule am Winterrain müsste noch stärker in die schulische Angebotsstruktur eingebunden werden und die Teilhabeprojekte in ihrem Schulbezirk annehmen und nutzen. Es wäre zu prüfen, ob einzelne Klassen der BVE und der KoBV an den kreiseigenen Berufsschulen in Mühlacker angesiedelt werden könnten. Ebenfalls zu prüfen wäre die Möglichkeit, an der Otto-Riehm-Schule eine „inklusive Gemeinschaftsschule" („Schule für alle") einzurichten. Schließlich sollte der Kreistag überlegen, einen „Inklusionsbeauftragten" zu bestellen, der alle Anstrengungen um mehr Teilhabe koordiniert und begleitet.

In vielen Bereichen der Förderung der beruflichen und sozialen Teilhabe von Menschen mit Behinderung nimmt der Enzkreis bis heute eine führende Rolle ein. Dies zeigt sich unter anderem darin, dass durch die Einrichtung der BVE/KoBV und die teamorientierte Zusammenarbeit der oben aufgeführten Kooperationspartner im Schuljahr 2011/12 die höchste Vermittlungsquote von Schülern mit Benachteiligung auf dem allgemeinen Arbeitsmarkt in Baden-Württemberg erreicht werden konnte.

Für die Zukunft wird es darauf ankommen, die bisherigen Erfahrungen und Erfolge zu festigen, weiterzuentwickeln und die Umsetzung der Behindertenrechtskonvention beispielhaft voranzubringen. Wir sind noch lange nicht am Ziel. Noch leben wir nicht in einer „inklusiven Gesellschaft" – aber wir haben Ideen, wie der Weg dahin weiter erfolgreich ausgebaut werden kann.

BRITTA KINZLER UND JÜRGEN HÖRSTMANN

Aus den „Babyboomern" wird die „Generation 60 plus"

Chancen und Herausforderungen einer älter werdenden Gesellschaft

Mein Vater ist jetzt 70. Seit kurzem geht er mit seinem Rentner-stammtisch zum Bowling. Können Sie sich Mick Jagger beim Bow-len vorstellen? Viel Heiterkeit erntete Pyry Niemi aus Uppsala mit dem Einstieg zu seinem Vortrag im Rahmen des zweijährigen EU-Projekts „60 plus", an dem der Enzkreis gemeinsam mit Partnern aus Frankreich, Italien und eben aus Schweden beteiligt war. Thema: Die Generation der zukünftigen Rentner – eine nicht zu-letzt aufgrund des Babybooms in den fünfziger und sechziger Jah-ren des letzten Jahrhunderts rasant wachsende Bevölkerungs-gruppe.

Bevölkerungspyramide?

Nahezu alle europäischen Länder stehen vor einer noch nie da ge-wesenen Herausforderung – dem sogenannten „demografischen Wandel". Viele Faktoren in den vergangenen Jahrzehnten haben eine Entwicklung nachhaltig beeinflusst und geprägt, die die Be-völkerungspyramide in Deutschland und den meisten anderen westlichen Industrieländern zunehmend wie eine nur leicht bau-chige Säule aussehen lässt.

Zu diesen Faktoren gehören die gute medizinische Versorgung, hochwertige Lebensmittel, die das ganze Jahr über zur Verfügung stehen, gute Arbeitsschutzmaßnahmen und die geringere körper-liche Belastung am Arbeitsplatz – und dazu viele Jahrzehnte, in denen West- und Mitteleuropa von Kriegen oder größeren Epide-mien verschont blieb.

1950 lebten in Deutschland rund 70 Millionen Menschen; sie-ben Millionen, also jeder Zehnte, war damals über 65 Jahre alt. Die durchschnittliche Lebenserwartung lag für die Mädchen bei 69, für die Jungen bei 64,5 Jahren; die Geburtenrate war deutlich höher als die Sterberate. Und heute? Die Zahl der Geburten hat sich praktisch halbiert, dagegen liegt die durchschnittliche Lebenserwartung von weiblichen Neugeborenen aktuell bei 83 und von männlichen bei 77 Jahren. Von 82 Millionen in Deutschland Lebenden sind mittlerweile 20 Prozent über 65 und weitere 5 Prozent sogar über 80 Jahre alt: Deutschland hat nach Japan eine der ältesten Bevölkerungen weltweit – Tendenz steigend.

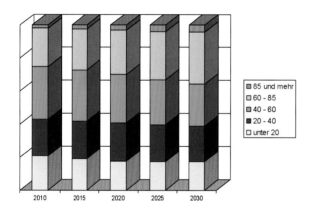

Für den Enzkreis prognostiziert das Statistische Landesamt Baden-Württemberg, dass sich der Anteil der unter 20-Jährigen an der Bevölkerung bis zum Jahr 2030 von derzeit 20,4 auf 17,2 Prozent reduzieren wird; ebenso schrumpft die Zahl der Menschen in der Berufsphase, also zwischen 20 und 65 Jahren, während der Anteil der Älteren weiter ansteigen wird.

Gesellschaft und Politik nehmen diese Herausforderung an und suchen nach Möglichkeiten, die Chancen zu nutzen und den Risiken dieser Entwicklungen zu begegnen. Die Arbeitswelt muss sich auf eine längere Lebensarbeitszeit, die rückläufige Zahl an Arbeitnehmern und zunehmende Konkurrenz durch einen Mangel an Fach- und Nachwuchskräften einstellen. Und im Enzkreis widmet man sich bereits seit längerem gezielt der Gewinnung von Pflegekräften zur Sicherung des künftigen Pflegebedarfs.

Doch die Palette an Themen ist weit umfangreicher – ein guter Grund, sich den anstehenden Fragen auch auf europäischer Ebene zu stellen und sich dem Projekt „European network on forward policies and actions for seniors in Europe" anzuschließen – frei übersetzt etwa „Europäisches Netzwerk für zukunftsorientierte Aktionen und Seniorenpolitik in Europa". Und weil das als Titel doch etwas lang ist, hieß das Projekt intern schlicht „60 plus".

Demografischer Wandel: Ein europäisches Thema

Wichtiges Thema! und *Klingt sehr interessant!* – die Rückmeldungen innerhalb der Kreisverwaltung waren eindeutig, als die Anfrage aus Italien kam, diesem Projekt beizutreten. Dabei war der

EXPECTED RESULTS

· A documentation of the process

· European guidelines for other
  municipalities interested in drafting
  strategic policies in this field.

www.qlse.eu

Inger Hannu und
Ewa Hjerpe aus
Skövde, die Ini-
tiatorinnen und
Motoren des Pro-
jekts „60 plus"

Enzkreis nur „Ersatzspieler" für die kurzfristig abgesprungene
deutsche Partnerstadt von Parma – und entsprechend schnell
musste im Oktober 2009 eine Entscheidung getroffen werden.

Für eine Teilnahme sprach neben der Aktualität des Themas
auch die Zusammensetzung der Projektpartner: Schweden mit
den Städten Skövde und Norrköping, ein Land, das im Sozial-
bereich europaweit als beispielhaft gilt; die Stadt Tours in Frankreich, dem Staat mit einer der höchsten Geburtenraten in Europa;
dazu die Stadt Parma und ein Gemeindeverbund aus der Provinz
Parma in Italien – einem Land, in dem nach wie vor die Familie eine
zentrale Rolle spielt, beispielsweise in der Seniorenbetreuung.

Innerhalb von zwei Wochen war eine Projektgruppe zusammengestellt, der sowohl Enzkreis-Mitarbeiter als auch Vertreter
aus Vereinen und Verbänden, ein Bürgermeister sowie Fachkräfte
von freien Trägern und aus der Erwachsenenbildung angehörten.
Und schon Anfang Dezember flogen vier Mitglieder dieser Projektgruppe nach Göteborg, um an der Auftaktkonferenz in Skövde teilzunehmen, einer Kleinstadt in Mittelschweden mit etwa
40.000 Einwohnern.

Daten und Fakten zur „Generation 60 plus"

Wir wissen alles über die heutigen Rentner, sagte der bereits ein-
gangs zitierte Pyry Niemi von der schwedischen „Pensionärernas
Riksorganisation", einem Sozialverband, dem praktisch jeder
Schwede angehört, der das Rentenalter erreicht: *Wir wissen, was
sie essen, wie lange sie schlafen und an welchen Krankheiten sie
leiden, mit wem sie ihre Zeit verbringen und womit – aber wir wis-*

sen praktisch nichts über die Bedürfnisse und Erwartungen derer, die in den nächsten Jahren und Jahrzehnten in Rente gehen werden.

Niemi stellte sechs Archetypen an Rentnern vor, die man in Schweden identifizieren könne – und die es ähnlich vielleicht auch in Deutschland gibt: Solidaristen, Traditionalisten, Kollektivisten, Karrieristen, Konservative und Selbstsucher.

- Die Solidaristen, etwa 14 Prozent der (künftigen) Rentner, fühlen sich als aktive Mitglieder der Gesellschaft und möchten auf deren Entwicklung Einfluss nehmen – beispielsweise durch Engagement im Natur- und Umweltschutz. Ihre eigene Gesundheit ist ihnen wichtig, und sie verwenden Zeit und Geld darauf, sie zu erhalten.
- Das genaue Gegenteil sind die Traditionalisten, die mit etwa 30 Prozent die größte Gruppe stellen: Körperliche Bewegung und gesunde Ernährung findet man hier selten, was zu einem insgesamt schlechten Gesundheitsstatus führt. Die Mitglieder der Gruppe glauben an die „typisch schwedischen Werte" und wünschen sich einen starken Staat, der sich um alles kümmert.
- Kollektivisten stellen etwa 24 Prozent der kommenden Rentnergeneration. Sie setzen vor allem auf die Familie und deren Werte und auf ihre eigenen Netzwerke; damit sind sie das Rückgrat von Vereinen und Verbänden. Kollektivisten sind bereit, sich auch für ihre eigene Gesundheit zu engagieren – mit einer spürbaren Tendenz zu alternativer Medizin.
- Die Karrieristen (15 Prozent) treibt vor allem ihr Streben nach materiellem Erfolg, Einfluss und Ansehen – sie tun sich entsprechend schwer mit dem Übergang vom Arbeitsleben ins Rentnerdasein. Die Mitglieder sind bereit, für eine sehr gute Gesundheitsversorgung zu bezahlen; viele von ihnen möchten im Ausland leben.
- Das gleiche trifft auf die Selbstsucher zu: Sie wollen Schweden so schnell wie möglich verlassen, getrieben von einem ständigen Bedürfnis nach Veränderung, Erlebnis und Selbsterfahrung. Die Gruppe umfasst zwar nur 2 Prozent, wächst aber schnell an.
- Ganz im Gegensatz dazu haben die Konservativen (5 Prozent), die traditionellste Gruppe, keine hohen Erwartungen (mehr) an ihr Leben – abgesehen von einem guten Gesundheits- und Pflegedienst.

Natürlich kann man sich Mick Jagger nicht beim Bowling vorstellen – so wenig wie Götz George beim Seniorenfasching oder Udo

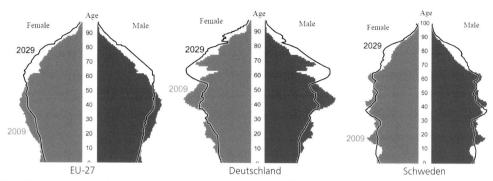

Bevölkerungsentwicklung im Vergleich: EU-27, Deutschland und Schweden

Lindenberg bei der Weihnachtsfeier in der Begegnungsstätte. Das mag vielleicht auch daran liegen, dass alle drei noch in ihrem Beruf tätig sind; und damit werden sie, geht es nach Lena Lundkvist von der schwedischen Statistikbehörde, zukünftig eher die Regel sein als die Ausnahme.

Die Soziologin vermochte mit ihrem fast dreistündigen, auf englisch gehaltenen Vortrag die Zuhörer zu fesseln. Dabei stellte sie zunächst die Bevölkerungsdaten für Schweden vor und verglich sie später mit denen der anderen beteiligten Länder. Das durchaus verblüffende Ergebnis: Weitgehend unabhängig von Geburtenquoten oder Zuwanderungszahlen werden die Menschen in Europa künftig länger arbeiten müssen, so die These – *or we will have to kill them*, wie Lena Lundkvist mit ironischem Lächeln anfügte.

Denn die Menschen, so das Ergebnis der Datenschau, treten heute fünf Jahre später ins Erwerbsleben ein als die Generation ihrer Eltern; bis dahin sind sie auf Transferleistungen angewiesen, also auf den Unterhalt in der Familie oder seitens der sozialen Sicherungs- und der Bildungssysteme. Wenn sie aus dem Arbeitsleben austreten, leben sie dagegen deutlich länger als frühere Generationen – und zwar wiederum von Transferleistungen, in diesem Fall der Berufstätigen, die in die Rentenkasse einzahlen. Mit anderen Worten: Der Einzelne lebt heute im Schnitt zwölf Jahre länger in „finanzieller Abhängigkeit", während er gleichzeitig sieben Jahre weniger arbeitet und nur während dieser Zeit aktiv zur Finanzierung beiträgt.

Länger aktiv – aber wie?

Jeder der beteiligten europäischen Partner richtet eine Konferenz aus, an der die anderen teilnehmen. Diesem Grundprinzip folgen die meisten EU-Projekte, insbesondere solche, die – wie „60 plus" – im Rahmen des Programms „Europa der Bürger/innen" gefördert werden. Die damit verbundenen Mittel decken dabei die Kosten für die Konferenzen selbst sowie für Unterkunft und Verpflegung der Gäste; der Eigenanteil der Partner besteht in den Reisekosten zu den verschiedenen Veranstaltungen.

„Wer aktiv ist, lebt länger und zufriedener" – unter diese These stellte der Enzkreis „seine" Konferenz im Mai 2010, an der neben 30 internationalen Gästen auch zahlreiche Interessierte aus der Region teilnahmen. Dabei lag der Blickwinkel sowohl auf ehrenamtlicher Tätigkeit als auch auf der Frage, was eine längere Lebensarbeitszeit für Arbeitnehmer wie für Arbeitgeber bedeutet.

Einer der geladenen Experten war Andreas Mürdter aus der Personalabteilung der Daimler AG – einer der wenigen Firmen, die sich heute bereits mit der Frage auseinandersetzen, wie sich der demografische Wandel und die Rente mit 67 auf ihre Belegschaft auswirken werden. Und hierbei stellt sich natürlich vor allem die Frage, wie sich dies bei Jobs verhält, die nicht am Schreibtisch erledigt werden, sondern tatsächlich harte körperliche Arbeit bedeuten.

Bei Daimler hat man erkannt, dass körperliche Fitness nicht erst mit 60 ein Thema werden kann. Deshalb versucht die Weltfirma, die Beschäftigten schon in jungen Jahren für körperliche Ertüchtigung zu motivieren: Neu eingerichtete Fitnessräume waren ein

„60 plus" zu Gast im Bürgerhaus Regenbogen in Ispringen

Dr. Till Neuge-
bauer diskutiert
im Workshop mit
Teilnehmern.

erster Schritt; inzwischen versucht man, mit mobilen Fitnessboxen
auch eher Uninteressierte direkt an den Produktionsstraßen zu erreichen.

Der Arbeitsmediziner Dr. Till Neugebauer aus Maulbronn betonte, wie wichtig die Arbeitszufriedenheit dafür ist, dass man
auch jenseits der bisherigen Altersgrenze von 65 noch gut und
gerne arbeiten kann. Arbeit, so seine Erfahrung, könne krank machen – aber auch gesund erhalten: *Die Rente mit 67 ist der beste
Schutz vor Demenz*, zitierte er Finanzminister Wolfgang Schäuble.
Arbeit macht Spaß lautete Neugebauers Zukunftsvision – und dafür sei unter anderem eine lebenslange Fortbildung notwendig.

Ein wahres Feuerwerk an Theorien und Gedanken brannte Michael Bolk vom Gerontologischen Institut der Universität Heidelberg ab: Von der politischen Theorie Hannah Arendts schlug er
den Bogen über den Prozess eines aktiven Alterns (Active Aging)
bis hin zum Image älterer Menschen in der Gesellschaft und zu den
Schlagworten Pro- und Anti-Aging. Hier gab es bei den europä-

Get-together in
der Cafeteria des
Landratsamtes:
internationale
Gäste und Ehren-
amtliche aus
dem Enzkreis
beim zwang-
losen Austausch

ischen Teilnehmern unterschiedliche Aussagen, wie dieses Image in ihren Heimatländern tatsächlich aussieht.

Um die breite Palette ehrenamtlichen Engagements zu zeigen, waren unterschiedliche Gruppen und Initiativen ins Landratsamt gekommen, um sich im Plenum oder bei einem kleinen Markt der Möglichkeiten vorzustellen – vom Bus & Bahn-Team bis zu Selbsthilfegruppen und von Lernbegleitern für Jugendliche bis zum Kreisseniorenrat. Ein Besuch im Ispringer Bürgerhaus Regenbogen rundete das Bild des „Volunteering" in Deutschland ab.

Aktiv sein hält gesund – und wer hätte dem nicht zustimmen mögen, nachdem Gerda Görnemann aus ihrem bewegten und nach wie vor sehr aktiven Leben erzählt hatte: Obwohl jenseits der 80, gibt sie weiterhin die Vierteljahresschrift „Generationen im Dialog" heraus und ist derzeit Vorsitzende des Kreisseniorenrats Pforzheim-Enzkreis.

Nicht nur praktisch, auch schön!

Im Oktober 2010 war Norrköping an der Reihe, eine Stadt in Ostschweden mit knapp 90.000 Einwohnern. Hier widmeten sich die Projektpartner der Frage, was Senioren an Unterstützung brauchen und künftig brauchen werden. Die Enzkreisdelegation wurde für dieses Thema um zwei Studentinnen der Hochschule Pforzheim verstärkt, die mit ihren Kommilitonen in einer Semesterarbeit Designstudien für künftige „Senioren-Produkte" entwickelt hatten.

Schon die Vorbereitung der Konferenz hatte neugierig gemacht: Studenten der Universität Linköping wollten eine Methode entwickeln, wie dieser Bedarf ermittelt werden kann, und hatten dazu kleine Päckchen für Menschen über 60 verschickt. Darin fanden sich unter anderem eine Einwegkamera, mit der festgehalten werden sollte, was der Kühlschrank enthielt oder wer am Frühstückstisch sitzt, oder ein Fragebogen, in den kleine tägliche Rituale eingetragen werden sollten. Auch im Enzkreis waren auf diese Weise zehn Menschen befragt worden.

Das Ergebnis der ungewöhnlichen Studie erlebten die Teilnehmenden am zweiten Tag in Schweden: Jeweils acht von ihnen erhielten die Beschreibung eines älteren Menschen und etwas, das diese Person tun möchte oder muss – beispielsweise einen Baum vor dem Fenster fällen oder mit viel Gepäck Verwandte besuchen. Die Aufgabe: auf einem Spielbrett mögliche Hindernisse zu identifizieren und nach Lösungen dafür zu suchen.

Ursula Langellotti (links) mit zwei italienischen Teilnehmern beim „Design Game"

   Am Nachmittag fand dann im Tagungszentrum, einer Behinderteneinrichtung am Stadtrand von Norrköping, eine Messe für Produkte und Dienstleistungen statt. Mehr als 500 ältere Menschen und deren Angehörige nutzten das Angebot – und übertrafen die Erwartung der schwedischen Projektgruppe um ein Vielfaches. Auf großes Interesse stießen auch die Ideen aus Pforzheim – darunter eine Einkaufshilfe im Pfandsystem, eine auf Nanotechnologie basierende Gehhilfe oder ein elektronisch gesteuerter und stabilisierter Rollator.
   Gerade dieser Rollator begeisterte das Publikum – denn das Gerät wäre (im Gegensatz zu den derzeit gebräuchlichen) nicht nur

Kathrin Tronser (links) und Caroline Thurner von der Hochschule Pforzheim präsentierten Designstudien aus aktuellen Semesterarbeiten.

eine Hilfe, sondern würde auch „cool" aussehen. Und daran, darauf hatte die Universitäts-Professorin Britt Östlund am ersten Tag in einem Vortrag hingewiesen, mangelt es fast allen Produkten für die Zielgruppe. Eines der Beispiele: Ein Notrufarmband, das heute noch so klobig und hässlich aussieht wie vor 40 Jahren, als es entwickelt wurde.

Bezahlbar, zentral und barrierefrei

„Neue Wohnformen für und mit Senioren" lautete das Thema, das im Januar 2011 in Tours von den Fachleuten diskutiert wurde. Für die Delegation aus dem Enzkreis, der auch der zuständige Dezernent Roland Hübner angehörte, waren die Berichte der Projektpartner über gelungene, aber auch über gescheiterte Wohnprojekte sehr informativ. Umgekehrt waren die Fachleute aus Frankreich, Italien und Schweden positiv überrascht von der Vielzahl betreuter Seniorenwohnungen im Enzkreis. Besonderen Eindruck machte die Beschreibung von Ursula und Raffaele Langellotti über „ihr" Johanneshaus in Öschelbronn, in dem die beiden seit einigen Jahren glücklich und zufrieden leben.

Über die Ländergrenzen und Unterschiede hinweg waren sich die Teilnehmer einig, dass Barrierefreiheit, bezahlbare Mietkosten und eine zentrale Lage der Wohnungen die grundlegenden Voraussetzungen für ein selbstbestimmtes Leben im Alter sind. Dabei spielt auch die Einbeziehung der Bürger bei verschiedenen Planungsprozessen eine wichtige Rolle.

So konnten ältere Menschen aus Tours, von denen einige an der Konferenz teilnahmen, im Rahmen einer Umfrage bereits im

Auf dem Podium:
Volker Winkel,
Carine Peribois
(Tours), Doris
Hötger und
Angela Gewiese

Vorfeld ihre Meinung äußern und Anregungen zum Wohnen im Alter geben. In verschiedenen Arbeitskreisen wirkten sie zudem aktiv an der Entwicklung neuer Strategien mit. Dazu passte der Bürgerbeteiligungs-Prozess „Lebendige Kommune – auf dem Weg zur Zukunftsfähigkeit" in Ispringen, den Bürgermeister Volker Winkel vorstellte und dabei über die ersten Ergebnisse berichtete.

Doris Hötger vom Diakonischen Werk Pforzheim-Land stellte das Projekt „Wohnen in Reichweite" aus Königsbach-Stein vor: Hier werden soziale Netzwerke geknüpft, welche die Generationen zusammenführen sollen – für gemeinsame Unternehmungen ebenso wie zur gegenseitigen Unterstützung.

Erstaunt war die deutsche Delegation über die Struktur von Wohneigentum in Frankreich: Teileigentum, wie es in Deutschland seit langem bekannt ist, existiert in Frankreich so nicht. Ein Mehrfamilienhaus mit mehreren Wohneinheiten hat immer nur einen Eigentümer – was natürlich bei der Sanierung einzelner Häuser ebenso wie ganzer Stadtteile unschätzbare Vorteile bringt.

Teilhabe an der Gesellschaft – am besten durch Engagement

Ging es in Tours vor allem um das seniorengerechte Wohnen im städtischen Umfeld, so bestand im Mai 2011 in der Provinz Parma die Möglichkeit, ein Wohnprojekt weitab jeglicher Urbanisation kennenzulernen: In Tiedoli, einem kleinen Dorf in den Bergen des Apennin, etwa 15 Kilometer von der nächstgrößeren Gemeinde entfernt, wurden vier alte Häuser saniert, um den älteren Menschen vor Ort einen ihren Bedürfnissen angepassten Wohnraum zu bieten.

In enger Zusammenarbeit mit der Universität in Parma wurden technische Unterstützungssysteme integriert, um den Bewohnern ein möglichst hohes Maß an Selbstständigkeit zu bieten. Das Besondere: Durch Kameras und Sensoren lassen sich die Wohnungen übers Internet überwachen und zum Teil auch steuern. Professor Paolo Ciampolini, der das Projekt betreut, hatte bereits in Norrköping zu Demonstrationszwecken einzelne Lichter in den Häusern ein- und wieder ausgeschaltet.

Nach Fertigstellung der Wohnhäuser wurde die Siedlung um ein Gemeinschaftshaus ergänzt, das den Bewohnern vielfältige Möglichkeiten bietet. So finden hier regelmäßig Feste und Feiern statt, aber auch Aktivitäten, an denen sich die Senioren beteiligen

Die „ferngesteuerten Häuser" in Tiedoli (Provinz Parma)

können. Die pflegerische Betreuung wird durch ambulante Dienste sichergestellt.

Die Teilnehmer der Delegationen standen dem Projekt durchaus ambivalent gegenüber: Einerseits erlauben es die technischen Möglichkeiten natürlich, dass ältere Menschen in dem Dorf und Umfeld bleiben können, in dem sie von Kindesbeinen an gelebt haben, ohne dabei auf die Sicherheit verzichten zu müssen, im Notfall schnell Hilfe zu erhalten. Andererseits betonten gerade die etwas Älteren, dass die Vorstellung, rund um die Uhr überwacht zu werden, nicht ihrer Definition von Freiheit und Lebensqualität entspreche und sie sich ein Leben in einer solchen Einrichtung eher nicht vorstellen können.

Die Konferenz fand in den Gemeinden Collecchio, Felino, Montechiarugolo, Sala Baganza und Traversetolo statt, die zusammen den Zweckverband „Pedemontana Sociale" gegründet haben. Dessen Hauptaufgabe ist die Weiterentwicklung und Optimierung der Infrastruktur in den Bereichen Gesundheit und Soziales zum Wohle aller Bürgerinnen und Bürger.

Das Thema „socialisation", das sich die italienischen Kolleginnen und Kollegen für „ihren" Kongress ausgewählt hatten, war zunächst wenig griffig und konkret. Letztlich sollte es um die Teilnahme am sozialen Leben gehen, als Schwerpunkt der vorgestellten Themen und Projekte kristallisierte sich das Thema bürgerschaftliches Engagement heraus.

Ähnlich wie bereits bei der Konferenz im Enzkreis ein Jahr zuvor betonten die italienischen Engagierten, wie sehr die ehrenamtliche Arbeit in verschiedenen Bereichen zu ihrer allgemeinen Zufriedenheit und zum Gefühl beiträgt, der Gesellschaft etwas zurückgeben zu können – und eben nicht zum „alten Eisen" zu gehören. Besonders beeindruckt waren die Kongressteilnehmer, dass der gesamte Krankentransport in diesem Verwaltungsbereich von ehrenamtlich Engagierten, die überwiegend im Ruhestand sind, geleistet wird.

Das Rahmenprogramm, das die italienischen Gastgeber vorbereitet hatten, ließ keine Wünsche offen. Höhepunkt war ein musikalisches Intermezzo mit dem Titel „Kostproben aus Opern" in der Kapelle der Festung in Sala Baganza, das die internationale Delegation restlos begeisterte. Klassiker wie der „Bolero" oder Arien aus dem „Barbier von Sevilla" von Gioachino Rossini und „La Traviata" von Giuseppe Verdi wurden auf höchstem Niveau von einem Chor und verschiedenen Solisten präsentiert. Der Chor „Armonie dei colli" (Harmonie der Stimmen) entstand aus der Zusammenführung zweier bestehender Chöre, die es sich zur Aufgabe machen, auch in den kleinen Gemeinden durch Veranstaltungen Kultur und Musik zu bewahren.

Begegnungen schaffen ein Netzwerk

Überhaupt gehört natürlich das Kennenlernen von Land und Leuten zu nahezu jedem EU-Projekt – insbesondere, wenn es aus dem Programm „Bürgerbegegnungen" gefördert wird. Umgekehrt sind die Teilnehmer immer Botschafter ihres Landes und ihrer Region – nicht nur bei Treffen im eigenen Land.

In Skövde konnte hautnah erlebt werden, wie man in Schweden die Adventszeit begeht (unter anderem mit Glögg, einer Glühweinvariante mit deutlich höherem Alkoholgehalt) oder was es mit dem Luciafest auf sich hat. Bei einem traditionellen Weihnachtsessen, dem Smörgåsbord mit gefühlt drei Dutzend verschiedenen Heringszubereitungen, intonierte ein Gesangsduo nordische Weihnachtslieder.

Augen- und Ohrenweide: Schwedinnen im Santa Lucia-Outfit

In Norrköping führte eine „Arbeiterin" in der typischen Kleidung des späten 19. Jahrhunderts die Gäste durch den umgewandelten Industriekomplex im Herzen der Stadt: Die Fabrikgebäude aus rotem Ziegelstein, in den Jahren zwischen 1850 und 1920 entlang des Flusses Motala für die Textil- und Papierproduktion erbaut, dienen heute als Veranstaltungssäle, Museen und Wohnungen; auch Teile der Universität sind hier untergebracht.

Die Städte Parma und Tours begeisterten die Gäste mit ihren zahllosen historischen Bauten – und natürlich mit der vorzüglichen heimischen Küche. Allein der Tagungsort in Tours, das Hôtel de Ville (Rathaus) aus dem Jahr 1904, verlieh der dortigen Konferenz ein besonderes Flair – noch verstärkt durch einen Abend mit französischen Chansons.

Wer in den Enzkreis kommt, muss natürlich das Kloster Maulbronn besuchen – und das Schloss Neuenbürg. Vom dortigen Abendessen mit Enzkreis-Weinen und einer vierstöckigen Schwarzwälder Kirschtorte als Abschluss schwärmen die Teilnehmer noch heute.

Insgesamt stellten die Beteiligten aus allen Kommunen übereinstimmend fest, dass sich ganz andere Beziehungen einstellen, wenn man sich über einen Zeitraum von zwei Jahren hinweg mehrfach trifft. Dadurch entsteht eine Atmosphäre, in der nicht nur die Sonnenseiten des eigenen Landes herausgestellt werden, sondern auch Dinge benannt werden können, die nicht so gut (oder auch gar nicht) funktionieren.

Auch auf der lokalen Ebene stärkte die Mitarbeit in der Projektgruppe das Netzwerk oder schuf ganz neue Kontakte. So ist die Volkshochschule Pforzheim-Enzkreis – vertreten durch Regina Titelius, als Bildungsinstitution für viele Senioren und gleichzeitig als Träger der Freiwilligenagentur (FRAG) eine Schnittstelle zum Ehrenamt – nun deutlich stärker im Blick der anderen Teilnehmer. Auch für Angela Gewiese von dem beim Landratsamt verankerten Forum 21 haben sich die neu entstandenen Kontakte bereits bewährt.

Prächtiges Tagungsambiente: das Rathaus in Tours

Ohne Gesundheit ist alles nichts

Im Mittelpunkt der Abschlusskonferenz in Parma im November 2011 stand die Gesundheitsförderung – als Schlüssel für ein gesundes, erfülltes und langes Leben. Dabei wurde deutlich, dass es zahlreiche Möglichkeiten gibt, die eigene Gesundheit und damit das Wohlbefinden zu erhalten und zu steigern. Da sind zum einen die zahlreichen Früherkennungsmöglichkeiten, die die Krankenkassen finanzieren, oder deren Kurse – von ausgewogener Ernährung bis hin zu Sport und Hobbys.

Zwar sind die meisten Menschen sehr gut informiert, was gut für sie ist und welche Angebote ihnen zur Verfügung stehen. Deren Inanspruchnahme und die tatsächliche Umsetzung stehen allerdings auf einem anderen Blatt und lassen – darin waren sich alle Teilnehmenden einig – im Allgemeinen noch sehr zu wünschen übrig. Besonders problematisch ist dies natürlich für Menschen, die auf Grund von Pflegebedürftigkeit oder Immobilität nicht an Aktivitäten außerhalb der eigenen vier Wände teilnehmen können.

Hier stellte Britta Kinzler, Sozialplanerin des Enzkreises, ein neues Modell vor, das unter anderem im Nachbarlandkreis Ludwigsburg erfolgreich erprobt und dabei wissenschaftlich begleitet wurde: Beim sogenannten „aktivierenden Hausbesuch" werden

pflegebedürftige Menschen, die zu Hause leben und die Wohnung ohne fremde Hilfe nicht mehr verlassen können, über einen Zeitraum von einem halben Jahr wöchentlich von einer Übungsleiterin besucht. Während des Besuchs stehen gymnastische Übungen und Gespräche über Ernährung, Wohnungsanpassung und Unterstützungsmöglichkeiten auf dem Stundenplan.

Die ersten Ergebnisse können sich sehen lassen: Die Teilnehmer waren nach den 20 Wochen aktiver, selbstständiger, beweglicher und sie trauten sich wieder mehr zu. Viele veränderten ihre Wohnung, wobei dies oft nur Kleinigkeiten waren, die jedoch zu gefährlichen Stolperfallen werden können. Auch die Bereitschaft, Hilfsmittel wie einen Rollator in Anspruch zu nehmen, stieg signifikant an. Der Enzkreis wird dieses Modell übernehmen und in Zusammenarbeit mit geeigneten Partnern umsetzen.

Auf europäischer Ebene soll das Thema Gesundheitsförderung weiter verfolgt werden. Ein neues Projekt wird sich möglicherweise gezielt der Frage widmen, wie Bürgerinnen und Bürger motiviert werden können, vorhandene Angebote besser zu nutzen und ihr Verhalten insgesamt zu ändern.

Viele Ideen für das Leben im Alter

Auch an anderen „Baustellen" soll im Rahmen von Projekten weitergearbeitet werden: In Tours wird man eine Projektbeschreibung erstellen, wie Innovation und neue Techniken gezielt für Ältere und für Menschen mit Behinderungen zugänglich gemacht werden können. Dabei sollen ein bestehendes Netzwerk von „altersfreundlichen Städten" und die dort gemachten Erfahrungen einbezogen werden.

Ob das sehr weitreichende Thema „Wohnen und Leben" in Form eines europäischen Projektes aufgegriffen werden kann, werden die schwedischen Partner zunächst zu Hause diskutieren. Von Seiten des Enzkreises besteht auf jeden Fall großes Interesse an einer weiteren Zusammenarbeit in diesem Bereich, denn die Bedeutung barrierefreier Wohn- und Lebensräume sowie sozialer Netzwerke für die künftige ältere Generation zeichnet sich schon heute ab: Die bestehenden Versorgungs- und Lebensstrukturen werden künftig aller Voraussicht nach weder den individuellen Anforderungen noch den finanziellen Spielräumen gerecht werden.

Im Enzkreis wird man sich zudem gezielt der Frage nach einer guten Vorbereitung auf den Ruhestand stellen. Geplant sind zum Beispiel „Vor-Ruhestands-Seminare" zunächst innerhalb der Kreisverwaltung, um Erfahrungen zu sammeln und ein erstes Konzept zu erstellen, das möglicherweise international ausgebaut werden kann. Hintergrund ist die Tatsache, dass für viele Rentner die neue Lebensphase geringere Aktivität und dadurch weniger soziales Leben zur Folge hat – vor allem aber mit einem Verlust an (gesellschaftlicher) Bedeutung einhergeht. Wenn der Mensch zu einem Gutteil über seine Arbeit definiert wird, stellt sich geradezu zwangsläufig jenseits des Rentenalters die Frage, die ein schwedischer Pensionär so formulierte: *Was drucke ich jetzt auf meine Visitenkarte?*

Was bleibt vom Projekt „60 plus"?

Wenn über den demografischen Wandel geschrieben wird, ist fast immer von Problemen die Rede – als sei es eine nationale (oder europäische) Katastrophe, dass wir dank unserer Lebensumstände und der Fortschritte in der medizinischen Versorgung ein deutlich längeres Leben erwarten können, als dies noch vor zwei Generationen der Fall war.

Aber natürlich gibt es Fragen, die beantwortet werden müssen; manche davon auf lokaler, andere auf bundesdeutscher Ebene: In unerwarteter Einigkeit forderten zum Beispiel der Personalmanager der Firma Daimler und der sozialdemokratische Arbeitsmediziner im Mai 2010 eine Flexibilisierung des deutschen Rentensystems – eine Forderung, die auch der Publizist Hans Magnus Enzensberger im Januar 2012 stellte. Allen dreien geht es dabei nicht um eine insgesamt spätere Berentung, sondern um flexible Übergänge, die den Wünschen und Bedürfnissen des Einzelnen angepasst werden können. Wen der Beruf krank macht, wer keine Lust mehr hat und vorzeitig in Pension gehen möchte, muss dafür mit erheblichen finanziellen Einbußen rechnen. Auch wer jenseits der 60 nicht mehr Vollzeit arbeiten möchte, nimmt dafür eine geringere Rente in Kauf. Andererseits werden Menschen „in den Ruhestand getreten", die sowohl von ihren Fähigkeiten als auch von ihrem gesundheitlichen Status her noch viele Jahre arbeiten könnten – und dies auch gerne tun würden.

Eine Freundin von Monica Hjern aus Norrköping feiert mit Freunden das Mittsommerfest.

Schließlich: Die zunehmende Bedeutung von Europa auch für die lokale Politik und das Leben jedes Einzelnen macht es notwendig, nach Handlungsmöglichkeiten eben auch auf europäischer Ebene zu suchen. Denn tatsächlich lässt sich im internationalen Vergleich vieles voneinander lernen, auch wenn sich Strukturen und gesellschaftliche Bedingungen zum Teil deutlich unterscheiden.

Eine Übertragung von Ideen, Maßnahmen und Projekten gelingt nur in seltenen Fällen. Das Eigene mit den Augen eines Anderen zu sehen, kombiniert mit vielleicht ganz ungewohnten Herangehensweisen, bietet jedoch die Chance, neue Ideen zu entwickeln oder Bestehendes ganz neu zu verknüpfen. Der Rahmen des Projekts „60 plus" bot hier zudem den Vorteil, solche Ideen direkt mit möglichen Beteiligten zu diskutieren, um zu Hause weiter daran arbeiten zu können.

Was also tatsächlich vom Projekt bleiben wird und welche künftigen Initiativen sich darauf werden zurückführen lassen, wird sich zeigen. Eines jedoch wird sicherlich weiter bestehen: Der Kontakt zu einigen der Kolleginnen und Kollegen aus den beteiligten Regionen. Wenn es sich anbietet, können diese Kontakte aktiviert werden: für neue Projekte, für Kurzbesuche zu Studienzwecken oder auch nur für konkrete Fragen und den Meinungsaustausch – vielleicht nicht mit Mick Jagger, aber wer kann schon im Fachgespräch ganz locker behaupten: *Dazu frage ich mal die Experten in Frankreich und Schweden?*

Chronik des Enzkreises
Juli 2009 bis Juni 2012

Zusammengestellt von Judith Käpplinger, Tanja Kurtz
und Karl J. Mayer

Juli 2009

Amtsinhaber Heiko Faber wird erneut zum Bürgermeister in Kieselbronn gewählt. Bei einer Wahlbeteiligung von 46,3 Prozent erhält der ohne Gegenkandidat angetretene Faber 97,5 Prozent der
Stimmen.

Die Kirchengemeinde Lomersheim erinnert mit einem großen
Festprogramm an die Vollendung der Peterskirche vor 550 Jahren.

Vor 100 Jahren wurde die Freiwillige Feuerwehr Ersingen gegründet und man begeht dieses Jubiläum mit einem Umzug sowie einem Festabend.

Die Ludwig-Uhland-Schule in Birkenfeld und die Appenbergschule
in Mönsheim erhalten das Berufswahl-Siegel Baden-Württemberg
(BoriS), mit dem Schulen ausgezeichnet werden, die ihre Schüler
bei der Vorbereitung auf den Beruf besonders gut unterstützen.

Aus Anlass der Gründung der Sparkasse Pforzheim Calw vor 175
Jahren treffen sich Banker, Wirtschaftsfachleute und Kommunal-
politiker im Pforzheimer Sparkassen-Turm.

Zahlreiche Vereine feiern ihr Gründungsjubiläum, darunter der TV
Neuenbürg (150 Jahre), der SV Neuhausen, der FC Viktoria Enzberg, der 1. FC Bauschlott, der Rad-Rollschuh-Motor-Sport-Verein
Kieselbronn (jeweils 100 Jahre) und die DLRG-Ortsgruppe Mühlacker (75 Jahre).

August 2009

Der langjährige CDU-Landtagsabgeordnete für den Enzkreis Hans Roth stirbt im Alter von 85 Jahren.

Die Freiwillige Feuerwehr Wiernsheim feiert ihre Gründung vor 150 Jahren mit einem dreitägigen Fest.

September 2009

Hans Roth

Das 22. Internationale Jugendcamp des Enzkreises findet im ungarischen Sopron statt. Die traditionelle Abschlussveranstaltung erinnert an die spontane Grenzöffnung zwischen Ungarn und Österreich 20 Jahre zuvor. Augenzeugen und Teilnehmer des „Paneuropäischen Picknicks" im Jahre 1989 sind Gäste der Veranstaltung.

Am 14. September konstituiert sich der im Juni neu gewählte Kreistag im Landratsamt. 16 Kreisräte sind neu im Gremium.

Die Kreishandwerkerschaft Pforzheim-Enzkreis besteht seit 75 Jahren.

Nach fünfjähriger Vorbereitungszeit eröffnet in Maulbronn das Museum auf dem Schafhof. Umgebaut und eingerichtet wurde das Gebäude vom Geschichts- und Heimatverein Maulbronn. Im März 2011 erhält es einen der beiden Hauptpreise des Wettbewerbes „Vorbildliches Heimatmuseum" des Arbeitskreises Heimatpflege im Regierungsbezirk Karlsruhe.

Oktober 2009

Bei der Wahl zum Oberbürgermeister von Mühlacker gewinnt der Herausforderer Frank Schneider mit 60,7 Prozent der Stimmen im ersten Wahlgang gegen den Amtsinhaber Arno Schütterle. Die Wahlbeteiligung lag bei knapp 47 Prozent.

In der rumänischen Hauptstadt Bukarest wird das von dem in Wurmberg lebenden Bildhauer Peter Jacobi geschaffene Mahnmal für die Opfer des Holocaust eingeweiht.

Frank Schneider

Die Chorgemeinschaft Frohsinn Waldrennach feiert mit einem Festbankett ihr 100-jähriges Bestehen.

In Kieselbronn wurde vor 75 Jahren die Freiwillige Feuerwehr gegründet.

Mit einem Festakt wird der Anbau an das Rathaus in Neuhausen eingeweiht.

November 2009

Jürgen Kurz wird mit 98,3 Prozent der Stimmen in seinem Amt als Bürgermeister von Niefern-Öschelbronn bestätigt. Damit geht er in seine fünfte Amtszeit. Die Wahlbeteiligung lag bei niedrigen 28,7 Prozent.

Der KTV Straubenhardt wird nach 2005 zum zweiten Mal Deutscher Kunstturnmeister. Das Team der Sportler um den Reck-Turnweltmeister Fabian Hambüchen wurde von rund 1.000 Fans zu den Wettkämpfen in der Karlsruher Europa-Halle begleitet.

Mit 68,7 Prozent der Stimmen wird der 34-jährige Luca Wilhelm Prayon bei einer Wahlbeteiligung von rund 57 Prozent zum Bürgermeister von Remchingen gewählt.

Diverse Jubiläen werden festlich begangen: Evangelisch-lutherischer Kirchenchor Ispringen (150 Jahre), Kreisverband Obere Enz der Kleintierzüchter (100 Jahre), Evangelischer Kirchenchor Singen, Obst- und Gartenbauverein Neubärental (75 Jahre).

Luca Wilhelm Prayon

Dezember 2009

Die renovierten Gotteshäuser in Niefern (Marienkirche) und Lienzingen (Peterskirche) werden mit festlichen Gottesdiensten eingeweiht.

Der Neuenbürger Ehrenbürger und Bürgermeister a. D. Ernst Fischer, Träger des Verdienstkreuzes am Bande des Verdienstordens der Bundesrepublik Deutschland, stirbt im Alter von 82 Jahren.

Ernst Fischer

Januar 2010

Nach 37 Jahren als Bürgermeister von Remchingen wird Wolfgang Oechsle aus seinem Amt verabschiedet.

Landrat Karl Röckinger feiert seinen 60. Geburtstag. Die anstelle von Geschenken erbetenen Spenden im Gesamtwert von rund 6.500 Euro übergibt er an die Lebenshilfe Vaihingen-Mühlacker und an den Verein „miteinanderleben".

Februar 2010

Friolzheims Bürgermeister Michael Seiß wird mit 92,9 Prozent der Stimmen in seinem Amt bestätigt und geht damit in die zweite Amtszeit. Die Wahlbeteiligung lag bei 38,7 Prozent.

Jörg-Michael Teply wird zum neuen Bürgermeister Wurmbergs gewählt. Bei einer Wahlbeteiligung von knapp 53 Prozent erhält er 97,7 Prozent der Stimmen.

Mit der Gründung des Heimatvereins Göbrichen gibt es nun in allen drei Neulinger Teilorten eine Institution zur Pflege der Heimat und Natur.

Jörg-Michael Teply

Der in Enzberg aufgewachsene Pforzheimer CDU-Politiker Stefan Mappus wird in Stuttgart zum achten Ministerpräsidenten von Baden-Württemberg gewählt und vereidigt.

März 2010

Landrat Karl Röckinger und die Vertreter der Kranken- und Pflegekassen unterzeichnen den Vertrag für den ersten Pflegestützpunkt im Enzkreis, der in Mühlacker eingerichtet wird. Hier entsteht eine Anlaufstelle, die bei Fragen rund um die Pflege kostenlos berät und Hilfestellung leistet.

Nach 32 Jahren Amtszeit wird Wurmbergs Bürgermeister Helmut Sickmüller aus seinem Amt verabschiedet.

Die Uhrenmanufaktur Chopard feiert ihr 150-jähriges Bestehen. In Birkenfeld befindet sich einer von insgesamt drei Produktionsstandorten.

Landrat Karl Röckinger wird zum Vizepräsidenten des Landkreistages Baden-Württemberg gewählt.

Der Sportkreis Pforzheim Enzkreis ehrt insgesamt 65 Athletinnen und Athleten für Spitzenplatzierungen bei einer Welt-, Europa- oder deutschen Meisterschaft. Zudem werden weitere elf Sonderehrungen der Stadt Pforzheim und des Enzkreises für herausragende sportliche Leistungen vergeben.

Gefeiert werden 125 Jahre Freiwillige Feuerwehr Schmie und 100 Jahre Turn- und Sportverein Bilfingen.

April 2010

Alt-Bürgermeister Hermann Kindler aus Nöttingen stirbt im Alter von 89 Jahren.

Gudrun Augenstein wird zur neuen Vorsitzenden des Sportkreises Pforzheim Enzkreis gewählt.

Der Sängerbund Gräfenhausen feiert seine Gründung vor 150 Jahren.

Hermann Kindler

Rolf Guigas, international ausgezeichneter Goldschmied, Designer und Zeichner aus Nöttingen, stirbt im Alter von 79 Jahren.

Mario Weisbrich wird mit 57,7 Prozent der Stimmen bei gleichzeitig hoher Wahlbeteiligung (rund 72 Prozent) zum neuen Bürgermeister von Wimsheim gewählt. Wegen einer Wahlanfechtung kann die offizielle Einsetzung erst im November erfolgen.

Die Turngemeinschaft Dietlingen begeht ihr 125-jähriges Jubiläum.

Mario Weisbrich

Mai 2010

Landrat Karl Röckinger begrüßt im Landratsamt zahlreiche Fachleute zur ersten Gesundheitskonferenz des Enzkreises und der Stadt Pforzheim.

Juni 2010

Anlässlich des 100-jährigen Bestehens der Katholischen jungen Gemeinde Ersingen wird ein Spendenlauf für ein Kinderprojekt in Nepal durchgeführt.

Der Neuenbürger Stadtteil Arnbach blickt auf seine 900-jährige Geschichte zurück.

Die Freiwillige Feuerwehr Heimsheim begeht feierlich ihr 150-jähriges Jubiläum und richtet den 24. Kreisfeuerwehrtag aus.

Die Bürgermeister von Benaoján, Knittlingen und Montejaque besiegeln ihre Städtepartnerschaft mit einem Festakt. Die Bekräftigung erfolgt durch eine zweite Vertragsunterzeichnung in Andalusien im August 2010.

IHK-Vizepräsident Arnold Höpfinger vergibt das Berufswahl-Siegel Baden-Württemberg an sieben Schulen der Region Nordschwarzwald, darunter die Ludwig-Uhland-Schule Heimsheim und die Gustav-Heinemann-Schule Pforzheim.

Im Rahmen des Projektes „Klima-Wendekreis" des Landratsamtes Enzkreis wird die „Solarinitiative Ispringen" gegründet.

175 Jahre Chorgemeinschaft Liederkranz-Freundschaft Neuenbürg, 100 Jahre Rad- und Kraftfahrerverein Lomersheim und 75
Jahre Weingärtnergenossenschaft Diefenbach werden gefeiert.

Juli 2010

Der ehemalige Turnsportler und -trainer der TG Dietlingen, Bun-
desverdienstkreuzträger Walter Freivogel, der auch als langjähriger Kampfrichter auf internationalem Parkett wirkte, stirbt im Alter von 90 Jahren.

Landrat Karl Röckinger, Architekt Thilo Kupsch und Rektor Klaus-
Peter Böhringer weihen das neue Berufsschulgebäude der kreiseigenen Gustav-Heinemann-Schule in Pforzheim ein. Böhringer
wird nach langjähriger Schulleitung im selben Monat in den Ruhestand verabschiedet.

Für sein Engagement zur Eingliederung benachteiligter und behinderter Menschen und seinen Einsatz für junge Menschen wird
Landrat Karl Röckinger von Regierungspräsident Rudolf Kühner
das Bundesverdienstkreuz am Bande überreicht.

Die Abteilung Königsbach der Freiwilligen Feuerwehr Königsbach-Stein feiert ihr 150-jähriges Bestehen.

Die Vereine FC Ersingen, SV Schellbronn und FSV Eisingen begehen jeweils ihr 100-jähriges Jubiläum.

August 2010

25 Jahre Maulbronner Freilichttheater werden mit einem Sektempfang und dem Shakespeare-Stück „Wie es euch gefällt" gewürdigt.

September 2010

Anlässlich seines 100-jährigen Bestehens lässt der DRK-Ortsverein Kieselbronn Zeitzeugen zu Wort kommen, die von ihren Erfahrungen während des Zweiten Weltkriegs und dem Wiederbeginn ihrer Arbeit berichten.

Der langjährige Kreishandwerksmeister und Vizepräsident der Handwerkskammer Karlsruhe Jürgen Pfirmann stirbt im Alter von 71 Jahren.

Der Mühlacker Dekan Ulf van Luijk setzt Sandra Epting offiziell als neue Gemeindepfarrerin in Ötisheim ein.

In Niefern und in Nußbaum werden die sanierten Ortskerne eingeweiht.

Zahlreiche Besucher werden vom ersten Nöttinger Kulturtag angelockt.

Die Bürgermeister Udo Kleiner und Massimiliano Dindalini besiegeln die Partnerschaft zwischen der Gemeinde Kämpfelbach und dem italienischen Civitella.

Die Freiwillige Feuerwehr Ispringen begeht ihr 100-jähriges Jubiläum.

Die Eisinger Ortsgeschichte des Autors Hermann Schönleber wird unter dem Titel „Eisingen – Vom Winzerdorf zur modernen Gemeinde" offiziell vorgestellt.

Die renovierte Alte Kelter in Ötisheim wird eingeweiht.

Oktober 2010

Der 1. FC Nußbaum wurde vor 100 Jahren gegründet.

Die Siloah-Kirche der Evangelisch-Lutherischen Kirchengemeinde Ispringen wird 150 Jahre alt.

Die Innung für Sanitär und Heizung Pforzheim-Enzkreis feiert im CongressCentrum Pforzheim ihr 100-jähriges Bestehen.

Die Paul-Gerhardt-Gemeinde in Mühlacker begrüßt ihre neue Pfarrerin Gabriele Goy.

Nach 100 Jahren bekommt die Wendelinskapelle zwischen Neuhausen und Steinegg wieder einen Dachreiter.

November 2010

Der Sozialverband VdK, Kreisverband Pforzheim/Enzkreis, stellt mit Willi Goppelsröder als Vorsitzendem und Ingrid Benda als Stellvertreterin sein neues Führungsteam vor.

Die fünf Winzergenossenschaften Oberderdingen, Sternenfels, Diefenbach, Freudenstein-Hohenklingen sowie Knittlingen vereinigen sich zur Vertriebsgenossenschaft „WeinKultur westlicher Stromberg".

Anna Miggos vom Karateverein Maulbronn wird zum dritten Mal in Folge Deutsche Meisterin.

Die Autoren Dr. Ralf Fetzer und Dr. Heike Drechsler übergeben im Rahmen einer Feierstunde die Sternenfelser Ortschronik „Sternenfels – Die Geschichte zweier Dörfer" an Bürgermeisterin Sigrid Hornauer.

Die Gemeinde Wiernsheim erhält beim Bundeswettbewerb „Kommunaler Klimaschutz 2010" für ihren Plus-Energie-Kindergarten in Serres den mit 40.000 Euro dotierten Klimaschutz-Preis. Schon im Oktober zeichnete Landrat Karl Röckinger die Gemeinde im Rahmen der Initiative „Enzkreis-Klima-Wendekreis" aus.

Im Landratsamt findet der erste Medienkompetenztag des Medienzentrums statt, an dem sich Lehrkräfte aus Pforzheim und dem Enzkreis über einen kindgerechten Umgang mit dem Internet informieren können.

Rund 80 Wanderer und 15 Rollstuhlfahrer weihen den ersten rollstuhl- und kinderwagentauglichen Wanderweg des Schwäbischen Albvereins im Enzkreis zwischen dem Aalkistensee und Ölbronn ein.

Die „Flippers" geben im Rahmen ihrer Abschiedstournee ein Konzert in Pforzheim. Im März 2011 beendet die Musikgruppe aus Knittlingen ihre Karriere nach über 40 Jahren.

Dezember 2010

Der Diplomverwaltungswirt Jens Mohrmann wird vom Aufsichtsrat zum Alleingeschäftsführer der Wirtschaftsförderung Zukunftsregion (WFG) Nordschwarzwald gewählt.

Die Firma Haustechnik Vetter begeht in der Ötisheimer Kelter ihr 150-jähriges Jubiläum. Firmenchef Wolfgang Vetter wird von Landrat Karl Röckinger mit der Steinbeis-Medaille ausgezeichnet.

Die Johannes-Kepler-Grundschule in Ellmendingen feiert die offizielle Amtseinführung ihres neuen Rektors Volker Schneider, der gleichzeitig auch die Grund- und Hauptschule Speiterling leitet.

Herbert Laupp, der Mitbegründer der Kunstturnvereinigung Straubenhardt, bekommt im Rahmen des Tages des Ehrenamtes in Stuttgart von Ministerpräsident Stefan Mappus das Bundesverdienstkreuz überreicht.

Als Herausgeber stellt der Leiter des Kreisarchivs Konstantin Huber das neue Buch „Der Enzkreis – Geschichte und Gegenwart eines lebendiges Landkreises" vor.

Reinhard Boger präsentiert nach 30-jähriger Arbeit seine Niebels-bacher Ortschronik bei einer Gemeinderatssitzung.

Wolfgang Schlecht übernimmt sein neues Amt als Pfarrer der evangelischen Kirchengemeinde Illingen.

Zum neuen Jahr tritt Kreisbrandmeister Christian Spielvogel sei-nen Chefposten bei den Enzkreis-Feuerwehren an und löst damit Ingbert Fürtsch ab, der im April 2011 nach 40 Dienstjahren in den Ruhestand verabschiedet wird.

Januar 2011

Der Liederkranz Friolzheim blickt in diesem Jahr stolz auf seine 150-jährige Geschichte zurück und feiert zum Auftakt des Jubilä-ums ein Fest mit allen örtlichen Vereinen.

Für sein ehrenamtliches Engagement wird Manfred Michallik mit dem Bundesverdienstkreuz ausgezeichnet, welches Mühlackers Oberbürgermeister Frank Schneider übergibt.

Christian Tsalos wird von Dekan Wolfgang Vögele in sein Amt als neuer Pfarrer der evangelischen Kirchengemeinde Heimsheim be-rufen.

Der SDR-Intendant und ehemalige Bürger Mühlackers Fritz Raff stirbt nach kurzer, schwerer Krankheit im Alter von 61 Jahren.

Johanna Weiß aus Ispringen erhält für ihr soziales Engagement im Interesse behinderter Menschen das Bundesverdienstkreuz von Landrat Karl Röckinger überreicht.

Februar 2011

Der Gesangverein Wurmberg beginnt die Feierlichkeiten zum 150-jährigen Bestehen mit einem Festgottesdienst.

In feierlichem Rahmen wird Marta Ehrler-Kilian als neue Rektorin der kreiseigenen Pestalozzischule in Pforzheim in ihr Amt einge-führt.

Ministerpräsident Stefan Mappus verleiht dem Maulbronner Kirchenmusikdirektor, Dirigenten und Chorleiter Jürgen Budday den Ehrentitel „Professor".

Bei einem großen Festakt in der Stadthalle Maulbronn feiern zahlreiche Bürger sowie viele Gäste aus Politik und befreundeten Gemeinden 125 Jahre Stadt Maulbronn.

März 2011

Für Ministerpräsident Stefan Mappus endet die Landtagswahl 2011 mit einer persönlichen Niederlage. Wenngleich er in seinem Wahlkreis Pforzheim mit 44,5 Prozent sein Landtagsmandat halten kann, kommt es in Baden-Württemberg zum Regierungswechsel. Im Enzkreis erringt Viktoria Schmid mit 40,7 Prozent (2006: 40,1) das Direktmandat, wird jedoch im Landtag auf die Oppositionsbank verwiesen. Die anderen Zweitstimmenergebnisse im Enzkreis: SPD 23,8 % (26,7), Grüne 19,6 % (9,8), FDP 6,9 % (13,8), Die Linke 2,4 % (3,4) und Sonstige 6,6 % (6,2). Die Wahlbeteiligung liegt bei 70,2 % (55,7).

Beim Jubiläumskonzert der Chorgemeinschaft Eintracht Eisingen mit Projektchor und Tenor Jay Alexander zeigen sich über 900 Besucher begeistert und freuen sich mit den Vereinsmitgliedern über das 150-jährige Bestehen der Gemeinschaft.

Die neue Leiterin der Grundschule Heidenwäldle in Mühlacker Rita Rapp wird in feierlichem Rahmen in ihr neues Amt eingeführt.

Das Neuenbürger Krankenhaus der Enzkreis-Kliniken gGmbH wird nach einem umfangreichen Umbau neu eingeweiht.

Der 1. FC Schellbronn feiert mit einem Festbankett sein 100-jähriges Jubiläum.

Etliche Hundert Atomkraftgegner aus dem Enzkreis beteiligen sich an einer Menschenkette, die vom Kernkraftwerk Neckarwestheim bis nach Stuttgart verläuft. Die von langer Hand geplante Protestaktion richtet sich gegen die Laufzeitverlängerung. Sie wird aber von der nahezu zeitgleich stattfindenden Nuklearkatastrophe im japanischen Fukushima überschattet.

Im Rahmen eines festlichen Gottesdienstes in der Erlöserkirche in Wimsheim wird Pfarrer Norbert Bentele in sein Amt eingeführt. Er wird damit Seelsorger für die Kirchengemeinde Heilig Geist (Heimsheim-Friolzheim-Wimsheim) und Heilig Kreuz (Wiernsheim-Wurmberg-Mönsheim).

Pfarrer Martin Rostan wird in der Martinskirche in Conweiler unter reger Beteiligung seiner Gemeinde in den Ruhestand verabschiedet.

April 2011

Der Männergesangverein Lienzingen veranstaltet aus Anlass seines 150-jährigen Bestehens ein Festbankett.

Dentaurum in Ispringen kann sich mit 125 Jahren Firmengeschichte als das älteste unabhängige Dentalunternehmen der Welt bezeichnen.

Helga Schuhmacher wird als neue Rektorin der Verbandsschule im Biet in Neuhausen von Kollegen und Schülern feierlich begrüßt.

Die Freiwillige Feuerwehr Maulbronn feiert ihr 125-jähriges Jubiläum.

In Ellmendingen veranstaltet die Turn- und Sportvereinigung zu ihrem 100-jährigen Bestehen ein großes Sport- und Jubiläumswochenende.

Der Posaunenchor Wurmberg-Neubärental blickt auf sein 75-jähriges Bestehen zurück.

In Remchingen-Wilferdingen wird das neu errichtete Römermuseum unter der Leitung von Jeff Klotz offiziell eröffnet.

Mai 2011

Mit dem stolzen Ergebnis von 72,3 Prozent gewinnt Martin Steiner im ersten Wahlgang die Bürgermeisterwahl in Birkenfeld. Die Wahlbeteiligung lag bei 53,5 Prozent.

Martin Steiner

Ein 26-jähriger Remchinger Autofahrer versucht sich einer polizeilichen Kontrolle zu entziehen. Nach einer wilden Verfolgungsjagd quer durch den Enzkreis, bei der er fünf Polizeiautos beschädigt, wird der Flüchtige gestellt und muss sich wegen mehrerer Delikte vor Gericht verantworten.

Bei der Landratswahl wird Karl Röckinger mit großer Mehrheit (88,7 Prozent) vom Kreistag des Enzkreises in seinem Amt bestätigt und im Juli auf die zweite Amtszeit verpflichtet.

Der aus Engelsbrand stammende Pforzheimer Unternehmer Herbert Richter stirbt im Alter von 77 Jahren. Er war unter anderem Träger des Bundesverdienstkreuzes, der Bürgermedaille der Stadt Pforzheim und der Mildred-Scheel-Medaille der Deutschen Krebshilfe.

Die Chorgemeinschaft Eisingen feiert Doppeljubiläum: Neben dem 150-jährigen Bestehen der Chorgemeinschaft freut sich der Frauenchor über sein 50-jähriges Jubiläum. Die Chorleiterin Siegrun Stütz wird für ihre Verdienste mit der Gottlob-Frick-Medaille des Enzkreises ausgezeichnet.

Zu seinem 125-jährigen Jubiläum eröffnet der Turnverein Ersingen eine Sonderausstellung über die eigene Geschichte.

100-jähriges Vereinsjubiläum begehen der Dennacher Kleintierzuchtverein Z 520, der Obst- und Gartenbauverein Dietlingen, der SV Königsbach und die Ortsgruppe Birkenfeld des Schwarzwaldvereins.

Mit 27 Jugendlichen im Alter von zehn bis vierzehn Jahren geht die neugegründete Jugendfeuerwehr in Illingen an den Start.

Der Verein „miteinanderleben" setzt sich seit 25 Jahren für die Integration von Menschen mit Benachteiligung ein und begeht dieses Jubiläum mit einem bunten Fest in Stein.

Die Baugenossenschaft Birkenfeld blickt auf ihr 75-jähriges Bestehen zurück.

Die Freiwillige Feuerwehr Waldrennach feiert ihr 75-jähriges Bestehen.

Juni 2011

In Serres wird mit einer Reihe von sieben Veranstaltungen der 250. Geburtstag der Waldenserkirche gefeiert.

Der Gesangverein Wurmberg feiert mit einem bunten Programm sein 150-jähriges Bestehen.

Die Abteilung Niefern der Freiwilligen Feuerwehr Niefern-Öschelbronn besteht seit 150 Jahren.

Gemeinsam mit Vertretern aus Wirtschaft und Kommunalpolitik feiert das Mühlacker Unternehmen Michallik seinen 100. Geburtstag.

Der Zweckverband Mannenbach-Wasserversorgung, dem im Enzkreis die Gemeinden Birkenfeld und Straubenhardt sowie die Neuenbürger Stadtteile Arnbach und Dennach angeschlossen sind, feiert sein 75-jähriges Bestehen.

Juli 2011

Amtsinhaber Werner Henle gewinnt die Bürgermeisterwahl in Ötisheim gegen seinen Herausforderer Andy Bloch mit 92,3 Prozent der Stimmen bei einer Wahlbeteiligung von 44,5 Prozent.

Der Birkenfelder Bürgermeister Reiner Herrmann verabschiedet sich bei einer Feier mit 850 Gästen in den Ruhestand und erhält von Landrat Karl Röckinger die Faustmedaille verliehen.

Zum 150-jährigen Jubiläum veranstaltet die Chorgemeinschaft Eisingen ein großes Feuerwerk.

Mit einem bunten Programm erinnert der evangelische Kindergarten Stein an seine Gründung vor 150 Jahren.

Der Turnverein Ersingen feiert sein 125-jähriges Bestehen mit einem Konzert der „Manfred Mann's Earth Band".

Der Enzkreis forciert sein bereits zwei Jahre zuvor angestoßenes Projekt zur flächendeckenden Verbesserung der Breitbandversorgung in der Region und ruft konkurrierende Leitungsbetreiber zu einem Ideenwettbewerb auf.

Ludwig Hanisch, Leiter der Grundschule Bilfingen, verabschiedet sich in den Ruhestand.

Als Beitrag zum Klimaschutz erprobt die Enzkreis-Verwaltung mit dem Einsatz von je zwei Elektro-Rollern und E-Fahrrädern den Einstieg in die Elektro-Mobilität.

Die Feier zum 125-jährigen Jubiläum der Feuerwehrabteilung Ölbronn lockt Hunderte von Schaulustigen zum großen Umzug unter neuer Fahne.

Der Sportverein Königsbach veranstaltet anlässlich seiner Gründung vor 100 Jahren ein Sportfest.

Der Straubenhardter Ortsteil Conweiler erinnert an die Grund-
steinlegung zum Bau der Martinskirche vor 100 Jahren.

Mit einem Open-Air-Konzert und einer sechstägigen Festwoche
feiert der Turn- und Sportverein Ellmendingen sein 100-jähriges
Bestehen.

Die Rektorin der Feldrennacher Grundschule Adelheid Keller wird
in den Ruhestand verabschiedet.

Erwin Heger wird mit einem großen Fest als neuer Leiter der
Wurmberger Grundschule in sein Amt eingeführt.

Mit einem bunten Fest feiern die Gemeinde Straubenhardt und
der französiche Gemeindeverband Pont-de-Veyle das zehnjährige
Bestehen ihrer Städtepartnerschaft.

Hunderte von Besuchern feiern die 25-jährige Partnerschaft zwischen Remchingen und der sizilianischen Gemeinde San Biagio Platani mit einem Sommerfest bei der Kulturhalle.

Monika Becker wird offiziell in ihr Amt als neue Leiterin der He-
ckengäuschule in Wiernsheim eingeführt.

August 2011

Der langjährige Bürgermeister und Ehrenbürger der Stadt Knittlingen Otto Kübler stirbt im Alter von 73 Jahren.

Der Faustballer Marco Lochmahr vom TV Vaihingen trägt sich als
erster Illinger Bürger, der den Titel eines Weltmeisters führt, in das
Goldene Buch der Gemeinde ein.

Otto Kübler

Im Rahmen des „SWR 4 Sommererlebnisses" feiern zahlreiche Besucher das 75-jährige Bestehen des Wellenbades in Schellbronn.

Landrat Karl Röckinger empfängt Edward Lasok, den neuen Stadtpräsidenten von Myslowice, der polnischen Partnerkommune des Enzkreises.

September 2011

Als neuer Gemeindepfarrer tritt David Gerlach sein Amt in Conweiler an.

Der Rad- und Kraftfahrer-Verein (RKV) Lomersheim erzielt bei den Bundesmotorsportmeisterschaften in Stockstadt sechsmal Gold, zweimal Silber und dreimal Bronze.

Mit einem bunten Programm feiert die Freiwillige Feuerwehr Maulbronn ihr 125-jähriges Jubiläum.

Die Deutsche Waldenservereinigung feiert in der Erlentalhalle in Ötisheim ihr 75-jähriges Bestehen und begrüßt dazu Gäste aus Italien, Frankreich und der Schweiz.

Seit 15 Jahren ordnen Mitarbeiter des Kreisarchivs im Auftrag der Städte und Gemeinden im Enzkreis deren Archive und bewahren damit das historische Gedächtnis der Kommunen für die Allgemeinheit.

Die Gemeinde Königsbach-Stein trauert um ihren Altbürgermeister Erich Hörrle, der am 25. September im Alter von 84 Jahren stirbt.

Mit einem Gottesdienst in der evangelisch-methodistischen Kirche in Bauschlott wird der neue Pastor Matthias Hetzner in sein Amt eingeführt.

Das Kaffeemühlenmuseum in Wiernsheim wird mit einem großen Eröffnungsfest eingeweiht.

Oktober 2011

Beim CDU-Kreisparteitag in Mühlhausen verabschiedet sich der ehemalige Ministerpräsident Baden-Württembergs Stefan Mappus aus der aktiven Politik.

Der 2009 eingeweihte Neubau der Volksbank in Mühlacker wird vom Bund Deutscher Architekten ausgezeichnet.

Die Christliche Gemeinschaft Ellmendingen freut sich anlässlich ihres 100-jährigen Jubiläums über das neue Gemeindezentrum.

Der ehemalige Bürgermeister von Engelsbrand Frank Kreeb engagiert sich seit nunmehr 40 Jahren als Kreisrat und wird von Landrat Karl Röckinger für seinen unermüdlichen Einsatz ausgezeichnet.

Der baden-württembergische Verkehrsminister Winfried Hermann weiht den sechsspurig ausgebauten Autobahnabschnitt zwischen Pforzheim-Süd und Heimsheim ein.

Der ehemalige Bürgermeister von Remchingen Wolfgang Oechsle bekommt für sein unermüdliches Engagement während seiner Amtszeit das Bundesverdienstkreuz am Bande verliehen.

Die 16-jährige Roxana Nothaft aus Mühlacker erkämpft sich bei den Deutschen Meisterschaften der Junioren im Vollkontakt-Taekwondo den Titel.

Friedrich Hörger wird als neuer Pfarrer der Kirchengemeinden Pinache und Serres in sein Amt eingeführt.

In Nußbaum findet ein Familiengottesdienst zum Erntedankfest statt, bei dem die 200-jährige Vollendung der gotischen Stephanskirche gewürdigt wird.

Landrat Karl Röckinger weiht den 50. Kreisverkehr im Enzkreis ein, der von nun an den Verkehr der Ortsdurchfahrt von Gräfenhausen regelt.

Nach drei Jahren Bauzeit wird in Friolzheim die sanierte historische Zehntscheune eingeweiht und der Öffentlichkeit übergeben.

November 2011

Bürgermeister Andreas Felchle eröffnet den Maulbronner Skulpturenweg.

Die Gemeinde Birkenfeld beschließt, angeregt durch die Initiative von Bürgermeister Martin Steiner, die Einrichtung des ersten Jugendgemeinderates im Enzkreis.

Bei der Volksabstimmung über den Bau des Stuttgarter Tiefbahnhofes votieren die Bürgerinnen und Bürger im Enzkreis bei einer Wahlbeteiligung von 50,67 Prozent mit 63,18 % für und 36,82 % gegen das Bauprojekt. Landesweit stimmen knapp 60 Prozent für Stuttgart 21.

Die KTV Straubenhardt wird – angeführt von ihrem überragenden Turner Marcel Nguyen – zum dritten Mal in ihrer Vereinsgeschichte Deutscher Meister.

Nachdem er über drei Jahre lang die Johannes-Schoch-Schule in Königsbach kommissarisch geleitet hat, wird Leo Hammerschmidt von Schulamtsdirektorin Renate Süß offiziell in das Amt des Rektors eingesetzt.

Dezember 2011

Bei einem Festakt im Dietlinger Bürgersaal erhält Bäckermeister Walter Augenstein für seinen Einsatz um das Bäckerhandwerk von Landrat Karl Röckinger das Bundesverdienstkreuz am Bande überreicht.

Mit einem Dankeschön-Nachmittag verabschiedet sich die Liebenzeller Gemeinschaft der evangelischen Kirchengemeinde Wilferdingen von ihrem Pfarrer Thomas Meister.

Nach jahrzehntelanger provisorischer Lagerung finden die Archivalien von Illingen und Schützingen endlich einen standesgemäßen Platz: Im neuen Illinger Archivraum findet die offizielle Übergabe der vom Kreisarchiv erarbeiteten Findbücher statt.

Januar 2012

Andrea Bernhard wird offiziell in ihr Amt als Schulleiterin der Willy-Schenk-Schule in Zaisersweiher eingeführt.

Im Zuge der Projektpartnerschaft „50 kommunale Klimapartnerschaften bis 2015" findet ein erstes Treffen in der tansanischen Metropole Daressalam statt, bei dem auch zwei Kreisräte des Enzkreises – Hans Vester und Evelyne Teschner-Klug – ein „Memorandum of Understanding" unterzeichnen. Zum Aufbau einer Agenda-Gruppe im Enzkreis treffen sich 18 engagierte Bürger zu einer ersten Sondierungsrunde im Landratsamt Enzkreis.

Zum Auftakt der Feiern zur 25-jährigen Städtepartnerschaft zwischen Maulbronn und Valdahon findet ein „deutsch-französischer Tag" statt.

Februar 2012

Der langjährige Konrektor der Henri-Arnaud-Schule in Ötisheim Wolfgang Wagner wird offiziell in das Amt des Schulleiters bestellt.

Im Kloster Maulbronn finden die Dreharbeiten zu dem französisch-deutsch-belgischen Kinofilm „Die Nonne" mit den Schauspielerinnen Isabelle Huppert und Martina Gedeck (Bild) statt.

Die Gemeinde Wiernsheim wird für ihr Engagement im Bereich Klimaschutz vom Ministerium für Umwelt, Klima und Energiewirtschaft Baden-Württemberg mit dem European Energy Award ausgezeichnet.

Die im Karateverein Maulbronn aktive 14-jährige Karate-Europameisterin Anna Miggos aus Ötisheim wird von Bürgermeister Andreas Felchle im Maulbronner Rathaus empfangen und trägt sich ins Goldene Buch der Stadt ein.

Die evangelische Kirchengemeinde Conweiler feiert den 100. Geburtstag der Martinskirche.

März 2012

Wiernsheim ist Gastgeber des europäischen Umweltkongresses „Go green": 16 Umwelt- und Klimaexperten aus fünf europäischen Ländern diskutieren im Wiernsheimer Bürgersaal Themen zu Klimaschutz und Energie.

In Mönsheim wird im Rahmen eines Festaktes das neu erbaute Rathaus eingeweiht.

Mit einem eindeutigen Wahlergebnis von 78,3 % bei einer Wahlbeteiligung von 60,6 % wird Frank Spottek zum neuen Bürgermeister von Tiefenbronn gewählt.

Mit einem Begrüßungsgottesdienst wird die neue Pfarrerin Judith Markgraf in ihr neues Amt in der evangelische Kirchengemeinde Wimsheim eingeführt.

Die Freiwillige Feuerwehr Wurmberg feiert ihr 150-jähriges Bestehen.

Frank Spottek

Rund 140 Gäste feiern im Landratsamt zusammen mit Landrat Karl Röckinger und Landrat a.D. Werner Burckhart das 25-jährige Jubiläum des Amtes der Frauen- beziehungsweise Gleichstellungsbeauftragten für den Enzkreis.

April 2012

Bei den Bürgermeisterwahlen in Keltern wird der bisherige Bürgermeister und Alleinkandidat Ulrich Pfeifer in seinem Amt bestätigt.

Das Findbuch zum Gemeindearchiv Dietenhausen, das von nun an im Rathaus Niebelsbach untergebracht ist, wird vom Leiter des Kreisarchivs Konstantin Huber an Bürgermeister Ulrich Pfeifer übergeben. Die Ordnungsarbeiten leistete Diplom-Archivarin Heike Sartorius.

Karl-Heinz Stengel aus Remchingen, Präses des CVJM-Gesamtverbandes Deutschland, wird von Ministerpräsident Winfried Kretschmann mit dem Verdienstorden des Landes Baden-Württemberg ausgezeichnet.

Die evangelische Kirchengemeinde Wilferdingen verabschiedet sich von ihrem Pfarrer Armin Thiel, der krankheitsbedingt in den Ruhestand geht.

Mit einem umfangreichen Jubiläumsprogramm feiert der Liederkranz Engelsbrand sein 150-jähriges Bestehen.

In der Stadtkirche Neuenbürg verabschiedet sich Dekan Werner Trick mit einem letzten Gottesdienst von seiner Gemeinde.

In Pforzheim und in Wiernsheim-Serres wird mit Veranstaltungen an die aus religiösen Gründen aus Frankreich geflüchteten Hugenotten sowie an die aus Piemont vertriebenen Waldenser erinnert. Einen Höhepunkt der Feierlichkeiten bildet die Einweihung des letzten Teilstückes des 1.800 Kilometer langen Kulturfernwanderweges „Hugenotten- und Waldenserpfad".

Der Männergesangverein Lehningen begeht sein 100-jähriges Jubiläum.

Mit einem Festgottesdienst wird Julian Albrecht als neuer Pfarrer in der evangelischen Kirchengemeinde Mühlhausen eingeführt.

Nachdem sie rund vier Jahre Maulbronner Geschichte recherchiert haben, stellen Bürgermeister Andreas Felchle und Stadtarchivar Martin Ehlers in der Stadthalle Maulbronn das neue zweibändige Heimatbuch vor.

Mai 2012

Bei einer Gemeinderatssitzung in Engelsbrand überreichen die Diplom-Archivarinnen des Enzkreises Maria Hecht und Heike Sartorius das neue Findbuch über das in den Jahren 2010–12 vom Kreisarchiv geordnete Ortsteilarchiv Engelsbrand an Bürgermeister Bastian Rosenau.

Die Mitglieder der Freiwilligen Feuerwehr Knittlingen freuen sich über ihr 150-jähriges Jubiläum.

Der Turnverein Mühlacker besteht seit 125 Jahren.

Mit einem Festakt begehen die Schulleiter der Kreisberufsschulen in Mühlacker und Vertreter des Enzkreises das 50-jährige Bestehen der Schulen.

Der Gesangverein Frohsinn Bilfingen feiert sein 150-jähriges Jubiläum.

Nach 19 Monaten Bauzeit wird die Klosterkirche des Klosters Maulbronn mit einem Festgottesdienst wiedereröffnet.

Nach 16 Jahren Amtszeit wird der Bürgermeister von Tiefenbronn Friedrich Sämann in der Gemmingenhalle verabschiedet. Für seine Verdienste erhält er die Gall-Medaille des Enzkreises und wird von der Gemeinde zum Ehrenbürger ernannt.

Zur Entschärfung einer amerikanischen Fliegerbombe aus dem Zweiten Weltkrieg durch den Kampfmittelräumdienst in Mühlacker müssen 500 Menschen evakuiert werden.

Von einem Erdbeben in Norditalien wird auch die Reggio Emilia, Partnerprovinz des Enzkreises, betroffen. Daraufhin leisten Kreisverwaltung, einige Kreisgemeinden und Vereine aktive und materielle Hilfe.

Juni 2012

Die Freiwilligen Feuerwehren in Mühlacker und Wurmberg feiern jeweils ihr 150-jähriges Bestehen.

Mit einem Festakt begehen die Sängerinnen und Sänger des Gesangvereins Viktoria Hamberg das 125-jährige Vereinsjubiläum.

Autorenverzeichnis

Dr. Nikolaus Back, Archivar
Rötlenstraße 12, 70794 Filderstadt

Günter Beck, Fotograf
Hercyniastraße 124, 75173 Pforzheim

Klaus-Peter Böhringer, Rektor i. R.
Landhausstraße 41, 75334 Straubenhardt

Dr. Renate Buchenauer, Stadtplanerin
Hugenotten und Waldenserpfad e.V., Hugenottenallee 53, 63263 Neu-Isenburg

Regine Einfeld, Dipl.-Biologin und Geschäftsführerin beim Naturschutz-Zentrum Pforzheim
Krokusweg 47, 76199 Karlsruhe

Regina M. Fischer, Kunsthistorikerin
Hoher Weg 8, 75175 Pforzheim

Martin Frieß, Kreisarchivar
Landratsamt Calw, Vogteistraße 42-46, 75365 Calw

Norman Freiherr von Gaisberg, selbstständig, Waldwirt
Schloss Obermönsheim, 71297 Mönsheim

Andrea Garhöfer, freie Journalistin
Nussbaumweg 16, 75477 Sternenfels

Angela Gewiese, Stabstelle Forum 21 beim Landratsamt Enzkreis
Kandelstr. 8, 75334 Straubenhardt

Rudolf Haller, Gemeinde-Oberamtsrat i. R.
Panoramastraße 7, 75438 Knittlingen

Elke Hirschbach-Zentner, M. A., Historikerin
Grabenstraße 6, 74343 Sachsenheim

Cora Hörstmann, Studentin
Kastanienallee 30, 75181 Pforzheim-Hohenwart

Jürgen Hörstmann, Europa-Beauftragter des Enzkreises
Liebeneckstraße 11, 75173 Pforzheim

Konstantin Huber, Diplom-Archivar (FH), Leiter des Kreisarchivs
Landratsamt Enzkreis, Zähringerallee 3, 75177 Pforzheim

Judith Käpplinger, M. A., Archivbeschäftigte
Seebrucker Str. 6, 81825 München

Britta Kinzler, Sozialplanerin des Enzkreises, Alten- und Behindertenhilfe
Landratsamt Enzkreis, Zähringerallee 3, 75177 Pforzheim

Walter Kleinholz, Rentner
Lindenstraße 9, 71292 Friolzheim

Jeff Klotz, Student der Archäologie und Geschichte, Leiter des Römermuseums Remchingen
Murrgasse 11, 75196 Remchingen

Dietrich Küchler, Rentner
Finkenstraße 14, 71292 Friolzheim

Tanja Kurtz, pädagogische Betreuungskraft an der Gustav-Heinemann-Schule
Schauinslandstraße 32, 75177 Pforzheim

Friedrich Leicht, Realschulrektor i. R.
Schönblick 22, 75223 Niefern-Öschelbronn

Andreas Lippeck, Diplom-Ingenieur, freier Architekt
Braitstraße 24, 71665 Vaihingen an der Enz

Markus Mall, Pfarrer
Zwingerhof 2, 75249 Kieselbronn

Dr. Karl J. Mayer, Historiker
Hohe Klinge 1, 75365 Calw

Christine Praetorius, Schriftstellerin und Lektorin
Atroper Straße 12, 47226 Duisburg

Bärbel Ruof, Naturschutzfachkraft beim Landratsamt Enzkreis
Östliche Karl-Friedrich-Straße 58, 75175 Pforzheim

Michael H. Seiß, Bürgermeister
Brühlstraße 50-1, 71292 Friolzheim

Prof. a. D. Dr. Helmut Vester, Altphilologe und Historiker
Daimlerstraße 40, 75217 Birkenfeld

Abbildungsnachweis

Außentitel: Günter Beck, Fotoverlag, Pforzheim
Vorderer Vorsatz: Landratsamt Enzkreis (Kartographie Christiane Peh und Gerd Schefcik, Eppel-
heim; Grundlage: Digitales Landschaftsmodell 1:50 000 - Landesamt für Geoinformation und
Landentwicklung Baden-Württemberg (www.lgl-bw.de), vom 24.09.2012, Az.: 2851.3-A/601)
Hinterer Vorsatz: Gemmingisches Archiv (Foto Alfen, Aschaffenburg; Günter Beck)
Impressum: Sparkasse Pforzheim Calw
Innentitel: Gemeinde Wiernsheim (Thomas Röckinger)
Geleitwort: Landratsamt Enzkreis

Beitrag Buchenauer
Hugenotten- und Waldenserpfad e.V., Neu-Isenburg: 8–13, 17/1–2, 19/1
Kreisarchiv des Enzkreises: 16/2 (R/001822/Günter Beck), 16/3 (R/001823/Günter Beck), 17/3
(R/001802/Günter Beck)
Landratsamt Enzkreis: 14 (Konstantin Huber und Gerd Laupp unter Mitarbeit von Heinz Beck,
Rolf Hasenmaier, Martin Killinger, Herbert Krämer, Jörg-Michael Teply und Hartmut Würfele;
Grundlage: Topographische Übersichtskarte B-W 1:200 000 - Landesamt für Geoinformation
und Landentwicklung Baden-Württemberg (www.lgl-bw.de), vom 24.09.2012, Az.: 2851.3-
A/601)
Günter Beck, Fotoverlag, Pforzheim: 16/1, 19/2

Beitrag Einfeld/Beck
Landratsamt Enzkreis: 20 (Günter Beck; Grundlage: Topographische Karte 1:25 000 – Landesamt
für Geoinformation und Landentwicklung Baden-Württemberg (www.lgl-bw.de), vom
24.09.2012, Az.: 2851.3-A/601)
Günter Beck, Fotoverlag, Pforzheim: 21–39

Beitrag Ruof/Hörstmann
PLENUM Heckengäu, Böblingen: 40, 45–47, 48 (Uli Regenscheit), 49–50/2

Beitrag Kleinholz/Küchler/Seiß
Gemeinde Friolzheim: 52/1, 56 (Gemeindearchiv, vorl. Nr. 166; Dietrich Küchler), 60–63 (Gemein-
dearchiv; Dietrich Küchler)
Günter Beck, Fotoverlag, Pforzheim: 53, 70
Dietrich Küchler, Friolzheim: 52/2, 57–58
Gemmingisches Archiv: 54 (Foto Alfen, Aschaffenburg; Günter Beck)
Landesarchiv Baden-Württemberg: 55 (Hauptstaatsarchiv Stuttgart A 602 Nr. 10433), 71 (Referat
23 Informationen aus Archivgut; Die Kreis- und Gemeindewappen in Baden-Württemberg,
Band 2 Regierungsbezirk Karlsruhe. Stuttgart 1990 – Hellmut G. Bomm)
Kreisarchiv des Enzkreises: 64 (R72/EZ-04–14–1016/Artur Steinle), 69 (R72/EZ-04–11–0587/Artur
Steinle)

Friolzheim 1105–2005. Ein Dorf und seine Menschen erinnern sich und feiern. Hg. von der
Gemeinde Friolzheim. Horb 2005: 67 (S. 88)

Beitrag v.Gaisberg/Lippeck
Günter Beck, Fotoverlag, Pforzheim: 72, 78, 82/2, 83–85/2, 88
Norman Freiherr von Gaisberg, Mönsheim: 74/1–4 und 76/1–2 (Günter Beck), 82/1, 87
Bildarchiv Foto Marburg: 76/3 (Landesdenkmalamt Karlsruhe)

Beitrag Back
Landesarchiv Baden-Württemberg: 90 (Hauptstaatsarchiv Stuttgart E 146 Bü 7597)
Stadtarchiv Mühlacker: 91
Kreisarchiv des Enzkreises: 93 (Q/004178), 95 (R73/000794), 102 (R41/AN000906)
Württembergische Landesbibliothek: 98 (Fliegende Blätter 1848, Nr. 148), 99 und 106 (Eulenspie-
gel 1848)

Beitrag Vester
Europäische Melanchthon-Akademie, Bretten: 108
Kreisarchiv des Enzkreises: 110 (R/FO000435; Gemeinde Neulingen, Gemeindearchiv Bauschlott,
Az. 361.20)
Landesarchiv Baden-Württemberg: 112 (Hauptstaatsarchiv Stuttgart A 44 U 4966)
Zentralbibliothek Zürich: 113 (Ms B 316, fol. 245v)
Württembergische Landesbibliothek: 115
Archiv der Evangelischen Kirchengemeinde Birkenfeld: 120
Engelhardt August: Birkenfeld. Die Geschichte des Ortes und seiner Bewohner, Birkenfeld 1980:
122 (S. 137; Gemeindeblatt 1925), 126 (S. 135)
Landesmedienzentrum Baden-Württemberg: 124
Württembergische Große Kirchenordnung. Stuttgart 1983 (Nachdruck der Erstausgabe Tübin-
gen 1559; Landeskirchliche Zentralbibliothek Stuttgart): 125

Beitrag Mall
Kreisarchiv des Enzkreises: 132 (R4/NE001192), 133 (R41/AN000314), 135 (R/FO000169), 138 (R41/
AN000253), 140 (R65/GL000160)
Landeskirchliches Archiv Karlsruhe: 134 (Abt. 154, Bilder und Fotos, Nr. 75)

Beitrag Leicht
Landesarchiv Baden-Württemberg: 150 (Hauptstaatsarchiv Stuttgart J 312 Nr. 59–6), 151 (Gene-
rallandesarchiv Karlsruhe H Niefern 8), 152 (Generallandesarchiv Karlsruhe H Niefern 9, 18)
Friedrich Leicht, Niefern-Öschelbronn: 153, 155/1–2
Kreisarchiv des Enzkreises: 156 (R41/001597)
Stadtarchiv Pforzheim: 158 (19_02_7_r)

Beitrag Frieß
Kreisarchiv des Enzkreises: 159–170 (X 17 Nr. 1–4)

Beitrag Praetorius/Huber
Archiv des Deutschen Schiffahrtmuseums, Bremerhaven: 172 (II 3 V 065; Bernd Steiner)

Ulrich Schmidt (US), Vaihingen-Roßwag, bzw. Lore Methfessel (LM), Eltville: 173 (US), 175 (LM), 176, 179/1–2, 180, 184, 185/1–2 (LM), 188 (US), 189 (LM)
Kreisarchiv des Enzkreises: 182/1–2 und 183/1–2 (R41)

Beitrag Klotz
Günter Beck, Fotoverlag, Pforzheim: 193/1–3, 194/1–2, 196, 198, 199
Römermuseum Remchingen: 195, 197

Beitrag Käpplinger
Gemeinde Wiernsheim: 200, 205/1–2 und 206 (Thomas Röckinger), 208
Günter Beck, Fotoverlag, Pforzheim: 202/1–2, 203/1–2, 207

Beitrag Hirschbach-Zentner/Haller
Günter Beck, Fotoverlag, Pforzheim: 210
Landesarchiv Baden-Württemberg: 213 (Staatsarchiv Ludwigsburg F 67 Bü. 120)
Rudolf Haller, Knittlingen: 214, 215, 217, 219
Manfred Schulz, Ötisheim: 216/1–2, 218/1–2

Beitrag Gewiese/Fischer
Landratsamt Enzkreis (Forum 21): 220/1–4 und 233 (Grafik- & Webdesign Gunnar Gstettenbauer), 221, 224/1 (Jürgen Hörstmann), 224/2, 226 (Markus Reiff), 227/1 (Dieter Zaudtke), 227/2, 228 (Annette Kurth), 230/1–2 und 231/2 (Angela Gewiese), 231/1 (Till Neugebauer)
Günter Beck, Fotoverlag, Pforzheim: 229
Peter Jacobi, Wurmberg: 234

Beitrag Garhöfer
ObenAuf e.V., Calw: 235, 237, 239 und 247 (Andreas Laich), 244/2, 246 (Paul Taube), 248/1–2
Andrea Garhöfer, Sternenfels: 243, 244/1

Beitrag Böhringer
Aktion Mensch e.V., Bonn: 249
Klaus-Peter Böhringer, Straubenhardt: 252–269

Beitrag Kinzler/Hörstmann
Landratsamt Enzkreis (Pressestelle): 272–288 (Jürgen Hörstmann, Volker Winkel, Lena Lundkvist, Monica Hjern)

Chronik
Kreisarchiv des Enzkreises: 290/1, 295, 297/1, 297/2, 298, 306, 307, 312, 313/1, 313/2
Stadt Mühlacker: 290/2
Gemeinde Remchingen: 291/1, 293/1
Archiv Stadt Neuenbürg: 291/2
Gemeinde Wurmberg: 292
Gemeinde Wimsheim: 293/2
Nicole Müller, Knittlingen: 294
Gemeinde Birkenfeld: 301

Orts- und Personenregister

Erstellt von Marc Kinast und Johanna Kirsch

Aufgenommen sind die auf den Seiten 9 bis 314 genannten Ortschaften und natürlichen Personen. Karten, Grafiken und Bezirksnamen blieben unberücksichtigt. Die Texte aus den Anmerkungen sind indiziert, nicht jedoch bibliographische Angaben wie Autorennamen und Verlagsorte. Die Umlaute ä, ö und ü sind wie a, o und u eingeordnet.

Aalen   194

Aidlingen   42

Albrecht, Julian   312

Alexander, Jay   300

Algier (Algerien)   181f.

Altensteig   43, 167

Althengstett   43

Altshausen   144

Andreä, Jakob   125

Antwerpen (Belgien)   177

Apia (Samoa)   187

Arendts, Hannah   277

Arnaud, Henri   17f.

Arnbach, Stadt Neuenbürg   294, 303

Arnold, Johann Gerhard   144f.

Asch, Stadt Blaubeuren   110, 127

Augenstein, Grudrun   293

~ Walter   309

Augsburg   111, 122f.

Bad Cannstatt, Stadt Stuttgart   53, 100, 194

Bad Karlshafen   15

Bad Liebenzell   43

Bad Teinach-Zavelstein   239

Bad Wildbad   116f., 157, 167

Baden, Markgrafen von   22, 33, 63

~ Amalie von   146

~ Ernst Friedrich Markgraf von   73, 75

~ Friedrich VII. Magnus Markgraf von   32, 130

~ Karl Friedrich Markgraf bzw. Großherzog von   32, 132, 146

~ Karl I. Markgraf von   79

~ Karl Ludwig von   146

~ Katharina von   32

~ Leopold Großherzog von   140, 142

~ Ludwig I. Großherzog von   148

Bahnbrücken, Stadt Kraichtal   137

Balingen   171

Baral, Gerhard   239

Bärenthal   16

Basel (Schweiz)   10

Batz, Pauline von   75

Batzendorf, Schlossbaumeister   88

Bauer, Tierarzt und Stadtrat   96

Bauschlott, Gemeinde Neulingen   24, 33, 36, 131, 137, 289, 307

Bayha, Johanna Albertina   187f.

Bebenhausen, Stadt Tübingen   54

Bebo, Bürger aus Speyer   54

Becker, Monika   305

Beckh, Carl   154

Belfast (Nordirland)   181

Benaoján (Spanien)   294

Benda, Ingrid   297

Bengel, Johann Albrecht   129–131, 134, 146

Bentele, Robert   301

Berghausen, Gemeinde Pfinztal   194

Bern (Schweiz)   12

Bernhard, Andrea   310

Besigheim   159

Bietigheim, Stadt Bietigheim-Bissingen   94

Bilfingen, Gemeinde Kämpfelbach   136, 293,
    304, 313

Binsdorf, Gemeinde Geislingen   171

Birkenfeld   109, 111–115, 119, 121–123, 125–
    127, 159, 167, 170, 241, 289, 293, 301–303,
    308

Blarer, Ambrosius   116, 118

Blaubeuren   128

Blessing, Andreas   107

Bloch, Andy   303

Blum, Johann Friedrich   138–140, 147

Böblingen   42

Bockenheim, Stadt Frankfurt   186, 188

Boger, Reinhard   299

Böhringer, Klaus-Peter   295

Bolk, Michael   277

Bonfeld, Stadt Bad Rappenau   58

Bonn   231

Boos, Martin   134, 146

Borst, Otto   116, 124

Bremen   177

Bremerhaven   174, 177f., 181f., 184

Brenz, Johannes   111, 121, 116, 122, 124

Bretten   30f., 36, 109f., 117, 132f., 136, 146

Breuninger, Helga   241

Brosamer, Hans   115

Brötzingen, Stadt Pforzheim   115, 127, 132

Brougier, Johann Anton   135, 146

Bruchmühlbach, Gemeinde Bruchmühlbach-
    Miesau   176

Bruchsal   147

Brundtland, Gro Harlem   232

Bucer, Martin   116

Budday, Jürgen   300

Bührer, Andreas   100f.

~ Georg   98f., 107

Bukarest (Rumänien)   233f., 290

Burck, Philipp   125

Burckhart, Werner   311

Burkard, Sabine   232

Bürklin, Philipp Jacob   145

Butz, Winfried   198

Calmbach, Stadt Bad Wildbad   160

Calvin, Johannes   9, 145

Calw   15, 43, 239, 242

Calw, Gottfried Pfalzgraf von   29

Casper, Barbara   239, 247

Christlieb, Pfarrer   116

Christoph, Jakob   145

Ciampolini, Paolo   281

Civitella (Italien)   296

Clemens VII., Papst   80

Collecchio (Italien)   282

Cölner, Peter   121f.

Colombo (Sri Lanka)   177, 181

Conweiler, Gemeinde Straubenhardt   301,
    305f., 311

Corbinus, Gottlieb Siegmund   205

Corres, Gemeinde Ötisheim   17

Crailsheim   187

Crowell, Robert   208

Dalberg, Johann von   80

Danzig   58

Daressalam (Tansania)   231, 310

Darmsheim, Stadt Sindelfingen   171

Daser, Franz   94, 97f., 105

Deckenpfronn   42

Denkendorf   130

Dennach, Stadt Neuenbürg   251, 267f., 302f.

Die (Frankreich)   12

Diefenbach, Gemeinde Sternenfels   91, 114,
    295, 297

Dietenhausen, Gemeinde Keltern   194, 312

Dietlingen, Gemeinde Keltern   131, 133,
    136–138, 141, 143, 145–148, 269, 293, 295,
    302, 309

Dindalini, Massimiliano   296

Dobel   178

Drechsler, Heike 297

Drös, Harald 88

Durlach, Stadt Karlsruhe 145

Dürr, Hermann 48

Dürrmenz, Stadt Mühlacker 17f., 92, 229

Dürrn, Gemeinde Ölbronn-Dürrn 131

Dürrsperger, Johannes 154

Eberdingen 43

Eberle, Adam 132

Ebhausen 43

Egenhausen 43

Ehingen 42

Ehlers, Martin 313

Ehmer, Hermann 128

Ehrhardt, Carl 151

Ehrler-Kilian, Marta 299

Eidner, Edith 239

Eisenlohr, Johann Jakob 145

Eisingen 22, 27–29, 31, 131, 136f., 145, 296f.,
    300, 302f.

Ellmendingen, Gemeinde Keltern 137, 147,
    298, 301, 305, 307

Engelsbrand 223, 226, 239, 302, 307, 312f.

Enzberg, Friedrich von 55

Enzberg, Stadt Mühlacker 91, 159, 289, 292

Enzensberger, Hans Magnus 287

Epting, Sandra 296

Ersingen, Gemeinde Kämpfelbach 136f.,
    289, 294, 296, 302, 304

Esslingen 89

Ettlingen 53, 194

Euler, Georg Heinrich Christian 148

~ Gustav Adolf 148

Eutingen, Stadt Pforzheim 149, 151

Faber, Heiko 289

Fechenbach, Familie von 79, 88

Fecht, Gottlieb Bernhard 139, 140f.

Fehleisen, Karl Ludwig 94–107

~ Ludwig Christian 100, 107

Fein, Georg Friedrich 134, 146

Felchle, Andreas 308, 311, 313

Feldrennach, Gemeinde Straubenhardt 113,
    116, 118, 305

Felino (Italien) 282

Ferdinand I., römisch-deutscher Kaiser 110,
    115, 118, 123, 128

Fetzer, Karl August 92

~ Ralf 297

Feuerbach, Stadt Stuttgart 64

Fink, Johann Baptist 146

Fischer, Ernst 291

~ Friedrich Ludwig 136f., 141

Flehingen, Gemeinde Oberderdingen 137

Fleig, Günther 236f.

Flik, Joachim 48

Fontainebleau (Frankreich) 9

Franck, Johannes 119, 121

Francke, August Hermann 129, 145

Frankfurt am Main 10, 92, 145, 178f., 187

Freiburg 110, 128

Freivogel, Walter 295

Freud, Sigmund 184

Freudenstadt 34, 242

Freudenstein, Stadt Knittlingen 243, 297

Friedeburg, Robert von 107

Friedrich III., römisch-deutscher Kaiser 79

Friolzheim 15, 42, 51–71, 292, 299, 301, 308

Fritz, Eberhard 144

Frommel, Emil 137

Fukushima (Japan) 300

Fürtsch, Ingbert 299

Gaisberg, Familie von 81

~ Henriette von 75

~ Kuno Freiherr von 75

~ Ottokar Freiherr von 76

Gaisberg-Schöckingen, Freiherren von 51

~ Hans Freiherr von 75

~ Nicolai Freiherr von 75

Gärtringen 42

Gechingen 43

Gedeck, Martina 310

Geer, Johannes 121f.

Geiger, Lienhard 152

Gemmingen, Familie von   54–56, 71
~ Diether V. von   55
~ Diether VII. von   55
~ Julius Freiherr von   135
Genf (Schweiz)   15
Genua (Italien)   177, 181
George, Götz   274
Gerlach, David   306
~ Thomas   239
Gewiese, Angela   280, 284
Gießen   145
Gizeh (Ägypten)   180
Göbrichen, Gemeinde Neulingen   24, 32,
      137, 292
Gochsheim, Stadt Kraichtal   15, 137
Göhring, Karl Gottlieb   94
Gondelsheim   137
Gönnenwein, Wolfgang   236f.
Goppelsröder, Willi   297
Görnemann, Gerda   278
Goßweiler, Jacob   154
Göteborg (Schweden)   273
Goy, Gabriele   297
Graben, Gemeinde Graben-Neudorf   135f.,
      146
Graebener, Dekan   138
Grafenau   42
Gräfenhausen, Gemeinde Birkenfeld   122,
      293, 308
Gräßle, Martin   155
Greulich, Christoph   147
Großmann, Jürgen   239
Großvillars, Gemeinde Oberderdingen   15,
      18
Grube, Rüdiger   241
Gruol, Friedrich   147
Guigas, Rolf   293
Gültlingen, Familie von   79
Gündelbach, Stadt Vaihingen an der Enz   91

Haag, Dieter   239
Häffner, Konrad   114
Hahn, Johann Michael   131

Haiterbach   41, 43
Haizmann, Emma   182
~ Georg   177f., 181f., 187
Hamberg, Gemeinde Neuhausen   314
Hambüchen, Fabian   291
Hamburg   58, 205
Hammerschmidt, Leo   309
Hanisch, Ludwig   304
Hannu, Inger   273
Härlin Carl   103
Hartmann, Ludwig Jakob   131, 133, 145
Hauff, Pfarrer   97, 99
Häusser, Hans Peter   239
Hecht, Maria   313
Heger, Erwin   305
Heidelberg   79, 88, 109, 116, 126, 143, 145,
      277
Heidersbach, Auguste   186
~ Emma   187f.
Heilbronn   58, 117
Heimsheim   15, 42, 52, 59, 61f., 65, 67, 96,
      294, 299, 301, 308
Heinrichsdorf (Polen)   58
Henhöfer, Aloys   134–137, 141f., 146, 148
Henle, Werner   211, 216, 303
Hermann, Elias   60
~ Stephan   58
~ Winfried   308
Herrenberg   42, 50
Herrmann, Reiner   303
Herrnhut   146
Heß, Christiane   65
Hesse, Hermann   243
Hessen-Darmstadt, Karoline Luise von   32
Hetzner, Matthias   307
Hihn, Frank   216
Hiller, Vikar   94
Hilsbach, Stadt Sinsheim   15
Hirsau, Stadt Calw   54–56, 71
Hirschman, Daniel   125
Hjern, Monica   288
Hjerpe, Ewa   273
Hochdorf, Gemeinde Eberdingen   46

Hochmuth, Immanuel   132
Hofsäß, Wilhelm   153
Hohenklingen, Stadt Knittlingen   297
Hohenwart, Stadt Pforzheim   118
Holzwarth, Johannes   115
Hongkong (China)   180, 188
Höpfinger, Arnold   294
Hörger, Friedrich   308
Hörmann, Martina   48
Hornauer, Sigrid   244, 297
Hörrle, Erich   307
Hörstmann, Jürgen   224, 232
Hötger, Doris   280f.
Huber, Stadtsoldat   152
~ Konstantin   298, 312
Hübner, Roland   280
Hudy, Lothar   239
Hüffell, Ludwig   143
Hugshofen (Frankreich)   54
Huppert, Isabelle   310
Huttenloch, Christian   153, 156f.

Illingen   116f., 228, 299, 305, 309
Iptingen, Gemeinde Wiernsheim   132
Ispringen   31, 136f., 145, 223, 252, 262, 278,
    281, 291, 294, 296f., 299, 301
Ittersbach, Gemeinde Karlsbad   131
Itzlingen, Familie von   79

Jacobi, Peter   229, 233f., 290
~ Ritzi   234
Jagger, Mick   271, 274, 288
Jettingen   42, 50
Johann, Hirsauer Abt   56, 69
Johannesburg (Südafrika)   222
Jung-Stilling, Heinrich   134, 146
Juvenalius Macrinus, römischer Bürger   192

Kaaden (Tschechien)   115, 118
Kaag, Werner   190
Kallmorgen, Friedrich   133
Kämpfelbach   296
Kärcher, Martin   152f.

Karl V., römisch-deutscher Kaiser   80, 115,
    121, 123, 128
Karlsbad   194, 196, 227
Karlsruhe   33, 52, 73, 134, 140, 145–147, 170,
    191, 197–199, 204, 207, 225f., 253, 291, 296
Karoline, Diakonisse   69
Katharinentalerhof, Gemeinde Neulingen
    32–36, 39
Kaufmann, Stadtschultheiß   96
~ Stefan   239
Kaupp, Magdalene   65
Keller, Adelheid   305
Keltern   196, 312
Kempen, Thomas von   146
Kettler, Anna   113, 118
~ Hans   113, 118
Kieselbronn   22, 29, 31, 131f., 252, 261, 289,
    291, 296
Kindler, Hermann   293
Kinzler, Britta   232
Kirsch, Johanna   190
Kleiner, Udo   296
Kleinheppach, Gemeinde Korb   65
Kleinsteinbach, Gemeinde Pfinztal   131, 194
Kleinvillars, Stadt Knittlingen   15, 17f., 91
Klosterreichenbach, Gemeinde Baiersbronn
    54
Klotz, Jeff   301
Knittlingen   31, 91, 132f., 137, 147, 294,
    297f., 305, 313
Kobe (Japan)   181f.
Köberle, Rudolf   48
Köblitz, Hans-Werner   239, 243f.
Kollia-Crowell, Barbara   208
Königsbach, Gemeinde Königsbach-
    Stein   136, 296, 302, 305, 309
Königsbach-Stein   194, 196, 245, 281, 296,
    307
Konstantinopel (Türkei)   205
Konstanz   116
Kork, Stadt Kehl   139
Korntal, Stadt Korntal-Münchingen   146
Krebs, Axel   39

Kreeb, Frank   239, 307
Kretschmann, Winfried   312
Kübler, Otto   305
Küchler, Matthias   254
Kügelin (Kügelein, Kügellin), Familie   109,
    111, 127
~ Anna   127
~ Bernhart   127
~ Gregor   127
~ Hans   127
~ Jeronimi   127
~ Martin   109–111, 121, 126f.
~ Matthis   127
Kuhn, Johannes   122
Kühner, Rudolf   295
Kuppingen, Stadt Herrenberg   50
Kupsch, Thilo   295
Kurth, Annette   223f.
Kurz, Jürgen   239, 291

Lachamann, Bernhart   58
Ladenburg   79f.
Langellotti, Raffaele   280
~ Ursula   279f.
Langenalb, Gemeinde Straubenhardt   131,
    267
Langensteinbach, Gemeinde Karlsbad   260
Lasok, Edward   306
Lauffen   118
Laupp, Herbert   298
Lehningen, Gemeinde Tiefenbronn   312
Leinfelden-Echterdingen   36
Leonberg   42, 51f., 65f., 68f., 98
Lichtenau   145
Lienzingen, Stadt Mühlacker   92, 291, 301
Lindenberg, Udo   275
Lindenmann, Christian   155
Lindner, Daniela   239
Linköping (Schweden)   278
Lochmahr, Marco   305
Loewenich, Walther von   121
Löffler, Sebastian   137f.

Lomersheim, Stadt Mühlacker   132, 160, 289,
    295, 306
London (Großbritannien)   205
Lörcher, Gerda   239
Lörrach   100, 259
Lourdes (Frankreich)   206
Lucerne, Gemeinde Wurmberg   16
Ludwig XIV., französischer König   9
Ludwigsburg   57, 89, 95, 97, 119, 170f., 187,
    285
Luijk, Ulf van   296
Lundkvist, Lena   275
Luserna (Italien)   16
Luther, Martin   110–112, 116–119, 145
Lyon (Frankreich)   10

Magstadt   42
Mahler, Friedrich   152
Malmsheim, Stadt Renningen   62
Malsch, Johann Kaspar   145
Mann, Manfred   304
Mannheim   195
Mappus, Stefan   292, 298, 300, 307
Marcus Julius Philippus, römischer Kaiser
    53f.
Markgraf, Judith   311
Marqués Berger, Edith   232
Marseille (Frankreich)   177, 181, 188
Maulbronn   92, 98, 128, 212, 237, 245, 266,
    277, 284, 290, 296f., 299–301, 306, 308,
    310f., 313
Maximilian I., römisch-deutscher Kaiser   80
May, Johann Heinrich   145
Mbeya (Tansania)   237
Meddicus, römischer Töpfer   192
Meister, Thomas   309
Melanchthon, Philipp   109–111, 126
Mesler, Anna   127
~ Wendel   127
Metzger, Wilhelm   151, 153f.
Mezger, Samuel   58
Michallik, Manfred   299
Miggos, Anna   297, 311

Mohl, Robert von 105

Mohren, Martina 244

Mohrmann, Jens 298

Mönsheim 15, 42, 51, 65, 67, 73, 75, 289, 301, 311

Montechiarugolo (Italien) 282

Montejaque (Spanien) 294

Mörike, Eduard 75

Mühlacker 15, 17f., 41f., 204, 229, 270, 289f., 292, 296f., 299f., 303, 307f., 313f.

Mühlhausen an der Enz, Stadt Mühlacker 48f., 167, 228

Mühlhausen, Gemeinde Tiefenbronn 59, 61, 134–136, 141, 146, 307, 312

Müller, Herbert 242

Müllerschön, Thomas 226

Munzingen, Stadt Freiburg im Breisgau 110

Mürdter, Andreas 276

Mürrle, Christoph 154

~ Johann 136

Myslowice (Polen) 306

Nagold 43, 46, 50, 94, 167, 247

Nantes (Frankreich) 9

Napoleon I., französischer Kaiser 60, 134, 146

Neckarwestheim 300

Neubärental, Gemeinde Wurmberg 15f., 233f., 291, 301

Neuenbürg 113, 124, 161, 177f., 181f., 187, 190, 229, 284, 289, 291, 295, 300, 312

Neugebauer, Till 277

Neuhausen 42, 289, 291, 297, 301

Neuhengstett, Gemeinde Althengstett 15

Neu-Isenburg 11

Neulingen 15, 239, 292

Neulingen/Nidlingen, abgeg. bei Göbrichen 23, 28f., 31

Neuweiler, Hans 247

New York (USA) 174, 184, 188, 222

Nguyen, Marcel 309

Niebelsbach, Gemeinde Keltern 299, 312

Niefern, Gemeinde Niefern-Öschelbronn 131, 149–153, 155–158, 291, 296, 303

Niefern-Öschelbronn 239, 291, 303

Niemi, Pyry 271, 273f.

Nordhausen, Gemeinde Nordheim 148

Nordheim 147

Norrköping (Schweden) 273, 278f., 281, 284, 288

Nothaft, Roxana 308

Nöttingen, Gemeinde Remchingen 190, 193f., 293, 296

Nürtingen 216

Nußbaum, Gemeinde Neulingen 24, 296f., 308

Oberderdingen 18, 91, 123, 297

Obermönsheim, Gemeinde Mönsheim 51, 73–88

Oberndorf 171

Ochner, Paul 251

Ochs, Evelyn 224

Oechsle, Wolfgang 195, 292, 308

Oetinger, Friedrich Christoph 130, 134

Oettinger, Günther 236f.

Ölbronn, Gemeinde Ölbronn-Dürrn 114, 132, 298, 305

Ölbronn-Dürrn 31

Öschelbronn, Gemeinde Niefern-Öschel- bronn 131, 280

Ostelsheim 43

Östlund, Britt 280

Ötisheim 15, 211–219, 296–298, 303, 306, 310f.

Öttinger, Konrad 118

Palmbach, Stadt Karlsruhe 148

Paris (Frankreich) 91, 205

Parma (Italien) 273, 281, 284f.

Passau 123, 126

Peribois, Carine 280

Perouse, Stadt Rutesheim 15

Petersberg 54

Petersmühle, Gemeinde Enzklösterle 177

Pfalz, Kurfürsten von der 80
~ Heinrich von der 80
~ Ludwig V. Kurfürst von der 80
Pfeifer, Ulrich 269, 312
Pfeiffer, Christian 236f.
Pfinztal 196
Pfinzweiler, Gemeinde Straubenhardt 251, 267
Pfirmann, Jürgen 296
Pflüger, Christoph 96f.
Pforzheim 11, 14f., 21, 30f., 33f., 36, 51–53, 55, 62, 64–66, 68f., 79, 95, 109–113, 116f., 124f., 131, 133, 135f., 145, 147, 149–151, 154, 157–159, 164, 181, 191, 194, 197–199, 225f., 229, 233f., 236, 238f., 241f., 245f., 248, 250, 252f., 257, 260, 263f., 266, 268f., 278f., 289f., 292–295, 297–300, 302, 306, 312
Pfuel, Familie von 75
Phull, Ernst August von 75f.
Phull-Rüppurr, Familie von 75
~ Antonie von 75
~ Friedrich von 75
~ Karl Eduard von 75
~ Maximilian von 75
Pinache, Gemeinde Wiernsheim 16, 148, 308
Pistorius, Oberamtsrichter 98f.
Poët-Laval (Frankreich) 15
Poppeltal, Gemeinde Enzklösterle 159
Port Said (Ägypten) 180–182, 190
Prayon, Luca Wilhelm 291

Raff, Fritz 299
Ramsen 81
Rapp, Familie 118
~ Hans 116f.
~ Johann Georg 132, 146
~ Rita 300
Rastatt 155
Rehm, Walter 66
Reich, Wolfgang 226
Reichert, Hans 58

~ Heinz 234
~ Johann Georg 58
Reisch, Bernhard 227f.
Reischach, Familie von 75
Remchingen 191–199, 230, 239, 291f., 302, 305, 308, 312
Renningen 42, 100
Reuchlin, Johannes 109–111
Reutlingen 115, 117
Reyscher, August Ludwig 92
Rheinbischofsheim, Stadt Rheinau 137, 145
Rheinzabern 192
Richter, Herbert 302
Riehm, Wilhelm 132
Rieppurr, Batt von 73
Rio de Janeiro (Brasilien) 221f.
Ris, Heinrich 55
Rochlitz, Franz Joseph 152
Röckinger, Karl 292–295, 298f., 302f., 306–309, 311
Rohrdorf 43, 48
Roller, Amtsarzt 153
~ Christian Georg 170f.
Römer, Friedrich 91
Rommel, Gustav 131
Rosenau, Bastian 313
Rossini, Gioachino 283
Roßwag, Stadt Vaihingen an der Enz 48f., 190, 173f., 176–178, 180, 186–188
Rostan, Martin 301
Roth, Benjamin Heinrich 149
~ Hans 290
Rothe, Richard 143
Rotteck, Karl von 148
Rottenburg 121
Rottweil 100, 171
Rüppurr, Stadt Karlsruhe 77, 81
Rüppurr, Familie von 73, 75, 77, 79, 85
~ Ernst Friedrich von 75
~ Friederike Charlotte von 75f.
~ Reinhard von 77–81
Rutesheim 42, 65

Sailer, Johann Michael 134, 146

Sala Baganza (Italien) 282f.

Sämann, Friedrich 313

San Biagio Platani (Italien) 305

Sartorius, Heike 312f.

Savoyen, Viktor Amadeus II. Herzog von 10

Schaffhausen (Schweiz) 10, 15

Scharpf, Caspar 126

Schäuble, Wolfgang 277

Schavan, Annette 241, 244

Schellbronn, Gemeinde Neuhausen 296, 300, 305

Scheuermann, Rolf 201, 204

Schick, Marion 263

Schlecht, Wolfgang 299

Schlemm, Johannes 147

Schmid, Viktoria 300

Schmidt, Amtschirurg 153

~ Christmann 114

Schmie, Stadt Maulbronn 293

Schmierer, Gemeinderat 107

~ Jakob Friedrich 96, 103

Schneider, Familie 180, 188, 190

~ Amalie 173f., 177f., 181f., 187

~ Elisabeth 187

~ Ernst 173f., 176, 178f., 186

~ Frank 290, 299

~ Gustav 173–190

~ Hermann 173f., 187

~ Jakob Friedrich 173f.

~ Johanna Albertina 173f., 176, 178–181, 187f.

~ Johanna Rosina 173f., 176, 178, 186

~ Karl 173f., 176, 178, 181, 186f.

~ Peter 236f.

~ Volker 298

Schnepf, Erhard 116, 118f.

Schoberth, Joachim 197f.

Schömberg 239

Schönau 15

Schönenberg, Gemeinde Ötisheim 17

Schönleber, Hermann 297

Schopfheim 145

Schraut siehe Schroth

Schreiner, Jakob 107

Schroth, Hanß 128

~ Laux 128

~ Mathis 111–114, 116, 126

Schuhmacher, Helga 301

Schütterle, Arno 290

Schützingen, Gemeinde Illingen 113, 309

Schwäbisch Hall 116f.

Schwarzerdt siehe Melanchthon

Schwebel, Johann 116

Schwenck, Ingenieur 151

Seehaus, Stadt Pforzheim 53

Seignoret, Anton 16

Seiß, Michael 292

Serres, Gemeinde Wiernsheim 16f., 298, 303, 308, 312

Shanghai (China) 179f.

Sickingen, Franz von 115f.

Sickmüller, Helmut 292

Sigmaringen 170

Simmozheim 15, 43

Sindelfingen 42, 64, 68

Singapur (Singapur) 178, 190

Singen, Gemeinde Remchingen 131, 136, 191f., 196, 291

Skövde (Schweden) 273, 283

Söllingen, Gemeinde Pfinztal 194

Sopron (Ungarn) 290

Southampton (Großbritannien) 177, 181, 190

Spener, Philipp Jakob 129f., 144f.

Sperlingshof, Gemeinde Remchingen 147

Speyer 117

Spielvogel, Christian 299

Spöck, Stadt Stutensee 136, 146

Spottek, Frank 311

Staffort, Stadt Stutensee 145f.

Stähle, Michael 97f., 107

Stauffenberg, Claus Schenk Graf von 233f.

Stecher, Absalom 126

Stecherwald, Johann Michael 145

Stein, Gemeinde Königsbach-Stein 138, 244f., 265, 302, 303

Steinegg, Gemeinde Neuhausen 54, 146, 297

Steiner, Martin 301, 308

Steinle, Artur 69

Stein-Steinegg, Herren von 55

Stengel, Karl-Heinz 312

Stern, Wilhelm 148

Sternenfels 229, 239, 244f., 248, 297

Stockholm (Schweden) 221

Stockstadt am Rhein 306

Storm, Johann 121f.

Straßburg (Frankreich) 116

Straubenhardt 263f., 267, 291, 298, 303, 305, 309

Strohecker, Andreas 132

Struve, Gustav 100

Stuttgart 36, 42, 45, 48, 52, 54, 64, 66–68, 76, 89, 92, 111, 118–120, 123f., 159, 170f., 177, 186, 241, 292, 298, 300, 308

Stütz, Sigrun 302

Suez (Ägypten) 177

Süß, Renate 309

Sydney (Australien) 187

Teply, Jörg-Michael 292

Teschner-Klug, Evelyne 310

Teufel, Erwin 211

~ Jürgen 239

Theurer, Fred 239, 247

Thiel, Armin 312

Thurner, Caroline 279

Tiedoli (Italien) 281f.

Tiefenbronn 42, 52f., 54, 57, 311, 313

Titelius, Regina 284

Torre Pellice (Italien) 12, 15

Tours (Frankreich) 273, 280f., 284–286

Traversetolo (Italien) 282

Trick, Werner 312

Trient (Italien) 122, 124

Tronser, Kathrin 279

Trotha, Klaus von 236f.

Trüün, Friedhilde 242

Tsalos, Christian 299

Tübingen 109–111, 121, 125, 242

Ulm 117

Unteröwisheim, Stadt Kraichtal 137

Uppsala (Schweden) 271

Ütingen, abgeg. bei Mönsheim 73

Vaihingen an der Enz 43, 81, 113, 116, 190, 292, 305

Valdahon (Frankreich) 310

Valdes, Kaufmann 10

Venedig (Italien) 205

Verdi, Giuseppe 283

Vester, Hans 310

Vetter, Wolfgang 298

Vicus Senotensis, römische Siedlung bei Wilferdingen 191f., 194

Villar Perosa (Italien) 18

Vögele, Wolfgang 299

Volz, Manfred 226

Wagner, Helmut 239, 247f.

~ Ludwig 56

~ Mathias 226

~ Wolfgang 310

Waiblingen 120

Waldrennach, Stadt Neuenbürg 291, 303

Waldus, Petrus 10

Walser, Robert 201

Wart, Stadt Altensteig 236, 238

Weber, Alexander 229

Weeber, Wilhelm 154

Weidenmann, Stadtwachtmeister 149, 158

Weigle-Mayer, Christel 244

Weil der Stadt 42, 95, 116

Weiler, Gemeinde Keltern 131

Weinbrenner, Friedrich 33

Weingarten (Baden) 139f., 147f.

Weinsberg 116

Weisbrich, Mario 293

Weiß, Johanna 299

Weissach   42

Weißenstein, Stadt Pforzheim   137

Werner, Leonhard   120

Wertheim   145

Wertheim, Michael von   115

Widenmann, Ernst Ludwig Wilhelm   92

Widmann, Ambrosius   121

Wien (Österreich)   205

Wiernsheim   15, 17, 42, 46, 67, 89–107, 201–
209, 251f., 267, 290, 298, 301, 305, 307, 311

Wildberg   43

Wilferdingen, Gemeinde Remchingen   122,
133, 136–141, 147, 191f., 194, 244, 301,
309, 312

Wimsheim   42, 56, 59, 67, 73, 132, 293, 301,
311

Winkel, Volker   280f.

Winkler, Chirurg   153

Winter, Ludwig   140, 142

Winterstetter, Johann Hippolytos   123

Wittenberg   110

Wittwerk, Absalom   58

Wolf, Christian Theodor   142

Worms   77, 79–81, 110f., 116f.

Wurmberg   15f., 42, 52, 62, 67, 91, 148, 229,
233f., 252, 290, 292, 299, 301, 303, 305,
311, 314

Württemberg, Grafen von   23

~ Christoph Herzog von   52, 56, 64, 123f.,
126

~ Eberhard Ludwig Herzog von   11, 15, 18

~ Karl Eugen Herzog von   59

~ Ludwig Herzog von   125

~ Pauline Therese Luise Königin von   63

~ Ulrich Herzog von   52, 56, 115, 118–123,
126

~ Wilhelm I. König von   63, 91

Zachmann, Gottfried   139

~ Johannes   138–140, 147

~ Philipp Jakob   147

~ Werner   122

Zaisersweiher, Stadt Maulbronn   91, 251,
266, 310

Zandt, Jakob Christoph   145

~ Jakob Friedrich Theodor   145

~ Johann Christoph Ludwig   131, 145

Zeh, Christoph   154, 157

Zinzendorf, Nikolaus Ludwig Graf von   129,
145

Zuffenhausen, Stadt Stuttgart   187

Zundel, Johannes   94, 107

Zürich (Schweiz)   113, 116

Zwingli, Huldrych   112f., 116, 118f., 145

DER ENZKREIS

JAHRBUCH '86/87

DER ENZKREIS

JAHRBUCH '89/90

DER ENZKREIS

JAHRBUCH '93/94

Enzkreis

DER ENZKREIS

JAHRBUCH 6

Enzkreis

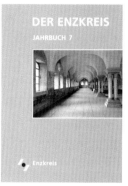

DER ENZKREIS

JAHRBUCH 7

Enzkreis

DER ENZKREIS

JAHRBUCH 8

Enzkreis

DER ENZKREIS

JAHRBUCH 9

Enzkreis

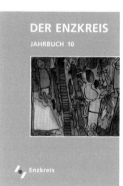

DER ENZKREIS

JAHRBUCH 10

Enzkreis

DER ENZKREIS

JAHRBUCH 11

Enzkreis

DER ENZKREIS

Historisches und Aktuelles

Enzkreis

Band 12

DER ENZKREIS

Historisches und Aktuelles

Enzkreis

Band 13

DER ENZKREIS

Historisches und Aktuelles

Enzkreis

Band 14

Der Enzkreis.
Die Jahrbuch-Reihe „Historisches und Aktuelles"

Historische Aufsätze und aktuelle Beiträge aus allen Lebensbereichen – jeweils mit einer Kreischronik für die vergangenen Jahre.

Jahrbuch, 86/87, Pforzheim 1987, 233 S., 166 Abb.,   EUR 2,00

Jahrbuch, 87/88, Pforzheim 1988, 269 S., 340 Abb.,   vergriffen

Jahrbuch, 89/90, Pforzheim 1990, 295 S., 197 Abb.,   EUR 2,00

Jahrbuch, 91/92, Pforzheim 1991, 263 S., 210 Abb.,   vergriffen

Jahrbuch, 93/94, Pforzheim 1994, 304 S., 250 Abb., ISBN 3-9803570-7-4,   EUR 2,00

Jahrbuch 6, Pforzheim 1995, 284 S., 242 Abb., ISBN 3-9803570-3-1,   EUR 2,00

Jahrbuch 7, Pforzheim 1997, 304 S., 276 Abb., ISBN 3-9803570-4-X,   EUR 2,00

Jahrbuch 8, Pforzheim 1999, 328 S., 218 Abb., ISBN 3-9806682-0-7,   EUR 2,00

Jahrbuch 9, Pforzheim 2001, 360 S., 298 Abb., ISBN 3-9806682-1-5,   EUR 2,00

Jahrbuch 10, Pforzheim 2003, 352 S., 170 Abb., ISBN 3-9806682-5-8,   EUR 2,00

Jahrbuch 11, Pforzheim 2005, 302 S., 167 Abb., ISBN 3-9806682-7-4,   EUR 2,00

Historisches und Aktuelles, Band 12, Pforzheim 2007, 320 S., 174 Abb.,
    ISBN 978-3-9806682-9-3,   EUR 12,80

Historisches und Aktuelles, Band 13, Pforzheim 2009, 352 S., 196 Abb.,
    ISBN 978-3-941475-01-4,   EUR 12,80

Historisches und Aktuelles, Band 14, Ostfildern 2012, 336 S., 253 Abb.,
    ISBN 978-3-7995-0787-5,   EUR 12,80

Bestell-Adressen:
Bis Band 13:
Landratsamt Enzkreis, Kreisarchiv, Postfach 101080, 75110 Pforzheim,
Tel. (07231) 308-9423, Fax 308-9837, E-Mail kreisarchiv@enzkreis.de,
Internet-Bestellung: http://www.enzkreis.de

Band 14:
Jan Thorbecke Verlag
online@thorbecke.de, Tel. 0711/4406-195, Fax: 0711/4406-199.

Konstantin Huber

**Bezirksverwaltung
im badisch-württembergischen
Grenzraum**

Enzkreis

Konstantin Huber

Zwischen den Fronten

Das Pforzheimer Umland im
Pfälzischen Erbfolgekrieg (1688 – 1697)

Enzkreis

**Verfolgung
Widerstand
Zusammenbruch**

Aspekte zur NS-Zeit in der Region Pforzheim

Enzkreis

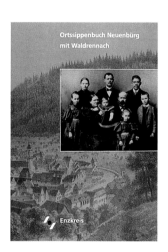

Ortssippenbuch Neuenbürg
mit Waldrennach

Enzkreis

Konstantin Huber und Jürgen H. Staps (Hg.)

**Die Musterungslisten
des württembergischen
Amtes Maulbronn 1523 – 1608**

Enzkreis

Ortsfamilienbuch Stein

Enzkreis

Christine Bührlen-Grabinger

**Urfehden für den
Raum Pforzheim**

Württembergische Quellen zur
Kriminalitätsgeschichte 1416–1583

Enzkreis

Karl J. Mayer

Diktatur auf dem Dorf

Die württembergische Gemeinde Illingen
im Dritten Reich

Enzkreis

Ruth Schneider

Familien in
Dürrmenz-Mühlacker
1657 – 1900

Enzkreis   Mühlacker Geschichtshefte 3

Der Enzkreis.
Schriftenreihe des Kreisarchivs, Band 1 bis 9

Wissenschaftlich fundiert und allgemein verständlich formuliert erscheinen die Veröffentlichungen dieser Reihe in unregelmäßigen Abständen und – jeweils auf den Einzelfall abgestimmt – in wechselnder Gestaltung.

1 Konstantin Huber: Bezirksverwaltung im badisch-württembergischen Grenzraum. Vogteien, Ämter und Landkreise im Bereich Pforzheim – Ein Überblick. Pforzheim 1993, 72 S., 66 Abb., 21 x 30 cm, ISBN 3-9803570-0-7, EUR 2,00

2 Konstantin Huber: Zwischen den Fronten. Das Pforzheimer Umland im Pfälzischen Erbfolgekrieg (1688-1697). Pforzheim 1993, 44 S., 30 Abb., 21 x 30 cm, ISBN 3-9803570-1-5, EUR 2,00

3 Verfolgung – Widerstand – Zusammenbruch. Aspekte zur NS-Zeit in der Region Pforzheim. Um ein Register erweiterter Sonderdruck aus: Der Enzkreis. Jahrbuch 6. Pforzheim 1995, 106 S., 75 Abb., 17 x 24 cm, vergriffen (Jahrbuch 6 noch erhältlich: Pforzheim 1995, 284 S., 242 Abb., ISBN 3-9803570-3-1, EUR 2,00).

4 Ernst Hahner: Ortssippenbuch der ehemaligen Oberamtsstadt Neuenbürg mit kirchlichem Filial Waldrennach (Enzkreis). Erstellt aufgrund der örtlichen Quellen 1558-1900 unter Berücksichtigung weiterer Nachweise ab 1310. Pforzheim 1997, 687 S., 88 Abb., 21 x 30 cm, ISBN 3-9803570-5-8, EUR 25,00 Erhältlich bei: stadtverwaltung@neuenbuerg.de, Tel. 07082/7910-0 Fax: 07082/7910-65.

5 Die Musterungslisten des württembergischen Amtes Maulbronn 1523–1608. Edition mit Beiträgen zur Namenkunde, Militär- und Regionalgeschichte. Unter Mitwirkung von Manfred Metzger, Horst Naumann und Gerhard Fritz. Herausgegeben von Konstantin Huber und Jürgen H. Staps. Pforzheim 1999, 728 S., 90 Abb., 17 x 24 cm, ISBN 3-9803570-6-6, EUR 30,00

6 Ernst Hahner: Ortsfamilienbuch Stein, Gemeinde Königsbach-Stein (Enzkreis). Erstellt aufgrund der örtlichen Quellen 1654 bis 1850 sowie älterer und jüngerer Einzelnachweise. Herausgegeben und mit einem Beitrag von Konstantin Huber. Pforzheim 2002, 397 S., 6 Abb., 21 x 30 cm, ISBN 3-9806682-3-1, EUR 30,00

7 Christine Bührlen-Grabinger: Urfehden für den Raum Pforzheim. Württembergische Quellen zur Kriminalitätsgeschichte 1416-1583. Pforzheim und Ubstadt-Weiher 2003, 246 S., 38 Abb., 17 x 24 cm, ISBN 3-9806682-6-6, EUR 5,00

8 Karl J. Mayer: Diktatur auf dem Dorf. Die württembergische Gemeinde Illingen im Dritten Reich. Pforzheim und Ubstadt-Weiher 2005, 280 S., 21 Abb., 17 x 24 cm, ISBN 3-9806682-8-2, EUR 19,00

9 Ruth Schneider: Familien in Dürrmenz-Mühlacker 1657-1900 mit älteren Nachweisen ab 1523. Unter Verwendung von Vorarbeiten von Gerhard Trück und unter Mitarbeit von Manfred Metzger und Kurt Stöhr. Herausgegeben von Konstantin Huber und Marlis Lippik. Mühlacker und Pforzheim 2009, 666 S., 4 Abb., 21 x 30 cm, ISBN 978-3-941475-00-7, EUR 29,00 Erhältlich bei: mlippik@stadt-muehlacker.de, Tel. 07041/876-322, Fax: 07041/876-249.

Bestell-Adresse:
Landratsamt Enzkreis, Kreisarchiv, Postfach 101080, 75110 Pforzheim,
Tel. (07231) 308-9423, Fax 308-9837, E-Mail kreisarchiv@enzkreis.de,
Internet-Bestellung: http://www.enzkreis.de

Der Enzkreis.
Schriftenreihe des Kreisarchivs, Band 10

Konstantin Huber (Hg.): Der Enzkreis.
Geschichte und Gegenwart eines lebendigen Landkreises.
Ostfildern 2010, 296 S., 345 Abb., 24,5 x 27 cm, ISBN 978-3-7995-6189-1, EUR 29,80.
Bestell-Adresse: online@thorbecke.de, Tel. 0711/4406-195, Fax: 0711/4406-199.

Der 1973 entstandene Enzkreis vereinigt ungefähr zu gleichen Teilen ehemals badisches und württembergisches Gebiet und bildet sozusagen einen „Südweststaat im Kleinen" zwischen den Ballungsräumen Stuttgart und Karlsruhe. Kultureller Reichtum und landschaftliche Schönheit verleihen ihm seine hohe Lebensqualität – und dies bei besonderer Vielfalt. Gleich vier Naturräume prägen den Enzkreis: Kraichgau, Stromberg, Heckengäu und nördlicher Schwarzwald. Mit der namengebenden Enz sowie der Autobahn A 8 und drei Bundesstraßen durchqueren wichtige historische bzw. wirtschaftliche Lebensadern das Kreisgebiet. Sie machten den Kreis zum begehrten Wirtschaftsstandort, der aber zugleich beliebter Wohnplatz blieb. Denn auf Grund seiner hohen Anziehungskraft wandern weiterhin Menschen in den Enzkreis zu, in dem Badener und Schwaben längst zusammengefunden haben. Der Band bietet einen Streifzug durch die Geschichte des Pforzheimer Umlandes von der Steinzeit bis zur Kreisreform. Weitere Kapitel informieren über das innovative Wirtschafts- und Sozialwesen, die moderne Verwaltung und Infrastruktur, über Kirche und Schule, Baudenkmale, kulturelles Leben, Vereine, Dialekte und Brauchtum. Porträts der 28 lebendigen Städte und Gemeinden im Enzkreis mit ihren über 70 Ortschaften runden den reich illustrierten Band ab.